WIRTSCHAFT – AUF DEUTSCH

Lehrwerk für Wirtschaftsdeutsch

Deutschlandkarte

WIRTSCHAFT - AUF DEUTSCH

Wirtschaftsdeutsch für die Mittelstufe

von

Gerd Nicolas, Margarete Sprenger, Wolfgang Weermann

unter Mitwirkung der Verlagsredaktion

Ernst Klett Verlag – Edition Deutsch
Stuttgart   München   Düsseldorf   Leipzig

Wirtschaft – auf deutsch

Lehrwerk für Wirtschaftsdeutsch

von
Gerd Nicolas, Margarete Sprenger, Wolfgang Weermann

unter Mitwirkung der Verlagsredaktion

Wirtschaft – auf deutsch basiert auf dem beim
Verlag Editions Belin, Paris, erschienenen Lehrwerk **Wirtschaft leicht**
von I. Martelly, G. Nicolas und M. Sprenger

Abkürzungen / Sonderzeichen

f	–	Femininum
m	–	Maskulinum
n	–	Neutrum
Pl	–	Plural
Sg	–	Singular
F	–	Folie
I	–	bei Verben mit trennbarem Präfix
*	–	bei unregelmäßigen Verben

Gedruckt auf Papier aus chlorfrei gebleichtem Zellstoff

1. Auflage   1 ⁹ ⁸ | 1999

Alle Drucke dieser Auflage können im Unterricht nebeneinander benutzt werden,
sie sind untereinander unverändert.
Die letzte Zahl bezeichnet das Jahr des Druckes.

© Ernst Klett Verlag GmbH, Stuttgart 1991.
Alle Rechte vorbehalten.
Umschlagfoto: Neuhaus, Bavaria Bildagentur GmbH, Gauting bei München
Druck: Ludwig Auer GmbH, Donauwörth · Printed in Germany

ISBN 3-12-**675215**-2

Inhalt

Einleitung 6

Kapitel 1: Werbung, Messen, Ausstellungen 8

Kapitel 2: Handel 39

Kapitel 3: Import, Export 73

Kapitel 4: Banken 104

Kapitel 5: Post, Telekommunikation 139

Kapitel 6: Datenverarbeitung 167

Kapitel 7: Transport und Verkehr 183

Kapitel 8: Tourismus 217

Kapitel 9: Landwirtschaft 241

Kapitel 10: Energie, Industrie, Arbeitswelt 261

Kapitel 11: Konjunktur, Währung, Börse,
Haushalt, Steuern 293

Stichwortverzeichnis 321

Quellennachweis 324

Einleitung

Wirtschaft – auf deutsch ist gleichermaßen für Lerner im deutschsprachigen wie im nichtdeutschsprachigen Raum geeignet, die ihre Deutschkenntnisse – die ungefähr dem Niveau des *Zertifikats Deutsch als Fremdsprache* oder etwa 400 Stunden Deutschunterricht entsprechen sollten – mit Schwerpunkt Wirtschaftsdeutsch vertiefen wollen.

Das Lehrwerk eignet sich für die Vorbereitung auf die *Prüfung Wirtschaftsdeutsch International* oder vergleichbare Prüfungen auf dem Niveau der *Zentralen Mittelstufenprüfung*.

Wirtschaft – auf deutsch stellt unter Berücksichtigung des internationalen Kontextes auf breiter Basis volkswirtschaftlich orientierte Sachinformationen zum Thema Wirtschaft in Deutschland zur Verfügung und fördert gleichzeitig systematisch die verschiedenen sprachlichen Fertigkeitsbereiche.

Wirtschaft – auf deutsch bedient sich mehrerer methodischer Ansätze, weil die Praxis des Fremdsprachenunterrichts gezeigt hat, daß es *die eine* Methode nicht geben kann. Ein Methodenrigorismus würde nicht nur die Tatsache ignorieren, daß es verschiedene Lerntypen gibt – die überdies je nach Kulturkreis in unterschiedlichen Lerntraditionen stehen –, sondern auch, daß Methoden lernziel- und lerngegenstandsabhängig sind.

Die Texte, Aufgaben und Übungen regen den Lerner auf abwechslungsreiche und phantasievolle Weise dazu an, bereits vorhandene Fertigkeiten, Kenntnisse und Erfahrungen zu aktivieren und bislang unbekannte Zusammenhänge mit neuen bzw. bewußt gemachten Techniken z.B. im Bereich der Texterschließungsverfahren kennenzulernen.

Dem Leseverstehen gilt als zentraler Fertigkeit im Wirtschaftsleben besondere Aufmerksamkeit. Techniken wie *orientierendes, kursorisches, selegierendes* und *totales* Lesen werden auf systematische Weise an authentischen Textsorten geübt: Dazu zählen Artikel aus dem Wirtschaftsteil großer überregionaler Zeitungen und aus Fachzeitschriften, Kurzmeldungen, Werbetexte, Informationstexte allgemeiner Art, aber auch z.B. Gedichte und Glossen. Die Aufgabenstellungen beziehen dabei die Arbeit mit dem Wörterbuch ständig ein, sind jedoch so angelegt, daß sich das Nachschlagen durch abgestuftes Hinführen zum Text entweder erübrigt oder auf das notwendige Minimum reduziert. Die Realien in **Wirtschaft – auf deutsch** (Fotos, Cartoons, Karikaturen, statistische Übersichten, Grafiken, Karten, Originalauszüge, Piktogramme usw.) dienen nicht nur illustrativen Zwecken, sondern übernehmen vor allem themenvorbereitende, kommentierende, resümierende und/oder kreativitätsfördernde Funktionen. Ausschlaggebend bei der Auswahl der Texte und Realien war die Forderung, daß von ihnen ein starker Gesprächsimpuls ausgehen muß und auch der Humor seinen Platz im Sprachunterricht hat. Die Lerner sollen veranlaßt werden, sich mit der dargebotenen Materie auseinanderzusetzen und sich dabei mit ihrer Subjektivität: ihren Haltungen, Meinungen, (Vor-)Urteilen und Erfahrungen einzubringen. Der Unterricht mit **Wirtschaft – auf deutsch** soll nicht nur bewirken, daß der Lerner sich auf deutsch über die deutsche Wirtschaft äußern kann, sondern auch, daß er sich der Unterschiede zu seinem eigenen Wirtschafts- und Sozialsystem bewußt wird und diesen Zusammenhang thematisieren kann. Dabei werden auch interkulturell relevante Aspekte angesprochen.

Wirtschaft – auf deutsch bietet mannigfaltige Anregungen zum selbstgesteuerten und kreativen Lernen, wobei (Rollen-)Spiele und Projektvorschläge einbezogen werden. Das schließt vorstrukturiertes Lernen durch abgestufte Arbeitsanleitungen nicht aus, denn das Lehrwerk soll auch anleiten „zu lernen, wie man lernt".

Verstehen in der Fremdsprache ist u.a. aufgrund der kaum oder überhaupt nicht vorhandenen soziokulturellen Erfahrungen im Zielsprachenland und der begrenzten Vokabelkenntnis in besonderem Maße von der Fähigkeit des Lerners abhängig, Hypothesen zu bilden und

Bedeutungen aus dem Kontext zu erschließen. Diese didaktische Erkenntnis ist in **Wirtschaft – auf deutsch** auf vielfältige Weise umgesetzt. So dienen einige Aufgaben in erster Linie dazu, über angedeutete Zusammenhänge zu spekulieren. Dies geschieht beispielsweise in Form von Assoziogrammen, Fotos, Situationsvorgaben oder Zuordnungsübungen in Verbindung mit Schaubildern. Andere Aufgabentypen, die der Schulung rein spachlicher Fertigkeiten dienen, geben bestimmte Strukturen oder Beispiele vor, von denen die genaue Bedeutung oder Funktion von Lexemen zunächst abgeleitet werden kann, bevor diese dann an Beispielsätzen geübt werden.

So wird auch mit grammatischen Strukturen verfahren: Sie ergeben sich aus dem Kontext der Kommunikationssituationen bzw. der bearbeiteten Texte. Jedes Kapitel hat grammatische Schwerpunkte, bestimmte Grammatikphänomene (z.B. Nominalisierung, Konjunktiv) werden mehrmals mit unterschiedlichen Akzentuierungen wiederholt.

Der Wortschatz, den sich die Lerner aneignen, wird durch den mündlichen Gebrauch und z.T. vorstrukturierte, schriftliche Übungen (inkl. Übersetzungen und Kreuzworträtsel) gefestigt. Besonderer Wert wird dabei auf die Vermittlung von Wörtern und Strukturen gelegt, die für den Wirtschaftskontext wichtig sind – beispielsweise die Wortfelder *sinken* und *steigen*.

Am Ende eines jeden Kapitels haben die Lerner die Möglichkeit, ihr eigenes themenorientiertes Glossar (unterteilt in „Substantive", „Adjektive in Verbindung mit Substantiven", „Verben" und „Ausdrücke") zu erstellen. Diese Seiten dürften sich bei einer systematischen Wiederholung des Vokabulars als sehr hilfreich erweisen.

Der Einsatz der Diskette **Text & Lexik** (ISBN 3-12-675219-5, für PC unter MS DOS 3.xx) dient ebenfalls der Festigung der spezifischen Lexik. Hier kann der Lerner entweder mit einer Zeitvorgabe oder mit Rückgriff auf ein Lexikon Schlüsseltexte (z.T. in verkürzter Form) aus den verschiedenen Kapiteln wiederholen und das Vokabular mit Zuordnungsübungen, Silbenrätseln oder Lückentexten abermals durcharbeiten. Mittels einer gesonderten Funktion läßt sich der individuelle Lernweg zurückverfolgen.

Es stehen außerdem **Glossare** in verschiedenen Sprachen zur Verfügung.

Das **Lehrerhandbuch** (ISBN 3-12-675216-0) bietet ausführliche Zusatz- und Hintergrundinformationen wirtschaftlicher Art sowie alternative Bearbeitungsvorschläge, Projektideen, nützliche Anschriften und Literaturangaben sowie Folienvorlagen und Lösungen.

Zwei **Tonkassetten** (ISBN 3-12-675217-9) mit **Transkriptionen** (3-12-675218-7) erweitern und vertiefen die im Lehrbuch angesprochenen Themen mit Hörtexten unterschiedlicher Art (z.B. Features, Berichte, Interviews).

Wirtschaft – auf deutsch basiert auf WIRTSCHAFT LEICHT, einem kontrastiv angelegten, in Zusammenarbeit mit dem Goethe-Institut e.V., München, entstandenen und in Frankreich publizierten Wirtschaftsdeutschlehrwerk von Ingola Martelly, Gerd Nicolas und Margarete Sprenger (Editions Belin). WIRTSCHAFT LEICHT bildet auch die Grundlage einer Adaption für den Sprachraum „Großbritannien und Irland", BUSINESS – AUF DEUTSCH, von Susan Cox, Emer O'Sullivan, Dietmar Rösler, erschienen bei **Klett Edition Deutsch** (ISBN 3-12-675210-1). Als internationale Ausgabe wurde **Wirtschaft – auf deutsch** weitgehend umgearbeitet, aktualisiert (so werden z.B. das vereinigte Deutschland sowie der Europäische Binnenmarkt durchgehend berücksichtigt) und um ein Kapitel und die oben erwähnten zusätzlichen Komponenten (Diskette, Glossare, Lehrerhandbuch, Audiokassetten mit Transkriptionen) erweitert.

Die Autoren von **Wirtschaft – auf deutsch** haben einige Texte und diverse Anregungen von Susan Cox, Emer O'Sullivan und Dietmar Rösler übernommen, denen an dieser Stelle herzlich gedankt sei.

Dank gebührt auch Jürgen Bolten, der das Buch im Manuskriptstadium kritisch kommentierte.

        Gerd Nicolas   Margarete Sprenger   Wolfgang Weermann

Kapitel 1

Werbung, Messen, Ausstellungen

Werbung	**1–23**
Stichwort „Werbung"	1
Werbeträger, -mittel, -ausgaben	2, 3
Zusammengesetzte Wörter	4
Schematische Übersicht: werbetreibendes Unternehmen	5
Was ist Werbung?	6
Direktmarketing	7, 8
Beispiele aus der Werbung	9, 10, 12, 18, 19, 21, 22
Werbung im Verlagswesen, Fragebogen	11
Marketing	12
Passiv	13
Gedicht aus Werbesprüchen	14
Zusammengesetzte Adjektive	14–16
Was junge Leute über Werbung denken	17
Projekt	20
Der Deutsche Werberat	21
Messen und Ausstellungen	**24–32**
Messen in Deutschland	24–27, 30, 31
Messecheckliste, Nominalisierung	28
Fugen-s	29
Fachvokabular: Kreuzworträtsel	32
Wichtige Lexik	33

Werbung hat sehr verschiedene Aspekte.

1

1. Notieren Sie bitte in Stichpunkten, was Ihnen zu dem Thema „Werbung" einfällt.

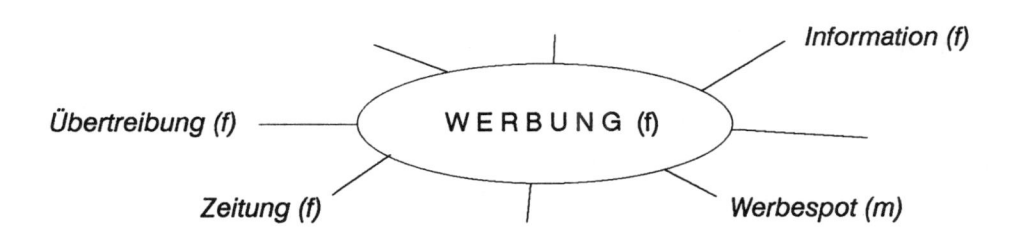

- WERBUNG (f)
- Information (f)
- Übertreibung (f)
- Zeitung (f)
- Werbespot (m)

2. Versuchen Sie, gemeinsam mit Ihrem Dozenten, die Stichpunkte zu ordnen und Oberbegriffe für die verschiedenen Wortgruppierungen zu finden.

2

1. Der folgende Schüttelkasten enthält verschiedene *Werbeträger*.
Nennen Sie bitte ein paar *Werbemittel*, mit denen über diese Werbeträger geworben wird (z. B. Außenwerbung: Plakat).

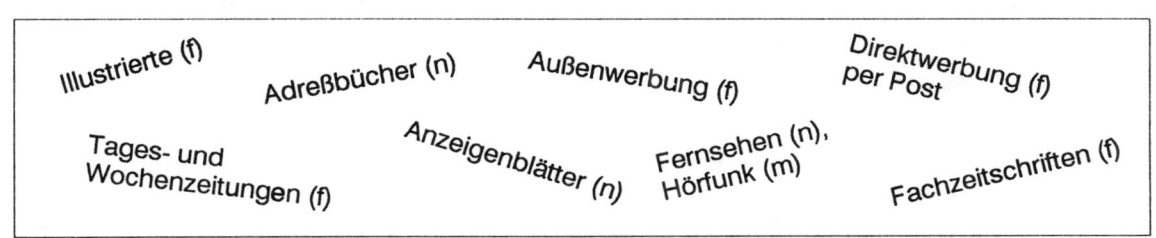

F

Illustrierte (f)   Adreßbücher (n)   Außenwerbung (f)   Direktwerbung per Post (f)

Tages- und Wochenzeitungen (f)   Anzeigenblätter (n)   Fernsehen (n), Hörfunk (m)   Fachzeitschriften (f)

---

2. Welche Werbeträger gehören Ihrer Meinung nach zu den Summen im Schaubild?

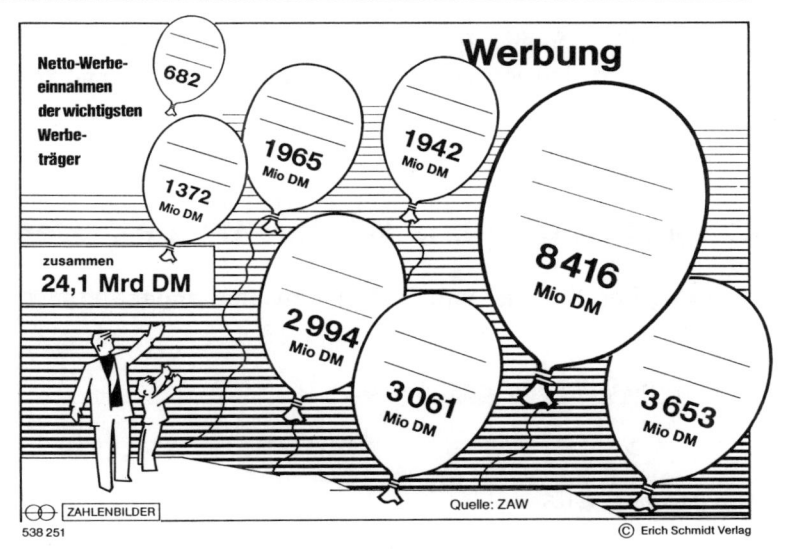

Werbung

Netto-Werbeeinnahmen der wichtigsten Werbeträger

zusammen 24,1 Mrd DM

- 682
- 1965 Mio DM
- 1942 Mio DM
- 1372 Mio DM
- 8416 Mio DM
- 2994 Mio DM
- 3061 Mio DM
- 3653 Mio DM

Quelle: ZAW

ZAHLENBILDER 538 251   © Erich Schmidt Verlag

3. Schauen Sie sich nun die Lösungen auf der Folie an.
Entsprechen die Fakten Ihrer Einschätzung?

4. Glauben Sie, daß die Ausgaben für Werbung in Ihrem Land ähnlich verteilt sind?

3 Ergänzen Sie bitte den folgenden Text mit Informationen aus Aufgabe 2.

Werbeausgaben in der Bundesrepublik Deutschland

Mit Abstand wichtigstes Werbemedium blieben weiterhin die _____:
Mehr als 8 Milliarden DM (nach Abzug von Rabatten und Mittlerprovisionen) wurden von der werbenden Wirtschaft für Anzeigen in der Tagespresse aufgewandt, die sich durch ihre Nähe zu den lokalen und regionalen Märkten vor den meisten anderen Werbeträgern
5 auszeichnet. Einschließlich der _____ erreichte die Zeitungswerbung sogar einen Umfang von etwa 8,4 Milliarden DM. Eine starke Konkurrenz ist der Tagespresse mit den _____ erwachsen, die auf Werbeeinnahmen von fast 2 Milliarden DM kamen.
Die _____ , deren Domäne die überregionale Markenartikelwerbung ist,
10 erzielten einen Werbeumsatz von über 3 Milliarden DM.
Durch die Zulassung privater Sender hat sich der Werbemarkt der elektronischen Medien seit Mitte der achtziger Jahre erheblich verändert und erweitert. Die Rundfunk- und Fernsehsender nahmen zusammen rund _____ für die Ausstrahlung von Werbespots ein; davon entfielen (noch) 75% auf ARD und ZDF. Für 3 Milliarden DM
15 wurden Kataloge, Prospekte und Werbebriefe per Post an den Adressaten gebracht, und fast 2 Milliarden DM gab die werbende Wirtschaft für die zielgenaue Anzeigenwerbung in _____ aus. Weitere 0,7 Milliarden DM kostete die im Straßenbild allgegenwärtige Außenwerbung.
In der Rangfolge der werbenden Branchen führten die Autoindustrie und der Handel (mit
20 einem Aufwand von je 1,3 Milliarden DM) vor den Massenmedien, der Schokolade- und Süßwarenindustrie, der Pharmazie und den Banken und Sparkassen.

Erich Schmidt Verlag

4 Zusammengesetzte Wörter: *Werbe-, -werbung*

1. Schreiben Sie aus dem Text alle zusammengesetzten Wörter mit *Werbe-* und *-werbung* heraus.

die Werbeausgaben, das Werbe... _____

_____

die Zeitungswerbung _____

_____

**2. Kennen Sie weitere?
Fertigen Sie gemeinsam eine Liste an.**

Hier ist die Werbung schematisch dargestellt.
Ergänzen Sie bitte die beiden fehlenden Oberbegriffe und den fehlenden Unterbegriff.

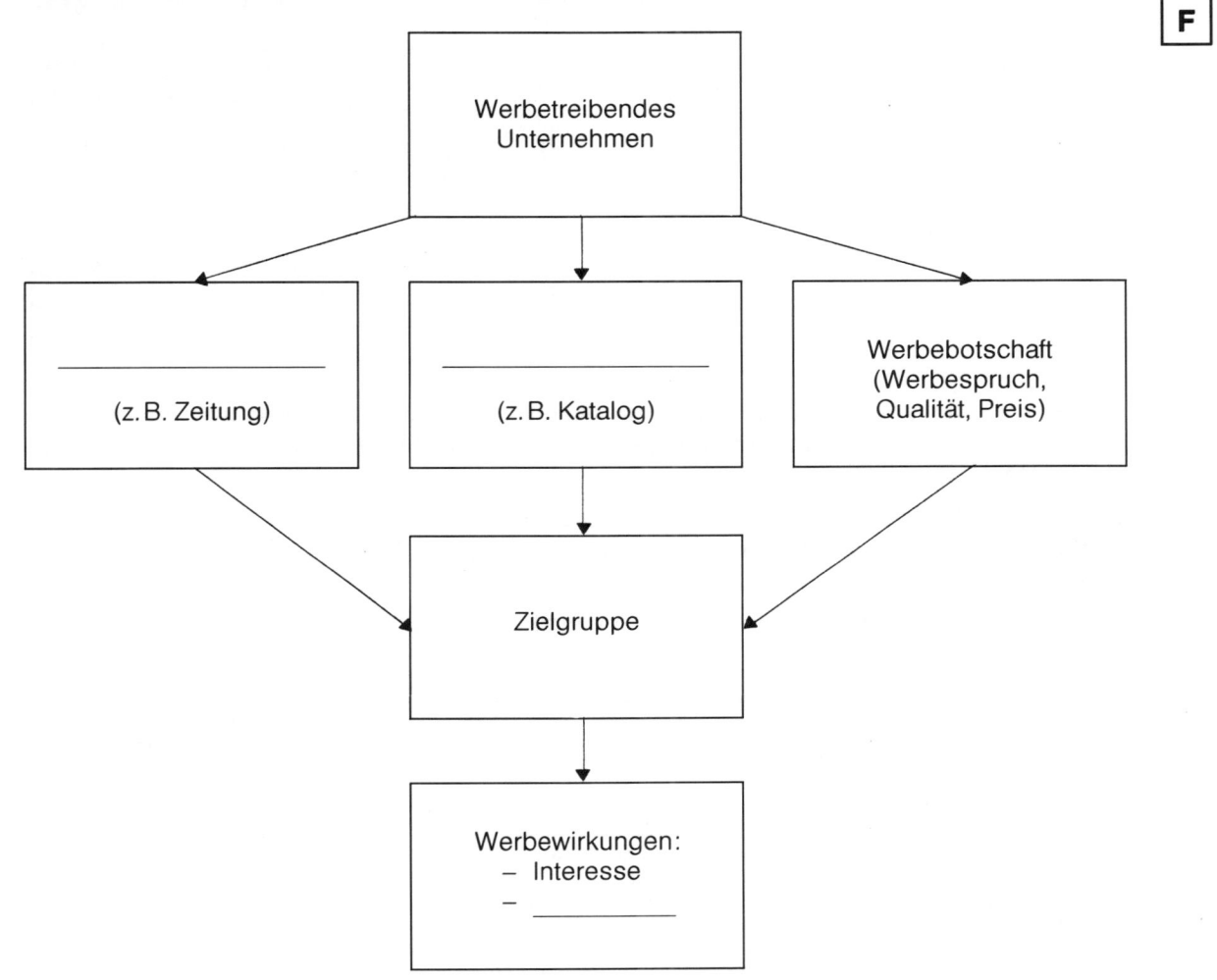

5

F

```
                    ┌──────────────────┐
                    │  Werbetreibendes │
                    │    Unternehmen   │
                    └──────────────────┘
                   ↙         ↓         ↘
    ┌──────────┐    ┌──────────┐    ┌──────────────┐
    │  _____  │    │  _____  │    │ Werbebotschaft│
    │(z.B.     │    │(z.B.     │    │ (Werbespruch, │
    │ Zeitung) │    │ Katalog) │    │Qualität, Preis)│
    └──────────┘    └──────────┘    └──────────────┘
                   ↘         ↓         ↙
                    ┌──────────────────┐
                    │     Zielgruppe   │
                    └──────────────────┘
                              ↓
                    ┌──────────────────┐
                    │  Werbewirkungen: │
                    │   – Interesse    │
                    │   – _____    │
                    └──────────────────┘
```

Welchen der folgenden Aussagen stimmen Sie zu?

a) Werbung schafft neue Bedürfnisse.
b) Werbung will die Verbraucher überzeugen.
c) Die Werbeausgaben der Unternehmen verteuern die Produkte.
d) Werbung bringt Informationen über neue Produkte.
e) Werbung verbilligt Produkte durch die Förderung von Massenproduktion.
f) Werbung schafft Arbeitsplätze.
g) Werbung beeinflußt die Verbraucher mit psychologischen Mitteln.
h) Werbung soll den Absatz fördern.
i) Werbung verführt zu einem falschen Verbraucherverhalten.
j) Werbung ist frauenfeindlich.

6

ja	nein	kann man so nicht sagen

7
1. Was stellen Sie sich unter dem Begriff „Direktmarketing" vor?
2. Lesen Sie bitte die Überschrift des folgenden Zeitungsartikels und sehen Sie sich das Foto an. Worum geht es in dem Artikel?

3. Lesen Sie nun den Text einmal ohne Benutzung eines Wörterbuches; notieren Sie für jeden Absatz die wichtigsten Stichworte, soweit Sie den Text verstanden haben (Spalte A).
4. Lesen Sie ihn danach ein zweites Mal und erarbeiten Sie sich die schwierigen Textstellen mit Hilfe eines Wörterbuches. Notieren Sie die Hauptaussagen der jeweiligen Absätze (Spalte B).
5. Verfassen Sie in Ihrer Muttersprache eine ausführliche Zusammenfassung des Textes.

Direktmarketing-Branche poliert am Image
Im letzten Jahr ließen sich die Unternehmen ihre direkte Kundenwerbung 15 Milliarden DM kosten

① Ein schwarzes Schaf allein macht noch lange keine Herde. Weil aber kaum jemand weiß, was sich hinter dem Wort Direktmarketing verbirgt, dagegen Begriffe wie Drücker und Briefkastenverstopfer bekannt oder gar gefürchtet sind, hat sich der Deutsche Direktmarketing Verband e.V. (DDV), Wiesbaden, besonders eines ins Programm geschrieben: Verstärkte Öffentlichkeitsarbeit, um das Image der Branche zu verbessern. Dabei lesen sich die Zahlen, die der Verband in einer Studie vorlegt, nicht schlecht. Im letzten Jahr verzeichneten Deutschlands Direktmarketing-Strategen mit einem Umsatz von etwa 15 Milliarden DM 17 Prozent mehr als noch vor zwei Jahren.

② Das Zauberwort heißt „feedback". Egal, ob adressierte oder unadressierte Werbesendung, ob Anzeige oder Beilage mit Antwortkarte oder Coupon, ob Telefonmarketing, Haushaltswerbung oder Postwurfsendung – wer Direktmarketing betreibt, will seinen Werbeerfolg möglichst schnell und exakt überprüfen können. Für dieses Konzept sieht Peter K. Neff, Präsident des DDV, optimistisch in die Zukunft. „Einen weiteren Schub nach vorn" erlebe das Direktmarketing im wiedervereinigten Deutschland, sagt er.

③ Zur Zeit, so geht aus einer von DDV und Deutsche Bundespost POSTDIENST gemeinsam vorgelegten Studie hervor, sucht knapp ein Drittel aller bundesrepublikanischen Unternehmen den direkten Draht zum Konsumenten. Das Zahlenwerk soll den „Wirtschaftsfaktor Direktmarketing" systematisch durchleuchten, nach DDV-Angaben ein Novum für die Branche. Dabei zeigt sich, daß das wichtigste Instrument der Direktwerber die adressierte Werbesendung ist, mit der allein knapp 50 Prozent des Umsatzes erzielt werden. Den zweiten Rang nehmen Anzeigen in Zeitungen und Zeitschriften mit einem Viertel Gesamterlösanteil ein. Besonderheit: Werbung in Printmedien fällt nur dann unter die Rubrik Direktmarketing, wenn sie etwa Antwortkarten oder Coupons (Branchenjargon: Response-Elemente) enthält, mit denen der direkte Kontakt zur Zielgruppe hergestellt werden soll.

④ Als noch relativ schwach entwickelt hat sich der Bereich TV/Funk/Tele-Shopping erwiesen. Hauptgrund: Bei den Streukosten – also den Kosten, die entstehen, um die fertige Werbebotschaft an den Mann zu bringen – sind die elektronischen Medien der mit Abstand teuerste Werbeträger. Eine Trendwende scheint gleichwohl in Sicht. „Private Sender werden die Situation vermutlich ändern", heißt es in der Studie.

⑤ Unterschiedlich sind Bereitschaft und Möglichkeiten in den Wirtschaftssektoren, das Direktmarketing einzusetzen. Wollten im Vorjahr im Dienstleistungssektor knapp 300 000 Firmen ihre Klientel direkt ansprechen, so mochten sich im produzierenden und verarbeitenden Gewerbe nur 116 000 Unternehmen zu diesem Schritt durchringen. Um besonders intensive Marktbearbeitung waren offenbar die Banken bemüht: 77 Prozent der Institute legten Wert auf direkte Kundenansprache.

⑥ Probleme fürchten die kommunikationsfreudigen Vermarkter aus zwei Richtungen. Kaum hatte die Novellierung des ohnehin als „einengend" empfundenen Bundesdatenschutzgesetzes (BDSG) „nach einigen Geburtswehen" alle parlamentarischen Hürden genommen, wie das Branchen-Organ DDV-Report meldet, da zeichneten sich neue Restriktionen aus Brüssel ab; erst vor kurzem hat die EG-Kommission eine Generaldirektive zum Datenschutz erlassen, um die einschlägigen Bestimmungen in den Mitgliedsländern zu harmonisieren. Zwar finden Einrichtungen wie die Robinson-Liste, in die sich eintragen lassen kann, wer keine Werbung möchte, unter den Direktmarketern ungeteilten Beifall. Doch schien ihnen die BDSG-Novelle in manchem Punkt zu wettbewerbshemmend zu geraten.

⑦ Problem Nummer zwei: Immer wieder bringen schwarze Schafe die Branche in Verruf. Um sich von den ungeliebten Kollegen abzusetzen, erlegten sich drei der sechs DDV-Fachgruppen selbst Ehrenkodizes* auf, die das Ansehen ihres Berufsstandes heben sollen. Weitere Maßnahme ist die Berichterstattung über Gerichtsurteile, die im Zusammenhang mit illegalen Werbemethoden ergingen. Jüngstes, im Branchenorgan abgedrucktes Beispiel ist ein Fall, mit dem das Oberlandesgericht München beschäftigt war: Abonnentenwerber hatten sich als Marktforscher getarnt.

* Pl. von Kodex (m)

H. Mundsberg/Süddeutsche Zeitung

8 Eine Form des Direktmarketing ist die Wurfsendung.
Wer in Deutschland deutlich erklärt (z.B. durch einen Aufkleber), er wünsche keine Wurfsendungen oder Werbezettel im Briefkasten, kann nach Entscheidung des Bundesgerichtshofes bei Fortsetzung der Zusendungen Unterlassungsklage gegen den Absender einreichen.

1. **Was halten Sie von dieser rechtlichen Regelung?**

   Vielleicht helfen Ihnen die folgenden Ausdrücke:

   ich finde es (nicht) gut/richtig, daß…
   ich bin (nicht) der Meinung/Auffassung, daß…
   man kann wohl nicht behaupten, daß…
   ich denke/meine/finde (nicht), daß…
   aber es sieht doch wohl so aus, daß…
   so ein Unsinn/Quatsch/Blödsinn!…
   auf der einen/anderen Seite…
   keine schlechte Idee!…

   STOP!
   Bitte keine Werbung einwerfen

2. **Ärgern Sie sich manchmal auch über vollgestopfte Briefkästen, die hauptsächlich Werbung enthalten?**
   Beschreiben Sie bitte das Direktmarketing in Ihrem Land.

9 1. **Sammeln Sie bitte gemeinsam Adjektive zur Beschreibung von Werbung (Spalte 1). Geben Sie nach Möglichkeit in Spalte 2 auch das jeweilige Gegenteil an.**

Werbung

①	②
witzig	ernst

2. **Wie finden Sie die vier nebenstehenden Werbeanzeigen?**

3. **Versuchen Sie zu beschreiben, wodurch die Anzeigen einen „Kaufreiz" ausüben (sollen). Wie wird woran appelliert?**

10 1. **Erläutern Sie bitte ein paar Beispiele aus der Werbung in Ihrem Land.**

2. **Kennen Sie Beispiele für Werbung aus Ihrem Land, die sich (in Deutschland) an Deutsche wendet?**

3. **Meinen Sie, daß Werbung länderspezifisch ist bzw. sein sollte?**

1

Novotel.
Sonst verlieren Sie vielleicht während
der Messe Ihr letztes Hemd.

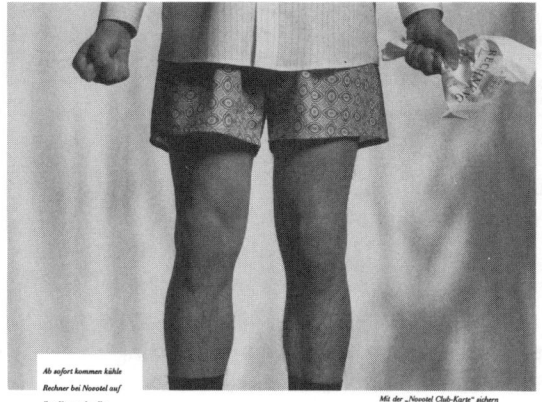

Ab sofort kommen kühle Rechner bei Novotel auf ihre Kosten. In allen deutschen Novotels entfällt der Messe-Aufpreis. Sie zahlen nur einen Preis – das ganze Jahr über. Reservieren Sie rechtzeitig Ihr Zimmer, und nutzen Sie die Vorteile der „Novotel Club-Karte".

Mit der „Novotel Club-Karte" sichern Sie sich die Reservierung am einfachsten. Weitere Informationen über Telefon 069/8 00 35 35.

30 Hotels in Deutschland

novotel

Das Hotel der Vernunft.

2

Wissen Sie, was jeder Miele Trockner weiß?

Wenn die Wasserqualität schwankt, müssen viele Trockner raten, wie trocken die Wäsche ist. Ein Miele Trockner muß nicht raten – er mißt die Wasserqualität und trocknet die Wäsche so, wie Sie sie brauchen. Aber raten Sie doch mal, wie trocken die Wäsche in diesem Bilderrätsel ist. Und **gewinnen Sie** einen mit Frotteesachen gefüllten Schrank im Wert von 10.000 Mark oder 499 wertvolle Frotteepreise. Miele finden Sie in ganz Europa. Im Fachhandel und in den Fachabteilungen der Warenhäuser.

Miele
Die Entscheidung fürs Leben.

Ich habe das Lösungswort des Bilderrätsels erraten.
.. h . . . . . . o . en
Name
Straße
Wohnort

3

Auf einem eigenen Steinway zu spielen,
war für mich immer ein Traum.

Außergewöhnliche Qualität behält immer ihren Wert, hat aber auch ihren Preis. Bisher konnte ich nur von einem eigenen Steinway träumen. Jetzt ist dieser Traum wahr geworden – mit dem Steinway Finanzierungssystem.

Bitte senden Sie mir unverbindlich „Das Steinway Finanzierungssystem".
Name: ....
Anschrift: ....
Telefon: ....

STEINWAY & SONS
Steinway & Sons
Rondenbarg 10-12 · 2000 Hamburg 54

4

Wir schaffen Raum zum Leben

Mit Ihren vermögenswirksamen Leistungen auf dem Bausparkonto nutzen Sie die Vorteile des 936-DM-Gesetzes. So können Sie schon bald größere Sprünge machen.

Schwäbisch Hall
Auf diese Steine können Sie bauen

Im FinanzVerbund der Volksbanken Raiffeisenbanken

11 Bei dem folgenden Text geht es um die Ergebnisse einer Marktforschungsstudie für den deutschen Buchmarkt.

F

1. Ergänzen Sie bitte im folgenden Text die fehlenden Satzzeichen (, . : „ " –) und kennzeichnen Sie die Buchstaben, die groß geschrieben werden müssen. Wo wären Ihrer Meinung nach Absätze sinnvoll?

wider die letzte bastion der unwissenheit

eine hälfte des werbeetats wird zum fenster hinausgeworfen man weiß leider nur nicht welche dieses legendäre zitat von henry ford ist vielen geläufig vor allem denjenigen die entscheidungen über absatzinstrumente treffen müssen ohne klare entscheidungsgrundlagen zu haben in vielen branchen wird der erfolg der werbung um
5 den kunden mit hilfe gründlicher tests projiziert der buchmarkt gehöre zu den letzten bastionen der unwissenheit bezüglich der wirksamkeit von werbung um den kunden durch verlage und buchhandel behauptet die firma freising & partner marketing in münchen in einer pressemitteilung von freising heißt es immerhin investierten allein die buchverlage im letzten jahr knapp 100 millionen mark für anzeigenwerbung in
10 tageszeitungen und publikumszeitschriften weitere 30 millionen flossen in die fachpresse weitere thesen von freising prospekte werden in sechs bis siebenstelliger auflage auf den markt geworfen wobei häufig unklar ist ob diese den leser erreichen während vor allem markenartikler der unwissenheit in bezug auf den erfolg ihrer diversen werbemaßnahmen mit erheblichem forschungsaufwand begegnen nimmt der buchmarkt
15 diesbezüglich eine sonderstellung ein es werden für die buchwerbung weiterhin umfangreiche summen mit einer unbekümmertheit ausgegeben die in denkwürdigem gegensatz steht zu dem ausgeprägten kostendenken bei der herstellung von büchern

Börsenblatt

2. Erstellen Sie bitte einen Fragebogen, der Aufschluß darüber gibt, warum welche Kunden wo und wann Bücher kaufen. Nehmen Sie die folgenden Modelle zu Hilfe:

A — offene Fragen:
Warum kaufen Sie Bücher?

B — ja/nein-Fragen: ja   nein   manchmal
Kaufen Sie Bücher, um sie zu verschenken?   ☐   ☐   ☐

C — Multiple-choice-Fragen:
Kaufen Sie Bücher, weil a) Sie sich unterhalten wollen?   ☐
                         b) Sie ein Geschenk suchen?   ☐
                         c) Sie sich fortbilden wollen?   ☐
                         d) Sie Bücher sammeln?   ☐
                         e) Sie sich für ein bestimmtes Thema
                            oder einen bestimmten Autor interessieren?   ☐
                         f) man Ihnen einen Gutschein geschenkt hat?   ☐

Achten Sie bitte darauf, daß möglichst alle drei Frage-Typen in Ihrem Fragebogen vertreten sind.

3. Führen Sie mit Ihrem Fragebogen eine Befragung durch und berichten Sie später die Ergebnisse.

Der folgende Text enthält z. T. recht schwieriges Vokabular. Versuchen Sie bitte trotzdem, die Aufgaben 1–3 ohne Wörterbuch zu lösen, nachdem Sie den Text zunächst einmal ganz durchgelesen haben.

Enge Zusammenarbeit mit Marken künftig die Devise

Verkaufsfördernde Aktivitäten der Sopexa

Im laufenden Jahr betreut die Sopexa, Förderungsgemeinschaft für französische Landwirtschaftserzeugnisse, fünf Produktgruppen am bundesdeutschen Markt. Dabei ist eine enge Zusammenarbeit mit den Marken die Devise für die künftige Arbeit, wie die Sopexa mitteilt.

Bei Wein werben fünf französische Regionen für ihre A.O.C.-Erzeugnisse (Appellation d'Origine Contrôlée) in deutschen Illustrierten. Das Elsaß setzt seine Kampagne mit dem Slogan „Rhein französisch" fort. Die vier anderen Anbaugebiete profilieren sich zum ersten Mal beim deutschen Verbraucher. Rosé d'Anjou stellt sich als „der Fruchtige von der Loire" vor. Côtes de Provence ist „der Trockene vom Mittelmeer", Côtes du Rhône „der klassische Charakter", während man Fitou, Corbières und Minervois als „die Entdeckung des Südens" präsentiert. Für das Weinregal im Handel stehen Dekomittel* wie Angebotsplakate und Regalstreifen zur Verfügung. Für Vins de Pays läuft, wie üblich, die Werbekampagne im September an. Außerdem führt die Sopexa Weinseminare zur Schulung des Verkaufspersonals durch.

Seit März wird unter dem Motto „Calvados ist etwas Feines" für den Apfelbrand in Magazinen inseriert. Über Käse aus Frankreich ist eine neue Broschüre in Vorbereitung, die im Handel kostenlos an Verbraucher verteilt werden soll. Im zweiten Halbjahr ist Anzeigenwerbung geplant. Außerdem schult die Sopexa das Verkaufspersonal in Halbtages-Seminaren in Pflege und Präsentation des Käseangebots.

Seit diesem Jahr sucht die Sopexa Partner für Qualitäts-Rindfleisch. Pioniere sind fünf deutsche Handelsunternehmen und ein Fleischgroßhändler, die Aktionen mit einer von drei Sorten (Le Bœuf, Charolais, Limousin) durchführen. Die Sopexa erhofft sich jedoch Handelspartner, die eine Sorte permanent im Sortiment führen. Für den Handel stehen hierfür Dekomaterial und eine informative Verbraucherbroschüre zur Verfügung. Außerdem schulen französische Fleischer das Personal.

Für frische Putenteile wird die Anzeigenkampagne in Frauenzeitschriften im Herbst fortgesetzt. In der Werbung repräsentieren Puten das französische Geflügelangebot. Im Handel können die Verbraucher durch den Einsatz von Werbedamen, Rezeptheftchen und Poster angesprochen werden.

Lebensmittel Praxis

* Dekorationsmittel

1. Stehen die folgenden Aussagen im Text?

a) Die Sopexa betont bei ihren Werbemaßnahmen die Besonderheiten der Produkte, die sie betreut.
b) Die Weinregionen, für die Werbung gemacht wird, sind dem deutschen Verbraucher bekannt.
c) Die Werbemaßnahmen der Sopexa verteilen sich über das ganze Jahr.
d) Die Sopexa hat deutsche Handelspartner gefunden, die auch französisches Rindfleisch anbieten.

2. Notieren Sie in der linken Spalte die Produktgruppen, die die Sopexa in der Bundesrepublik betreut, und in der rechten Spalte die jeweiligen Werbemittel und Werbemaßnahmen.

_____   _____
_____   _____
_____   _____
_____   _____
_____   _____
_____   _____
_____   _____
_____   _____

3. Welche Verben gehören im Text zu den folgenden Substantiven?

für Erzeugnisse (n) _____   in Zeitschriften (f) _____

Seminare (n) _____   Aktionen (f) _____

Personal (n) _____   die Verbraucher (m) _____

im Sortiment (n) _____

4. Wenn es jetzt noch Textpassagen oder Zentralbegriffe in diesem Text gibt, die Sie nicht verstehen, arbeiten Sie bitte mit dem Wörterbuch.

13 Passivkonstruktionen

Im vorstehenden Text finden Sie – wie sehr oft in Texten, in denen Maßnahmen beschrieben und erklärt werden – viele Passivkonstruktionen.

1. Unterstreichen Sie diese bitte.

2. Bilden Sie mit den Elementen aus dem Schüttelkasten Sätze im Passiv.

```
entwickeln        beschreiben*      an die Verbraucher (m) ✓      ein|führen
                                    im Herbst (m)
an|bieten*              Displays (n)           auf dem Markt (m)

zur Verfügung stellen (f)    an|kündigen    Dekomaterial (n)    vor|stellen

verteilen ✓    auf der Messe (f)    in der Broschüre (f)    auf Anfrage (f)

neue Produkte (n)    zu|schicken    in allen Medien (n)    fort|setzen
```

18 KAPITEL 1

Die Broschüren *werden an die Verbraucher verteilt.*
a) Die Anzeigenkampagne _____
b) In unserer Versuchsabteilung _____
c) Das neue Produkt _____
d) Die Aktion _____
e) Das neue Modell _____
f) Die einzelnen Produkte _____
g) Den Geschäften _____
h) Informationsmaterial _____
i) Dem Handel _____

3. Setzen Sie bitte die richtigen Passivformen ein.

Aus für die Fernsehwerbung?

Wie langweilig wäre unser Leben ohne die Traumwelt, die uns durch das Fernsehen ins Haus _____ _____. Und durch   *bringen*
die privaten Sender werden die Wahlmöglichkeiten noch vielfältiger. Nur: sie brachten zwar mehr Programm, aber auch mehr Werbung. Das ist ver-
5 ständlich. Denn irgendwie müssen die Privaten ja _____   *finanzieren*
_____. Die öffentlich-rechtlichen Anstalten stellen ebenso immer mehr Sendezeit für Werbezwecke zur Verfügung, obwohl das gesamte Aufkommen der bundesdeutschen Fernsehgebühren an sie
_____ _____. Einschränkend muß aber   *überweisen*
10 _____ _____, daß sie nicht nach 20 Uhr   *sagen*
werben und ihre Filme nicht durch Reklame _____
_____. Nun drohen den privaten Fernsehanbietern Pro-   *unterbrechen*
bleme aus Japan. Dort _____ ein Videorecorder
_____, der sich durch die Nutzung von Signalen, die bei   *entwickeln*
15 Zweikanaltonsendungen _____ _____,   *ausstrahlen*
bei Werbespots aus- und bei Fortsetzung des Programms wieder einschaltet. Der Zuschauer kann sich bequem zurücklehnen, da er nicht mehr inmitten der spannendsten Szene _____ _____,   *auffordern*
eine neue Zahnpasta zu kaufen. Doch wohin sollen in Zukunft die großen
20 Werbeetats der Firmen fließen? Und wo soll für den japanischen Videorecorderhersteller künftig _____ _____?   *werben*
Möglicherweise hat er sich mit dieser Entwicklung ins eigene Bein geschossen!

14 Der folgende Text besteht aus Werbesprüchen.

Schauen Sie sich bitte die einzelnen Zeilen an und überlegen Sie, für welches Produkt sie jeweils werben könnten. Hier sind einige Anregungen:

Auto (n) / Ferienreise (f) / Kaffee (m) / Mundwasser (n) / Parfüm (n) / Reinigungsmittel (n) / Schallplatte (f) / Strumpfhose (f) / Waschmittel (n) / Weichspülmittel (n) / Zigaretten (f)

Ein Jahr Garantie

Du hast die Waffen einer Frau
preiswert im Verbrauch
Schluß mit dem blöden Alltagsgrau
oh, so mild im Rauch

5 Du bist so ohne Mundgeruch
Du bist strahlend weiß
das Beste ist grad gut genug
jetzt zum Minipreis

Du hast noch ein Jahr Garantie
10 Du bist streichelweich
Du bist so faltenfrei am Knie
kalorienreich, ja, kalorienreich,
ja, kalorienreich

So praktisch mit dem Drehverschluß
15 gehst du meilenweit
mit stark verfeinertem Genuß
immer griffbereit

Du bist auch mono abspielbar
und mit Plattformat
20 Du bist erfrischend fensterklar
bis zu 60 Grad

Du hast noch ein Jahr Garantie
Du bist streichelweich
Du bist so faltenfrei am Knie
25 kalorienreich, ja, kalorienreich,
ja, kalorienreich

Bernhard Lassahn

---

15 Unterstreichen Sie im Text alle zusammengesetzten Adjektive und erklären Sie diese in Ihrer Muttersprache.

16 Bilden Sie bitte zusammengesetzte Adjektive (die Zahl der möglichen Kombinationen ist jeweils in Klammern angegeben) und erklären Sie sie in Ihrer Muttersprache. Arbeiten Sie evtl. mit dem Wörterbuch.

verbraucher- (3)		-reich
phantasie- (2)		-weit
umwelt- (3)		-gerecht
tafel- (1)	+	-orientiert
kunden- (3)		-voll
geschmack- (1)		-freundlich
welt- (1)		-fertig
erfolg- (1)		
markt- (2)		
handels- (1)		

20 KAPITEL 1

1. Lesen Sie bitte die Stellungnahmen von Jugendlichen zur Werbung.

Jung, dynamisch, frisch - so sieht man sie jeden Tag: Jugendliche in der Werbung. Da möchte man auch gerne so sein - oder?

Was sagen die „echten" Jugendlichen dazu? JUGENDSCALA fragte junge Leute in München.

Peter Thaler (16):
Die Werbung wird immer besser und selbstkritischer. Es gibt heute viele Anzeigen in Zeitschriften oder Werbespots im Fernsehen, die intelligent gemacht sind. Aber Jugendwerbung ist meistens albern.

Barbara Kohl (17):
Wenn ich Kleider kaufe, richte ich mich nicht nach Werbesprüchen. Wenn ich eine gute, witzige Anzeige sehe, dann stelle ich mir manchmal vor, mitten unter diesen jungen Leuten zu sein, die da fotografiert werden. Das würde mir Spaß machen.

Stefan Girschner (17):
Werbung für junge Mode spricht mich an, weil der neueste Trend gezeigt wird. Danach kann ich mich dann richten. Ich finde, man sollte weniger Geld für Werbung ausgeben und dafür lieber sachlich informieren.

Jona Wagner (16):
Die jungen Leute in der Werbung wirken oft sehr nett. Manchmal kann ich mir sogar vorstellen, daß es Freunde von mir sind. Trotzdem lasse ich mich von der Werbung nicht einfangen.

Alexander Winterstein (19):
Die Reklame für Jugendliche zeigt nie kommende Trends. Sie benutzt nur aktuelle Klischees. Die Jugend wird in der Werbung idealisiert.

Mathias Hagen (17):
Ich finde die Reklame insgesamt sehr amüsant. Manchmal sage ich mir: „So etwas würde ich auch gerne machen". Ich will Journalist werden und auch in der Werbung arbeiten. Darum schaue ich nur, ob die Reklame gut gemacht ist. Ich finde es richtig, daß Reklame mit schönen Männern und Frauen arbeitet. Warum nicht, man schaut doch hin. Identifizieren kann ich mich mit diesen Leuten aber nicht.

Sisi Reiß (16):
Mit den jungen Leuten auf den Werbefotos oder in Werbespots kann man sich identifizieren. Ich richte mich meist nicht nach der Werbung. Aber im Unterbewußtsein folgt man bestimmt mehr der Werbung, als man zugeben will.

Robert Krüger (18):
Wenn Werbung informiert - auch das gibt es ja manchmal -, dann finde ich sie gut. Aber Zigarettenwerbung zum Beispiel finde ich sinnlos und unnötig, obwohl ich selbst Raucher bin. Ich meine, es sollte überhaupt keine Reklame geben.

Verena Keller (16):
Ich kann mir schon vorstellen, daß ein schlechtes Produkt durch eine gute Reklame sympathischer wird. Wenn ich eine lustige Reklame sehe, ist es mir egal, ob sie für ein gutes oder ein schädliches Produkt (z.B. Zigaretten) wirbt.

2. Welcher Jugendliche sagt was?

Mich amüsiert die Werbung. _____
Man schaut gern schöne Menschen an. _____
Gute witzige Anzeigen machen mir Spaß. _____
Lustige Reklame gefällt mir. _____
Werbung für junge Mode gefällt mir. _____
Die jungen Leute wirken oft sympathisch. _____
Mit den jungen Leuten in der Werbung kann ich mich identifizieren. _____
Die Jugend-Werbung ist meistens dumm. _____
Die Werbung zeigt die Jugendlichen nicht so, wie sie in Wirklichkeit sind. _____
Werbung sollte mehr Informationen geben. _____
Mit den Personen in der Werbung kann ich mich nicht identifizieren. _____
Zigarettenwerbung gefällt mir nicht. _____
Wir brauchen eigentlich überhaupt keine Werbung. _____
Werbung arbeitet zuviel mit Klischees. _____
Die Werbung zeigt ein idealisiertes Bild von der Jugend. _____

3. Welchen Aussagen stimmen Sie zu?

4. Beschreiben Sie bitte ein Beispiel aus der Werbung, das Sie für besonders gelungen halten und/oder eines, das Sie dumm bzw. ärgerlich finden.

18 **1. Das nebenstehende Bild stammt aus einer Anzeige. Wofür könnte mit ihr geworben werden? Begründen Sie bitte Ihre Vermutung.**

Sie können dabei die folgenden Redemittel verwenden:

Ich finde, ...   Man könnte meinen, ...
Ich meine, ...   Man könnte glauben, ...
Ich glaube, ...   Es könnte sein, ...
Ich denke, ...   Man könnte annehmen, ...
                               Vielleicht ...

Ich bin der Meinung, ...
Ich bin der Ansicht, ...
Meiner Meinung / Ansicht nach ...
Ich habe den Eindruck, ...
Ich habe das Gefühl, ...

**2. Ihr Dozent nennt Ihnen jetzt den Auftraggeber dieser Anzeige.
Versuchen Sie, eine Überschrift für sie zu finden.**

**3. Ihr Dozent zeigt Ihnen nun die Originalüberschrift.
Wie finden Sie diese Anzeige? Begründen Sie Ihre Meinung.**

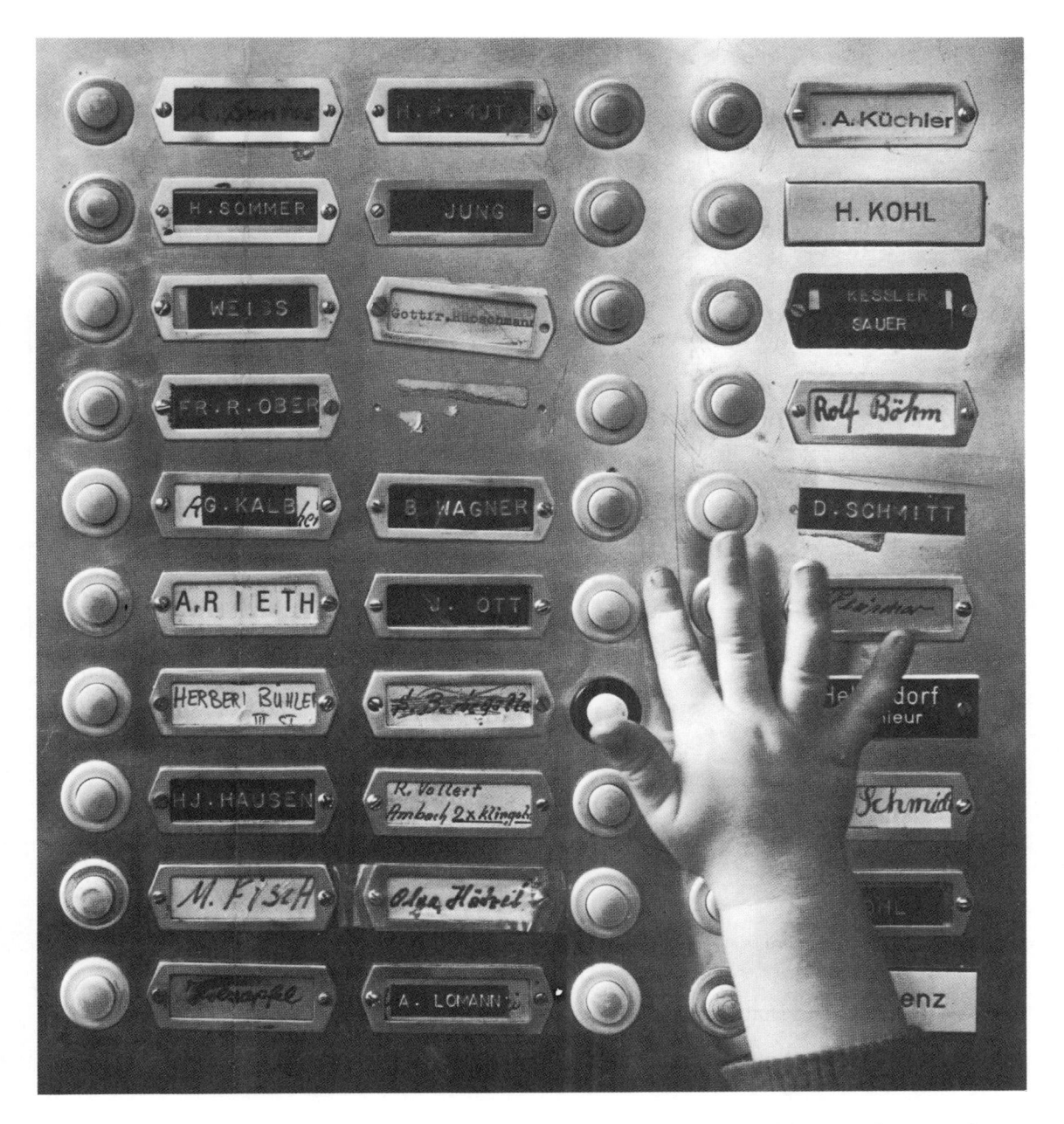

4. Versuchen Sie bitte, anhand der folgenden Stichpunkte werbewirksame Argumente zu formulieren.

Größe (f) der Wohnung (f)   Garten (m)   Wohnblocks (m)   keine Zwänge (m)
Nachbarn (m) ✓   Kinder (n)

Beispiel:
Rockmusik hören, ohne die Nachbarn zu stören – wäre das nicht schön?

19 1. Lesen Sie bitte die folgenden Werbesprüche für Dosenmilch.

Kaffee ohne Dosenmilch ist wie Samstag ohne Bundesliga

KAFFEE OHNE DOSENMILCH IST WIE MOND OHNE STERNE

KAFFEE OHNE DOSENMILCH IST WIE PAUKEN OHNE TROMPETEN

KAFFEE OHNE DOSENMILCH IST WIE ADAM OHNE EVA

Kaffee ohne Dosenmilch ist wie Max ohne Moritz

Kaffee ohne Dosenmilch ist wie Pampel ohne Muse

Kaffee ohne Dosenmilch ist wie Geschichten ohne Ende

KAFFEE OHNE DOSENMILCH IST WIE HONO OHNE LULU

Kaffee ohne Dosenmilch ist wie Fußball ohne Tore

Alles Gute der Milch ist in Dosenmilch.

2. Hier reimt es sich! Ergänzen Sie die folgenden Sprüche.

Eine Party ohne _____
ist wie ein Stierkampf ohne Stier

Ein Schuh ohne Leder
ist wie ein Indianer ohne _____

Ein Frühstück ohne Butter
ist wie ein _____ ohne Mutter

Ein Tag ohne _____
ist wie Strom ohne Leitung

3. Versuchen Sie bitte, nach dem gleichen Muster andere Sprüche zu finden.

20 Sammeln Sie aus Zeitschriften und Illustrierten Werbeanzeigen mit Bildern. Entfernen Sie die Schrift. Tauschen Sie die Bilder untereinander aus und erfinden Sie Werbeslogans.

1. Versuchen Sie bitte, mit Hilfe der Zeichnung die Überschrift des Textes zu entschlüsseln.

21

„WER AUCH IMMER SIE MIT UNSAUBERER WERBUNG ÄRGERT, WIR GEHEN IHM AN DIE WOLLE."

In einer freien Marktwirtschaft muß konsequenterweise auch die Werbung frei sein. Das bedeutet jedoch nicht: frei von Verantwortung gegenüber dem Konsumenten. Das hat die Werbewirtschaft erkannt und als freiwillige Selbstkontroll-Instanz den Deutschen Werberat ins Leben gerufen, der das Werbegeschehen beobachtet und Fälle beanstandet, in denen sich Werbung nicht an die Spielregeln von Ehrlichkeit und Anstand hält. Sollte so ein „Ausrutscher" doch einmal vorkommen, dann werden wir das aufgreifen und dafür sorgen, daß die Sache in Ordnung kommt.
Wir sind immer für Sie da und senden Ihnen auf Wunsch gerne kostenlos die interessante Informationsbroschüre „Werbung Pro & Contra". Der Deutsche Werberat, Postfach 20 06 47, 5300 Bonn 2, Telefon 02 28/35 10 25.

DIE FREIHEIT DER SELBSTKONTROLLE. DER DEUTSCHE WERBERAT.

2. Steht das im Text?   ja   nein

    a) Der Werberat überwacht das gesamte Werbegeschehen. ☐ ☐

    b) Der Werberat verbietet Werbung, wenn sie gegen die Spielregeln von Ehrlichkeit und Anstand verstößt. ☐ ☐

    Belegen Sie Ihre Antworten am Text.

3. Übrigens: Kennen Sie sich mit „tierischen" Redensarten im Deutschen aus? Was bedeuten z. B. die folgenden:

- einmal Mäuschen spielen
- so arm wie eine Kirchenmaus sein
- sich wie ein Elefant im Porzellanladen benehmen
- das hält ja kein Schwein aus!
- mit den Wölfen heulen
- einen Löwenteil abbekommen
- so ein Angsthase

- die Katze aus dem Sack lassen
- einen Vogel haben
- der Hahn im Korb sein
- den Vogel abschießen
- mein Name ist Hase
- einen Bock schießen
- die Meldung war eine Ente
- auf den Hund kommen

Ein Todesstoß warnt vor dem Verderben
Die Geschichte eines nicht ganz gewöhnlichen PR-Spots

Vor dem dunkelblauen Fenster stehen sich zwei Ritter gegenüber. Ihre Rüstungen reflektieren das Licht, das von draußen hereinfällt. Der Raum ist dunkel. Überblendung. Der Erdball baut ein leuchtend grünes Schutzgitter um sich auf. Schnitt. Der eine Ritter hebt seinen Schild, der andere geht mit dem Schwert auf ihn los und sprengt mit dem ersten Schlag eine Ecke des Schildes ab. Schnitt. Ein Stück löst sich vom Erdgitter. Schnitt. Mit dem zweiten Schlag spaltet der Ritter die obere Hälfte des feindlichen Schildes. Schnitt. Die Erde verliert einen weiteren Teil ihrer Schutzschicht. Schnitt. Unter dem letzten Schlag zerbricht der Schild in tausend Stücke. Der eine Ritter liegt schutzlos am Boden, der andere versetzt ihm den Todesstoß. Ein Schrei. Schnitt. Das Gitter um die Erde zerspringt in seine Einzelteile, der Schrei verhallt. Aus dem schwarzen All tauchen die Worte auf: „Wir dürfen unseren Ozon-Schutzschild nicht zerstören. Greenpeace." Szenenwechsel.

„Gut, dann ist also alles klar. Wir sehen uns dann morgen um fünf." Detlef W. Stichling, Produktionsleiter der Werbefilmfirma „Filmhaus München", legt den Hörer auf den Apparat und lehnt sich in seinem Schreibtischstuhl zurück. In dem Büro an der Leopoldstraße schlagen Türen. Ein Kamerateam bereitet sich auf den Abflug vor. „Im Winter haben wir in München zu schlechtes Wetter, da drehen wir oft in Amerika", sagt Stichling und wendet sich noch im Satz einem Mann zu, der an seinem Schreibtisch vorbeistürmt: „Kunzdorf vom Bavaria-Studio hat eben angerufen. Wir haben morgen den Termin, um den Joghurt-Spot fürs Fernsehen auf Video zu kopieren." – „Morgen schon? Das kannst du vergessen. Ich will noch was an dem Film ändern", sagt Hans-Joachim Berndt. Er ist Inhaber des „Filmhauses" und einer der Regisseure, mit denen Stichling schon zusammengearbeitet hat.

„Der andere heißt Thomas Bohn. Der hat schon zwei Silberne und zwei Goldene Löwen in Cannes eingeheimst!"

„Und nun ist eben eine neue Auszeichnung hinzugekommen", erzählt Stichling, während er durch den über und über mit Trophäen und Urkunden behängten Flur geht. „Der Greenpeace-Spot, den Thomas und ich zusammen gemacht haben, ist von den Zuschauern von ‚Tele 5' zum zweitbesten

22 In dem untenstehenden Text (S. 26/27) geht es um einen Werbespot der Umweltschutzorganisation Greenpeace.

1. Lesen Sie bitte den ersten Absatz des Artikels (Z. 1–24) und nehmen Sie dabei die Zeichnung zu Hilfe. Erklären Sie, worin der Zusammenhang zwischen den kämpfenden Rittern und der Erde mit ihrer Ozon-Schutzschicht besteht.

2. Lesen Sie jetzt den restlichen Text und suchen Sie die Stelle, wo einer der Regisseure des Werbespots den Zusammenhang erläutert.

3. Stellen Sie sich bitte vor, Sie wären Reporter und hätten das „Filmhaus München" besucht. Verfassen Sie über diesen Besuch einen Bericht für das Radio, der zwei Minuten lang ist. Lesen Sie ihn vor.
(Wenn es Ihnen lieber ist, können Sie den Bericht auch auf Kassette aufnehmen und dann abspielen.)

23 Haben Sie auch eine Idee für einen „alternativen" Werbespot?

Werbefilm des Jahres gekürt worden. Vor kurzem war die offizielle Preisverleihung."
65 Auf diesem Markt einen Preis zu gewinnen mit einem Spot für eine Umweltorganisation, das ist schon eine besondere Geschichte.
Doch Thomas Bohn hat offenbar ein gutes
70 Händchen für Themen dieser Art: Mit einem Spot für „amnesty international" gewann er eben in Cannes den „Goldenen Löwen", den „Oscar" der Werbefilmer. Der Kontakt zu Greenpeace kam kurz dar-
75 auf, im September des letzten Jahres, zustande.
„Die Schlagworte ‚Ozonloch', ‚Ozonkiller FCKW*', ‚Hautkrebs durch UV-Bestrahlung' geisterten bereits durch die Medien.
80 Und Greenpeace wollte einen Film zu diesem Thema machen, konnte aber nur eine fünfstellige Summe für die Produktion ausgeben. Ich mußte knapp kalkulieren," erläutert Bohn, „und entwickelte eine Idee,
85 deren Umsetzung nicht zu teuer und dennoch ‚werbeträchtig' war. Die Ozonschicht ist für die Erde, was der Schild für den Ritter ist: Zerstörung bedeutet Ausgeliefertsein, Wehrlosigkeit, Tod."
90 Schon bevor der Spot fertig war, hatte er die ersten Adressaten erreicht: seine Erfinder. Detlef W. Stichling sagt geradeheraus: „Wir sind alle durch diese Arbeit umweltbewußter geworden und benutzen zum Bei-
95 spiel seither fürs Essen auch bei noch so hektischen Dreharbeiten kein Plastik mehr, nur noch Porzellan."

* Fluorchlorkohlenwasserstoffe

J. F. Weyrauch/Süddeutsche Zeitung

24 Der nebenstehende Text informiert über den Messeplatz Deutschland. Er ist relativ lang und dürfte auch einige Vokabeln enthalten, die Ihnen unbekannt sind. Versuchen Sie es trotzdem einmal ohne Wörterbuch.

1. **Überfliegen Sie zunächst den ganzen Text und konzentrieren Sie sich dabei besonders auf den ersten Satz eines jeden Absatzes. (Er enthält oft die Hauptinformation.)**

2. **Lesen Sie dann den Text ein zweites Mal und notieren Sie in Ihrer Muttersprache, was zu den folgenden Stichpunkten gesagt wird:**
   — Bedeutung und Erfolg des Messewesens in Deutschland
   — Rolle des Auslands
   — geografische Verteilung innerhalb Deutschlands
   — Bedeutung des EG-Binnenmarktes für die weitere Entwicklung des Messewesens

3. **Erklären Sie bitte (mit Beispielen), was Sie unter den folgenden Begriffen verstehen:**
   Erweiterungsinvestition (f, Z. 9) Ersatzinvestition (f, Z. 10) / Branchenmesse (f, Z. 11) / Investitionsgütermesse (f, Z. 13) / Konsumgütermesse (f, Z. 15) / Messen mit enger Zielgruppendefinition (f, Z. 89)

Messegelände Düsseldorf, Nordeingang

Messen in Deutschland

Die seit Jahren anhaltende gute Messekonjunktur in der Bundesrepublik Deutschland hält weiterhin unvermindert an. Der Veranstaltungskalender des Ausstellungs- und Messeausschusses der Deutschen Wirtschaft (AUMA) in Köln nennt etwa 100 Messen und Ausstellungen von überregionaler Bedeutung.

Ein stark wachsender Bedarf an Erweiterungs- und Ersatzinvestitionen in der Industrie kam den jeweiligen Branchenmessen in besonderem Maße zugute. Dazu kam, daß eine Reihe großer Investitionsgütermessen mit langem Turnus zusammentrafen. Der Anteil der Konsumgütermessen liegt seit Jahren je nach Zusammensetzung des Messeprogramms bei 45–55%.

Insgesamt stieg die Zahl der Aussteller auf den überregionalen Messen des letzten Jahres um 9,5% auf 109 380. Die hohe Zahl der ausländischen Aussteller, bei denen eine Steigerung um 16,3% auf 47 711 zu verzeichnen war, ist ein Indiz für die internationale Spitzenposition der deutschen Messen. Die vermietete Fläche wuchs um 12,5% auf 5 268 062 m². Die Zahl der Besucher erreichte knapp 10 Mio. (+27,1%), 1,5 Mio. Interessenten reisten aus dem Ausland an, davon etwa die Hälfte aus Ländern der EG.

Zu den wichtigsten Messestädten zählen Hannover (456 940 m² Hallenkapazität), Frankfurt (263 003 m²), Köln (230 000 m²), Düsseldorf (174 626 m²) und München (105 000 m²). Auf diese fünf Städte entfallen mehr als 80% der Veranstaltungen. Und hier sind auch die bedeutendsten Ausstellungen angesiedelt, z. B. die Industriemesse, die größte Investitions- und Gebrauchsgüterschau der Welt (Hannover), die Buchmesse (Frankfurt), die Allgemeine Nahrungs- und Genußmittel-Ausstellung (ANUGA, Köln), die Internationale Messe Druck und Papier (DRUPA, Düsseldorf) oder die Internationale Baumaschinen-Messe (BAUMA, München).

Eine nicht zu unterschätzende Rolle als Messestadt wird aller Voraussicht nach Leipzig übernehmen. Bis zum Zweiten Weltkrieg war Leipzig der führende deutsche und zugleich ein überragender internationaler Messeplatz. Mit der Vereinigung Deutschlands hat die Stadt die Chance, sich diesem Rang wieder anzunähern.

Zunehmendes Interesse wurde in den letzten Jahren besonders für den Bereich der Informations- und Kommunikationstechnik gezeigt. So bietet Hannover beispielsweise eine eigene Veranstaltung zu diesem Fachgebiet an (CeBIT – Welt-Centrum der Büro-, Informations- und Telekommunikationstechnik).

Das EG-Thema hat zahlreiche messepolitische Diskussionen der letzten Jahre beherrscht. Aus diesem Grunde hat der AUMA beim Ifo-Institut für Wirtschaftsforschung in München eine Studie zur „Entwicklung des europäischen Messewesens, insbesondere des Messeplatzes Deutschland bis zum Jahr 2000, unter besonderer Berücksichtigung des EG-Binnenmarktes" in Auftrag gegeben. Die Vereinheitlichung des europäischen Marktes ist für die deutsche Wirtschaft von großer Bedeutung, schließlich wickelt sie die Hälfte ihres Außenhandels mit Ländern der EG ab. Aber die Multinationalität der deutschen Messen bietet auch für Unternehmen außerhalb der EG günstige Voraussetzungen, um den EG-Markt zentral zu erschließen. Diese Präsentations- und Informationsmöglichkeiten werden seit der Öffnung Osteuropas sicherlich verstärkt von diesen Ländern wahrgenommen.

Insgesamt gesehen ist in den nächsten Jahren von einem stärkeren Wettbewerb der europäischen Messen und Messeplätze untereinander auszugehen. Eine erneut aufkeimende Entwicklung zu kleinen Messen mit enger Zielgruppendefinition dürfte sich daraus nicht ergeben. Die bisherigen Zahlen belegen vielmehr, daß das Vertrauen der Wirtschaft in umfassende Branchenmessen weiterhin ungebrochen bleibt.

4. Welche Messen und Ausstellungen gibt es in Ihrem Land?

5. Waren Sie schon einmal auf einer Messe (im deutschsprachigen Raum)? Bitte berichten Sie über Ihre Erfahrungen.

25 1. In den folgenden Schaubildern werden jeweils Aussteller, Besucher und Umsatz der größten Messeplätze der Bundesrepublik Deutschland angegeben. Zwei dieser drei Informationen werden auch im Text in Aufg. 24 erwähnt. Welche?

DIE GROSSEN MESSEN
Vergleichsdaten der fünf größten Ausstellungsorte in der Bundesrepublik

Frankfurt
Zahl der Aussteller:
31.236
Besucher:
1,1 Millionen
Umsatz in D-Mark:
274 Millionen

München
Zahl der Aussteller:
26.600
Besucher:
2 Millionen
Umsatz in D-Mark:
232 Millionen

Hannover
Zahl der Aussteller:
16.000
Besucher:
3 Millionen
Umsatz in D-Mark:
380 Millionen

Düsseldorf
Zahl der Aussteller:
24.772
Besucher:
1,9 Millionen
Umsatz in D-Mark:
345 Millionen

Köln
Zahl der Aussteller:
19.615
Besucher:
1,4 Millionen
Umsatz in D-Mark:
250 Millionen

Es ist zu beachten, daß die Daten zum Teil erheblichen Schwankungen unterliegen, da einige Messen und Ausstellungen nicht jedes Jahr stattfinden.

2. Schreiben Sie bitte einen Text, der die Informationen aus den Schaubildern wiedergibt.

Um Rangordnungen auszudrücken, können u. a. die folgenden Strukturen benutzt werden:

an der Spitze liegen / stehen
an erster, zweiter, dritter usw. Stelle liegen / stehen
an zweiter, dritter usw. Stelle folgen ...
auf Platz zwei, drei usw. folgt ...
der / die / das größte, zweitgrößte, drittgrößte usw. ...

Der Text beginnt:

Was die Zahl der Aussteller betrifft, so liegt Frankfurt mit 31 236 an erster Stelle, gefolgt von ...

**Tragen Sie bitte die Orte, an denen die folgenden Messen stattfinden, in die Karte ein. 26
Achten Sie dabei auf die Symbole in Aufg. 25.**
(Tip: auf Seite 2 finden Sie eine Landkarte.)

AERO (Internationale Fachmesse für Flugsport und Allgemeine Luftfahrt), Friedrichshafen
ANUGA (Allgemeine Nahrungs- und Genußmittel-Ausstellung), Köln
BAUMA (Internationale Fachmesse für Baumaschinen und Baustoffmaschinen), München
Deutsche Boots-Ausstellung, Hamburg
Frankfurter Buchmesse
HANNOVER MESSE Industrie
Hannover Messe CeBIT
IGEDO – Internationale Modemesse, Düsseldorf
Internationale Automobilausstellung, Frankfurt
Internationale Lederwarenmesse, Offenbach
Internationale Frankfurter Messe
Internationale Grüne Woche, Berlin
Internationale Möbelmesse, Köln
Internationale Saarmesse, Saarbrücken
Internationale Spielwarenmesse, Nürnberg
Internationale Tourismus-Börse, Berlin
Interstoff, Frankfurt
Inter-Tabak, Dortmund
Leipziger Messe
Photokina, Köln
Telematica, Stuttgart

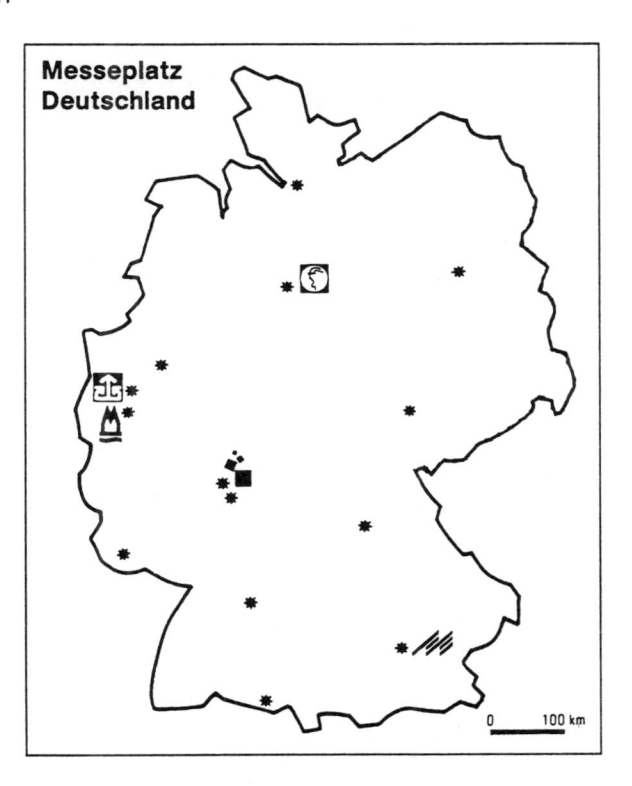

KAPITEL 1

27 1. **Lesen Sie bitte den Text und markieren Sie alle Textpassagen, die Sie verstehen.**

Messen und Fachausstellungen:

Bei der Förderung des Warenaustausches über die Grenzen spielen internationale Messen und Fachausstellungen eine besondere Rolle. Sie können ihre Aufgabe aber nur erfüllen, wenn sie tatsächlich „international" sind – in der Struktur der Aussteller- und der Nachfrageseite, in der Vollständigkeit des jeweiligen Branchenangebots und in der Präsenz der Einkäufer und Fachbesucher aus allen wesentlichen Märkten. Auf den jährlich rund 160 internationalen Fachmessen (Zutritt in der Regel nur für Fachbesucher mit Legitimation) in der Bundesrepublik sind diese Kriterien erfüllt.

Internationale Messen in unserem Land sind in der Tat „Drehscheiben" für multinationale Kontakte, Geschäfte, Plattform für weltweite Absatzförderung, Wettbewerbsbeobachtung, Kommunikation. Die Wirtschaft sieht ihre Beteiligung an solchen marktführenden Messen als wichtigen Bestandteil ihrer Marketingstrategie an. Ein solches „Branchenereignis" gibt Entscheidungshilfen für die mittel- bis langfristige Produktplanung, Handels- und Unternehmenspolitik.

Süddeutsche Zeitung

2. **Sie haben den Text sicher so weit verstanden, daß Sie ihm eine Überschrift geben können. Welche der folgenden drei Überschriften paßt zu diesem Text?**

Neue Strukturen für internationale Kontakte
Messen als Motor für den Export
Neue Marketingstrategien für Messen

3. Die schwierigen Passagen des Textes sind hier noch einmal aufgelistet. **Suchen Sie jeweils eine Entsprechung in Ihrer Muttersprache.**

die Förderung des Warenaustauschs über die Grenzen
_____

in der Struktur der Aussteller- und der Nachfrageseite
_____

die Vollständigkeit des jeweiligen Branchenangebots
_____

diese Kriterien sind erfüllt
_____

eine Drehscheibe
_____

die Wirtschaft sieht ihre Beteiligung als wichtigen Bestandteil ihrer Marketingstrategie an
_____

Messen geben Entscheidungshilfen für die mittel- bis langfristige Produktplanung
_____

4. **Lesen Sie bitte den Text noch einmal.**

1. Ordnen Sie bitte die Verben aus dem Schüttelkasten in die Kontrollliste ein und geben Sie dann bei den Aktivitäten die Artikel an. **28**

Zeitplan für Firmen, die an einer Ausstellung/Messe teilnehmen wollen	
Aktivitäten	Monate vor Ausstellungsbeginn
1. _____ Gesamtbudget _____	12-15
2. _____ Standplatz _____	12-15
3. _____ Kostenvoranschlag für Standaufbau _____	12
4. _____ detaillierten Zeitplan _____	11
5. _____ Reise _____	8
6. _____ Ausstellungsmobiliar _____	6-8
7. _____ Liefertermine mit Spediteur _____	8
8. _____ Dokumentation _____	8
9. _____ Hotelzimmer _____	6
10. _____ Informationsmaterialien _____	5
11. _____ Werbeanzeigen *schalten* _____	5
12. _____ Adressenlisten _____	4
13. _____ Voranschlag für Druckarbeiten _____	4
14. _____ Produkte und Ausstellungs- materialien an Spediteur _____	1
15. _____ Einladungen _____	1

---

fest|setzen   reservieren   verhandeln   an|fordern

erstellen   liefern

schalten ✓   an|fordern   planen   reservieren

vor|bereiten   verschicken   auf|stellen   buchen   übersetzen

---

Für eine solche Auflistung von Tätigkeiten könnte man auch den **Nominalstil** benutzen.

Zur Nominalisierung vieler Verben kann die Nachsilbe **-ung** verwendet werden.

Beispiel:
reservieren   die Reservier**ung** eines Standplatzes

2. Formulieren Sie bitte die Vorbereitungen für die Teilnahme an einer Messe, indem Sie die oben eingesetzten Verben gemäß dem Beispiel nominalisieren.

29 1. Lesen Sie bitte den Text und markieren Sie darin alle zusammengesetzten Wörter.

Information für Ihre Besuchsplanung

Termin, Ort und Öffnungszeiten:

Von Samstag, den 12. Oktober, bis Donnerstag, den 17. Oktober. Täglich von 9.00 bis 18.00 Uhr. Messegelände Köln-Deutz.

Eintrittskarten:
Wer vorher kauft, spart Geld. Und Zeit. Keine Wartezeiten an den Kassen! In der Bundesrepublik Deutschland gibt es die Eintrittskarten im Vorverkauf über Industrie- und Handelskammern, Handwerkskammern und Fachverbände, im Ausland bei den Vertretungen der Kölner Messegesellschaft.

Vorverkauf: Messekasse:
Einmalkarte DM 16,—   Einmalkarte DM 25,—
Dauerkarte DM 30,—   Dauerkarte DM 45,—

Dolmetscher:
Für Ihre Informations- und Kaufgespräche stehen Dolmetscher kostenlos zur Verfügung.

Messe- u. Ausstellungsgesellschaft Köln

Fugen-s

Bei einem Teil der von Ihnen markierten zusammengesetzten Wörter ist ein **s** eingefügt, bei anderen nicht. Die meisten von ihnen passen in eine der vier folgenden Kategorien.

2. Ordnen Sie zu und vervollständigen Sie die Regeln jeweils mit „mit *s*" bzw. „ohne *s*".

   a) Das erste Wort ist weiblich und endet auf **-heit, -ion, -keit, -schaft, -tät, -ung**: _____

   b) Das erste Wort ist eine Präposition oder ein Adjektiv: _____

   c) Das erste Wort hat zwei oder mehr Silben und ist männlich oder sächlich: _____

   d) Das erste Wort ist einsilbig: _____

3. Mit oder ohne *s*? Ergänzen Sie bitte und ordnen Sie auch die folgenden Wörter den vier Kategorien (a–d) zu.

Rang…ordnung	____		
Verkauf…förderung	____	Verkauf…personal	____
Ausstellung…gelände	____	Landwirtschaft…minister	____
Publikum…zeitschrift	____	Gegen…argument	____
Direkt…werbung	____	Schwer…punkt	____
Gesamt…auflage	____	Versuch…abteilung	____
Verkehr…mittel	____	Qualität…kategorie	____
Mit…bewerber	____	Meinung…umfrage	____
Packung…größe	____	Beratung…stelle	____
Dekoration…material	____	Dokumentation…stelle	____

1. **Ordnen Sie bitte die folgenden Textteile so, daß sich ein sinnvoller Text ergibt. Tragen Sie die entsprechenden Buchstaben in die nachstehenden Kästchen ein.**

A Im vergangenen Jahr wurden hierzulande 405 Ausstellungen veranstaltet, die Amerikaner brachten es dagegen nur auf rund 300 Messen.

B Auch die Nachbarländer in der EG liegen noch ein Stück zurück.

C Als 1948 in Frankfurt die erste Nachkriegsmesse eröffnet wurde, war die Nachfrage noch größer als das Angebot.

D Doch immer deutlicher zeigt sich nun, daß offenbar des Guten längst zuviel getan wurde.

E Selbst für die Experten in den Messeabteilungen der großen Firmen ist kaum noch zu erkennen, welche Ausstellungen für ihr Unternehmen wichtig und welche überflüssig sind.

F Inzwischen haben die Deutschen mit ihrem Messeeifer alle anderen Nationen abgehängt.

1	2	3	4	5	6
C					

2. **Welche Wörter im Text haben Ihnen bei der Lösung der Aufgabe besonders geholfen? Markieren Sie bitte diese Wörter.**

3. **Welche Funktion haben diese Wörter Ihrer Ansicht nach? (Sie können Ihre Antwort in Ihrer Muttersprache formulieren.)**

4. **Welche Entsprechung ist jeweils richtig?**

   Die Amerikaner brachten es nur auf 300 Messen.
   — In Amerika fanden nur 300 Messen statt.
   — Die Amerikaner nahmen nur an 300 Messen teil.

   Es wurde des Guten zuviel getan.
   — Nur die besten Firmen nahmen an den Messen teil.
   — Es wurden zu viele Messen veranstaltet.

   Die Deutschen haben mit ihrem Messeeifer alle anderen Nationen abgehängt.
   — Der Erfolg der deutschen Messen hängt von den Ausstellern aus anderen Ländern ab.
   — Die Bundesrepublik steht bei der Zahl der Messen an erster Stelle.

KAPITEL 1   35

31 1. Lesen Sie den Artikel zunächst ohne die fehlenden Wörter. Sie wissen dann ungefähr, worum es geht.

2. Setzen Sie dann die Begriffe aus dem Schüttelkasten ein. Beginnen Sie mit den Wörtern, bei denen Sie sich sicher sind.

Leipziger Messe wird Einkaufsbasar

Das Messegeschehen in Leipzig wird sich im nächsten Jahr grundlegend verändern. Anläßlich der letzten Bau-Fachmesse wurden die neuesten Projekte bekanntgegeben, die mit den bisherigen Traditionen radikal brechen.

Normalerweise ist eine Messe ein _____, auf dem sich Industrie und
5 Handel treffen, um ihre Geschäfte abzuschließen.

Das _____ ist davon ausgeschlossen. Im nächsten Frühjahr wird mit dieser Regel gebrochen. Die in Zukunft zweigeteilte Frühjahrsmesse sieht eine eigene _____ vor, auf der auch „Fachmärkte" eingerichtet werden. Sie wenden sich unmittelbar mit ihren Angeboten an den Konsumenten – die Messe wird damit zu
10 einem riesigen _____.

Die Technische Messe wird dagegen im bisherigen Rahmen durchgeführt, lediglich der Beginn wurde von _____ auf den _____ vorverlegt, um für die Parallelveranstaltung günstigere Voraussetzungen zu schaffen.

Insgesamt sind für das kommende Jahr 14 Veranstaltungen in Leipzig konzipiert, von denen
15 die meisten regionalen _____ haben und sich vor allem an das breite Publikum wenden.

Auf der Bau-Fachmesse, die die Leipziger Messegesellschaft zusammen mit der Hannovermesse organisierte, sind über 1800 Firmen vertreten. Es steht zu erwarten, daß der _____ auf dem Gebiet der ehemaligen DDR auch der Baukonjunktur
20 entscheidende Impulse vermitteln wird.

Auf den Messeständen zeigten sich die meisten _____ recht zuversichtlich. Besonders im Ausbaugewerbe (Fenster, Dächer, Badezimmer) läuft das Geschäft mit den lokalen Handwerkern und Privatkunden erfreulich gut.

Auf mittlere Sicht ist ein _____ unausweichlich, da im östlichen Teil
25 Deutschlands ein großer Sanierungsbedarf besteht.

Bis zum Jahre 2000 wird für die neuen _____ der Baunachholbedarf auf bis zu 800 Milliarden DM geschätzt.

Süddeutsche Zeitung

Marktplatz (m)   Nachholbedarf (m)   Aussteller (m)   Sonnabend (m)   Charakter (m)
Einkaufsbasar (m)   Konsumgüterveranstaltung (f)
Sonntag (m)   Bundesländer (n)   Publikum (n)   Bauboom (m)

Veranstaltungskalender der Leipziger Messe

23. 2.–27. 2. Leipziger Modemesse

Leipziger Messen Frühjahr
16. 3.–22. 3. Technische Messe
16. 3.–20. 3. Konsumgütermesse
13. 4.–21. 4. Leipziger Messe
Haus – Garten – Freizeit
24. 4.–29. 4. Leipziger Buchmesse
4. 5.–12. 5. Leipziger Messe
Auto
(3.5. Fachbesuchertag)
7. 6.–12. 6. Leipziger Fachmesse
für Handwerk und Gewerbe

Leipziger Messen Herbst
31. 8.– 6. 9. Technische Messe
31. 8.– 4. 9. Konsumgütermesse
18. 9.–21. 9. TGA – Fachausstellung
für technische Gebäude-
ausrüstung Leipzig
10. 10.–15. 10. Leipziger Messe
Büro- und Informations-
technik
1. 11.– 6. 11. Bau-Fachmesse Leipzig
21. 11.–26. 11. Leipziger Messe
Handel und Gastronomie
5. 12.–10. 12. Leipziger Messe
Touristik und Camping

Bitte setzen Sie die fehlenden Begriffe ein. Die numerierten Felder ergeben ein neues Wort. 32 F

Werbung in einer Zeitung/Zeitschrift:

unternehmerische Tätigkeit, die sich mit dem Absatz eines Produktes befaßt:

eine Firma, die sich auf Werbung spezialisiert hat:

Gebäude, in dem eine Messe stattfindet:
sie dient dazu, Neuheiten bekannt zu machen und konkurrierende Produkte auf einer Leistungsschau zum Vergleich zu stellen:
Werbung im Fernsehen:

größte deutsche Messe für Büro-, Informations- und Telekommunikationstechnik:
die Menge der abgesetzten Güter multipliziert mit dem Verkaufspreis:
eine Werbemethode, bei der der Konsument direkt angesprochen werden soll:

anderes Wort für Konsument:

Werbung im Briefkasten:

Untersuchung des Marktes:

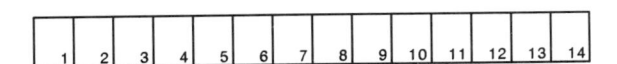

KAPITEL 1 37

33 Die folgende Seite soll Ihnen helfen, selbst eine systematische Auflistung wichtiger Lexik im Bereich „Werbung, Messen, Ausstellungen" zu erstellen. Sie haben damit die Möglichkeit, später auf einen Blick die wichtigsten Wörter und Ausdrücke aus diesem Kapitel wiederzufinden.

Notieren Sie bitte in den folgenden Rubriken Wörter bzw. Ausdrücke aus dem gesamten Kapitel 1. Vergessen Sie bei den Substantiven die Artikel und Pluralformen nicht. Kennzeichnen Sie die unregelmäßigen Verben mit einem * und die trennbaren Verben mit einem |.

Werbeträger:

die Illustrierte(-n)

Werbemittel:

die Anzeige(-n)

Wörter oder Ausdrücke, in denen das Wort „Markt" vorkommt:

der Marktanteil(-e)

Verben, die im Bereich „Werbung" wichtig sind:

inserieren

Wichtige Wörter (Substantive, Verben, Adjektive) für Messen und Ausstellungen:

der Messestand(-̈e)

Andere Wörter (Substantive, Verben, Adjektive), die Ihnen für das Thema „Werbung" bzw. „Messen und Ausstellungen" wichtig erscheinen:

ansprechend

Kapitel 2

Handel

Ladentypen: vom Fachgeschäft zum SB-Warenhaus	1–4, 30
Definitionen	3
Aufbau von Zeitungsmeldungen	5, 6
„Die Großen fressen die Kleinen"	7, 8, 10
Zusammengesetzte Wörter	9
Konjunktiv	11
Umsatz und Gewinn im Einzelhandel	12
Duale Abfallwirtschaft	13
Warenwirtschaftssystem des Einzelhandels	14
Selbstbedienung, Meinung ausdrücken	15
Aufbau eines Supermarktes	16
Fachvokabular	17
Markenartikel	18
Versandhandel	19, 20
Zusammengesetzte Wörter	21
Fachvokabular: Kreuzworträtsel	22
Verfügbares Einkommen von Privathaushalten	23, 24, 26
betragen – sich belaufen auf – ausmachen – entfallen auf	25
Ladenschlußzeiten	27–30
sagen	29
Internationalismen	31
Verbraucherpolitik	32–38
Beschreibung von Strukturen	33
Passiv	36
Wichtige Lexik	39

1 **1. Wo würden Sie am liebsten Obst (n), Fleisch (n), Waschmittel (n), Kleidung (f) oder Haushaltsgeräte (n) kaufen?**

Im Supermarkt (m), im Kaufhaus (n), im Fachgeschäft (n), auf dem Markt (m) …?

Begründen Sie bitte jeweils Ihre Entscheidung und verwenden Sie dabei die nachstehenden Redemittel.

Redemittel für Begründungen:

a) Ich kaufe am liebsten im Supermarkt ein, **denn** ich habe nicht viel Zeit.
b) Ich kaufe am liebsten im Supermarkt ein, **weil** ich nicht viel Zeit habe.
c) **Da** ich nicht viel Zeit habe, kaufe ich am liebsten im Supermarkt ein.
d) Ich habe nicht viel Zeit, **deshalb/deswegen/darum/daher** kaufe ich am liebsten im Supermarkt ein.
e) Ich kaufe am liebsten im Supermarkt ein, ich habe **nämlich** nicht viel Zeit.

2. Erklären Sie die Stellung der Verben in diesen fünf Sätzen.

2 Sie finden hier Definitionen von verschiedenen Ladentypen.
Kreuzen Sie bitte in dem nachstehenden Raster an, zu welchen Stichpunkten in den einzelnen Definitionen Angaben gemacht werden.

Fachgeschäft: Einzelhandelsbetrieb, der Waren einer Branche mit ergänzenden Dienstleistungen anbietet, wobei in vielen Branchen das Bedienungsprinzip über-
5 wiegt.

Lebensmittel-SB-Laden: Einzelhandelsgeschäft, das Lebensmittel – aber häufig kein vollständiges Lebensmittelsortiment – in Selbstbedienung anbietet.

10 **Diskonthandel – auch als Discounthandel bezeichnet:** Form des Einzelhandels, bei der ein auf raschen Umschlag ausgerichtetes Sortiment von Waren zu niedrig kalkulierten Preisen angeboten und auf Dienst-
15 leistungen weitgehend verzichtet wird.

Lebensmittel-SB-Markt: Lebensmittel-Selbstbedienungsgeschäft, in dem auch die Frischwarensortimente einschließlich Frischfleisch geführt werden, mit 250 bis
20 400 qm Verkaufsfläche.

Supermarkt: Lebensmittel-Selbstbedienungsgeschäft, das überwiegend Lebensmittel einschließlich der Frischwarengruppen sowie in der Regel umfangreiche Sorti-
25 mente an Ver- und Gebrauchsgütern anbietet, mit einer Verkaufsfläche von mindestens 400 qm.

SB-Center (auch Verbrauchermarkt): Einzelhandelsgeschäft, das überwiegend in
30 Selbstbedienung Güter des kurz- und mittelfristigen Bedarfs anbietet, wobei nicht mehr als 50 Prozent der Verkaufsfläche auf den Lebensmittelbereich entfallen. SB-Center verfügen über 1500 und mehr qm
35 Verkaufsfläche, über Service-Betriebe sowie in der Regel über Kundenparkplätze.

Warenhaus: Einzelhandelsgroßbetrieb, der in verkehrsgünstiger Geschäftslage Waren aus zahlreichen Branchen – Bekleidung,
40 Textilien, Hausrat, Möbel sowie Nahrungs- und Genußmittel – anbietet. Die Verkaufsmethode reicht von der zum Beispiel im Textilbereich vorherrschenden Bedienung bis zur Selbstbedienung, zum Beispiel bei
45 Lebensmitteln.

SB-Warenhaus: Einzelhandelsgeschäft, das überwiegend in Selbstbedienung Güter des kurz-, mittel- und langfristigen Bedarfs anbietet. In der Regel verfügen SB-Waren-
50 häuser über 4000 qm und mehr Verkaufsfläche, und neben zahlreichen Service-Betrieben ist eine ausreichende Anzahl an Parkplätzen vorhanden.

Lebensmittel-Zeitung

	Waren-angebot	Preise	Ladengröße	Verkaufs-methode	Geschäfts-lage	Park-plätze
Fachgeschäft						
Lebensmittel-SB-Laden						
Diskont-Handel						
Lebensmittel-SB-Markt						
Supermarkt						
Verbraucher-markt						
Warenhaus						
SB-Warenhaus						

Für Definitionen werden häufig bestimmte Strukturen und Ausdrucksmittel verwendet. **3**

1. **Lesen Sie bitte die vorstehenden Definitionen noch einmal durch und stellen Sie fest, welche Elemente aus a–e dort jeweils am häufigsten vorkommen:**

   a) Vergangenheit – Präsens – Zukunft
   b) Konditionalsätze – Relativsätze
   c) Indikativ – Konjunktiv II – Imperativ
   d) Oberbegriffe – Unterbegriffe
   e) zusammengesetzte Wörter – Zahlenangaben – Modalverben

2. **Unterstreichen Sie in den vorstehenden Definitionen alle Relativsätze.**

3. **Schreiben Sie anhand der folgenden Satzelemente Definitionen, die in ihrer Struktur den vorstehenden Texten entsprechen.**

   Versandhandel (m): Form des Einzelhandels ...
   — Waren per Katalog anbieten
   — dem Käufer per Post oder auf einem anderen Wege liefern

   Filialunternehmen (n): Betrieb ...
   — mindestens fünf getrennte Verkaufsstellen
   — unter einheitlicher Leitung stehen

   Handelskette (f): Form der Kooperation ...
   — Groß- und Einzelhandelsbetriebe meist gleichartiger Branchen
   — sich zusammenschließen
   — unter einheitlichem Organisationszeichen operieren

Einkaufszentrum (n): Räumliche Konzentration von Einzelhandels- und Dienstleistungsbetrieben verschiedener Art und Größe ...
— in der Regel von einer Gesellschaft als Einheit gebaut
— die einzelnen Ladenflächen an unabhängige Geschäftsleute vermieten

Cash & carry-Betrieb (m): Großhandelsbetrieb ...
— Einzelhändlern ein breites Sortiment von Nahrungs- und Genußmitteln und Gebrauchsartikeln anbieten
— selbst abholen
— bar bezahlen

4 Welche Art von Geschäft macht Ihrer Ansicht nach mit einer derartigen Anzeige Werbung? Begründen Sie bitte Ihre Meinung.

Unsere Stärken liegen klar auf der Hand
direkte Nachbarschaft
gutsortiertes Warenangebot
konkurrenzfähige Preise
ständige Präsenz mit Frischwaren
wöchentliche Aktionspreise
sauber gepflegte Fachabteilungen mit Bedienung

Zeitungsartikel haben im allgemeinen einen ganz bestimmten Aufbau.

1. Lesen Sie bitte zunächst den kurzen Artikel „Südgetränke wächst durch Übernahmen". In welcher Reihenfolge stehen dort die folgenden drei Punkte?

Quellenangabe   Detailinformationen   Hauptinformation

Südgetränke wächst durch Übernahmen

Auf Alkoholfreies setzt die *Gustav und Grete Schickedanz Holding KG, Fürth*, in ihrem Getränkebereich. Wie das Unternehmen im Bundesanzeiger bekanntgab, will sich die *Südgetränke GmbH, Nürnberg*, ein über die *Patrizier Beteiligungs-AG, Nürnberg*, gehaltenes Schickedanz-Unternehmen, bei zwei süddeutschen Herstellern von Erfrischungsgetränken engagieren. Es werde je eine Mehrheitsbeteiligung an der *„Fruttika" Schwäbische Getränke-Industrie GmbH + Co. KG, Neu-Ulm*, und der *Erfrischungsgetränke Schierle + Wolter GmbH + Co. KG, Westhausen*, übernommen. Die Südgetränke GmbH, einer der größten deutschen Coca-Cola-Konzessionäre, setzte im letzten Geschäftsjahr rund 261 (im Vorjahr 246) Mio. DM um. Das Unternehmen hat seinen Sitz im Frühjahr von Nürnberg nach Erlangen verlegt.

2. Lesen Sie nun den zweiten Artikel. Ist die Reihenfolge dieselbe?

Brüssel begrenzt Kälberimporte aus Osteuropa

Die Europäische Gemeinschaft wird ihre Importe von Jungrindern aus osteuropäischen Ländern begrenzen. Wie ein Sprecher der EG-Kommission mitteilte, werden die Einfuhren zu den EG-üblichen Importabgaben gestoppt. Dieser Beschluß der Kommission geht auf Vorkehrungen der EG-Agrarminister vom März zurück, wonach die Einfuhren in diesem Jahr 425 000 Jungrinder mit einem Gewicht bis zu 220 kg nicht übersteigen dürfen. Die Quote von 227 000 Tieren zum normalen Importzoll wurde mittlerweile erfüllt. Allerdings können dieses Jahr noch 198 000 Tiere mit einem um 70 Prozent ermäßigten Satz in die Gemeinschaft eingeführt werden. Die bisherigen Einfuhren stammten zu 93 Prozent aus Polen.

6 1. **Aus den folgenden Elementen können Sie nach demselben Schema drei Zeitungsartikel zusammenstellen.**

F

(A) Im Laufe der letzten Saison hatte der Fachhandel Einbußen in Höhe von 2,5 % gegenüber dem Vorjahr zu verzeichnen.

(B) Wie die Hauptgemeinschaft des deutschen Einzelhandels mitteilt, konnten sie ihre Umsätze um etwas über 2 % steigern.

(C) Recht zufrieden mit den Umsätzen im Mai und in den ersten fünf Monaten des Jahres sind die Einzelhandelsfachgeschäfte.

(D) Wie Kaufhof-Chef Jens Odewald auf der Hauptversammlung ausführte, waren daran die eigentlichen Warenhäuser mit Wachstumsraten unter einem Prozent nur schwach beteiligt.

(E) Und die ersten Zahlen für das neue Jahr scheinen diese rückläufige Tendenz zu bestätigen.

(F) Dabei erzielte der Radio- und Fernseh-Einzelhandel mit einem Wachstum von 13 % bei weitem die besten Ergebnisse, und auch die Schuhgeschäfte konnten mit einem Plus von 11 % durchaus zufrieden sein.

(G) Dies war die einhellige Meinung aller Teilnehmer auf einer Fachtagung anläßlich der Internationalen Modemesse in Düsseldorf am letzten Wochenende.

(H) Stärkere Zuwachsraten gab es dagegen bei den Reiseaktivitäten, beim Versandhaus-Geschäft der Tochtergesellschaften sowie beim Medien-Vertrieb (Bücher und Kassetten).

(I) Die neuen Dienstleistungs-Aktivitäten des Warenhaus-Konzerns Kaufhof ließen den Umsatz im ersten Halbjahr um gut sieben Prozent wachsen.

(J) Auf der Schattenseite stand dagegen der Tapeten-, Teppich- und Farbenhandel, der 10 % weniger umsetzte als im Vorjahr.

(K) Der Textil-Fachhandel leidet immer stärker unter der Konkurrenz durch Verbrauchermärkte und Warenhäuser.

2. Ihr Dozent zeigt Ihnen jetzt die Lösung.
   Falls Ihre Lösung anders aussieht, erläutern Sie diese bitte.

1. Ordnen Sie bitte die vier Lebensmitteleinzelhandelszweige in das Schaubild ein:

| Supermärkte (m) | SB-Warenhäuser (n) und Verbrauchermärkte (m) | Discounter (m) | restliche Geschäfte (n) |

F

Konkurrenzkampf im Lebensmitteleinzelhandel

Marktanteile in %

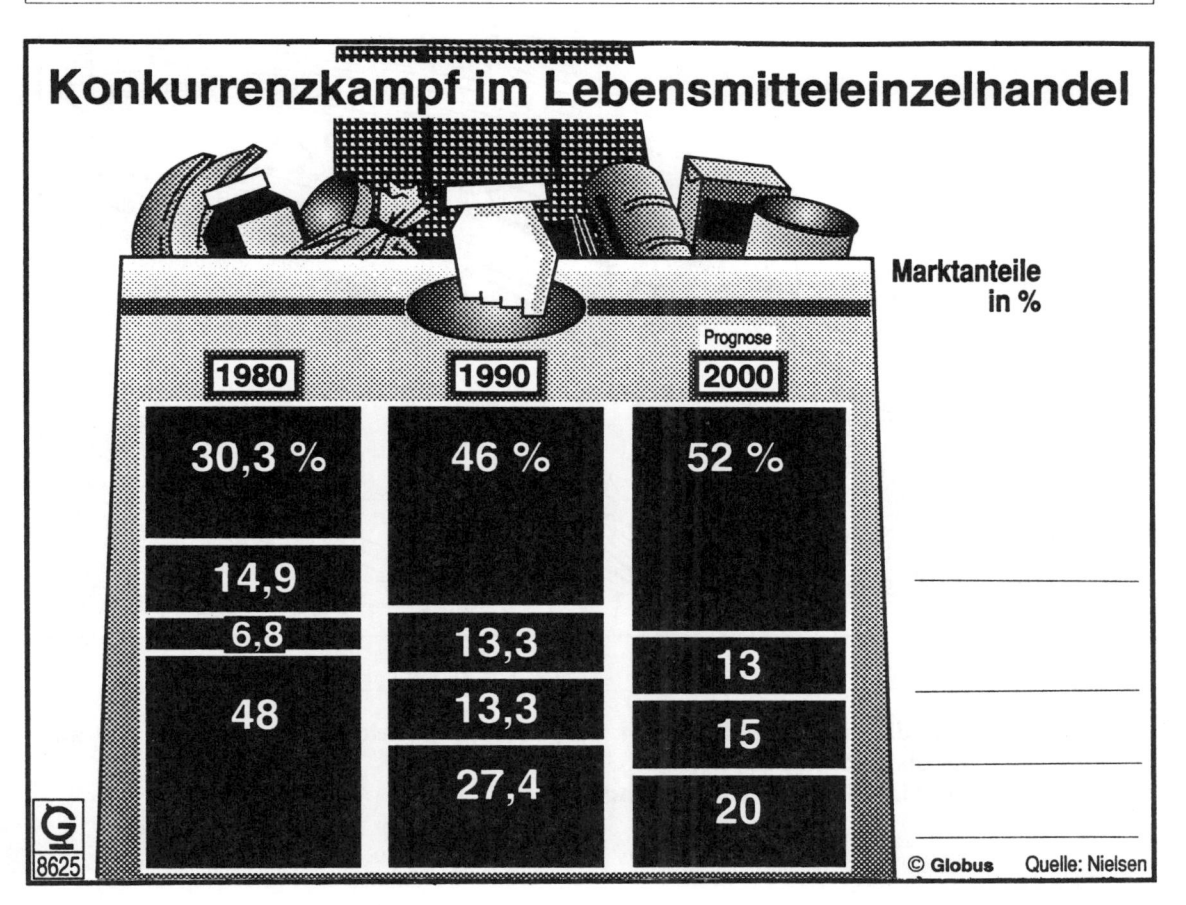

1980	1990	2000 (Prognose)
30,3 %	46 %	52 %
14,9		
6,8	13,3	13
48	13,3	15
	27,4	20

© Globus   Quelle: Nielsen

2. Beschreiben Sie bitte schriftlich die Entwicklungen des Konkurrenzkampfes im Lebensmitteleinzelhandel.

Die folgenden Ausdrücke könnten Ihnen dabei helfen:

↑ den Marktanteil (m) vergrößern, aus|dehnen / die 50-Prozent-Marke (f) überschreiten* / auf dem Vormarsch (m) sein* / zu|legen / zu|nehmen* / wachsen* / an|steigen* / (sich) vergrößern

↓ Verluste (m) registrieren / einen Rückgang (m) verzeichnen / dem Konkurrenzdruck (m) nicht gewachsen sein* / nach|geben* / ab|nehmen* / zurück|gehen* / fallen* / sinken* / (sich) verkleinern / (sich) reduzieren

3. Tauschen Sie anschließend Ihre Texte untereinander aus und unterstreichen Sie alle Ausdrücke mit der Bedeutung *steigen* bzw. *fallen*.

KAPITEL 2

8 1. Suchen Sie bitte eine passende Unterschrift.

2. Diskutieren Sie die in dieser Karikatur dargestellte Entwicklung. Beziehen Sie sich dabei auch auf die Informationen in Aufg. 7.
Besteht in Ihrem Land ein ähnlicher Trend?

9 Sie wissen, daß es in der deutschen Sprache sehr lange zusammengesetzte Wörter gibt – vgl. „Lebensmitteleinzelhandelszweig" (S. 45).
Bilden Sie aus den folgenden Silben zusammengesetzte Wörter. Wer hat das längste Wort?

BE — BENS — AB — DELS — DEN — DIE — EIN — HAN — LA — TEI — LE — MEN — MIT — LUNG — NEH — NUNGS — SELBST — TEL — TER — UN — ZEL

1. Lesen Sie bitte den folgenden Artikel und unterstreichen Sie die Kernaussagen.

Handel durchforstet das Land

Die mit der Anbindung der neuen Bundesländer ausgelöste Kaufwelle ostdeutscher Kunden hat dem Handel im alten Bundesgebiet viel Geld in die Kassen gespült. Zum Jubel besteht gleichwohl kaum Anlaß. Denn an den Folgen der seit Jahren grassierenden Strukturkrise des Lebensmittelhandels ändert dieser Zustand nichts: Seitdem die 1974 aufgehobene Preisbindung einzelne Händler nicht mehr vor der billiger anbietenden Konkurrenz schützt, klagen Ladenbesitzer über einen ruinösen Verdrängungswettbewerb. Der hat tiefe Spuren hinterlassen. Von 173 000 Geschäften sind gerade noch 60 000 übriggeblieben. Weitere 20 000 Läden stehen auf der Kippe.

Dabei muß betont werden, daß in kaum einem anderen Wirtschaftszweig ungeachtet der Strukturkrisen soviel und so schnell Geld verdient worden ist wie im Handel. Nur sind die Reichtümer einseitig verteilt. Experten schätzen das Nettovermögen der führenden deutschen Handelsimperien der Lebensmittelbranche auf fast 50 Milliarden DM. Vor 30 Jahren brachten die sieben Superreichen gerade erst 200 Millionen DM zusammen.

Die Schere zwischen arm und reich hängt mit zwei Besonderheiten zusammen. Die Branche verfügt einmal über eine bemerkenswert hohe Liquidität. Die relativ kleinen Handelsmargen sind mit Zahlungszielen garniert, die schon ein mittelgroßes Unternehmen zum kleinen Bankhaus machen. Während der Verbraucher seinen Einkauf sofort bezahlen muß, kann sich der Handel mit der Rechnung der Industrie bis zu drei Monate Zeit lassen. Das schafft finanziellen Spielraum, der parallel zum Umsatz wächst. Wer also im Verkauf Spitze ist, hat auch bei Gewinnen aus Finanztransaktionen die Nase vorn.

Die zweite Besonderheit liegt in dem unüberschaubaren Rabattsystem. Wer viel Umsatz macht, wird von den Vorlieferanten verwöhnt. Die Industrie lohnt Erfolg nicht nur mit Preisnachlässen. Sie zahlt für flotten Abverkauf auch zusätzliche Millionenzuschüsse etwa als Regalgebühr (pro Meter 15 000 DM und mehr) oder als Werbeaufwand. Doch nur Spitzenreiter erhalten den vollen Satz. Dieses System ist ungerecht. Es verstößt eigentlich gegen das Rabattgesetz, aber der Nachweis ist sehr schwierig.

Die Folgen sind fatal. Der an Größe gekoppelte Geschäftserfolg hat einen beispiellosen Konzentrationsprozeß ausgelöst. Die fünf Größten der Branche kontrollieren bereits fast 50 Prozent des Marktes. Um die andere Hälfte müssen sich hingegen Zehntausende streiten. Im Jahr 2000 wird man die Überlebenden an einer Hand abzählen können.

Da nun die Zahl der Geschäftsstellen in den letzten 20 Jahren auf ein Drittel ihres ursprünglichen Umfangs geschrumpft ist, zahlt sich dieser Konzentrationsprozeß für die verbleibenden Branchengrößten gleich zweifach aus. Einmal können sie ihre Preise über Gebühr erhöhen. Denn die Namensvielfalt täuscht. Die unterschiedlichen Läden gehorchen oft nur einem Konzernherrn. Darüber hinaus greift schon bald das geplante Kostenoptimierungskonzept. Verkaufsstellen werden zu Umsatzschwerpunkten konzentriert, wodurch vor allem Dorfläden betroffen sind. Viele müssen schließen. Die Ausdünnung der Einkaufslandschaft hat bereits begonnen.

Süddeutsche Zeitung

2. Schreiben Sie anhand der unterstrichenen Kerninformationen eine Zusammenfassung des Textes.

3. Erklären Sie die folgenden Ausdrücke in Ihrer Muttersprache:

Handel (m) durchforstet das Land (Überschrift) / Preisbindung (f, Z. 9) / ruinöser Verdrängungswettbewerb (m, Z. 12) / auf der Kippe (f) stehen* (Z. 16) / Nettovermögen (n, Z. 22) / Handelsmarge (f, Z. 32) / die Nase vorn haben* (Z. 43) / Rabatt (m, Z. 44) / über Gebühr (f) erhöhen (Z. 71) / Kostenoptimierungskonzept (n, Z. 75) / Ausdünnung (f) der Einkaufslandschaft (f, Z. 79)

11 Spekulieren Sie bitte! Was wäre, wenn es nur noch Kaufhäuser und Supermärkte gäbe? Versuchen Sie, so viele Konsequenzen wie möglich aufzuzählen.

Beispiel:
Wenn es nur noch Kaufhäuser und Supermärkte gäbe, dann könnte man beim Einkaufen viel Geld sparen.

Der Konjunktiv II drückt hier aus, daß das Ausgesagte nur vorgestellt ist.

Zur Erinnerung:

Konjunktiv II in potentiellen Konditionalgefügen (3. Person Sg./Pl.)

Infinitiv	**Imperfekt**	**Konjunktiv II**
kaufen	kaufte(n)	kaufte(n)
geben	gab(en)	gäb(en)
stehen	stand(en)	stände(n) / stünde(n)

Alternative Umschreibung mit **würde**:
— wenn der Konjunktiv II mit dem Imperfekt übereinstimmt
— wenn die Konjunktiv-II-Form als altertümlich empfunden wird (z.B. von „helfen", „werben" oder „kennen")
— im gesprochenen Deutsch häufiger

Beispiel:
Wenn der Tante-Emma-Laden mehr werben würde (würbe), hätte er größere Überlebenschancen.

Vergleichen Sie bitte auch die Darstellung des Konjunktivs bei der indirekten Rede Aufg. 17, Kap. 6.

12 1. Bitte lesen Sie den Text und setzen Sie die entsprechenden Zahlen in das Schaubild ein.

[F]

Von ... DM bleiben ... DM

Das Geld, das in die Ladenkassen des Einzelhandels fließt, ist nur zu einem geringen Teil der Gewinn des Kaufmanns. Von jedem Hundertmarkschein, den der Facheinzelhandel im letzten Jahr von seiner Kundschaft einnahm, mußten 61,50 DM an die Warenlieferanten und 10,70 DM ans Finanzamt (Mehrwertsteuer) überwiesen werden. Löhne und Gehälter beanspruchten 12 DM von jedem eingenommenen Hunderter. Miete (3,20 DM) und sonstige Kosten (8,70 DM) wie Werbung und Abschreibungen schlugen insgesamt mit 11,90 DM zu Buche. Als Gewinn blieben nach Berechnungen des Kölner Instituts für Handelsforschung schließlich 3,90 DM übrig, die noch zu versteuern waren. Damit hat sich das Betriebsergebnis gegenüber dem Vorjahr zwar verbessert (damals blieben dem Einzelhandel von 100 DM Umsatz 3,70 DM); es liegt aber noch weit unter dem Spitzenwert der siebziger Jahre: Im Jahr 1971 blieben dem Facheinzelhandel von jedem Hundertmarkschein 7 DM Gewinn (vor Steuern).

Globus
Statistische Angaben:
Institut für Handelsforschung, Köln

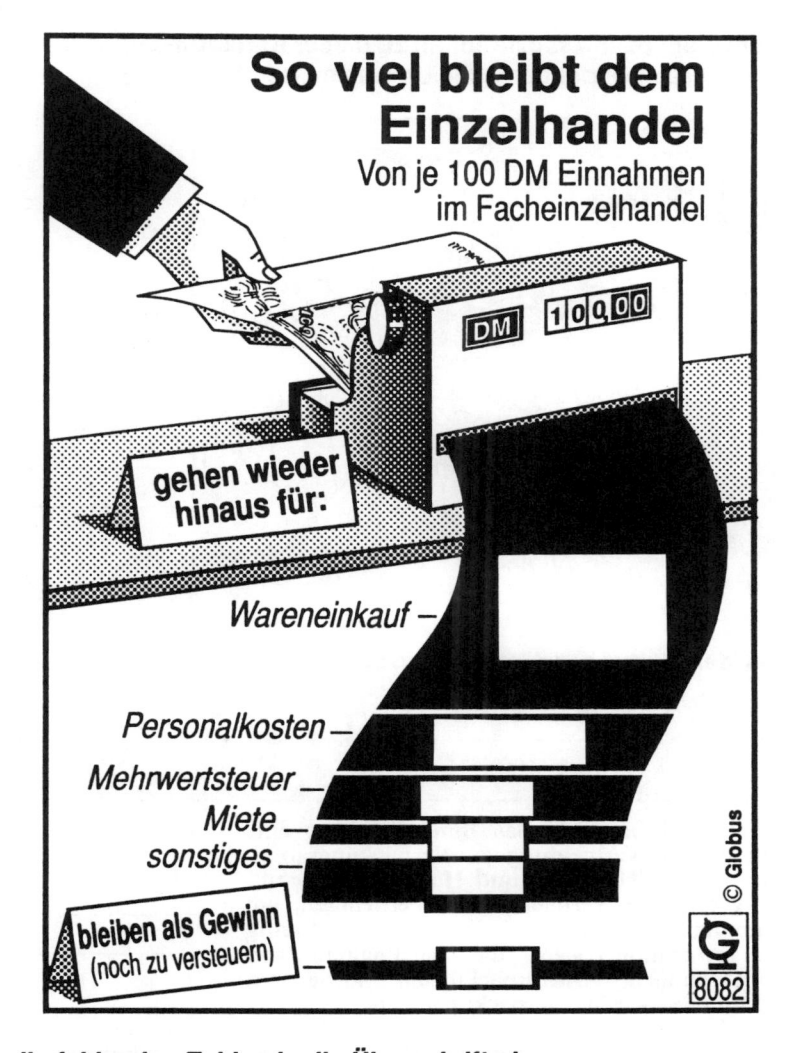

So viel bleibt dem Einzelhandel
Von je 100 DM Einnahmen im Facheinzelhandel

gehen wieder hinaus für:
Wareneinkauf —
Personalkosten —
Mehrwertsteuer —
Miete
sonstiges —
bleiben als Gewinn (noch zu versteuern) —

2. Setzen Sie die fehlenden Zahlen in die Überschrift ein.

3. Wieviel Umsatz muß ein Einzelhändler in Deutschland laut diesem Text pro Monat machen, um ein verfügbares Einkommen von etwa 4300 DM für sich und seine Familie zu erzielen? (Vgl. das Schaubild in Aufg. 23 dieses Kapitels.)

$$\frac{(4300 - 7) : 61{,}50}{11{,}90^2}$$

KAPITEL 2

13

1. Notieren Sie bitte ein paar Assoziationen zu dieser Karikatur.
(Die dargestellte Person ist der deutsche Umweltminister.)

2. Lesen Sie nun den Zeitungsartikel und notieren Sie in Stichworten die Hauptinformationen.

Im November 1990 beschloß das Bundeskabinett eine „Verordnung über die Vermeidung von Verpackungsabfällen". Danach müssen Hersteller und Handel die Verantwortung für gebrauchte Verpackungen übernehmen, um
5 zur Eindämmung der Abfallflut beizutragen. Die heftig umstrittene Verordnung sieht die Rücknahme von Transportverpackungen, Umverpackungen sowie ein Pflichtpfand für alle Getränkeverpackungen vor.
Erzeuger und Vertreiber müssen Transportverpackungen
10 zurücknehmen und verwerten. Umverpackungen – das sind Verpackungen, die den Ladendiebstahl verhindern sollen oder die, wie z. B. Folien, Werbezwecken dienen – muß der Händler an der Kasse selbst entfernen. Außerdem wurde der Handel verpflichtet, gebrauchte Verkaufspak-
15 kungen im Laden oder in dessen unmittelbarer Nähe zurückzunehmen und zu verwerten. Als Anreiz für den Verbraucher, Verpackungen zurückzugeben, wurde ebenfalls zusätzlich ein Pflichtpfand von 0,50 DM eingeführt. Dies gilt für Getränkeeinwegverpackungen, Verpackungen für
20 Wasch- und Reinigungsmittel (außer Nachfüllpackungen) sowie für Verpackungen von wasserlöslichen Farben.
Der Verordnungstext läßt freilich Industrie und Handel die Möglichkeit offen, durch den Aufbau eigener „verbraucherfreundlicher" Erfassungssysteme auf Hol- und
25 Bringbasis die Rücknahme- und Pfandpflicht im Laden zu ersetzen. Die bundesdeutsche Wirtschaft hat ein dahingehendes Konzept, das der „Dualen Abfallwirtschaft", entwickelt. Dabei handelt es sich um die Erfassung von Verpackungen auf einer zweiten („dualen") Entsorgungsschie-
30 ne außerhalb der öffentlichen Entsorgung. Die Verbrau-

Verpackungsverordnung:

Transport- und Verkaufsverpackungen:

Umverpackungen:

Duale Abfallwirtschaft:

cher sollen recyclingfähige und mit dem „Grünen Punkt"
versehene Produkte zu Hause in kostenlos aufgestellten
Behältern sammeln. Mit der Aufstellung der Wertstofftonnen, der Sammlung und Sortierung beauftragt die Wirt-
35 schaft private Entsorgungsunternehmen. Die beteiligten
Industrien garantieren, die ihnen zuzurechnenden Rohstoffe regelmäßig und vollständig abzunehmen.
Damit auch bei diesem System das Hauptziel der Verordnung, nämlich das Eindämmen der Verpackungsflut durch
40 Vermeidung und Wiederverwertung, erreicht wird, gelten
verbindliche Auflagen in Form von Erfassungs- und Sortierungsquoten sowie eine Recyclingpflicht für alle aussortierten Wertstoffe. So muß beispielsweise bei Glas, Weißblech und Aluminium eine Quote von 90 Prozent sortiert
45 werden. Als Vorgabe für das Duale System gilt auch, daß
der Mehrweganteil von Getränkeverpackungen insgesamt
nicht unter einen Stand von 72 Prozent, bei Milch 17 Prozent, sinken darf.

Süddeutsche Zeitung

Verbindliche Auflagen:
_____
_____
_____

3. **Suchen Sie bitte eine Überschrift für den Artikel.**

4. **Unterstreichen Sie alle Wörter, die zum Wortfeld „Verpackung" bzw. „Müll" gehören. Erklären Sie diese in Ihrer Muttersprache.**

5. **Was halten Sie von dieser Verordnung? Gibt es in Ihrem Land vergleichbare Gesetzesinitiativen?**

6. David Marsh, Korrespondent der *Financial Times* in Bonn, empfiehlt seinen Landsleuten in einem humoristischen Leitfaden „für den Besuch bei den Germanen":
„Machen Sie keine Witze über die folgenden Themen: das Ozonloch, die Lance-Raketen, den Autotyp ihres Gastes/Gastgebers/Taxifahrers, ... das Baumsterben, Professoren, das Sozialversicherungssystem und die Grünen. Empfehlenswert sind unverfängliche Themen, die fast jeder amüsant findet, wie zum Beispiel führende Politiker."

In dieser kurzen Aufzählung sind drei Begriffe genannt, die unmittelbar mit dem Thema „Umwelt" zu tun haben.

Würden Sie sagen, daß sich die Deutschen in besonderem Maße um die Umwelt bemühen?
Stellen Sie bitte in der Gruppe die Informationen zusammen, die Sie aus den Medien, aus persönlichen Erfahrungen in Deutschland oder auch nur vom Hörensagen über das Umweltbewußtsein der Deutschen haben.

In welchen Ländern spielt das Thema „Umweltschutz" Ihrer Einschätzung nach eine große Rolle, in welchen eine eher untergeordnete? Warum?

14 1. Das Warenwirtschaftssystem des Einzelhandels umfaßt eine Abfolge von Tätigkeiten, die hier aufgelistet sind.
Übersetzen Sie diese Liste bitte.

Warenwirtschaftssystem des Einzelhandels:
- ☐ Warenverkauf (m) registrieren
- ☐ Lagerbestand (m) kontrollieren
- ☐ Waren (f) nach|bestellen
- ☐ Wareneingang (m) registrieren
- ☐ Waren (f) lagern
- ☐ Regale (n) im Verkaufsraum (m) kontrollieren
- ☐ Regale (n) auf|füllen
- ☐ Waren (f) mit dem Verkaufspreis (m) aus|zeichnen
- ☐ eventuell Preisschilder (n) am Regal (f) ändern

2. **Lesen Sie den folgenden Text und kreuzen Sie in der obigen Liste an, welche Arbeitsvorgänge vom Computer übernommen werden können.**

Lebensmittelgeschäfte und Supermärkte kassieren immer öfter mit einem Laser-Lesestift

Immer häufiger werden in Supermärkten und Einzelhandelsgeschäften die Preise nicht mehr einzeln in die Kasse getippt, sondern mit einem Laserstrahl, dem soge-
5 nannten Scanner, von einem auf die Packung gedruckten Codestreifen abgelesen. Der angeschlossene Computer hat die Preise gespeichert und regelt auch die Lagerhaltung. Die schwarzen „Zebrastreifen",
10 die dafür gebraucht werden, haben als Europäische Artikelnummer (EAN) heimlich und leise das Warenwirtschaftssystem des Einzelhandels verändert. Inzwischen haben 98% der Lebensmittel den Code auf
15 der Verpackung.
Für den Handel ergibt sich dadurch eine ganze Reihe von Rationalisierungseffekten. Die Ware muß nicht mehr ausgezeichnet werden. Der „Zebrastreifen" wird vom
20 Hersteller mit auf die Packung gedruckt. Nur Produkte, die dem System noch nicht angeschlossen sind, muß der Händler selbst mit einer Nummer versehen. Bei Preisänderungen müssen nur die Eingabe
25 im Zentralcomputer und das Preisschild am Regal geändert werden. Der Warenbestand kann durch Vergleich des Wareneinund -ausgangs kontrolliert werden. Der Computer zeigt dann automatisch an,
30 wann nachbestellt werden muß. Der Blick ins Regal erübrigt sich.
Frankfurter Rundschau

Bei der stationären Scannerkasse werden die Artikel über eine schlitzförmige Öffnung am Ende des Warenbandes geführt.

9 782701 106243

1. Zählen Sie bitte auf, welche Aufgaben z. B. in einem kleinen Fachgeschäft vom Personal, in einem Supermarkt oder Kaufhaus aber vom Kunden selbst übernommen werden. Lesen Sie dann den Artikel.

König Kunde wird zum billigen Mitarbeiter degradiert

Daß die Konsumenten nach dem Einkauf statt der Geldbörse ihre Plastikkarte zükken sollen, um Rechnungsbeträge zu begleichen, ist für sich genommen eigentlich noch kein Streitpunkt. Erst zusammen mit anderen Aufgabenleistungen wird daraus ein Ärgernis. Der vom Kunden zu bedienende Kassenautomat bildet nämlich nur das Schlußlicht einer langen Kette von an sich zweckfremden „Dienstleistungen". Es hat nichts mit dem ursprünglichen Selbstbedienungsladen zu tun, wenn Kunden ihre Waren selbst abpacken und teilweise auch schon eigenhändig auszeichnen müssen. Denn zur Mehrarbeit tragen die Kunden das Risiko der Falschbuchung, wenn es ans Bezahlen geht.

Daß der einstmals als „König" hofierte Kunde vom Handel zum billigen Mitarbeiter degradiert werden soll, hat aber nicht nur moralische Dimensionen. Der Vorgang kann auch für die Initiatoren teuer werden. Eine Marktwirtschaft, die sich rühmt, vom Verbraucher gesteuert zu werden, bestraft über kurz oder lang einen Mißbrauch mit Mißerfolg.

Süddeutsche Zeitung

2. Worüber ärgert sich der Autor?

3. Stimmen Sie mit der Meinung des Autors überein?

Außer den Ausdrücken in Aufg. 8, Kap. 1, können Sie auch die folgenden verwenden:

ja, das stimmt!
aber man muß auch bedenken/berücksichtigen, daß ...
ich protestiere!
das ist doch (nicht) die Hauptsache!
man kann wohl nicht behaupten, daß ...
ich halte es für möglich/unmöglich, daß ...
er hat völlig recht!
ich glaube (nicht), daß ...
ich möchte zum Ausdruck bringen, daß ...
ich denke (nicht), daß ...
ja, aber ...
es ist wichtig/unwichtig, daß ...
genau!
das glaubt er wohl selber nicht!
diese Auffassung kann ich überhaupt nicht teilen!
ich möchte einwenden, daß ...
aber nein!
ich bin (nicht) davon überzeugt, daß ...
meines Erachtens ...
das ist falsch/richtig!
ich muß ganz entschieden darauf hinweisen, daß ...
ach was!
ich bin dafür/dagegen, daß ...
ich halte es (nicht) für möglich, daß ...

16

F

1. Sie haben sicherlich schon einmal in einem Supermarkt eingekauft. Versuchen Sie sich zu erinnern, wo die verschiedenen Artikel plaziert sind (oder gehen Sie in einen Supermarkt und schauen Sie sich um).

Notieren Sie bitte in dem Plan die möglichen Standplätze der einzelnen Produkte (bitte nur die Zahlen eintragen), wobei ein und dasselbe Angebot natürlich auf mehrere Standplätze verteilt sein kann, genau wie an einem Standplatz mehrere Artikel untergebracht sein können.
Begründen Sie bitte Ihre Entscheidungen.

─────────────── **Liste der Artikel** ───────────────

1	Gemüse-Konserven (f)	14	Nudeln (f), Reis (m)	27	Gebäck (n) und Konfitüren (f)
2	Frischfleisch (n)	15	Sekt (m)	28	Obst-Konserven (f)
3	Fruchtsäfte (m), Kleingebäck (n)	16	Käse (m)	29	Aufschnitt (m)
4	Fertiggerichte (n)	17	Dosenmilch (f), Kaffee (m), Tee (m)	30	Wein (m)
5	Limonaden (f)	18	Reformkost (f)	31	Süßwaren (f)
6	Kosmetik (f), Seifen (f)	19	Bier (n)	32	Käseprodukte (n)
7	Kindernahrung (f)	20	Gewürze (n), Saucen (f), Salz (n)	33	Fleisch- und Fischkonserven (f)
8	Tiefkühlkost (f)	21	Feinkostsalate (m)	34	Backwaren (f)
9	Brot (n)	22	Zigaretten (f)	35	Milchprodukte (n)
10	Spirituosen (Pl)	23	Hygiene-Artikel (m)	36	Obst (n)
11	Frischgemüse (n)	24	Zucker (m), Mehl (n)	37	Sonderangebote (n)
12	Bonbons (n/m)	25	Pudding (m)	38	Eis (n)
13	Zeitschriften (f)	26	Fertigsuppen (f)	39	Konfekt (n)

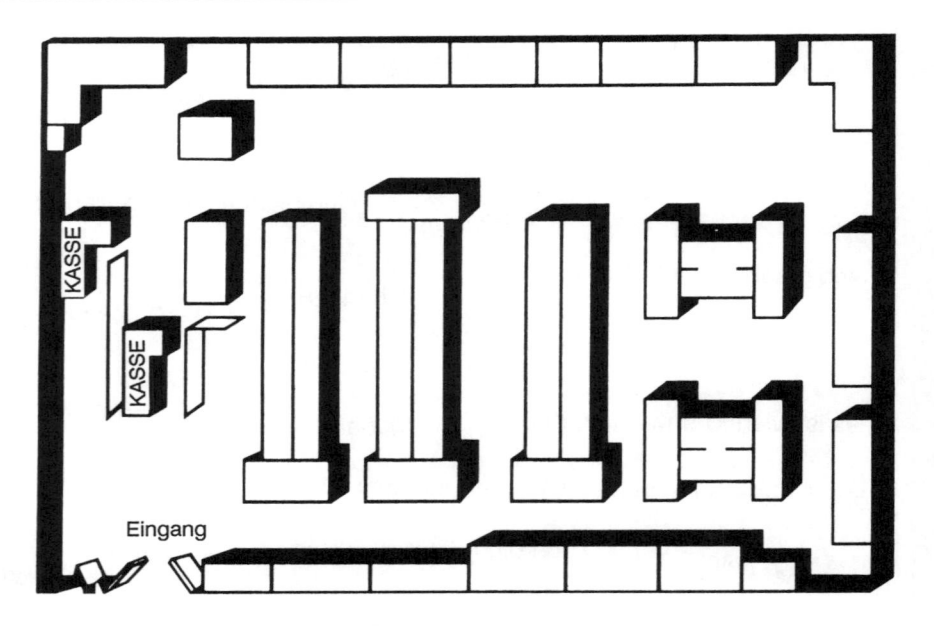

Verbraucherzentrale Hamburg

2. Ihr Dozent zeigt Ihnen nun ein typisches Beispiel für die Plazierung der Waren in einem deutschen Supermarkt.

Ihre Vorschläge sehen vielleicht anders aus. Welche Gemeinsamkeiten gibt es, welche Unterschiede können Sie feststellen?
Welche Gründe könnte es für die Plazierung der verschiedenen Artikel geben?

Welcher Begriff paßt nicht in die Reihe? Warum? Suchen Sie jeweils einen Oberbegriff für die zusammengehörigen. **17**

Verbrauchermarkt (m) — Kiosk (m) — Warenhaus (n) — Fachgeschäft (n) — Großhandel (m)

Tiefkühlkost (f) — Aufschnitt (m) — Backwaren (f) — Kosmetik (f) — Konfekt (m) — Reformkost (f) — Fertiggerichte (n)

Fruchtsaft (m) — Tabak (m) — Wein (m) — Bier (n) — Spirituosen (Pl)

1. Wofür wird hier geworben? **18**

WIE MAN SICH ÄRGER ERSPART.

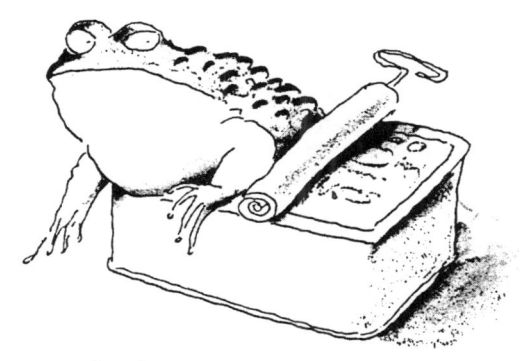

Äußerlich ist vieles vielversprechend.
Doch wenn man nur nach dem Äußeren geht, gibt's hinterher oft Ärger.
Einer der sichersten Tips zur Früherkennung von Qualität ist der Griff zum
_____.
Doch wie erkennt man ihn? Hier ein paar sichere Zeichen.
Der _____ ist nie anonym. Er hat, wie Sie, Name und Adresse.
Der _____ ist keine kurzfristige Erscheinung.
Sondern seit Jahren und Jahrzehnten die herausragende Persönlichkeit seiner Gruppe.
Der _____ hält, was er verspricht.
Gäbe es nur Produkte wie ihn, gäbe es viel weniger Ärger.
Auch Informationen über _____ verlangen nach hoher Qualität.
Deshalb stehen sie meistens in Anzeigen.
ANZEIGEN INFORMIEREN ÜBER _____   Lebensmittel Praxis

2. Sie haben das fehlende Wort sicherlich gefunden. Wollen Sie ganz sicher sein? Die fehlenden Buchstaben in dem nachstehenden Satz ergeben aneinandergereiht die richtige Lösung.

- - N E - - - - NT IHN - N DE- -YP-SCHEN ARTI - - - GESTALTUNG

19 Der Gesamtjahresumsatz des deutschen Versandhandels beträgt etwa 30 Milliarden DM. Im europäischen Vergleich kaufen die Deutschen am meisten per Post ein. Durchschnittlich bestellt jeder Einwohner der Bundesrepublik pro Jahr Waren im Wert von ca. 400 DM. Quelle, Europas größter Versandhändler, verschickt jährlich 15 Millionen Kataloge.

F

1. In dem folgenden Auszug geht es um verschiedene Bestellarten bei Quelle.
   Lesen Sie bitte die vier Abschnitte und schreiben Sie zu jedem Absatz die passende Überschrift.

Quelle

A _____

Das geht schnell und kostet Sie meistens weniger als das Briefporto. Sie können rund um die Uhr anrufen. Während der Geschäftszeiten haben Sie einen persönlichen Gesprächspartner und erhalten sofort eine Lieferzusage, wenn die gewünschten Artikel vorrätig sind.

B _____

Über 170 Verkaufshäuser gibt es in Deutschland. In jedem können Sie sich zwanglos von der guten Qualität und Preiswürdigkeit der Quelle-Waren überzeugen. Darüber hinaus können Sie aus sämtlichen Quelle-Katalogen Bestellungen aufgeben.

C _____

Mit den Bestellscheinen, die dem Katalog und den Quelle-Paketen beigelegt sind. Darauf sind Ihre Anschrift und Kundennummer bereits vorgedruckt. Falls Sie keinen zur Hand haben, benutzen Sie bitte die Bestellkarte am Ende dieses Katalogs.

D _____

Auch dieser modernste Einkaufsweg zur Quelle steht Ihnen offen, wenn Sie ein bildschirmtextfähiges Fernsehgerät besitzen und den entsprechenden Anschluß. Dann können Sie per Tastendruck (* 30 000 #) alles bestellen, was es bei Quelle gibt.

Quelle-Katalog

2. **Welche Versandhandelsfirmen gibt es in Ihrem Land?**
   Besorgen Sie sich bitte einen Katalog und beschreiben Sie die dort aufgeführten Bestellmöglichkeiten auf deutsch.

3. **Vergleichen Sie die Bestellmöglichkeiten mit denen der deutschen Versandhandelsfirma. Gibt es Unterschiede? Wenn ja, welche?**

20 Bilden Sie bitte aus den nachstehenden Wörtern einen Satz, der zu der folgenden Überschrift paßt.

Kauf ohne Risiko

Artikel (m) / bei / bei / vierzehn / oder / alle / Nichtgefallen (n) / werden* / gekauften / uns / um|getauscht / Tagen (m) / anstandslos / von / zurück|genommen* / innerhalb

Quelle Versand, Nürnberg

Zusammengesetzte Wörter mit *Vertrieb*   21

1. **Vergleichen Sie bitte die beiden folgenden Wortbildungen:**

    das **Vertriebs**system — der Waren**vertrieb**

2. **Bilden Sie zusammengesetzte Wörter mit *Vertrieb* und schreiben Sie jeweils den Artikel dazu. Schauen Sie sich jedoch zuvor im Kapitel 1 die Übung 29 zum *Fugen-s* an.**

Zeitschriften (f)   Kosten (Pl.)   Lebensmittel (n)   Organisation (f)

Struktur (f)   Form (f)   Zigaretten (f)

Weg (m)   Netz (n)   Getränke (n)   Politik (f)   Markenartikel (m)

KAPITEL 2

22

In (fast) jeder der folgenden Zeilen ist ein Wort aus dem Bereich des Handels versteckt, allerdings von rechts nach links geschrieben.

F

N	I	E	L	U	A	T	N	E	M	I	T	R	O	S	E	B	A
R	E	H	C	Ä	L	F	S	F	U	A	K	R	E	V	E	L	K
N	E	L	E	K	I	T	R	A	N	E	K	R	A	M	E	N	U
T	F	Ä	H	C	S	E	G	R	E	V	N	U	S	E	G	E	B
N	E	G	N	U	R	E	D	N	U	K	E	N	I	E	T	N	A
N	E	N	N	I	R	E	F	U	Ä	K	R	E	V	I	E	R	P
N	I	H	S	T	H	C	I	N	T	M	M	O	K	R	E	I	H
L	L	E	D	N	A	H	D	N	A	S	R	E	V	E	G	E	S
E	G	N	U	R	E	R	H	Ü	F	T	K	R	A	M	N	I	E
E	M	R	O	F	S	B	E	I	R	T	R	E	V	R	O	E	N
T	L	A	N	O	S	R	E	P	S	E	I	R	T	R	E	V	E
T	I	E	H	G	N	I	T	E	K	R	A	M	R	E	Z	N	U
N	I	S	I	E	R	P	S	F	U	A	K	N	I	E	L	E	N
F	U	A	S	D	N	A	T	S	E	B	R	E	G	A	L	E	B
R	E	N	N	I	R	E	R	E	I	S	S	A	K	U	Z	E	G
N	E	L	L	E	T	T	I	M	S	N	E	B	E	L	N	E	I
N	E	T	N	I	R	E	M	U	S	N	O	K	E	G	Ö	L	A
T	S	U	A	H	N	E	R	A	W	I	N	E	R	E	P	N	A

1. Sortiment
2. Verkaufsfläche
3. Markenartikel
4. Geschäft
5. Kunde
6. Verkäuferin
7. —
8. Versandhandel
9. Marktführer
10. Vertriebsform
11. Vertriebspersonal
12. Marketing
13. Einkaufspreis
14. Lagerbestand
15. Kassiererin
16. Lebensmittel
17. Konsument
18. Warenhaus

Welche Ausgabenposten aus dem nachstehenden Schüttelkasten entsprechen Ihrer Meinung nach den einzelnen Zahlenangaben im Schaubild?

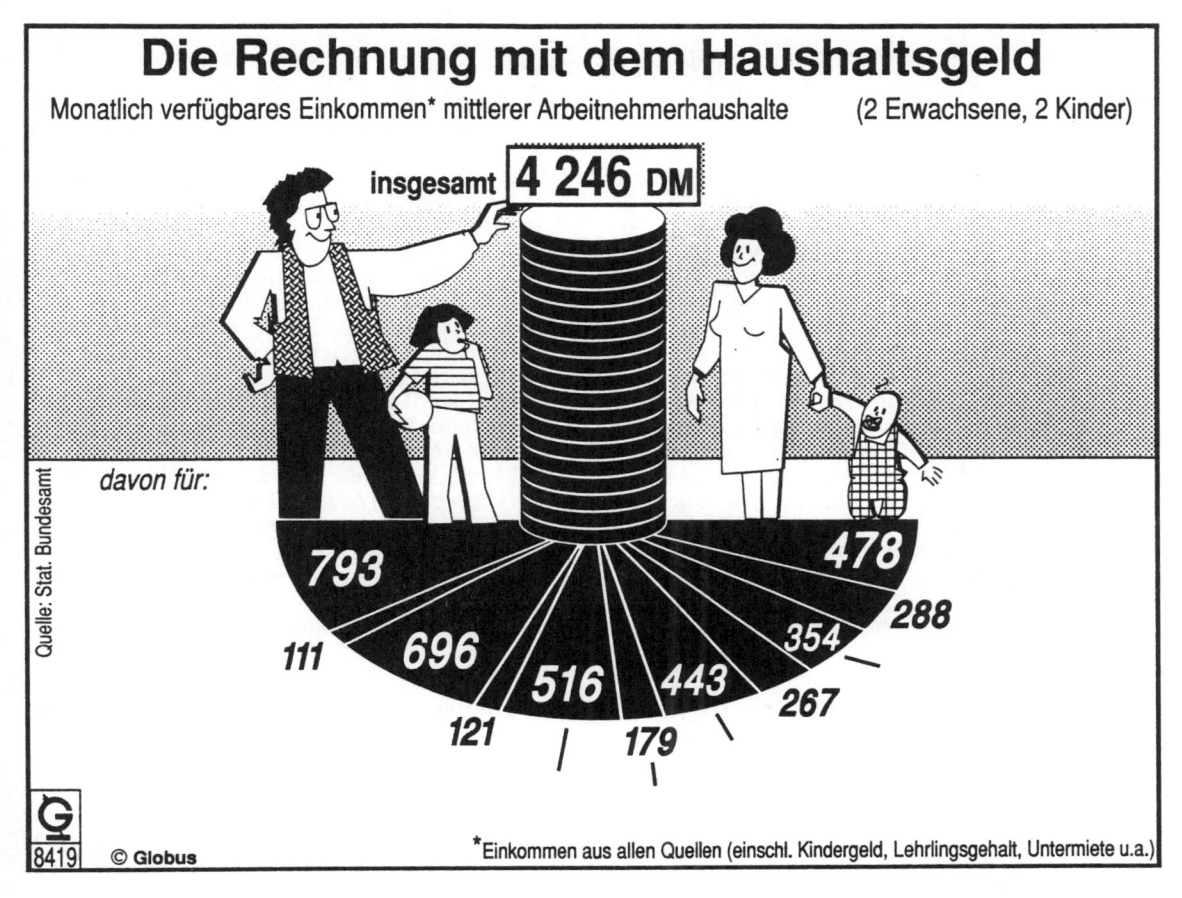

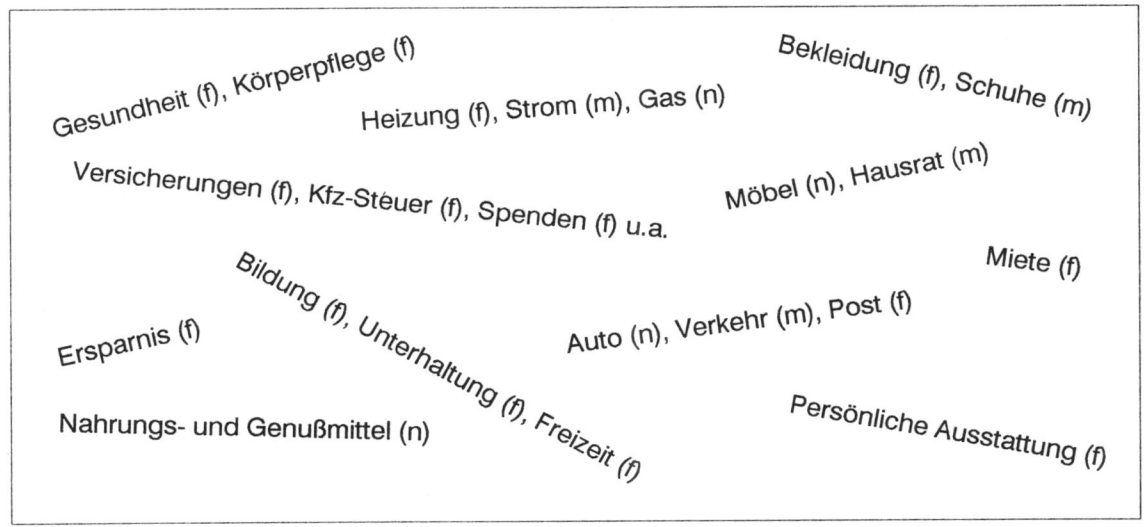

23

F

Die Rechnung mit dem Haushaltsgeld

Monatlich verfügbares Einkommen* mittlerer Arbeitnehmerhaushalte (2 Erwachsene, 2 Kinder)

insgesamt **4 246 DM**

Quelle: Stat. Bundesamt

davon für:

793
111
696
121
516
179
443
354
267
288
478

*Einkommen aus allen Quellen (einschl. Kindergeld, Lehrlingsgehalt, Untermiete u.a.)

Gesundheit (f), Körperpflege (f)

Bekleidung (f), Schuhe (m)

Heizung (f), Strom (m), Gas (n)

Versicherungen (f), Kfz-Steuer (f), Spenden (f) u.a.

Möbel (n), Hausrat (m)

Miete (f)

Ersparnis (f)

Bildung (f), Unterhaltung (f), Freizeit (f)

Auto (n), Verkehr (m), Post (f)

Nahrungs- und Genußmittel (n)

Persönliche Ausstattung (f)

Ihr Dozent zeigt Ihnen anschließend das komplette Schaubild.

24 1. Lesen Sie bitte zunächst nur den dritten Abschnitt des folgenden Textes (ab Z. 19) und markieren Sie im Text alle Informationen, die nicht in dem vorstehenden Schaubild enthalten sind.

Ausgaben der Verbraucher

Etwa 1350 Milliarden Mark geben die privaten Haushalte in der Bundesrepublik jährlich aus. Damit gehört der private Konsum zu den wichtigsten Antriebskräften für
5 die konjunkturelle Entwicklung. Immerhin steht den gesamten privaten Verbrauchern pro Jahr mehr Geld zur Verfügung als allen öffentlichen Händen in Bund, Ländern und Gemeinden zusammen.
10 Die Ausgaben der Verbraucher sind natürlich je nach Einkommenshöhe recht unterschiedlich. Deshalb rechnen die Statistiker auch mit Durchschnittszahlen. Meistens werden solche Berechnungen am Beispiel
15 eines Vier-Personen-Arbeitnehmerhaushaltes mit mittlerem Einkommen durchgeführt, dem in der Bundesrepublik am häufigsten vorkommenden Haushaltstyp.

Wie das Statistische Bundesamt ermittelt
20 hat, gibt diese „Normalfamilie" monatlich 4246 DM für den privaten Verbrauch aus. Davon entfallen 793 DM, also knapp ein Fünftel, auf Nahrungs- und Genußmittel, weitere 267 DM (rund 6,3%) auf Kleidung
25 und Schuhe. Vor fünfzehn Jahren hatte der Anteil der Ausgaben für Essen und Trinken noch rund ein Drittel betragen. Auch für Kleidung und Schuhe wird heute relativ weniger ausgegeben als früher. Leicht ge-
30 stiegen sind die Ausgaben für Wohnungsmiete und Heizung, die immerhin 16,4% der Gesamtausgaben ausmachen. Der Anteil der Ausgaben für die verschiedenen Verkehrsmittel (Auto, öffentliche Verkehrs-
35 mittel, Post) ist mit 12,2% gesunken.

2. Was haben die verschiedenen Informationen, die Sie markiert haben, inhaltlich gemeinsam?

3. Bei welchen Ausgabenposten ist im Vergleich zu den Zahlen von vor 15 Jahren der Anteil an den Gesamtausgaben gestiegen?

_____
_____
_____

4. Bei welchen ist er gesunken?

_____
_____
_____

5. Im Text wird von der „Normalfamilie" gesprochen.
   Lesen Sie nun den zweiten Abschnitt (ab Z. 10) und geben Sie dann in Ihrer Muttersprache eine Definition der „Normalfamilie" in der Bundesrepublik.

6. Lesen Sie nun den ersten Abschnitt (bis Z. 9) und geben Sie ihn in Ihrer Muttersprache wieder.

betragen – sich belaufen auf – ausmachen – entfallen auf **25**

1. **Übersetzen Sie bitte.**

   — Von den Gesamtausgaben entfiel ungefähr ein Fünftel auf Nahrungsmittel.
   — Vor 15 Jahren hatte der Anteil der Ausgaben für Nahrungsmittel noch rund ein Drittel betragen.
   — Die Ausgaben für Miete und Heizung machten 16,4 % der Gesamtausgaben aus.
   — Die Ausgaben für Kleidung und Schuhe beliefen sich auf 267 DM.

2. **Ergänzen Sie.**

   — Die Ausgaben für Kleidung und Schuhe _____ 6,3 % der Gesamtausgaben.

   — Die Ausgaben für Kleidung und Schuhe _____ sich _____ 6,3 % der Gesamtausgaben.

   — Die Ausgaben für Kleidung und Schuhe _____ 6,3 % der Gesamtausgaben _____.

   — 6,3 % der Gesamtausgaben _____ _____ Kleidung und Schuhe. _____ Kleidung und Schuhe _____ 6,3 % der Gesamtausgaben.

3. **Formulieren Sie die folgenden Sachverhalte jeweils mit allen vier obenstehenden Verben.**

   — im vergangenen Jahr – Ausgaben für Bildung, Unterhaltung und Freizeit – über 8 %
   — vor 15 Jahren – Ausgaben für Verkehrsmittel – etwas weniger als 11 %.

Bringen Sie die Sätze bitte in eine logische Reihenfolge. **26** **F**

☐ Verbraucher- und Wohlfahrtsverbände legten den Entwurf eines Gesetzes zur Verhinderung der Überschuldung vor.

☐ Er zielt auf mehr Rechte für Kreditnehmer.

☐ Wie ein Sprecher der AgV erklärte, geht der Entwurf in seinen Forderungen über den Regierungsentwurf zum Verbraucherkredit hinaus.

☐ Wie die Arbeitsgemeinschaft der Verbraucherverbände (AgV) am Montag in Bonn mitteilte, ist der Verbraucherkredit explosionsartig auf die heutige Rekordhöhe von 240 Milliarden DM gestiegen.

☐ Immer mehr Haushalte in der Bundesrepublik finanzieren ihren Konsum auf Pump.

☐ Kreditgeber sollen zu umfassender Information und Beratung über Folgen von Kreditaufnahme verpflichtet werden.

☐ Jeder verschuldete Haushalt stehe im Durchschnitt mit 15 000 Mark in der Kreide.

27 So mancher Ausländer hat sich bei einem Deutschlandbesuch schon darüber gewundert, daß es hier z. B. an Samstagnachmittagen meistens keine Möglichkeit mehr gibt, in Einzelhandelsgeschäften etwas einzukaufen. Die ungewohnte Ruhe, die dann ab 14.00 Uhr einkehrt, ist das Ergebnis der gesetzlich festgelegten Ladenschlußzeiten.

1. Lesen Sie bitte den folgenden Text über das Gesetz, und geben Sie ihn kurz in Ihrer Muttersprache wieder.

Ladenschlußgesetz

Bis Oktober 1989 waren die Öffnungszeiten von Einzelhandelsgeschäften und Verkaufsständen strikt per Ladenschlußgesetz (§ 3/1956) geregelt: Alle Geschäfte in der
5   Bundesrepublik mußten an Sonn- und Feiertagen, montags bis freitags vor 7 Uhr und nach 18.30 Uhr sowie samstags nach 14 Uhr (am ersten Samstag des Monats nach 18 Uhr) geschlossen sein.
10 Für Apotheken, Tankstellen, Kioske, Warenautomaten, Verkaufsstellen auf Personenbahnhöfen und Flughäfen, Kur- und Erholungsgebiete galten Sonderregelungen. Einzelne Großstädte genehmigten in Ein-
15 kaufspassagen Öffnungszeiten bis 22 Uhr. Diese Regelungen wurden jedoch 1982 vom Bundesverwaltungsgericht für rechtswidrig erklärt.

Am 10. Juli 1989 beschloß der Bundestag
20 zum 1. Oktober eine Gesetzesänderung, in der es in Art. 1 heißt:

Empfehlung für einen Dienstleistungsabend

Dienstleistungsbetrieben sowie den Dienststellen des Bundes mit regem Publikums-
25 verkehr wird empfohlen, an jedem Donnerstag, der kein gesetzlicher Feiertag ist, einen Dienstleistungsabend bis 20.30 Uhr einzurichten.

Die wöchentliche Gesamtöffnungszeit von
30 in der Regel 64,5 Stunden (bzw. 68,5 Stunden mit langem Samstag) darf sich durch den Dienstleistungsabend nicht verlängern.

2. Wie ist der Ladenschluß in Ihrem Land geregelt? Gibt es eine gesetzliche Grundlage?

3. Die Reaktionen auf die Einführung des „langen Donnerstags" waren unterschiedlich. **Erläutern Sie bitte anhand der folgenden Texte (a–c) die unterschiedlichen Positionen der Deutschen Angestelltengewerkschaft (DAG), der Einzelhändler im Innenstadtbereich und der Verbraucher.**

a) Die Gewerkschaft

Dienstleistungsabend wird ein „Flop":

— Das Freizeitverhalten der Bürger, auch ihre Kaufgewohnheiten, machen deutlich, daß ein Dienstleistungsabend nicht angenommen wird ...
— Den Arbeitnehmern soll in Wirklichkeit Spät- und Nachtarbeit zugemutet werden ...
— Eine Umsatzausweitung wird es nicht geben, eine Mark kann man nur einmal ausgeben ...
— Über 25 % der Bevölkerung wird an einer aktiven Freizeitgestaltung gehindert ...
— Nur die „Großen" profitieren, klein- und mittelständische Betriebe werden immer mehr verdrängt ...

b) Die Einzelhändler im Innenstadtbereich

JEDEN DONNERSTAG
bis 20 Uhr 30

Was der lange Donnerstag alles erreichen konnte. Der ganzen Münchner Innenstadt hat er neuen Reiz verschafft. Er regt an. Er macht Spaß. Er hat sich so richtig zu einem echten »Münchner Stadtabend« entwickelt. Von den Münchnern sehnlichst erwünscht. Im alten Jahr gründlich ausprobiert. Jetzt ein ständiges Vergnügen. Genießen Sie's so oft wie möglich. Der nächste Donnerstag kommt bestimmt.

Der MVV-Service am Donnerstagabend:
S-Bahn bis 21 Uhr im 20-Minuten-Takt.
U-Bahn auf allen Linien 10-Minuten-Takt bis 1 Uhr früh.

AKM Robert Rasp Angelgeräte, Hermann-Lingg-Str. • Parfümerie Albers, Theatinerstr. • annas Moden, Sendlinger Str. • Baby-Ansorge, Lindwurmstr. • Bahlmann, Der Blumenladen im Rathaus • Bally, 2x Theatinerstr., Perusastr. u. Neuhauser Str. • Bartu-Schuhe • Ludwig Beck am Rathauseck • Bernsteinladen, Marienplatz • Betzler Herrenausstatter, Sendlinger Str. • Modefriseur Blatter • Böhmler Einrichtungshaus, Tal • Bogner Haus, Residenzstr. • Bonanza Jeans-Shop am Rindermarkt • Breiter Hut + Moden, Kaufingerstr. • Bärbel Brand Brautmode, Fürstenfelder Str. • E. Braun & Co. Nachf., Wittelsbacherplatz • Parfümerie Brückner-Bublitz, Weinstr. • Burberrys, Perusastr. • Burkhof-Kaffee, Marienplatz • Cartier, Brienner Str. • Ciro Perlen, Theatinerstr. • Modehaus Classic, Theatinerstr. • Dallmayr, Dienerstr. • Danielle Baby- und Kindermode, Theatinerstr. • Danmark-Gastronomie, Stachus-Einkaufszentrum • Das Haus für den gesunden Schlaf, Theatinerstr. • Der Kasladen von Tölz, Westenrieder Str. • Die Einrichtung, Brienner Str. • Die gute Form, Ludwigstr. • Pfeifen-Diehl, Theatinerstr. • Dirndl-Ecke im Platzl • Douglas-Parfümerien • Eckerle Herrenbekleidung, Theatinerstr. • Elisenhof, Prielmayerstr. • Woll-Engel, Marienplatz • Fischer & Co., Rosenstr. • Spiel + Freizeit Fischer am Stachus • Elektro Fröschl, Schwanthalerstr. • Glashaus, Josephspitalstr. • Viktoria Gmeiner Moden, Karlsplatz • Hans Goltz Buchhandlung, Liebfrauenstr. • Hallhuber, Kaufingerstr. • Uhren Hauser, Marienplatz • Hertie, Bahnhofsplatz • Kunsthandlung Hecht, Herzogspitalstr. • Buchhandlung Herder, Promenadeplatz • Hettlage, Neuhauser Str. • Otto Hiernels, Theatinerstr. u. Sendlinger Str. • Hirmer, Kaufingerstr. • Hugendubel, Marienplatz und Salvatorplatz • i-Düpferl, Sendlinger Str. • Charles Jourdan, Schuhe + Accessoires, Theatinerstr. • Juwelier Fridrich, Sendlinger Str. • Buchhandlung Kaiser, Marienplatz • Karstadt Haus Operpollinger • Kaufhof, Marienplatz u. am Stachus • Kartenvorverkauf Marienplatz-Untergeschoß • Kaut-Bullinger, Rosenstr. • Kinsi Sport & Sportswear, Residenzstr. • Kissel Schmuck + Geschenke, Maffeistr. • Konen, Sendlinger Str. • Koron-Kerzen am Dom • Franziska Krines Wäsche Mieder Bademoden, Residenzstr. • Krines-Lingerie, Perusastr. • Drogerie Kuffner, Gautsch + Femina, Tal • Kübler Stoffe, Kaufingerstr. • Küchen-Dross, Ludwigstr. • F.S. Kustermann, Viktualienmarkt • van Laack-Haus, Residenzstr. • Lacher, Neuhauser Str. u. Theatinerstr. • La Via Schuhmoden, Sendlinger Str. • Leder Franzl, Bayerstr. • Les Petits, Schrammerstr. • Josef Leute Holzwaren, Viktualienmarkt • Lindberg, Sonnenstr. und Kaufingerstr. • Linea B, Maximiliansplatz • Loden-Frey, Maffeistr. • Maendler, Theatinerstr. • Marstaller Lederwaren, Pacellistr. • Eduard Meier, Residenzstr. • Portrait-Studio Meinen, Schrammerstr. • Mey & Edlich, Theatinerstr. u. Weinstr. • Miss M, Oberanger • Leder-Moser, Herzogspitalstr. • Müller im Tal, Heiligeiststr. • Münchner Geschenkestuben am Petersbergl • Mühlhäuser-Mode, Kaufingerstr. • Nal-Naturlederwaren, Prälat-Zistl-Str. • Nova-Reisen, Herzog-Wilhelm-Str. • Obletter-Spielwaren, Stachus und Marienplatz • Peter Palmers, Dessous & Wäsche • Max Platin, Maximiliansplatz • Horst Popig, Altheimer Eck • Prantl, Perusapassage • Radspieler, Residenzstr. u. Hackenstr. • Musik Rouscher, Tal • Regina Schuhe, Theatinerstr. • Foto Reiter im Rathaus • Residenz-Bücherstube, Residenzstr. • Rieger Pelze, Isartorplatz • Rischart's Backhaus, Marienplatz • Roeckl-Eck, Theatinerstr. • Salamander, Färbergraben und Weinstraße • Modehaus Sartorius, Theatinerstr. • Foto Sauter, Sonnenstr. • Shirokko Schallplatten, Ledererstr. • Schirm Schönherr, Theatinerstr. • Sport Münzinger im Rathaus • Sporthaus Schuster, Rosenstr. • Schlichting Haus des Kindes, Neuhauser Str. • Schuh-Klein, Marienplatz • Schwaiger's Wwe., Segelsport, Ledererstr. • Spielwaren Schmidt, Neuhauser Str. • Juwelier Schneider, Residenzstr. • Stolf-Mode, Neuhauser Str. • Theatiner-Schuhhaus, Marienplatz • Schuhhaus Thomas, Neuhauser Str. u. Theatinerstr. • Tretter Schuhe • Uhren Sonntag, Sendlinger Str. • Mode Urban, Altheimer Eck • Vereinigte Werkstätten, Brienerstr. • Wallach, Dienerstr. • Juwelier Wempe, Kaufingerstr. • Buchhandlung Werner, Residenzstr. • Western-Store, Herzog-Wilhelm-Str. • Westner-Herrenmoden, Sendlinger Str. • Wiedling Spielwaren, Theatinerstr. • WMF, Weinstr. u. Neuhauser Str. • Wöhrl, Sendlinger Str. • WOM, Kaufingerstr. u. Sonnenstr. • Woolworth, Kaufingerstr. • Wormland, Kaufingerstr. • WTS Travel Service Reisen, Kardinal-Döpfner-Str. • Christine Zeder Kindermoden im Rathaus • Zimmermann, Lederwaren-Ledermoden, Brienner Str.

c) Die Verbraucher

Einkaufsabend am Donnerstag — Was bringt's?

WIE VIELE KÄUFER?
Von je 100 Verbrauchern haben den „langen Donnerstag"...
...nicht genutzt: 76
...genutzt: 24

WO GEKAUFT?
Von je 100 Verbrauchern kauften...
...in der Nachbarschaft: 13
...im Verbrauchermarkt: 6
...im Zentrum: 81

WAS GEKAUFT?
Von je 100 Verbrauchern kauften... (Mehrfachnennungen möglich)
Textilien: 13
Schuhe: 14
Lebensmittel: 34
Bekleidung: 45

Quelle: BAG/IFAV

© Globus 8111

KAPITEL 2 63

4. **Kreuzen Sie in der Liste an, was Ihrer Ansicht nach geschehen würde, falls die Öffnungszeiten des deutschen Ladenschlußgesetzes in Ihrem Land eingeführt würden.**

Man müßte beim Einkaufen mehr hetzen.	
Es gäbe weniger Teilzeit-Arbeitsplätze.	
Es gäbe weniger Konkurrenz zwischen den Geschäften.	
Man könnte die Angebote nicht mehr so gut vergleichen und würde weniger günstig einkaufen.	
Verkäufer und Verkäuferinnen könnten sich ihre Arbeitszeit nicht mehr nach eigenen Wünschen aussuchen.	
Im Handel würden Arbeitskräfte entlassen.	
Für Verkäufer und Verkäuferinnen würde die Arbeit weniger anstrengend.	
Für viele Läden würde sich die finanzielle Situation verbessern.	
Die Leute würden weniger kaufen.	
Viele Waren würden billiger.	
Die Waren würden teurer, weil es weniger Konkurrenz gäbe.	

5. **Werten Sie bitte die Ergebnisse in Ihrer Gruppe aus. – Ihr Dozent hat eine Vorlage.**

6. **Vergleichen Sie Ihre Ergebnisse mit denen einer Meinungsumfrage in der Bundesrepublik, bei der die folgende Frage gestellt wurde:**

Was, glauben Sie, würde geschehen, wenn die Öffnungszeiten nicht mehr festgelegt wären?	
Man müßte beim Einkaufen weniger hetzen.	68%
Es gäbe mehr Teilzeit-Arbeitsplätze.	66%
Es gäbe mehr Konkurrenz zwischen den Geschäften.	50%
Man könnte die Angebote besser vergleichen und günstiger einkaufen.	40%
Verkäufer und Verkäuferinnen könnten sich ihre Arbeitszeit mehr nach eigenen Wünschen aussuchen.	38%
Im Handel würden mehr Arbeitskräfte eingestellt.	38%
Für Verkäufer und Verkäuferinnen würde die Arbeit anstrengender.	35%
Viele Läden kämen in finanzielle Schwierigkeiten.	25%
Die Leute würden mehr kaufen.	24%
Viele Waren würden teurer.	24%
Die Waren würden billiger, weil es mehr Konkurrenz gäbe.	13%

Stern

1. **Tragen Sie bitte die Buchstaben für die nachstehenden Pro- und Kontra-Argumente zur Verlängerung der Öffnungszeiten im Einzelhandel in die jeweils passende Rubrik der Tabelle ein.**

	pro	kontra
aus der Sicht des Verkaufspersonals	1. _____ 2. _____	1. _____
aus der Sicht der kleinen und mittelständischen Einzelhandelsbetriebe	1. _____	1. _____ 2. _____
aus der Sicht der Verbraucher	1. _____ 2. _____ 3. _____	1. _____

a) niedrigere Preise durch mehr Konkurrenz
b) stärkere Konkurrenz durch die „Großen"
c) Zwang zu unangenehmen Arbeitszeiten
d) größerer Umsatz
e) günstiger einkaufen durch mehr Vergleichsmöglichkeiten
f) höhere Personalkosten
g) Arbeitszeit nach eigenen Wünschen
h) höhere Preise durch steigende Personalkosten
i) mehr Teilzeit-Arbeit möglich
j) weniger Hetze

2. Für die Gegenüberstellung von Standpunkten verwendet man häufig **jedoch, aber, zwar ... aber, doch** oder **einerseits ... andererseits**.

Beispiel:
Für die kleinen und mittelständischen Einzelhandelsbetriebe wird der Umsatz zwar größer, aber die Personalkosten werden auch höher.

Bilden Sie ähnliche Sätze mit den Argumenten aus 1.

LAAAAANGER
DONNERSTAG
BIS 20.30 UHR
GEÖFFNET

BEI UNS IST LAAAAANGER DONNERSTAG!!

Aus der Werbung einer Bekleidungskette

3. **Bilden Sie mit den folgenden Satzanfängen Sätze, die den Argumenten aus der Tabelle in 1. widersprechen.**

Man kann jedoch dagegen anführen ...

Im Gegensatz dazu ...

Im Widerspruch dazu steht, daß ...

Es ließe sich aber auch anführen, daß ...

Von anderer Seite aus betrachtet ...

Das stimmt zwar, aber ...

---

4. **Diskutieren Sie bitte die Einführung des Dienstleistungsabends in zwei Gruppen (Gewerkschaftsabordnung, Vorstand eines Kaufhauses).**
Bereiten Sie Ihre Argumente zunächst in Ihrer Gruppe vor, und überlegen Sie gemeinsam, wie Sie Ihre Interessen am besten durchsetzen können.
Nehmen Sie sich für die Diskussion vor, unbedingt einen tragfähigen Kompromiß auszuhandeln.

29 *Sagen* und was man für *sagen* noch alles sagen kann

Der folgende Text wirkt durch die ständige Wiederholung des Verbs **sagen** sehr eintönig.

1. **Verbessern Sie den Text stilistisch, indem Sie *sagen* anders ausdrücken. Sie können zu diesem Zweck Sätze umformulieren.**

Langer Donnerstag bleibt umstritten

Die großen Kaufhausketten haben sich in einer Zwischenbilanz erneut zufrieden über die Entwicklung des langen Donnerstags geäußert. Ein Sprecher der Kaufhof AG *sagte* (1) in Köln, man werde auf jeden Fall an den verlängerten Einkaufszeiten festhalten. Ein Sprecher der Essener Karstadt AG *sagte* (2), der lange Donnerstag sei vor allem in den Häusern in den Top-City-Lagen erfolgreich. Die Deutsche Angestellten-Gewerkschaft (DAG) dagegen lehnt den verkaufsoffenen Donnerstag weiterhin ab: „Unsere Befürchtungen und Warnungen haben sich bestätigt", *sagte* (3) ein DAG-Sprecher. Während in den Innenstädten am Donnerstagabend verkauft werde, sei in den Randlagen und den Klein- und Mittelstädten „alles tot", *sagte* (4) er. Auch die Hauptgemeinschaft des deutschen Einzelhandels (HdE) zog eine Negativbilanz. Nur in den guten Verkaufslagen der großen Städte funktioniere der Dienstleistungsabend, *sagte* (5) der HdE-Sprecher. Kaufhof-Sprecher D. Kowalke *sagte* (6) dagegen, die zusätzlichen Einkaufsmöglichkeiten hätten nicht zu Verkaufseinbrüchen geführt, sondern größeren Umsatz gebracht. Karstadt-Sprecher Martens *sagte* (7), der Dienstleistungsabend sei immer noch fast ausschließlich ein Kaufabend.

---

2. **Vergleichen Sie Ihre Ergebnisse in der Gruppe und erstellen Sie gemeinsam ein Wortfeld *sagen*.**

Was stellt dieser Bildausschnitt wohl dar?
Der nachstehende Text kann Ihnen bei der Beantwortung dieser Frage helfen.

30

F

Vorteile für den Verbraucher
— Öffnungszeiten bis in den späten Abend und an Sonn- und Feiertagen. — Günstiger Standort bezogen auf das Wohngebiet. — Kaum Wartezeiten für den Käufer. — „Typische Artikel" wie z. B. Zigaretten, Bier, alkoholfreie Getränke, Süßigkeiten, Zeitungen, sind ständig vorrätig.

Lebensmittel Praxis

Ihr Dozent zeigt Ihnen anschließend das komplette Foto.

Das Fremdwort **Kiosk** wurde im 18. Jahrhundert in der Bedeutung „offener Gartenpavillon" aus dem Französischen *kiosque* entlehnt. Es geht zurück auf das türkische Wort *köşk* („Gartenpavillon"), das seinerseits persischen Ursprungs (*kūšk* = „Pavillon, Gartenhaus") ist.

31

1. **Zählen Sie bitte ein paar Internationalismen (also Wörter, die in vielen Sprachen in gleicher oder ähnlicher Form vorkommen) auf.**
   Gibt es Häufungen in bestimmten Bereichen?

2. **Gibt es in Ihrer Muttersprache Wörter, die deutschen Ursprungs sind?**

32 Dieses Schaubild zeigt die verschiedenen Komponenten der Verbraucherpolitik.
Ergänzen Sie bitte in dem nachstehenden Text die fehlenden Wörter anhand des Schaubildes.

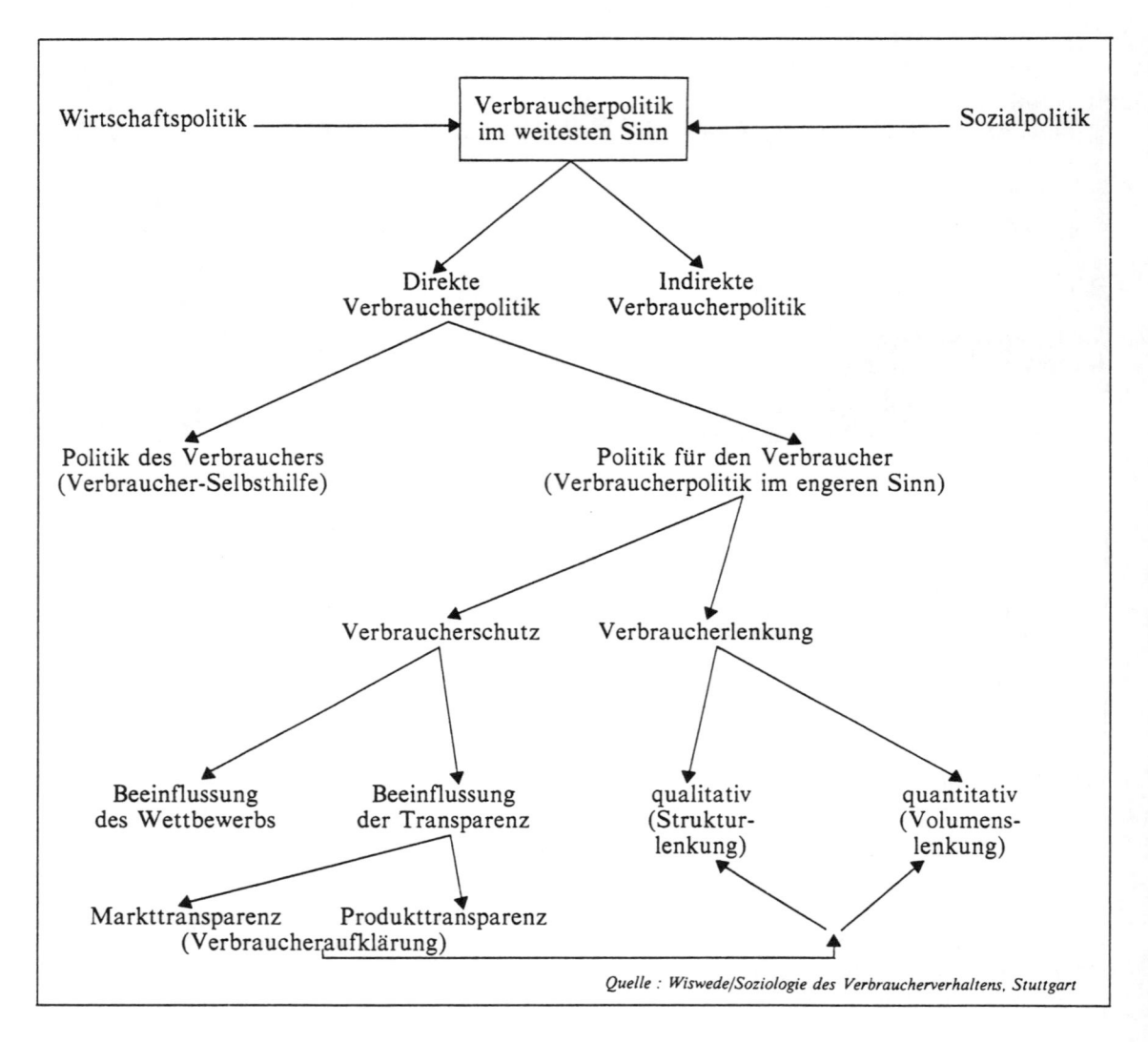

```
                          ┌──────────────────┐
Wirtschaftspolitik ───────│ Verbraucherpolitik│────── Sozialpolitik
                          │  im weitesten Sinn│
                          └──────────────────┘
                                   │
                         ┌─────────┴─────────┐
                    Direkte              Indirekte
               Verbraucherpolitik    Verbraucherpolitik
                    │
         ┌──────────┴──────────────┐
   Politik des Verbrauchers     Politik für den Verbraucher
   (Verbraucher-Selbsthilfe)    (Verbraucherpolitik im engeren Sinn)
                                          │
                                  ┌───────┴────────┐
                          Verbraucherschutz    Verbraucherlenkung
                              │                      │
                      ┌───────┴────────┐      ┌──────┴───────┐
               Beeinflussung    Beeinflussung  qualitativ    quantitativ
               des Wettbewerbs  der Transparenz (Struktur-   (Volumens-
                       │             │          lenkung)      lenkung)
                Markttransparenz  Produkttransparenz
                                 (Verbraucheraufklärung)
```

Quelle: Wiswede/Soziologie des Verbraucherverhaltens, Stuttgart

Unter Verbraucherpolitik versteht man die Einflußnahme auf die Beziehungen zwischen Anbietern von Gütern und Dienstleistungen und Verbrauchern sowie auf die Produktgestaltung zugunsten des Verbrauchers. Verbraucherpolitik im engeren Sinn läßt sich unterteilen in _____ und _____. _____ besteht aus zwei Aktivitäten. Einerseits wird Einfluß auf den _____, andererseits auf _____ - und _____ transparenz genommen.

33 Bei der Beschreibung von Strukturen und Gliederungen werden häufig die folgenden Redemittel verwendet:

... (Nom) läßt/lassen* sich unterteilen in ... (Akk)
... (Nom) unterteilt/unterteilen sich in ... (Akk)
... (Nom) läßt/lassen* sich gliedern in ... (Akk)
... (Nom) gliedert/gliedern sich in ... (Akk)
... (Nom) besteht/bestehen* aus ... (Dat)
... (Nom) hat* zwei Komponenten, ... (Akk) und ... (Akk)
... (Nom) hat* Rückwirkungen auf ... (Akk)
... (Nom) führt zu ... (Dat)

Beispiel:
Verbraucherschutz läßt sich unterteilen in Beeinflussung des Wettbewerbs und Beeinflussung der Transparenz. Diese wiederum gliedert sich in Markttransparenz und Produkttransparenz.

Gliedern Sie anhand des vorstehenden Schaubildes die folgenden Stichpunkte und verwenden Sie dabei die obigen Redemittel.

— Verbraucherpolitik im weitesten Sinn
— direkte Verbraucherpolitik
— Verbraucherlenkung

34 **Welche Informationsquellen würden Sie vor dem Kauf der folgenden Gegenstände benutzen? Kreuzen Sie bitte an und begründen Sie die Wahl Ihrer Informationsquellen.**

Informationsquellen für den Verbraucher			
	Waschmittel	Lederjacke	Stereoanlage
Zeitungsanzeigen			
Prospekte und Kataloge der Anbieter			
Schaufenster im Handel			
persönliche Gespräche mit Bekannten			
Werbeanzeigen in Zeitschriften und Illustrierten			
Testergebnisse in Verbraucherzeitschriften			
Beratung durch den Verkäufer			
Werbesendungen im Fernsehen und im Rundfunk			
Berichte in Fachzeitschriften			
Auskünfte in Verbraucherzentralen und Verbraucherberatungsstellen			

Arbeitslehre Wirtschaft 9

35 1. **Geben Sie bitte den folgenden Text in Ihrer Muttersprache wieder.**

Verbraucherzentralen und Verbraucherberatungsstellen

Verbraucherzentralen mit entsprechenden Beratungsstellen gibt es in allen Bundesländern. Die Beratungsstellen beraten den Verbraucher auf Wunsch persönlich, firmenunabhängig und kostenlos u. a. über folgende Punkte:

— Qualität und Eignung von Haushaltsgeräten (Geräteberatung),
— Wohnen und Einrichten (Wohnungsberatung),
— Reklamationsfälle (Reklamationsberatung).

Darüber hinaus haben sich die Verbraucherzentralen folgende Aufgaben gestellt:

— Sie erkunden Preise und decken Mißstände im Wettbewerb auf.
— Sie achten darauf, daß wichtige Verbraucherschutzgesetze eingehalten werden.
— Sie halten Vorträge und diskutieren mit Verbrauchern und Marktbeteiligten.
— Sie machen Ausstellungen und erarbeiten Broschüren zur Information des Verbrauchers.
— Sie vertreten die Interessen des Verbrauchers, wenn neue Gesetze in den Parlamenten vorbereitet und beschlossen werden.

Arbeitslehre Wirtschaft 9

---

2. **Stimmen diese Aussagen mit dem Textinhalt überein?**
   j = ja   n = nein   0 = läßt sich nicht eindeutig beantworten

   Wenn Sie einen Computer kaufen wollen, erfahren Sie von der Verbraucherzentrale,
   a) daß Sie nur Markenware kaufen sollten, ☐
   b) welche Vor- und Nachteile die sich auf dem Markt befindlichen Computer haben, ☐
   c) welchen Computer von welcher Firma Sie am besten kaufen sollten. ☐

36 **Passivkonstruktionen**

Bilden Sie bitte Sätze im Passiv – was wird hier gemacht?

Beispiel:
Hier werden Tests durchgeführt.

1. *Hier* _____
2. _____
3. _____
4. _____
5. _____
6. _____
7. _____
8. _____
9. _____
10. _____

Tests (m) durch|führen

1. Waren (f) und Dienstleistungen (f) kritisch und neutral prüfen
2. Preise (m) vergleichen*
3. Ratschläge (m) und Tips (m) für den Einkauf (m) geben*
4. vor unseriösen Verkaufspraktiken (f) warnen
5. die Interessen (n) der Verbraucher (m) vertreten*
6. Informationsmaterial (n) zusammen|stellen
7. eine Rechtsberatung (f) an|bieten*
8. Produkte (n) empfehlen*
9. Verbraucher (m) beraten*
10. Broschüren (f) verschicken

37 **Welchen Organisationen oder Institutionen entsprechen Verbraucherzentralen und Verbraucherberatungsstellen bei Ihnen?**
Sammeln Sie bitte Informationen über Ihre Verbraucherschutzorganisationen und schreiben Sie kurz auf deutsch (ca. 100–150 Wörter) einen informativen Text über sie.

38 Mit der Einführung der DM in der ehemaligen DDR (1.7.90), spätestens aber mit der Vereinigung der beiden deutschen Staaten am 3.10.90, setzten umfassende Veränderungen im östlichen Teil Deutschlands ein.
Die Verbraucherzentralen hatten sogleich alle Hände voll zu tun.

1. Was, glauben Sie, beschäftigte die Verbraucherorganisationen am meisten?

2. Lesen Sie bitte den Zeitungsartikel, der sich mit dieser Fragestellung befaßt. Notieren Sie, welche Arbeitsschwerpunkte beispielsweise die Verbraucherzentrale Leipzig hatte.

Verbraucherschutz kämpft gegen Vertragsdschungel

Als „letzter Rettungsanker" erweisen sich derzeit in den neuen Bundesländern die Verbraucherzentralen. Die 30 hauptamtlichen Mitarbeiter der Verbraucherzentrale Sachsen verstehen sich als „Lotsen" durch die verschlungenen Pfade des Verbraucherrechts. Joachim Beetz, Chef der Verbraucherzentrale in Leipzig, schätzt, daß mindestens 80 Prozent der Bürger in den neuen Bundesländern nicht die Rechte kennen, die der neue Verbraucherschutz ihnen tatsächlich bietet.
Drei Schwerpunkte nennt Beetz. Da sind zuerst einmal die Versicherungsvertreter, die zahlreiche der neuen Bundesbürger mit „überflüssigen und überteuerten" Verträgen über den Tisch ziehen. „Von denen, die zu uns kamen, hatten 99 Prozent Verträge unterschrieben, die für sie wenig sinnvoll waren", so Beetz. Bei privaten Unfallversicherungen gebe es bei gleicher Leistung „Beitragsunterschiede von bis zu 300 Prozent". Ein Dorn im Auge sind Beetz vor allem die „Paketangebote" der Versicherungen, die Bausparverträge, Kapitalversicherung, private Unfallversicherung und private Kapitalanlage umfassen, „deren finanzielle Folgen die Menschen überhaupt nicht ahnen", sagt Beetz.
Was in den alten Bundesländern vor Jahren die Verbraucherschützer massiv beschäftigte, nämlich „unseriöse Kapitalanlagegesellschaften", macht derzeit Beetz und seinen Mitarbeitern „kräftig zu schaffen". Ärger gebe es auch zunehmend mit überteuerten Handwerkerrechnungen. Die Verbraucher wüßten kaum, daß man sich dagegen durch verbindliche Kostenvoranschläge schützen kann. Ganz zu schweigen von Pauschalangeboten einiger „schwarzer Schafe der Reisebranche", die ihre „vollmundigen" Angebote oft nicht einhalten könnten. Die neueste Variante im Osten Deutschlands sind nach den Worten von Beetz die „Gewinnspiele", bei denen Gewinne „vorgegaukelt" werden, um Leute zu Vertragsabschlüssen zu bewegen. Beetz nicht ohne Sarkasmus: „Alles Schlechte kommt mit Verzögerung auch zu uns rüber."

Süddeutsche Zeitung

39 Notieren Sie bitte in den folgenden Rubriken Wörter bzw. Ausdrücke aus dem gesamten Kapitel 2. Vergessen Sie bei den Substantiven die Artikel und Pluralformen nicht. Kennzeichnen Sie die unregelmäßigen Verben mit einem * und die trennbaren mit einem |.

Substantive:

das Fachgeschäft(-e)
der Versandhandel(-)
_____
_____
_____
_____
_____
_____
_____
_____
_____
_____
_____
_____
_____
_____
_____
_____
_____
_____
_____
_____
_____
_____
_____
_____

Wichtige Adjektive in Verbindung mit Substantiven:

ein konkurrenzfähiger Preis(-e)
_____
_____
_____
_____
_____
_____
_____
_____
_____
_____

Ausdrücke:

dem Konkurrenzdruck nach|geben*
_____
_____
_____
_____
_____
_____
_____
_____
_____
_____

Verben:

_____
_____
_____
_____
_____
_____
_____
_____

Verben:

_____
_____
_____
_____
_____
_____
_____
_____

Kapitel 3

Import, Export

Unternehmen, Produkte, Branchen	1–3, 6, 12
„Die Großen fressen die Kleinen"	4, 5
Übersetzungstechnik	4
Kriterien für den Export	7, 14, 19, 20, 31
Hermes-Deckungen	8
Managementstile	9
Mengenangaben	10
Aufbau von Sachtexten	11
Orthographie, Interpunktion, *sinken, steigen,* Präpositionen	13
Normierung und Standardisierung	15
Wirtschaftliche Auswirkungen der deutschen Vereinigung auf das Ausland	17
Forschung und Export	18
einheimisch vs. *ausländisch*	23
Erweiterte Partizipialattribute (1)	24
Europäische Gemeinschaft	21, 22, 25–29, 32
Ländernamen und Nationalitäten	29, 30
Orthographie, Interpunktion	32
Handelspartner der Bundesrepublik	33
Fachvokabular: Waren- und Devisenverkehr	34, 35, 37, 38
Fachvokabular: Kreuzworträtsel	36
Wichtige Lexik	39

1 1. Ordnen Sie bitte die Produkte den Branchen zu. Benutzen Sie evtl. Ihr Wörterbuch.

Produkte	Branchen		
1. Karosserien (f)	a) Nahrungs- und Genußmittelindustrie	1	
2. Farben (f)	b) Mineralölförderung und -verarbeitung	2	
3. Rohre (n)	c) Mikroelektronik	3	
4. Hubschrauber (m)	d) Medien	4	
5. Lippenstifte (m)	e) Elektroindustrie	5	
6. Zigaretten (f)	f) Stahlindustrie	6	
7. Telefonanlagen (f)	g) Automobilindustrie	7	
8. Zeitungen (f)	h) Flugzeugbau	8	
9. Benzin (n)	i) Chemische Industrie	9	b
10. Chips (m)	j) Parfüm und Kosmetik	10	

2. Kennen Sie noch weitere Branchen? Welche Produkte stellen sie her?

2 1. In der folgenden Übersicht sind die 35 größten (umsatzstärksten) Industrieunternehmen Deutschlands aufgelistet.
Versuchen Sie bitte, innerhalb von fünf Minuten so viele Unternehmen wie möglich den entsprechenden Branchen zuzuordnen.
(Hier und da ergeben sich Mehrfachzuordnungen.)

Unternehmen	Umsatz in Mio. DM	Exportanteil in % (gerundet)	Branche
Daimler-Benz	76 392	61	
Volkswagen	65 352	62	
Siemens	61 128	54	
VEBA	49 208	29	
BASF	47 617	68	
Hoechst	45 898	77	
RWE	44 200	17	
Bayer	43 299	79	
Thyssen	43 249	48	
Bosch	30 588	52	
BMW	26 515	59	
Ruhrkohle	23 364	19	
Mannesmann	22 330	64	
Opel	20 806	54	
Metallgesell.	20 126	62	
Ford	19 806	70	
Friedr. Krupp	17 684	47	
MAN	17 054	62	

Dt. Shell	16 906	3	
Preussag	16 357	56	
Esso	14 686	4	
Degussa	14 357	74	
Dt. BP	12 780	—	
IBM Dtschld.	12 391	32	
Henkel-Gruppe	11 639	73	
Ruhrgas	10 950	5	
Salzgitter	10 757	34	
Hoesch	10 679	36	
VIAG	10 434	36	
Feldmühle Nobel	9 508	48	
Dt. Unilever	8 969	20	
Continental	8 382	65	
Philipp Holzmann	7 872	50	
Klöckner-Werke	7 728	54	
Dt. Philips	7 640	34	

2. Nennen Sie bitte die umsatzstärksten Branchen und die Branchen mit dem höchsten Exportanteil.

3. Welche Firmen/Branchen zählen in Ihrem Land zu den wichtigsten?

1. Erläutern Sie bitte das folgende Schaubild.
Zu welchen Branchen gehören die erwähnten Unternehmen? Haben Sie eine Erklärung dafür, warum gerade diese Branchen hier vertreten sind?

2. Suchen Sie eine Überschrift für das Schaubild.

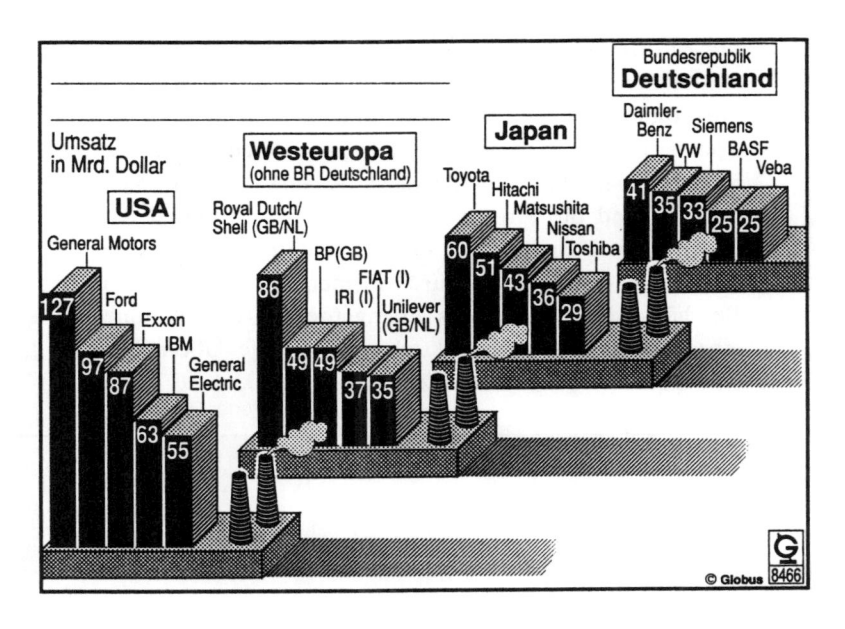

Umsatz in Mrd. Dollar

USA: General Motors 127, Ford 97, Exxon 87, IBM 63, General Electric 55

Westeuropa (ohne BR Deutschland): Royal Dutch/Shell (GB/NL) 86, BP (GB) 49, FIAT (I) 49, IRI (I) 37, Unilever (GB/NL) 35

Japan: Toyota 60, Hitachi 51, Matsushita 43, Nissan 36, Toshiba 29

Bundesrepublik Deutschland: Daimler-Benz 41, Siemens 35, VW 33, BASF 25, Veba 25

© Globus 8466

KAPITEL 3

4 Bitte übersetzen Sie den folgenden Text. Gehen Sie schrittweise vor:

a) Lesen Sie zunächst den ganzen Text durch und fassen Sie kurz auf der Grundlage einiger Notizen zusammen, worum es geht.
b) Markieren Sie die Wörter/Textstellen, die Ihnen Schwierigkeiten bereiten.
c) Versuchen Sie, die schwierigen Wörter/Textstellen aus dem Kontext zu erschließen; gibt es deutsche Ausdrücke, die die gleiche Bedeutung haben?
d) Wenn es jetzt noch Probleme gibt, arbeiten Sie mit dem Wörterbuch: überprüfen Sie die verschiedenen Entsprechungen am Kontext und notieren Sie das Wort, das paßt.
e) Übersetzen Sie den Text: fertigen Sie zuerst eine Rohfassung an – lassen Sie dabei einen breiten Rand und auch Platz zwischen den Zeilen.
f) Überarbeiten Sie die Rohfassung.

Konzerne kaufen wie noch nie
Fusions-Rekord im Ausland / Siemens vorn / USA Hauptziel

Notizen

Die deutschen Industrieunternehmen haben im vergangenen Jahr ihre Auslandsaktivitäten – Neugründungen, Beteiligungen und Übernahmen – so stark gesteigert wie noch nie. Sie kauften 145 Firmen jenseits der Grenzen
5 ganz oder teilweise (über 25 Prozent) und gründeten 84 Produktionsgesellschaften. Das geht aus einer Dokumentation der Forschungsgemeinschaft für Außenwirtschaft, Struktur- und Technologiepolitik (FAST) in Berlin hervor. Sie hat insgesamt über 1100 Transaktionen der
10 350 größten Konzerne erfaßt.
Dabei zeigt sich ein nach wie vor hochkonzentriertes regionales Interesse. Das mit Abstand wichtigste einzelne Anlageland sind die USA, gefolgt von Spanien, Großbritannien und Frankreich – Konsequenz des EG-Binnenmark-
15 tes. Auf diese vier Länder entfallen allein 85 Prozent der Aktivitäten. Von den insgesamt 814 Akquisitionen und Neugründungen in den letzten fünf Jahren betrafen 183 Töchter in USA, dagegen nur 38 in ganz Osteuropa und 96 in der Dritten Welt. Am aktivsten als Aufkäufer und Neu-
20 gründer sind die Firmen Henkel, Siemens, Hoechst und BASF sowie Daimler-Benz. Ordnet man diese Rangliste jedoch nach der Zahl der durch Firmenkäufe gewonnenen Beschäftigten, ist Siemens unangefochten die Nummer eins, wobei Volkswagen durch eine einzige Übernahme
25 (die spanische SEAT) dahinter folgt.

Frankfurter Rundschau

1. Lesen Sie bitte den folgenden Text und unterstreichen Sie die wichtigsten Ergebnisse der niederländischen Untersuchung, von der die Rede ist.

2. Lesen Sie den Text ein zweites Mal.
   Schließen Sie dann das Buch und geben Sie die Hauptinformationen des Artikels aus der Erinnerung wieder.

Die Fusionswelle rollt weiter

Laut einer niederländischen Studie ist die EG-Industrie noch nicht bei der optimalen Betriebsgröße angelangt. Die technisch bedingt beste Unternehmensgröße bringt sogenannte „Skalenerträge": Vorteile durch geringere Kosten. Die niederländische Analyse kommt zum Schluß, daß die optimale Betriebsgröße zwischen 10 000 Beschäftigten in der Autoindustrie und 50 in der Lederwarenindustrie schwankt. Weitere Ergebnisse: Die Industrie in Deutschland nähert sich den größtmöglichen Skalenerträgen am weitesten an; seine Unternehmen sind im Schnitt vierzig Prozent größer als der EG-Mittelwert und weisen auch die effizienteste Größe in den wichtigen Sparten Chemie und Metallindustrie auf. Der Größenvorteil beschert der deutschen Industrie ein Kostenniveau, das drei Prozent unter EG-Durchschnitt liegt. Besonders ausgeprägt ist der Kostenvorteil gegenüber EG-Konkurrenten in der Autoindustrie, in der schweren Metallindustrie sowie in der Chemie.

Solche Argumente sind Wasser auf die Mühlen derer, die in der schieren Größe schon einen Wettbewerbsvorteil erkennen wollen. Auch die EG-Kommission sah lange einen Vorzug des einheitlichen Binnenmarktes darin, daß größere Einheiten entstünden, die den Konkurrenten aus Japan und den Vereinigten Staaten besser Paroli bieten könnten.

Mittlerweile setzt ein Umdenken ein ...

T. Hanke/Die Zeit

3. Welche Kosten sind für ein größeres Unternehmen relativ günstiger?

4. Arbeiten Sie lieber in einem Großunternehmen oder in einer kleineren Firma? Warum?

5. Die letzte Zeile des Textes deutet auf die möglichen Probleme und Risiken hin, die mit einer fortlaufenden Unternehmenskonzentration verbunden sind.
   Bitte schreiben Sie den Text weiter.

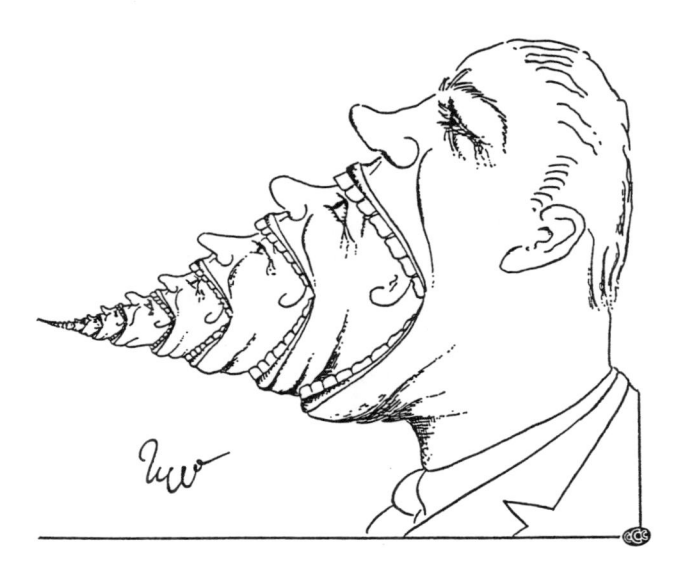

6 1. Welche Produkte gehören Ihrer Meinung nach zu welchen Zahlen aus dem Schaubild?

F

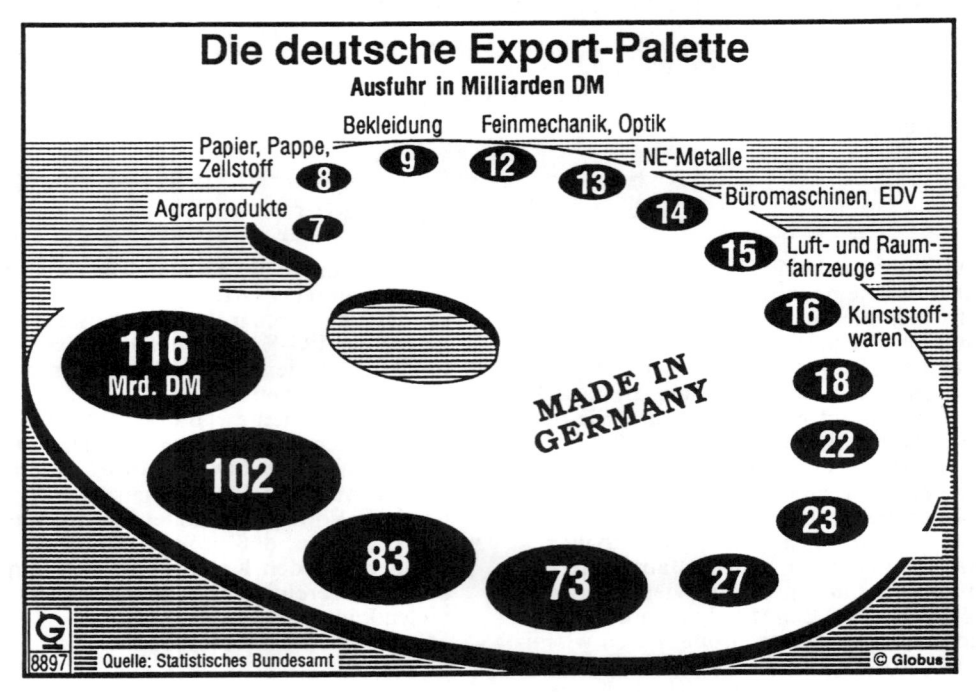

Die deutsche Export-Palette
Ausfuhr in Milliarden DM

- Papier, Pappe, Zellstoff — 8
- Bekleidung — 9
- Feinmechanik, Optik — 12
- 13
- NE-Metalle — 14
- Büromaschinen, EDV — 15
- Luft- und Raumfahrzeuge — 16
- Kunststoffwaren — 18
- 22
- 23
- 27
- 73
- 83
- 102
- 116 Mrd. DM
- Agrarprodukte — 7

MADE IN GERMANY

Quelle: Statistisches Bundesamt © Globus

EBM-Waren = Eisen-, Blech-, Metallwaren
NE-Metalle = Nichteisenmetalle

Eisen (n) und Stahl (m)   Nahrungsmittel (n), Tabakwaren (f)   EBM-Waren (f)   Chemische Produkte (n)
Textilien (Pl.)
Straßenfahrzeuge (n)   Elektrotechnik (f)   Maschinen (f)

---

2. Ihr Dozent zeigt Ihnen das komplette Schaubild.
   Vergleichen Sie bitte den Inhalt des Schaubildes mit Ihren Spekulationen und ergänzen Sie den folgenden Text.

   Die _____ machten rund ein Fünftel des gesamten Exportumsatzes der Bundesrepublik aus. Auf dem _____ Platz folgten die Erzeugnisse der _____ bauindustrie, auf die _____ Milliarden DM entfielen. Sie verdrängten die _____ auf Rang drei, die aber dennoch 83 Milliarden DM erzielten. Der Export von Erzeugnissen aus dem Bereich der _____ belief sich auf 73 Milliarden DM.
   Zusammen erreichten die „Großen Vier" im vergangenen Jahr 60 % d_____
   _____ .

3. Vier Branchen exportieren mehr als alle anderen Branchen zusammen.
   Welche Gründe sehen Sie für den Erfolg dieser vier Industriezweige auf dem Weltmarkt?

7

1. Was ist Ihrer Meinung nach für ein Unternehmen, das exportieren will, besonders wichtig?

> 4 = sehr wichtig   3 = wichtig
> 2 = zu berücksichtigen   1 = eher unwichtig

a) Es handelt sich um technologisch hochentwickelte Produkte. ☐
b) Der Kundendienst ist gut ausgebaut. ☐
c) Der Export wird vom Staat gefördert. ☐
d) Politische Stabilität des Landes, in das man exportieren will. ☐
e) Die Produkte sind von höchster Qualität. ☐
f) Die Produkte sind den Marktbedürfnissen angepaßt. ☐
g) Die Produkte sind unter Einsatz modernster Technologie entstanden. ☐
h) Stabile Wechselkurse. ☐
i) Der gute Ruf des Unternehmens. ☐
j) Bereitschaft, besonders am Anfang zu nicht kostendeckenden Preisen zu verkaufen. ☐

2. Vergleichen Sie die Ergebnisse in der Gruppe.

3. Welche anderen Kriterien könnten eine Rolle spielen?

_____
_____
_____

8

1. Schreiben Sie den folgenden Text bitte neu und ergänzen Sie die Vokale a, e, o und u.

„Hermes-Deckungen"

D■s B■müh■n d■r d■■tsch■n Wirtsch■ft, ihr■ St■ll■ng im ■xp■rt z■ b■h■■p- t■n, n■■■ Märkt■ z■ ■rschli■ß■n ■nd ■■sz■b■■■n, ■nt■rstützt di■ B■nd■s- r■gi■r■ng ■■f d■r Gr■ndl■g■ ■in■s im H■■sh■ltsg■s■tz f■stg■l■gt■n ■r- mächtig■ngsr■hm■ns mit ■■sf■hrg■r■nti■n ■nd -bürgsch■ft■n.
1949 üb■rtr■g di■ B■nd■sr■gi■r■ng di■ G■schäftsführ■ng d■r st■■tlich■n ■x- p■rtkr■ditv■rsich■r■ng ■in■m M■nd■t■rk■ns■rti■m b■st■h■nd ■■s d■r pri- v■t■n H■rm■s Kr■ditv■rsich■r■ng ■nd d■r Tr■■■■rb■it ■G. H■rm■s h■t di■ F■d■rführ■ng, w■r■■s sich d■r in d■r Wirtsch■ft g■läfig■ B■griff „H■rm■s- D■ck■ng■n" ■rklärt. Di■ M■nd■t■r■ ■rb■it■n im R■hm■n v■rg■g■b■n■r Richtlini■n im ■■ftr■g ■nd ■■f R■chn■ng d■s B■nd■s. Di■s■r trägt ■ll■in d■s wirtsch■ftlich■ ■nd p■litisch■ Risik■ ■■s d■n üb■rn■mm■n■n ■■sf■hrg■- währl■ist■ng■n ■nd ■rhält di■ v■n d■n ■xp■rt■■r■nz■ z■hl■nd■n ■ntg■lt■. H■rm■s nimmt di■ G■ld■r tr■■händ■risch für di■ St■■tsk■ss■ ■in ■nd ■ntschä- digt ■■s H■■sh■ltsmitt■ln d■s B■nd■s.

2. Erklären Sie bitte in Ihrer Muttersprache, was eine „Hermes-Deckung" ist.

9 Der folgende Artikel faßt die Ergebnisse einer Umfrage unter amerikanischen Managern zum Managementstil der Deutschen bzw. US-Amerikaner zusammen.

1. **Wo würden Sie Unterschiede vermuten?**

2. **Lesen Sie den Artikel und notieren Sie in Stichworten, was zu den folgenden Punkten gesagt wird:**

   Persönlichkeit der Manager:
   USA

   Deutschland

   Wer nimmt Spitzenpositionen ein?
   USA

   Deutschland

   Unternehmenspolitik mit Blick auf das Angebot:
   USA

   Deutschland

   Flexibilität in Führungsstrukturen:
   USA

   Deutschland

   Allgemeinbildung und Ausbildung:
   USA

   Deutschland

   Unternehmenspolitik mit Blick auf Gewinnmaximierung:
   USA

   Deutschland

3. **Suchen Sie bitte eine geeignete Überschrift für den Artikel.**

In einer Umfrage äußerten sich mehr als 1000 Führungskräfte über Manager aus der Bundesrepublik und die wichtigsten Unterschiede zwischen dem Managementstil in den beiden Ländern. Der Respekt der amerikanischen Spitzenkräfte gilt eindeutig der häufig überlegenen Qualität deutscher Produkte. Fast zwei Drittel der Befragten führen den Erfolg der Ausfuhrwirtschaft hierauf zurück, während nur jeder Fünfte glaubt, daß Vorstände oder Abteilungsleiter mit ihrer Persönlichkeit zum Erfolg entscheidend beitragen.

Angst vor Charisma

„Daß die Bundesrepublik die weltgrößte Exportnation ist, hat sie zweifellos nicht der Ausstrahlung ihrer Spitzenmanager zu verdanken", ist der New Yorker Unternehmensberater Charles Randall überzeugt. „Seit dem Ende des Zweiten Weltkriegs ist der Begriff des ‚Führers' im deutschen Vokabular verpönt." Wie viele seiner Kollegen meint auch Randall, daß die Angst vor einer charismatischen, vielleicht sogar demagogischen Führungspersönlichkeit so tief im Gewissen der Deutschen verwurzelt ist, daß die Unternehmensstrukturen herausragenden Einzelpersönlichkeiten es gar nicht erst ermöglichen, ihre Talente als Manager voll zur Geltung zu bringen. „Ein Mann wie Lee Iacocca käme in Deutschland gar nicht erst zum Zug" glaubt der Chrysler-Angestellte John Davis. Iacocca, Vorstandschef des drittgrößten amerikanischen Autoherstellers Chrysler, verkörpert wie kaum ein anderer den aggressiven, charismatischen Managementstil, der für Spitzenkräfte bei amerikanischen Multis unverzichtbar ist.

Die De-Valle-Studie kommt außerdem zu dem Schluß, daß im Gegensatz zu den USA Verkaufspersönlichkeiten wesentlich geringere Chancen haben, absolute Spitzenpositionen zu erreichen. David Harris vom Chemiemulti Dow stellt fest, daß bei einem deutschen Konkurrenten wie BASF der Vorstand fast ausschließlich mit Juristen oder Ingenieuren besetzt ist. „Bei uns ist ein Vorstand ohne Verkaufs- und Marketingexperten völlig undenkbar" ist Harris überzeugt. Einem anderen Pharmamanager fällt auf, daß deutsche Unternehmen ihre Vorstände lieber „mit Technokraten und reinen Fachleuten besetzen als mit Experten, die notfalls imstande wären, ihr Produkt auch persönlich zu verkaufen".

Neben der Angst vor „demagogischen" Führungspersönlichkeiten führen die US-Manager die Mentalitätsunterschiede auf die „Bequemlichkeit der deutschen Wohlstandsgesellschaft" zurück. Die Mehrheit der Befragten erklärt, daß das Angebot eben seine eigene Nachfrage schafft. „Ganz gleich, ob es sich um ein neues Mercedes-Modell oder Anzüge von Hugo Boss handelt", so Charles Randall, „haben die reichen Deutschen anscheinend immer genug Geld, um diese teuren Produkte zu kaufen." Und das gestiegene Qualitätsbewußtsein der amerikanischen Verbraucher habe dazu beigetragen, daß deutsche Produkte von Kaffeemaschinen bis hin zu BMW-Cabrios immer mehr die US-Produkte aus dem Heimatmarkt verdrängen. Die Kehrseite der deutschen Bequemlichkeit ist aus der Sicht der US-Manager natürlich mangelnde Flexibilität in den Führungsstrukturen. „Die Deutschen schmoren eben so sehr in ihrem eigenen Saft" glaubt John Sparrow von Ford, „daß sie auf Marktveränderungen entsprechend langsamer reagieren." „Mit dem Inkrafttreten des europäischen Binnenmarktes", so lautet die Schlußfolgerung der US-Manager, müßten die Deutschen „aus ihrer Lethargie erwacht sein". Der Untergang des Computer-Unternehmens Nixdorf wird in den USA immer wieder als Beispiel für eine Unternehmenspolitik angeführt, bei der das Management wichtige Trends verschlafen hat.

Charmeur Iacocca

Doch bei aller Kritik beeilen sich amerikanische Führungskräfte, die scheinbar zynischen Anmerkungen ins rechte Licht zu rücken. In den USA wird seit Jahren die mangelhafte Qualität des Schul- und Ausbildungssystems beanstandet. Deutsche Manager, so geht jedenfalls aus der Studie hervor, würden im Gegensatz zu ihren amerikanischen Kollegen durch hervorragende Allgemeinbildung und Fachkenntnisse glänzen. Daimler-Chef Edzard Reuter und Alfred Herrhausen werden in den US-Medien häufig als Beispiele für Universaltalente angeführt, die Deutschland zu einer der absolut führenden Industrienationen gemacht hätten. „Was nützen uns lauter Charmeure wie Iacocca", erklärt Charles Randall, „wenn sie über die Weltmärkte so wenig wissen, daß sie Österreich nicht von Australien unterscheiden können." Zu den größten Mängeln zählen die befragten Manager aber auch die Tendenz amerikanischer Multis, sich auf kurzfristige Gewinnmaximierung zu konzentrieren. Wie aus der Studie hervorgeht, ist bei den Europäern die Unternehmenspolitik eher langfristig ausgerichtet, während amerikanische Firmen ihre Profite jeweils im laufenden Quartal maximieren wollen.

Süddeutsche Zeitung

4. Wie sähe ein Managerprofil für Ihr Land aus?

10 Mengenangaben (die Hälfte, ein Drittel...)

1. Ergänzen Sie bitte.

bis 19: **-tel,** ab 20: **-stel**

1/2 die Hälfte	1/7 ein Siebtel	1/20 ein Zwanzigstel
1/3 ein Drittel	1/8 ein _____	1/100 ein _____
1/4 ein Viertel	1/9 ein _____	
1/5 ein _____	1/10 ein _____	
1/6 ein _____		

2. Beschreiben Sie bitte die statistische Übersicht „Deutsche Käufe auf dem Weltmarkt". Verwenden Sie die Redemittel aus Aufg. 25 (Rangordnungen), Kap. 1, und Aufg. 25 (*betragen* usw.), Kap. 2. Runden Sie bei Ihrer Beschreibung die Zahlen auf oder ab.

Beispiel: Die Deutschen führten Textilien für etwa 28 Milliarden DM ein.

```
18,9       = knapp, fast, beinahe 19, etwas weniger als 19 (<)
19,1       = gut, etwas mehr als, über 19 (>)
18,9/19,1  = rund, ca., etwa, ungefähr 19 (~)
```

Deutsche Käufe auf dem Weltmarkt in Milliarden DM

Elektrotechnische Erzeugnisse	55,0
Chemische Erzeugnisse	53,7
Straßenfahrzeuge	51,1
Maschinenbauerzeugnisse	36,8
Erzeugnisse des Ernährungsgewerbes, Tabakwaren	32,9
Erzeugnisse der Land- und Forstwirtschaft, Fischerei	30,5
Textilien	28,3
Erdöl, Erdgas und bituminöse Gesteine	27,4
Büromaschinen; Datenverarbeitungsgeräte und -einrichtungen	21,9
Bekleidung	21,9
NE-Metalle und -Metallhalbzeug	19,8
Eisen und Stahl	17,5
Luft- und Raumfahrzeuge	17,1
Mineralölerzeugnisse	14,7
Holzschliff, Zellstoff, Papier und Pappe	14,3
Sonstige Waren	107,7
Insgesamt	550,6

Statistisches Bundesamt

1. Lesen Sie bitte die folgenden Textteile: Welche Teile gehören zum Bereich Export, welche zum Bereich Import?

2. Für beide Bereiche: Ordnen Sie die Textteile so, daß sie einen richtigen Text ergeben. Nennen Sie dabei die Gründe für Ihre Entscheidungen. Welche sprachlichen Mittel haben Ihnen beim Ordnen geholfen?

3. Machen Sie jetzt aus Ihren beiden „Texthälften" für die Bereiche Export und Import einen zusammenhängenden Text. Welche Hälfte kommt zuerst? Warum?

11

F

(A) Kraftwagen, Produkte der chemischen und Elektroindustrie, Eisen und Stahl nehmen die vorderen Plätze ein.

(B) So ist Erdöl die Nr. 1 bei den Einfuhren, denn der Energiebedarf der deutschen Wirtschaft ist mit den Energievorkommen im eigenen Land bei weitem nicht zu decken.

(C) Die Bundesrepublik Deutschland ist damit der größte Agrarimporteur der Welt.

(D) Nicht weniger kennzeichnend für die deutsche Wirtschaft ist die Zusammensetzung der Einfuhren.

(E) Aber auch das übrige Exportsortiment ist überwiegend industriell bestimmt:

(F) Ein Blick in die deutsche Exportstatistik macht klar, daß die Bundesrepublik Deutschland einer der großen industriellen Ausrüster der Welt ist.

(G) Zählt man noch die Nahrungs- und Genußmittel hinzu, so sind die Agrareinfuhren sogar gewichtiger als die Energieeinfuhren.

(H) An zweiter Stelle der Einfuhren stehen Agrarerzeugnisse.

(I) Jede vierte Maschine auf dem Weltmarkt stammt aus den Fertigungsstätten deutscher Maschinenbauer.

(J) Obenan auf der Liste der deutschen Exportgüter stehen Maschinen.

Information Außenwirtschaft, Presse- und Informationsamt der Bundesregierung.

Ihr Dozent zeigt Ihnen anschließend die Lösung.

Vergleichen Sie jetzt den Inhalt des Textes aus Aufg. 11 mit den Informationen, die Sie Aufg. 6 (Schaubild) und Aufg. 10 (statistische Übersicht) entnommen haben. Der Text ist älter als das Schaubild bzw. die statistische Übersicht. Wodurch unterscheiden sich die Aussagen des Textes von den Informationen in Aufg. 6 und 10?

12

Schreiben Sie den Text so um, daß er dem aktuellen Stand entspricht.

KAPITEL 3

13

F

1. Schreiben Sie bitte den ersten Teil des Textes neu und setzen Sie dabei die fehlenden Zwischenräume, Satzzeichen, Großbuchstaben und Bindestriche ein.

exportrückgangimmaschinenbau

diestarkenkursverlustedesdollarsundeineschwächerwerdendeinvestitionsgüternachfrageinwesteuropaundnordamerikadämpfendiebishersehrgutekonjunkturimmaschinenbauaberdadiebestellungenausdeminlandgespeistauchausdenfünfneuenbundesländerndeutlichzunehmenistfürdiebrancheeineweitersteigendeproduktionzuerwarten.

5 imdeutschenmaschinenundanlagenbausindbisendeaugustdiebestellungenausdemauslandumachtprozentgeschrumpfttrotzsechsprozentmehraufträgenausdeminlandbliebdeshalbderordereinganginsgesamtumrealzweiprozenthinterdementsprechendenvorjahreswertzurückihreproduktionhatdiebranchejedochaufgrunddeshohenauftragsbestandsumachtprozenterhöhtderauftragsbestandzurjahresmittevonfast130milliardendmreichtefüreineproduktionvon7,2

10 monaten.

Bis Ende Juli steigerte der Maschinen- und Anlagenbau seine Ausfuhren um 8,4 Prozent auf über 71 Milliarden DM, wobei sich wichtige Absatzmärkte wie Großbritannien, Finnland, Jugoslawien, aber auch Australien schwächer entwickelten. Sehr viel stärker wuchsen die Maschinen- und Anlagenimporte in das Gebiet der alten Bundesländer, nämlich um
15 15,5 Prozent auf fast 44 Milliarden DM.
Nach Auskunft eines Sprechers der Branche werden die Exporte in diesem Jahr um drei Prozent steigen. Für das nächste Jahr ist jedoch mit einem leichten Rückgang zu rechnen. Die gesamte Produktion des deutschen Maschinen- und Anlagenbaus wird heuer um real 6 Prozent wachsen. Für das kommende Jahr zeichnet sich eine Erhöhung des
20 Inlandsgeschäfts um real sechs bis sieben Prozent ab.

2. Unterstreichen Sie alle Passagen im gesamten Text, die die Idee von *sinken* bzw. *steigen* ausdrücken.

3. Im Zusammenhang mit Erhöhungen bzw. Rückgängen werden drei Präpositionen verwendet: von, um, auf.

Ergänzen Sie die folgende Regel mit Hilfe des Textes.

Bei einer Erhöhung bzw. einem Rückgang wird für die bisherige Zahl die Präposition _____ , für die neue Zahl die Präposition _____ und für die Differenz die Präposition _____ benutzt.

4. Beschreiben Sie bitte die folgenden Informationen entsprechend dem Beispiel.

Beispiel:
Der Umsatz hat sich um 50 Mio. DM erhöht. Die Firma hat ihren Umsatz um 50 Mio. DM erhöht. Es ist eine Steigerung des Umsatzes um 50 Mio. DM zu verzeichnen. Der Umsatz ist von 400 Mio. auf 450 Mio. DM gestiegen.

	Vorjahr	dieses Jahr
Umsatz	400 Mio. DM	450 Mio. DM
Export	150 Mio. DM	120 Mio. DM
Marktanteil	10 %	11 %
Zahl der Filialen	8	9
Investitionen	10 Mio. DM	7 Mio. DM
Gewinn	15 Mio. DM	18 Mio. DM
Belegschaft	800	720

14

1. Was schätzen Ihrer Meinung nach ausländische Kunden an deutschen Exportartikeln?

2. Sehen Sie sich jetzt den Anforderungskatalog deutscher Kunden an ihre Lieferanten an. Welche Punkte haben Sie auch genannt?
Halten Sie diese Anforderungen für „typisch deutsch"?

F

15

1. Lesen Sie bitte den folgenden Text und erklären Sie in Ihrer Muttersprache die verschiedenen Normen, von denen hier die Rede ist.

Eines der bekanntesten Symbole ist sicherlich das DIN-Zeichen (Deutsche Industrie-Norm), das dann verwendet werden darf, wenn die damit gekennzeichneten Erzeugnisse den vom Deutschen Institut für Normierung e. V. für sie festgelegten DIN-Normen genügen.

Das bekannteste Symbol für den Bereich der elektrischen Sicherheit dürfte das VDE-Zeichen sein. Es wird vom Verband Deutscher Elektrotechniker (VDE) herausgegeben. Inzwischen gibt es mehrere tausend VDE-Vorschriften, und das VDE-Prüfzeichen hat einen hohen Bekanntheitsgrad.

Besondere Beachtung sollten Verbraucher dem GS-Zeichen schenken. Die beiden Buchstaben stehen für „Geprüfte Sicherheit". Mit diesem Zeichen wurde ein einheitliches Prüfsymbol eingeführt, nicht zuletzt im Interesse der Verbraucher, die durch die Vielfalt der bisherigen Zeichen kaum noch durchfanden. Da das GS-Zeichen alle Symbole, die bisher für geprüfte technische Arbeitsmittel vergeben wurden, ersetzt, brauchen die Verbraucher in Zukunft nur noch auf dieses eine Sicherheitszeichen zu achten.

Wegweiser für Verbraucher

2. Gibt es in Ihrem Land eine dem Deutschen Institut für Normierung entsprechende Einrichtung?

Der Anteil der Welt-Exporte an der Weltwirtschaftsleistung hat sich in den letzten 40 Jahren mehr als verdoppelt (von 7,2 auf 16,4 Prozent).

16

1. Erläutern Sie vor diesem Hintergrund die Bedeutung von Normierung und Standardisierung.

2. Sind Ihnen Fälle bekannt, bei denen mangelnde oder uneinheitliche Normierung zu Problemen geführt hat?

17

F

Die beiden folgenden Texte stellen die Einschätzung der französischen (Text 1) bzw. japanischen (Text 2) Wirtschaft mit Blick auf die Vereinigung Deutschlands am 3. Oktober 1990 dar.

Text 1

Lesen Sie bitte den Artikel und fassen Sie die Hauptinformationen in Stichworten anhand des nachfolgenden Rasters zusammen.

> Im Gegensatz zum ablehnenden Mißtrauen vieler Politiker begrüßt die französische Wirtschaft die deutsche Wiedervereinigung als einen wichtigen Beitrag zum eigenen Wachstum. Die Autoindustrie, die vor Massenentlassungen stand, hat ihre Ausfuhr in die Bundesrepublik erheblich steigern können. Zugleich ist die Ausfuhr für gewerbliche Ausrüstungsgüter
> 5 und Haushaltsgeräte um zweistellige Prozentsätze gestiegen. Für Konsumgüter und Produkte der Ernährungswirtschaft weist die Statistik ebenfalls eine hohe Zuwachsrate aus.
> Im Pariser Finanzministerium verzeichnet man aus der deutschen Einheit jährliche Wachstumsimpulse von 0,25 bis 0,5 Prozent des Sozialprodukts. Frankreichs Ausfuhr hat sich im letzten Jahr um 3 Milliarden DM vergrößert. Der stark steigende Export nach Deutschland
> 10 erweist sich jetzt als eine wichtige Stütze der französischen Beschäftigung. Die französische Industrie klagt nämlich über rückläufige Umsätze und Auftragseingänge aus dem übrigen Ausland. Der Automobilabsatz im Inland schrumpfte in den letzten Monaten um 12 Prozent, der Umsatz im Einzelhandel um 2 Prozent.
> Das hohe Handelsbilanzdefizit gegenüber der Bundesrepublik hat sich beträchtlich vermin-
> 15 dert. Der Exportdruck aus Deutschland läßt nach: die Ausfuhr nach Frankreich ist im letzten Monat um 24 Prozent geschrumpft. Die deutsche Einfuhr aus Frankreich umgekehrt ist sprunghaft gestiegen.

Hauptinformation:

_____

_____

Detailinformationen:

— Autoindustrie: _____

_____

— weitere Güter, deren Exportrate gestiegen ist: ____

_____

— Einfluß auf Sozialprodukt und Beschäftigung: ____

_____

— Nachfrage aus dem übrigen Ausland sowie Binnennachfrage: ____

_____

— Importe aus Deutschland: _____

_____

Text 2

Der Artikel über die Einschätzung der japanischen Wirtschaft enthält sechs falsche Wörter. Der Sinn des Textes wurde dadurch entstellt.
Korrigieren Sie die Fehler und begründen Sie Ihre Entscheidungen.

In Japan sind es vor allem drei von ihren Produkten her konsumentennahe Industrien, die auf kräftige Zuwachsraten im Deutschland-Geschäft durch die Einbeziehung der sechs neuen Bundesländer setzen. Das ist zunächst einmal die Automobilindustrie. Die japanischen Autoproduzenten stellen seit dem 3. Oktober 1990 ein steigendes Interesse für ihre Produkte fest.
5 Als nächstes ist die japanische Unterhaltungselektronik pessimistisch gestimmt. Mehrere hundert Millionen DM Umsatzpotential sehen die japanischen Hersteller hier für sich, am meisten bei Videorekordern und hochwertiger Audiotechnik. Die dritte Branche, die sich keine Chancen ausrechnet, ist schließlich die japanische Kameraindustrie, die in den alten Bundesländern nicht nur ihre Fotoausrüstungen, sondern vor allem ihr „zweites Bein", die
10 Bürotechnik, forciert. Konkret geht es dabei beispielsweise um Fotokopiergeräte aller Art. Ausgesprochen glücklich über die Veränderungen sind jene japanischen Unternehmen, die aus der ehemaligen DDR Waren bezogen haben. Ziemlich abrupt kündigten die früheren Lieferanten die Verträge und öffneten dadurch so manche Tür zu neuen Verhandlungen.

1. Stellen Sie bitte aufgrund dieses Fotos Vermutungen über das Thema des nachfolgenden Textes an.

18

KAPITEL 3   87

2. Lesen Sie den Text, geben Sie ihm eine Überschrift, und schreiben Sie einen kurzen Vorspann.

Laut dem Bundesforschungsministerium waren forschungsintensive Güter im letzten Jahr zu 47,5 Prozent am Export der Bundesrepublik beteiligt. Davon entfielen 13 Prozent auf Spitzentechnologie (Forschungs- und Entwicklungsaufwand mindestens 8,5 Prozent des Umsatzes) und 34,5 Prozent auf höherwertige Technologie (3,5–8,5 Prozent). Vor allem den
5 höherwertigen Technologien verdanke die Bundesrepublik ihre robuste Stellung im internationalen Wettbewerb. Gefragt waren hier Erzeugnisse der chemischen Industrie, des Maschinen- und Automobilbaus und der Medizintechnik. Der Export von höherwertigen Technologien in die USA überstieg den Import von dort im letzten Jahr um das 3,5fache, bei den EG-Ländern waren die deutschen Exporte zweieinhalbmal so hoch wie die Importe. Der
10 forschungsintensive Sektor der deutschen Wirtschaft habe seinen Anteil an der Industriebeschäftigung in den letzten fünf Jahren von gut 43 Prozent auf knapp 46 Prozent erhöht. In diesem Zeitraum stellten die forschungsintensiven Industrien 330 000 zusätzliche Arbeitsplätze zur Verfügung, die Industrie insgesamt 380 000. Mit einem Anteil der Ausgaben für Forschung und Entwicklung (F+E) am Bruttoinlandsprodukt von 2,8 bis 2,9 Prozent gehört
15 die Bundesrepublik in diesem Jahr weiter mit Japan (2,9–3,0) und den USA (2,8) zu den Industrieländern, die am meisten Forschung betreiben. Allerdings hätten die südostasiatischen Schwellenländer deutlich aufgeholt. Mit dem Engagement der bundesdeutschen Unternehmen in der zukunftsträchtigen Biotechnologie ist der Forschungsminister noch nicht zufrieden. Während die Öffentliche Hand die Biotechnik mit 1,3 Milliarden DM jährlich
20 unterstütze, kämen von der einschlägigen Industrie lediglich 250 Millionen DM. Bei den Umwelttechnologien bescheinigt die Statistik der Bundesrepublik allerdings eine absolute Spitzenposition. So entfielen im letzten Jahr 29 Prozent aller Patentanmeldungen in diesem Bereich auf deutsche Unternehmen, gefolgt von den USA (22) und Japan (12). Auch sei der Export von Umwelttechnologie höher als der Import. Insgesamt rief der Forschungsminister
25 die Wirtschaft trotz des starken F+E-Engagements zu weiteren Anstrengungen auf.

Süddeutsche Zeitung

3. Überlegen Sie gemeinsam, was einen längeren Text, z.B. einen Zeitungsartikel, übersichtlicher und besser lesbar macht. Bearbeiten Sie dann den Text so, daß aus ihm ein „leserfreundlicher" Artikel wird.

19 F

Anstatt in andere Länder zu exportieren, ziehen viele Unternehmen es vor, Niederlassungen in den jeweiligen Ländern zu gründen bzw. sich in bereits bestehende Firmen einzukaufen. Insbesondere mit Blick auf den europäischen Binnenmarkt spielt die Standortfrage eine entscheidende Rolle.

1. Welche Faktoren müssen bei der Beantwortung der Frage „Exportieren oder sich im Zielland ansiedeln?" berücksichtigt werden?

2. Wie würden Sie die Bundesrepublik als Standort einschätzen?

Das folgende Schaubild gibt Aufschluß über die wichtigsten Motive deutscher Unternehmer für Investitionen im Ausland.

20

F

Vervollständigen Sie bitte die Angaben.

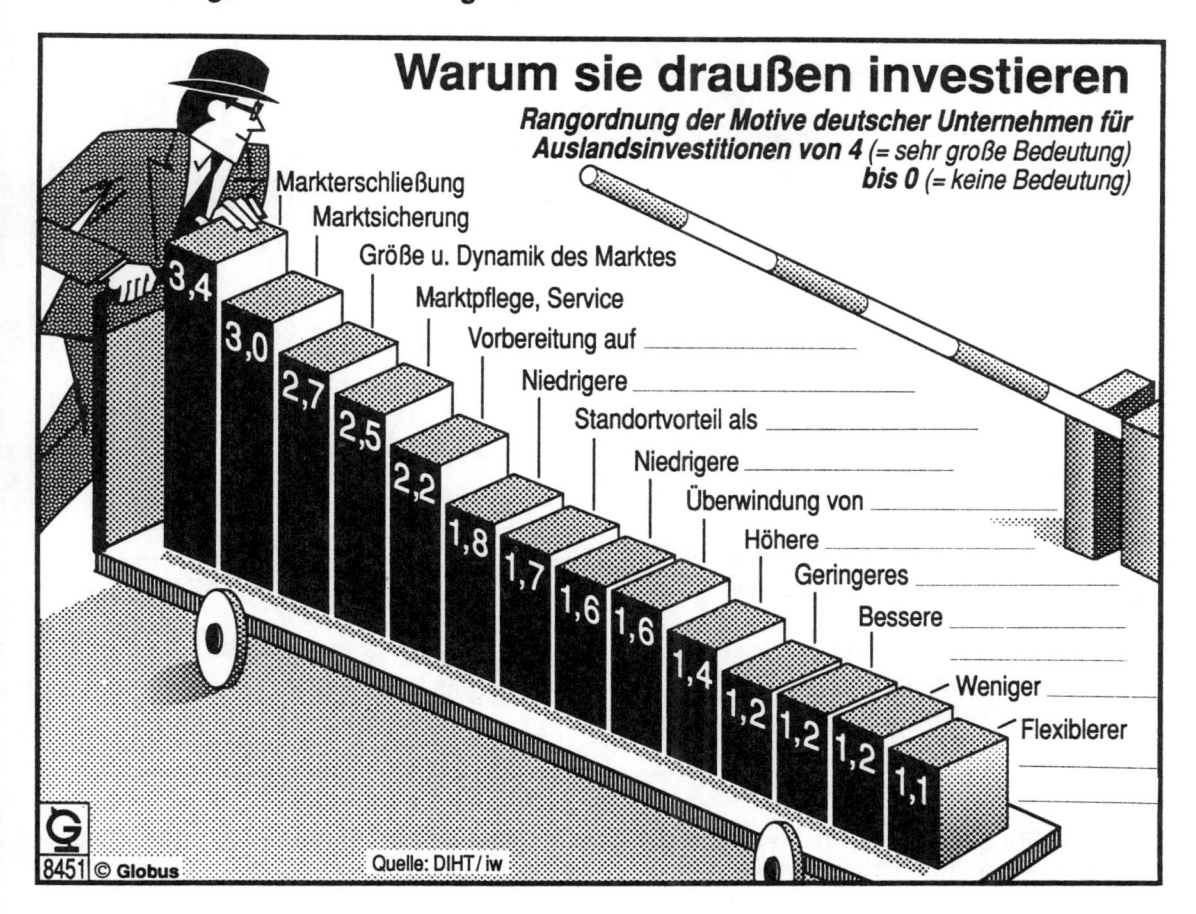

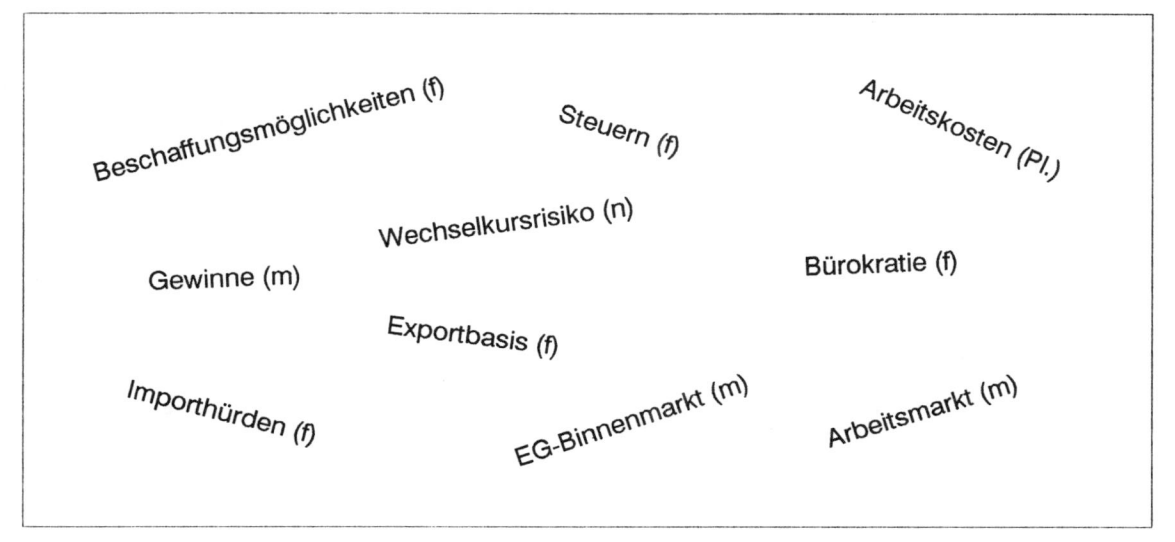

Warum sie draußen investieren

Rangordnung der Motive deutscher Unternehmen für Auslandsinvestitionen von 4 (= sehr große Bedeutung) bis 0 (= keine Bedeutung)

- 3,4 Markterschließung
- 3,0 Marktsicherung
- 2,7 Größe u. Dynamik des Marktes
- 2,5 Marktpflege, Service
- 2,2 Vorbereitung auf _____
- 1,8 Niedrigere _____
- 1,7 Standortvorteil als _____
- 1,6 Niedrigere _____
- 1,6 Überwindung von _____
- 1,4 Höhere _____
- 1,2 Geringeres _____
- 1,2 Bessere _____
- 1,2 Weniger _____
- 1,1 Flexiblerer _____

Quelle: DIHT/iw

Beschaffungsmöglichkeiten (f)   Steuern (f)   Arbeitskosten (Pl.)

Wechselkursrisiko (n)

Gewinne (m)   Bürokratie (f)

Exportbasis (f)

Importhürden (f)   EG-Binnenmarkt (m)   Arbeitsmarkt (m)

21 Welche der beiden Personen könnte jeweils das Folgende sagen bzw. denken?

„Brüssel lebe hoch!"

„Die EG ist unser Ruin!"

„Gut, daß niemand merkt, was wir alles an der EG verdienen!"

„Wir Deutschen müssen immer für die anderen Europäer zahlen!"

„Eigentlich profitiert unsere Industrie ja doch ganz gut von der Europäischen Gemeinschaft!"

„Immer wollen die aus Brüssel unsere gute DM!"

Auf geht's zum Aufschwung

22 1. Lesen Sie bitte den Text und dann die Zusammenfassung. Stimmen Text und Zusammenfassung inhaltlich überein?

Gleiches Recht für alle

Selbst wenn der deutsche Grundsatz „Schnaps ist Schnaps, und Bier ist Bier" in allen EG-Staaten gelten sollte, gehen die Meinungen darüber, was Schnaps ist, erheblich auseinander. Allen in diesem Zusammenhang interessierenden Getränken gemein ist nur eins: der Alkohol. Die Besteuerung alkoholischer Getränke aber ist in den EG-Mitgliedstaaten derart unterschiedlich, daß der Europäische Gerichtshof einige der diskriminierenden Steuervorschriften für unvereinbar mit dem EWG-Vertrag erklärte. So hatte Frankreich Whisky, Gin und Wodka mit einer Sonderabgabe belegt – wohl mit dem Ziel, daß die auf diese Weise verteuerten „Ausländer" weniger Konkurrenz für einheimische Getränke wie Cognac, Calvados und Armagnac sein würden. Italien hatte seine „Banderolensteuer" auf Whisky und Rum stark erhöht, die Steuer auf einheimischen Grappa und Weinbrand aber unverändert gelassen. Dänemark schützte auf ähnliche Weise seinen Aquavit. In allen Fällen begünstigten die EG-Staaten „ihre" Erzeugnisse durch „neutrale" Vorschriften, die „zufällig" die ausländische Konkurrenz benachteiligten.
Solche Maßnahmen verstoßen gegen Art. 95 EWG-Vertrag, der untersagt, daß auf Waren von Partnerstaaten unmittelbar oder mittelbar höhere Abgaben erhoben werden als auf gleichartige einheimische Waren.

EG Magazin

> Verschiedene EG-Länder hatten Maßnahmen getroffen, um alkoholische Getränke stärker zu besteuern. Dies hatte letzten Endes zur Folge, daß importierte Spirituosen steuerlich günstiger behandelt wurden als einheimische Erzeugnisse. Der Europäische Gerichtshof sah in dieser Praxis aber einen Verstoß gegen die Bestimmungen des EWG-Vertrages.

2. Ist der Regierung Ihres Landes schon einmal Protektionismus vorgeworfen worden? Worum ging es – ein Produkt oder eine Dienstleistung? Bitte berichten Sie.

einheimisch ≠ ausländisch 23

Erklären Sie die Bedeutung der folgenden Begriffe in Ihrer Muttersprache.

einheimische Waren/Konkurrenz	ausländische Waren/Konkurrenz
das Inland	das Ausland
der Binnenhandel	der Außenhandel
der Inlandsmarkt	der Auslandsmarkt
der Inlandsabsatz	der Auslandsabsatz
der Inlandstarif	der Auslandstarif

Erweiterte Partizipialattribute (1) 24

[Die durch Sonderabgaben verteuerten Getränke] sind keine Konkurrenz für einheimische Produkte.
1. [„   „   „   „   ]
2. Artikel   Bezugswort
3.   Partizip
4.   Erweiterung

Analyseschritte:

1. Identifizieren Sie die ganze Nominalgruppe *(Die ... Getränke)*
2. Identifizieren Sie den Kern: Artikel (falls vorhanden) plus Bezugswort *(die/Getränke)*
3. Identifizieren Sie das Attribut links vom Bezugswort (Partizip: *verteuert*)
4. Identifizieren Sie die Erweiterungen (wann, wo, wie, wozu?: *durch Sonderabgaben*)

1. Analysieren Sie bitte:

a) Er besuchte einen in einer Datenverarbeitungsfirma arbeitenden Informatiker.
b) Ein von dem neuen Mitarbeiter entwickelter Plan wurde kritisiert.
c) In der Datei fehlen noch die auf der letzten Messe gewonnenen Geschäftskontakte.
d) In diesem Buch finden Sie zu diesem Zweck konstruierte Übungen.
e) Die vom Statistischen Bundesamt ermittelten Zahlen sind sehr wichtig für die Wirtschaft.

2. Formen Sie die Sätze so um, daß die Partizipialkonstruktionen in Relativsätze aufgelöst werden.

Beispiel:
Die durch Sonderabgaben verteuerten Getränke sind keine Konkurrenz für einheimische Produkte.
Die Getränke, die durch Sonderabgaben verteuert wurden, sind keine Konkurrenz für einheimische Produkte.

3. Bilden Sie ähnliche Nominalgruppen.

a) die Ausländer / in der Bundesrepublik leben
b) die Normen / für diese Erzeugnisse festlegen
c) die Aussteller / aus 150 Ländern stammen
d) die Fabriken / diesem Unternehmen gehören
e) die Produkte / im Ausland benutzen
f) die Informationen / den Verbrauchern geben
g) die Artikel / in Japan herstellen
h) die Bevölkerungszahlen / weiterhin zunehmen

25

1. Kommentieren Sie bitte die folgende Karikatur. (Wie würden Sie sie historisch einordnen?)

2. Suchen Sie bitte eine Unterschrift für die Karikatur.

26

1. Klären Sie die folgenden Begriffe.

Europäischer Binnenmarkt / EFTA / Entwicklungsländer / Schwellenländer / Lomé-Abkommen

2. Lesen Sie den ersten Abschnitt des Textes und unterstreichen Sie darin die am häufigsten vorkommenden Substantive und Adjektive (auch wenn sie in Zusammensetzungen auftreten). Bilden Sie anhand der von Ihnen unterstrichenen Wörter eine Hypothese über den Inhalt dieses Abschnitts.

Überschriften

Mit Inkrafttreten der Zollunion am 1. Juli 1968 wurde gleichzeitig im Handel mit der übrigen Welt ein Gemeinsamer Außenzolltarif wirksam. Waren aus Drittländern unterliegen seither einem einheitlichen Zollsatz, ganz
5 gleich über welchen Hafen – Rotterdam, Hamburg oder Genua – oder über welchen Grenzübergang sie in die Gemeinschaft eingeführt werden. Das Niveau des Gemeinsamen Zolltarifs wurde aus dem arithmetischen Mittel der nationalen Zollsätze der Mitgliedstaaten, wie sie Anfang
10 Januar 1957 gültig waren, festgesetzt. Folglich mußten – und taten es auch – traditionelle Hochschutzzolländer wie Frankreich und Italien ihre Einfuhrzölle zum Teil beträchtlich senken, die Bundesrepublik und die Beneluxländer dagegen ihre Zollsätze erhöhen. Die Schutzzoll-
15 länder öffneten damit ihre ehemals geschützten Märkte stärker der Konkurrenz. Heute zählt die Gemeinschaft zu den Gebieten mit den niedrigsten Einfuhrzöllen in der Welt. Die jetzt gültigen Sätze sind niedriger als die des schon minimalen deutschen Zolltarifs von 1958.

20 Mit den Ländern der Europäischen Freihandelszone (EFTA = European Free Trade Association) – Finnland, Island, Liechtenstein, Norwegen, Österreich, Schweden, Schweiz – hat die EG ein Freihandelsabkommen geschlossen, womit ein ungehinderter Warenverkehr vom hohen
25 Norden Europas bis zum Mittelmeer möglich wurde. Angesichts der Einführung des Europäischen Binnenmarktes und der Annäherung der osteuropäischen Staaten an die EG verstärkte die EFTA Anfang der 90er Jahre ihre Zusammenarbeit mit der EG mit dem Ziel der Errichtung
30 eines Europäischen Wirtschaftsraumes (EWR). Dabei handelt es sich um einen Markt, der dem Europäischen Binnenmarkt ähnlich ist. Gleichwohl haben Österreich und Schweden beschlossen, Vollmitglieder der EG zu werden. Ein solcher Schritt ist auch von Norwegen und Finn-
35 land zu erwarten.

Die Industrieländer sind auf die Entwicklungs- und Schwellenländer angewiesen, nicht nur heute, sondern auch in der Zukunft. Rohstoffe gehören zu den Grund-
40 lagen des wirtschaftlichen Geschehens in Europa. Ob Kaffee, Baumwolle, Magnesium oder Kupfer: die EG ist zu etwa 90 Prozent von der „Dritten Welt" abhängig. Und die Industrieländer sind ständig auf der Suche nach neuen Absatzmärkten. Die „Dritte Welt" ist einer der Haupt-
45 kunden der Gemeinschaft. Die EG ist durch das Abkommen von Lomé (1975) mit 69 Staaten Afrikas, der Karibik und des Pazifik (AKP) eng verbunden. Sie bietet diesen Staaten zollfreie Einfuhren ohne mengenmäßige Beschränkungen für fast alle Produkte. Anfang der 90er Jahre
50 beklagten die AKP-Staaten eine Bevorzugung der Staaten Osteuropas bei finanziellen Unterstützungsleistungen der EG-Staaten.

3. Lesen Sie dann die beiden anderen Absätze und suchen Sie für jeden Abschnitt des Textes eine Überschrift.

4. Geben Sie anschließend dem ganzen Text eine Überschrift.

5. Worin besteht der Zusammenhang zwischen der Karikatur (S. 92) und dem Text?

27

1. Bitte erläutern Sie das nebenstehende Schaubild. Finden Sie dieses Ergebnis überraschend?
Welche Gründe vermuten Sie für die so verschieden ausgeprägte „EG-Begeisterung"?

2. Entwickeln Sie mit einem Partner einen Fragebogen zum Thema EG-Mitgliedschaft (vgl. dazu Aufg. 11, Kap. 1).
Führen Sie anschließend eine Befragung in Ihrer Gruppe durch und berichten Sie über das Ergebnis.

Bürgers Meinung zu Europa
Von je 100 Befragten halten die Mitgliedschaft in der EG für eine gute Sache:

Niederländer	84
Italiener	79
Luxemburger	77
Iren	75
Spanier	74
Belgier	73
Portugiesen	70
Franzosen	68
Griechen	67
Deutsche	55
Briten	48
Dänen	42

© Globus 7756

3. Was halten Sie von der folgenden These:

> Um Mißverständnisse zu vermeiden und Kosten zu sparen, sollte es in der Europäischen Gemeinschaft nur eine Amtssprache geben, die dann für alle Mitgliedsländer verbindlich wäre.

1. **Ordnen Sie die folgenden drei Gruppierungen in das Schaubild ein und begründen Sie Ihre Entscheidung.**

---

z.B. Nachrichtentechnik, Elektrogeräte, Landmaschinen

z.B. Bekleidungsindustrie, Spinnereien, Webereien, Schuhindustrie

z.B. Maschinenbau, Kfz, Apparatebau

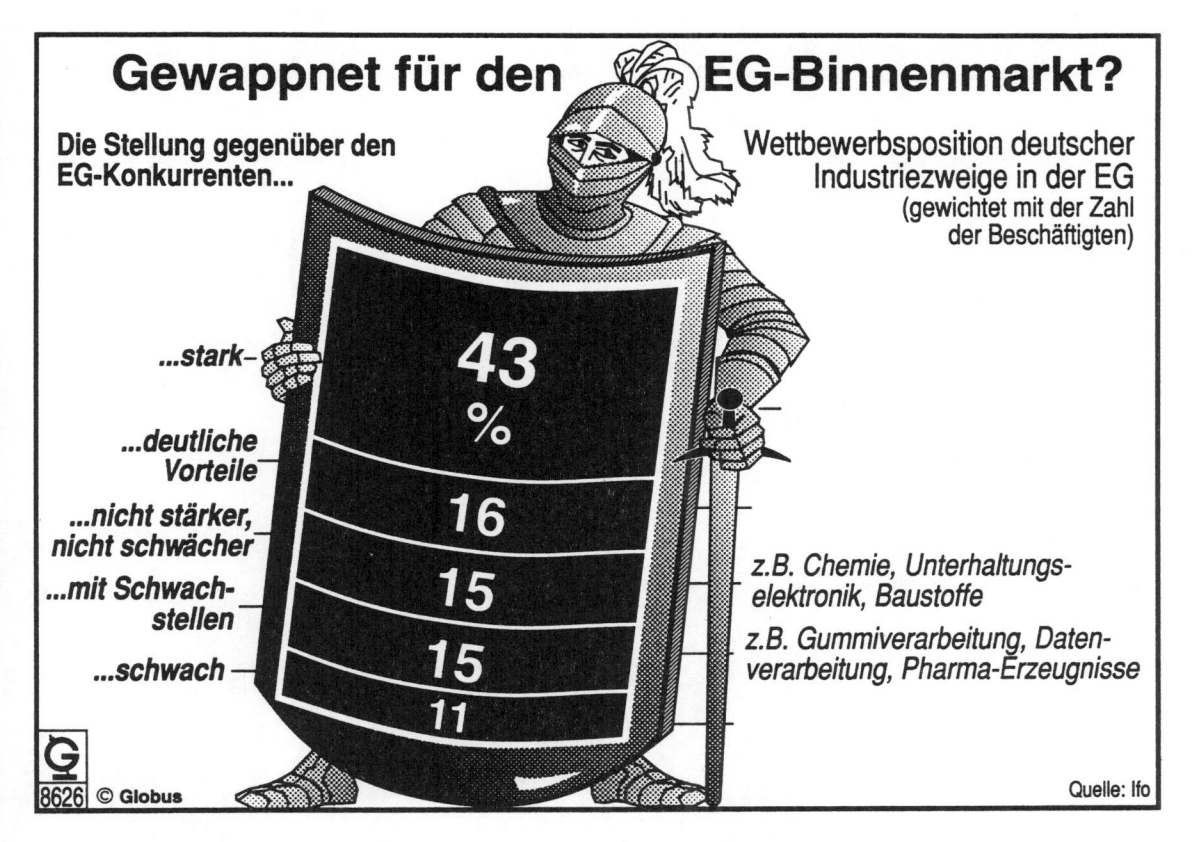

Gewappnet für den EG-Binnenmarkt?

Die Stellung gegenüber den EG-Konkurrenten...

Wettbewerbsposition deutscher Industriezweige in der EG
(gewichtet mit der Zahl der Beschäftigten)

- ...stark — 43 %
- ...deutliche Vorteile — 16
- ...nicht stärker, nicht schwächer — 15
- ...mit Schwachstellen — 15
- ...schwach — 11

z.B. Chemie, Unterhaltungselektronik, Baustoffe

z.B. Gummiverarbeitung, Datenverarbeitung, Pharma-Erzeugnisse

Quelle: Ifo

2. **Schreiben Sie einen kommentierenden Text zum Schaubild, so wie er normalerweise in der Presse zu finden ist (vgl. Aufg. 3, Kap. 1).**

29 1. **Tragen Sie bitte die Namen der EG-Länder und der anderen Staaten in die Karte ein. Die Namen dieser Länder lassen sich aus den nachstehenden Silben bilden.**

Berlin
DEUTSCHLAND

AL — BA — BEL — BRI — BUL — BURG — CHEN — CHO — DÄ — DE — DER — EN — EN — EN — EN — EN — EN — EN — FRANK — GA — GAL — GARN — GI — GO — GRIE — GROSS — IR — ITA — JET — JU — KEI — LAN — LAND — LAND — LEN — LI — LU — MÄ — MARK — NE — NI — NI — NI — NI — NIE — ON — PO — POR — REICH — RI — RU — SLA — SLO — SOW — SPA — TAN — TSCHE — TU — UN — UNI — WA — WI — XEM

2. **Für einige Länder haben Sie keinen Namen in die Karte eingetragen. Was wird zu diesen Ländern im Text zu Aufg. 26 gesagt?**

Nachstehend finden Sie eine Liste mit Hauptstädten.
Füllen Sie bitte die leeren Spalten aus und benutzen Sie dabei evtl. Ihr Wörterbuch.

30

	Land	**Einwohner**	**Adjektiv**
Stockholm	*Schweden*	*der Schwede*	*schwedisch*
Helsinki			
Oslo			
Kopenhagen			
Reykjavik			
London			
Dublin			
Amsterdam	*die*		
Brüssel			
Luxemburg			
Paris			
Madrid			
Lissabon			
Bern	*die*		
Rom			
Wien			
Bangkok			
Tirana			
Athen			
Ankara	*die*		
Sofia			
Bukarest			
Budapest			
Prag	*die*		
Warschau			
Moskau	*die*		
Canberra			
Tokio			
Peking			
Neu-Delhi			
Teheran	*der*		
Bagdad	*der*		
Riad			
Kairo			
Tripoli			
Ottawa			
Washington	*die*		

> Die Substantive auf **-e** für die Einwohner erhalten im Genitiv, Dativ und Akkusativ ein **-n**;
>
> **der Deutsche** ist ein substantiviertes Adjektiv und wird als solches dekliniert:
> **der Deutsche – ein Deutsche*r*.**

31 Die folgenden zehn Faktoren spielen für den Außenhandel eines Landes unterschiedlich wichtige Rollen.
Bitte bringen Sie sie in eine Reihenfolge, wobei an erster Stelle der für Sie wichtigste Faktor steht, an zehnter Stelle der am wenigsten wichtige. Begründen Sie Ihre Reihenfolge, und vergleichen Sie Ihre Ergebnisse in der Gruppe.

Vorhandensein von Rohstoffen ☐	niedriges Lohnniveau ☐
Vorhandensein von Energiequellen ☐	technologische Entwicklung ☐
klimatische Bedingungen ☐	Währungsparität ☐
Eigenschaften des Bodens ☐	Infrastruktur ☐
hochqualifizierte Arbeitskräfte ☐	Mehrsprachigkeit ☐

Für mich ist Mehrsprachigkeit am wichtigsten, weil ...
Meiner Meinung nach hat die Infrastruktur eine besondere Bedeutung, denn ...; deshalb steht
... oben/unten in meiner Reihenfolge.
Da ..., spielen hochqualifizierte Arbeitskräfte ... eine weniger wichtige Rolle.

32 Der folgende Text enthält Informationen über den Binnenhandel der Europäischen Gemeinschaft.

F

Schreiben Sie ihn bitte neu und setzen Sie dabei die fehlenden Zwischenräume, Bindestriche, Satzzeichen und Großbuchstaben ein.

zweizahlenverdeutlichenesambesten1958imjahrderewggründunghabendieegstaaten37
prozentihrerausfuhrenuntereinanderverkauftheuteaber60prozentderbestekundederegis
talsodieegselbstdieserwachsendehandelsaustauschinderzollunionderegwirktsichstabi
lisierendaufdiewirtschaftdermitgliedstaatenausdaszeigtesichbereitsindensiebzigerjahr
5 endamalslöstediedrastischeerhöhungdererdölpreiseweltweiteinenrückgangderwirtsch
aftsleistungauserwarinnerhalbderegspürbargeringeralsindenübrigenindustriestaatendi
esehandelsblüteinderegführtzugrößeremwachstumderwirtschaftsleistungalsandereverg
leichbareregionenderwelteszuverzeichnenhabenwiesehrdiemitgliedschaftinderegdas
bruttosozialprodukteineslandessteigernkannzeigtdasbeispielportugalsdaslandwurdea
10 nfang1986mitgliedderegwährendindenjahrenvordermitgliedschaftdasportugiesischbs
pnurunerheblichstiegwarenindenjahrenunmittelbarnachdembeitrittzweistelligewachstu
msratenzuverzeichnendiesteigerungistimwesentlichenaufdiebelebungderwirtschaftdur
chstrukturhilfenderegunddurchzunahmedeshandelsmitdenneuenpartnernzurückzuführ
en

Europa 2000

Schaubild 1 (Vorjahr)

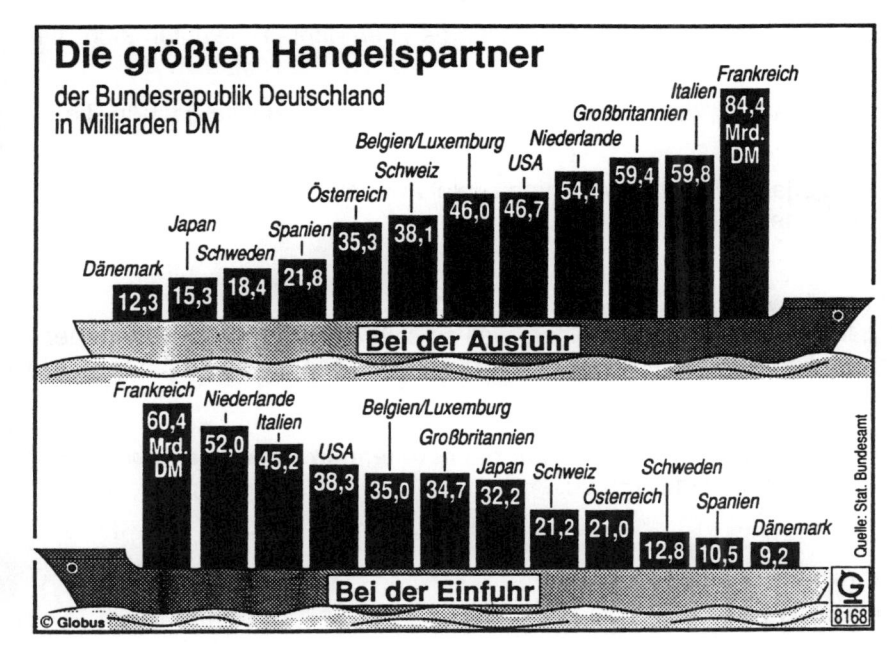

Die größten Handelspartner
der Bundesrepublik Deutschland in Milliarden DM

Bei der Ausfuhr:
- Dänemark 12,3
- Japan 15,3
- Schweden 18,4
- Spanien 21,8
- Österreich 35,3
- Schweiz 38,1
- Belgien/Luxemburg 46,0
- USA 46,7
- Niederlande 54,4
- Großbritannien 59,4
- Italien 59,8
- Frankreich 84,4 Mrd. DM

Bei der Einfuhr:
- Frankreich 60,4 Mrd. DM
- Niederlande 52,0
- Italien 45,2
- USA 38,3
- Belgien/Luxemburg 35,0
- Großbritannien 34,7
- Japan 32,2
- Schweiz 21,2
- Österreich 21,0
- Schweden 12,8
- Spanien 10,5
- Dänemark 9,2

Quelle: Stat. Bundesamt
© Globus 8168

Schaubild 2

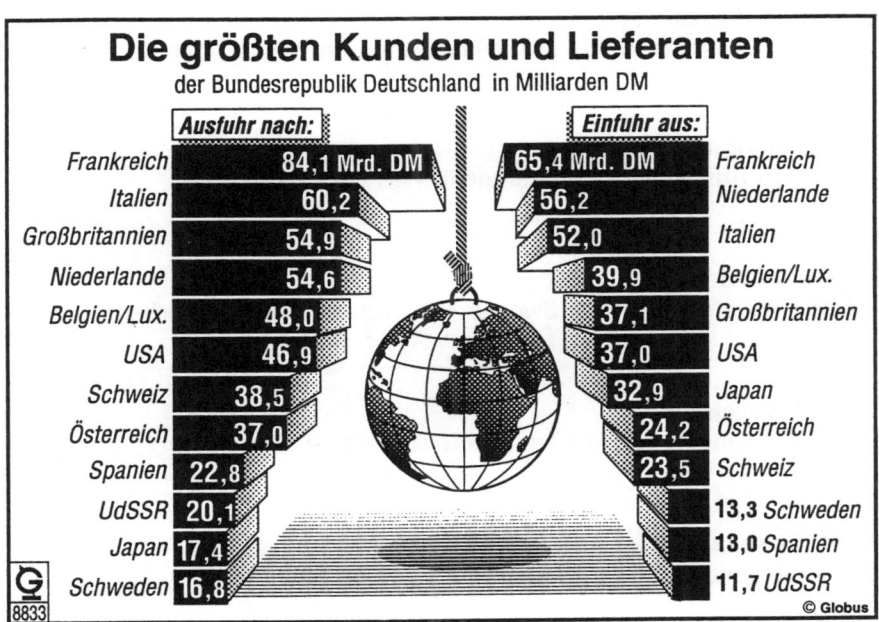

Die größten Kunden und Lieferanten
der Bundesrepublik Deutschland in Milliarden DM

Ausfuhr nach:
- Frankreich 84,1 Mrd. DM
- Italien 60,2
- Großbritannien 54,9
- Niederlande 54,6
- Belgien/Lux. 48,0
- USA 46,9
- Schweiz 38,5
- Österreich 37,0
- Spanien 22,8
- UdSSR 20,1
- Japan 17,4
- Schweden 16,8

Einfuhr aus:
- Frankreich 65,4 Mrd. DM
- Niederlande 56,2
- Italien 52,0
- Belgien/Lux. 39,9
- Großbritannien 37,1
- USA 37,0
- Japan 32,9
- Österreich 24,2
- Schweiz 23,5
- Schweden 13,3
- Spanien 13,0
- UdSSR 11,7

© Globus 8833

Die beiden Schaubilder zeigen die wichtigsten Handelspartner der Bundesrepublik Deutschland.
Beschreiben Sie bitte die Schaubilder, indem Sie a) die verschiedenen Länder als Kunden und Lieferanten und b) die Handelsergebnisse der beiden aufeinanderfolgenden Jahre vergleichen. Verwenden Sie dabei Konstruktionen wie:

Während ... Waren im Wert von ... in die Bundesrepublik lieferte, führte(n) es/sie für ... aus/belief sich der Import auf ...

Im Gegensatz zu den Einfuhren aus der Bundesrepublik, die ... erreichten, belaufen sich die Ausfuhren (nur) auf ...

Im Vergleich zu den Einfuhren aus ..., die ... ausmachten, betrugen die Exporte nach/in die ... fast/etwas mehr als ... soviel.

Während ... im letzten Jahr/Vorjahr Waren im Wert von ... einführte/ausführte, stieg/fiel der Import/Export dieses Jahr/in diesem Jahr auf (um) ...

34 Die folgende Übung mag Ihnen schwierig erscheinen, weil es sich um einen etwas komplizierten Sachverhalt handelt, nämlich den Waren- und Devisenverkehr eines Landes mit dem Ausland.

Lesen Sie bitte die Definitionen und ordnen Sie die nachstehenden Beispiele bzw. Erklärungen a–f jeweils der passenden Definition zu.

Handelsbilanz
erfaßt den Warenverkehr mit dem Ausland
Einfuhren und Ausfuhren von Waren

Dienstleistungsbilanz
erfaßt den Austausch von Dienstleistungen mit dem Ausland

Übertragungsbilanz
erfaßt den Austausch von unentgeltlichen Leistungen

Kapitalbilanz
erfaßt alle Zahlungen zum Zwecke der Kapitalanlage im Verkehr mit dem Ausland

Zahlungsbilanz
erfaßt alle wirtschaftlichen Transaktionen mit dem Ausland

Leistungsbilanz
erfaßt die drei wichtigsten Posten der Zahlungsbilanz

a) Zahlungen an internationale Organisationen; Überweisungen ausländischer Arbeitskräfte in ihre Heimatländer; Entwicklungshilfe
b) umfaßt die Handelsbilanz, Dienstleistungsbilanz, Übertragungsbilanz, Kapitalbilanz und Devisenbilanz
c) umfaßt die Handelsbilanz, Dienstleistungsbilanz und Übertragungsbilanz
d) Einfuhren und Ausfuhren von Waren ✓
e) Leistungen im internationalen Reiseverkehr; Transportleistungen; Kapitalerträge
f) direkte Investitionen; Kredite; Erwerb ausländischer Wertpapiere

Ergänzen Sie bitte den Text mit den nachstehend aufgeführten Wörtern. **35**

Die Folgen der Aufwertung und der Abwertung

Als Folge einer Abwertung werden Einfuhren _____ und Ausfuhren _____ . _____ kann deshalb ein Mittel sein, die Handels- und Dienstleistungsbilanz durch erhöhte _____ und verminderte _____ zu verbessern. Als Folge einer _____ werden Einfuhren billiger und Ausfuhren teurer. _____ kann ein Mittel sein, um Leistungsbilanzüberschüsse zu beseitigen.

Abwertung (f) — Aufwertung (f) — Aufwertung (f) — billiger — Exporte (m) — Importe (m) — teurer

---

Die fehlenden Buchstaben in der mittleren Spalte ergeben – von oben nach unten gelesen – eine wichtige Einrichtung im Außenhandel. **36**

[F]

```
      _ E M E I |_| C H A _ _
            _ |_| N N E _ H A _ D _ L
      I M P O R T I|E|R E N
        _ U N _ E N |_| I E N _ T
          _ U S S |_| N _ A N D E _
        E _ P O |_| T U _ S A T _
          _ O L |_| A R I _
          I _ L |_| N _ S _ A R K T
      A _ S _ A N D |_| G E _ C H Ä _ T
          I N _ E |_| I T I _ N E N
          E I N |_| H R _ O L L
      S C H _ E _ L E |_| Ä _ D E R
          E _ E R |_| E B E _ A R _
              Ü B |_| _ S C H U _ _
            _ A R E |_| A _ S _ A U S C H
```

KAPITEL 3 101

37 Aus den folgenden Silben lassen sich fünf Wörter bilden, die im internationalen Handelsverkehr eine Rolle spielen.

1. staatliche Maßnahmen zur Verhinderung von Importen
2. EDV = elektronische ...
3. 1990 wurde die Bundesrepublik nicht nur Fußballweltmeister, sondern auch ...
4. zu viel
5. stehen am Anfang des Produktionsprozesses

ar — bei — ber — da — ex — fe — mei — mus — nis — port — pro — roh — schüs — sig — ster — stof — ten — tek — tio — tung — ü — ver — welt —

38 Hier finden Sie sieben verschiedene Lieferbedingungen.
Ordnen Sie sie bitte
a) nach dem Transportweg und
b) innerhalb der Rubrik nach der Höhe der Kosten, die für den Käufer zusätzlich zum Kaufpreis anfallen.

	Transport auf dem Landweg	Seetransport
geringste zusätzliche Kosten für den Käufer	1. *frei Haus* 2. _____ 3. _____ 4. _____ 5. _____	1. _____ 2. _____

ab Bahnhof ... (des Lieferers)
Die Bahnfracht geht zu Lasten des Käufers.

frei Grenze
Der Verkäufer trägt alle Kosten bis zur Grenze.

cif – cost, insurance, freight ... (Bestimmungshafen)
Der Verkäufer trägt alle Kosten einschließlich der Seeversicherung bis zum Bestimmungshafen.

frei Haus ✓
Der Verkäufer trägt alle Kosten bis ins Lager des Käufers.

fob – free on board ... (Verschiffungshafen)
Der Verkäufer trägt alle Kosten, bis sich die Ware an Bord des Seeschiffes befindet.

ab Werk
Der Käufer trägt alle Kosten.

frei Bahnhof ... (des Käufers)
Die Bahnfracht geht zu Lasten des Verkäufers.

Notieren Sie bitte in den folgenden Rubriken Wörter bzw. Ausdrücke aus dem gesamten Kapitel 3. Vergessen Sie bei den Substantiven die Artikel und Pluralformen nicht. Kennzeichnen Sie die unregelmäßigen Verben mit einem * und die trennbaren Verben mit einem |.

Substantive:

Wichtige Adjektive in Verbindung mit Substantiven:

Ausdrücke:

Verben:

Verben:

Bettina von Arnim (1785-1859)

Annette von Droste-Hülshoff (1797-1848)

Clara Schumann (1819-1896)

Maria Sibylla Merian (1647-1717)

Carl Friedrich Gauß (1777-1855)

Balthasar Neumann (1687-1753)

Paul Ehrlich (1854-1915)

Wilhelm (1786-1859) und Jakob Grimm (1785-1863)

Kapitel 4

Banken

Tätigkeiten von Banken	1, 2
Bankangebote für junge Leute im Vergleich	3
Bindestrich als Ergänzungszeichen	4
Kreditkarte, eurocheque	5–7, 9, 10
brauchen + Infinitiv	8
Banknoten	11
Electronic Cash	12
Substantive mit Femininendungen	13
Gebührenregelungen	14
Fachvokabular	15, 17, 18, 21, 31
Fachvokabular: Kreuzworträtsel	15, 31
Terminspiele	16
Selbständige und Freiberufler	18
Substantivdeklination	19
Bonitätsprüfung	20
Kredite	22
Wechsel	23
Stichwort „Geldanlage"	24
Geldanlage	24–29
Komparativ	30
Redensarten zum Thema „Geld"	32
Bankanzeige im Spiegel der deutschen Vereinigung	33
Wichtige Lexik	34

1

1. Schreiben Sie bitte auf deutsch alle Tätigkeiten von Banken auf, die Ihnen einfallen.

Beispiel: Geld wechseln

_____

_____

_____

2. Ordnen Sie die Punkte, die Sie gefunden haben, den im folgenden Text unterstrichenen Wörtern zu.

> Banken nehmen <u>Einlagen</u> in jeder Höhe und in verschiedenen Fristen entgegen, gewähren kurz-, mittel- und langfristige <u>Kredite</u> aller Größenklassen, führen <u>Wertpapiergeschäfte</u> aller Art durch – d. h. sie kaufen, verkaufen und verwahren Wertpapiere und beteiligen sich an Wertpapieremissionen –, wickeln den <u>Zahlungsverkehr</u> ab und führen <u>Devisen-</u> sowie <u>Münz- und Edelmetallgeschäfte</u> durch.

2

Zur Angabe von Tätigkeiten in Form von Stichpunkten werden im allgemeinen Nominalformen benutzt. Ergänzen Sie das Schaubild anhand des vorstehenden Textes und nominalisieren Sie dabei alle Verben des Textes.

Die wichtigsten Aufgaben einer Bank

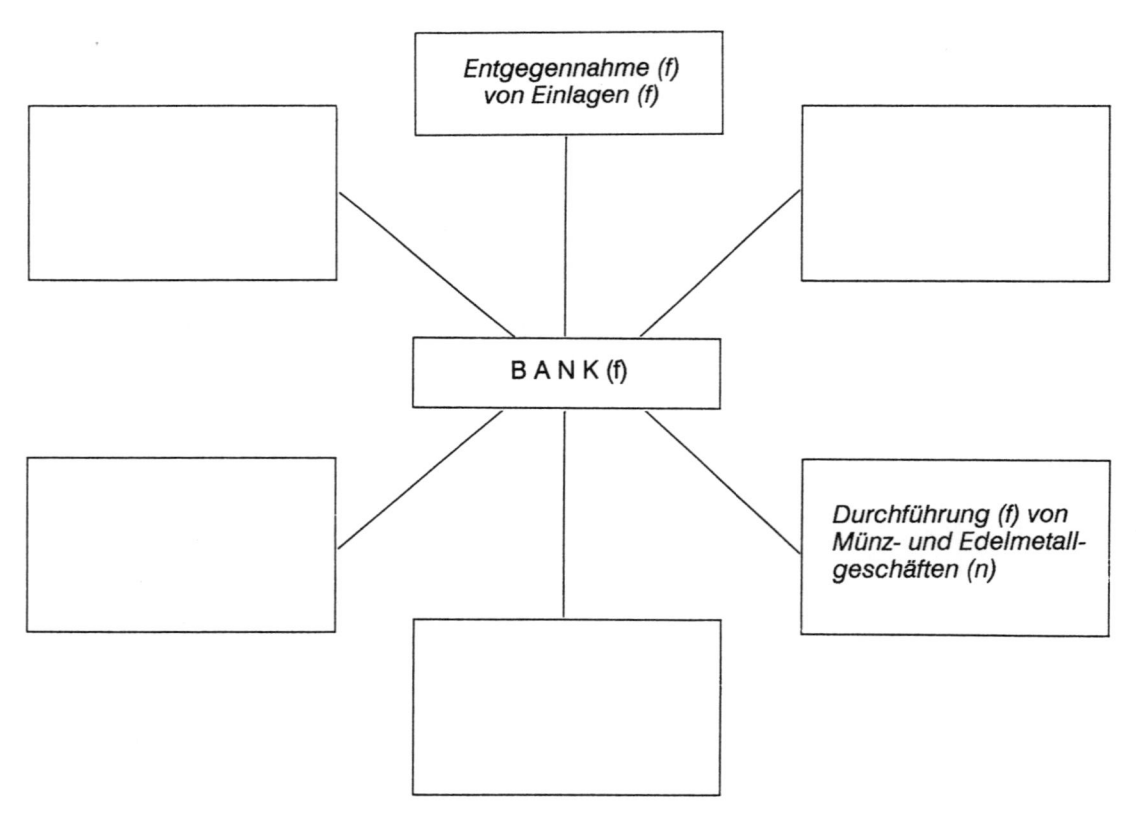

[Schaubild mit BANK (f) in der Mitte, umgeben von sechs Kästen:
- Entgegennahme (f) von Einlagen (f)
- (leer)
- (leer)
- (leer)
- (leer)
- Durchführung (f) von Münz- und Edelmetallgeschäften (n)]

1. **Lesen Sie bitte die beiden Auszüge aus Bankprospekten, die sich an junge Leute wenden.**
   Kreuzen Sie in der nachfolgenden Übersicht an, welche Bankoperationen in den Texten A und B aufgeführt werden.

A

Das Bankkonto für junge Leute

PRIMA GIRO

Wer's hat – blickt durch

PrimaGiro ist ein richtiges Bankkonto für junge Leute. Mit ihm kann man prima mit seinem Geld umgehen, und zwar so selbständig, wie es die Erwachsenen mit ihrem Bankkonto tun.
Wer ein solches PrimaGiro-Konto hat, kann darauf einzahlen und davon abheben. Und Zahlungen, die immer wieder anfallen, zum Beispiel Vereinsbeiträge, läßt man einfach abbuchen. Was sonst zu zahlen ist, wird locker überwiesen. Und wenn die Oma mal einen kleinen Geburtstags-Scheck einpackt, reicht man ihn zur Gutschrift ein.
Prima beim PrimaGiro-Konto ist aber auch der Dauerauftrag, mit dem die Eltern das Taschengeld überweisen. Das geht so pünktlich ein wie Vaters Gehalt auf seinem Konto. Man braucht niemanden daran zu erinnern und kann fest mit dem Betrag rechnen.
Eine prima Geldadresse also und eine prima Buchführung, denn auf den Kontoauszügen sieht man, was eingegangen ist und was ausgegeben wurde und was noch darauf wartet, ausgegeben oder gespart zu werden.

Noch was Besonderes
an PrimaGiro:
Es kostet nichts.
Keine Gebühren.
Keine Spesen.
Nichts.
Bringt aber einiges.
Prima!

Wie man ein PrimaGiro-Konto eröffnet:
Den umseitigen Kontoeröffnungsantrag einfach ausfüllen und zu uns bringen.
Das Girokonto wird dann sofort eröffnet, und alle Unterlagen bekommt man gleich in die Hand. Auch die PrimaGiro-Kundenkarte.

KAPITEL 4

B

DAS ▪s-GIROKONTO

Ohne Girokonto geht es nicht. Sie brauchen es für alle Geldeingänge, Überweisungen und sonstige Zahlungen, die Sie ausführen lassen möchten.

Über Ihre Geldbewegungen informiert Sie der Kontoauszug, den Sie jederzeit und so oft Sie wollen mit Ihrer ▪s-Card oder ec-Karte an den Kontoauszugsdruckern erhalten.

Ein weiterer Vorteil für Girokontoinhaber:
Am Geldautomaten bekommen Sie jederzeit Bargeld, auch abends und am Wochenende.

Dank des Leistungsverbundes „SuperGiro Niedersachsen" können Sie diesen Selbstbedienungsservice in gleicher Weise bei allen niedersächsischen Sparkassen in Anspruch nehmen.

Das ▪s-Girokonto wird für die Zeit der Berufsausbildung gebührenfrei geführt.

man kann:	A	B
Geld einzahlen		
Geld am Geldautomaten abheben		
Kontoauszüge per Karte ausdrucken lassen		
Geld per Dauerauftrag abbuchen lassen		
Geld am Schalter abheben		
Schecks einzahlen		
per Einzugsermächtigung bezahlen		
per Scheck bezahlen		
Geld überweisen		
Zinsen für Gespartes bekommen		
das Konto gebührenfrei geführt bekommen		

2. In der folgenden Definition fehlt ein Wort. Welches? Das Vokabular der vorigen Übung kann Ihnen bei der Lösung helfen.

> **Girokonto:** Bankkonto, über das jederzeit durch Einzahlung, Barabhebung, Scheck, _____ und Dauerauftrag verfügt werden kann – häufig auch als Kontokorrentkonto oder laufendes Konto bezeichnet. Girokonten für Lohn- und Gehaltsempfänger werden Gehaltskonten genannt.

Bindestrich als Ergänzungszeichen bei zusammengesetzten Wörtern 4

Deviseneinnahmen (f) und **Devisen**ausgaben (f)   **Deviseneinnahmen und -ausgaben**
im **In**land und im Aus**land** (n)   **im In- und Ausland**
ein**zahlen** und aus**zahlen**   **ein- und auszahlen**
Lohn**empfänger** und Gehalts**empfänger** (m)   **Lohn- und Gehaltsempfänger**

Schreiben Sie bitte entsprechend den Beispielen.

der Großhandel und der Einzelhandel   _____
das Importgeschäft und das Exportgeschäft   _____
die Kontonummer und die Schecknummer   _____
die Werbemittel (n) und die Werbeträger (m)   _____
hellgrüne und hellblaue Formulare (n)   _____
die Krankenversicherung und die Unfallversicherung   _____
die Preiserhöhungen (f) und die Preissenkungen (f)   _____
Obstkonserven und Gemüsekonserven (f)   _____
dreimonatige oder sechsmonatige Kündigungsfrist (f)   _____
die Vorteile und die Nachteile (m)   _____
die Hinfahrt und die Rückfahrt   _____
Geburtsort (m) und Geburtsdatum (n)   _____
einmalig oder mehrmalig einzahlen   _____
einsteigen und aussteigen   _____
die Innenpolitik und die Außenpolitik   _____
Zeitungsartikel (m) und Zeitungskommentare (m)   _____
die Großstädte und die Kleinstädte (f)   _____
die Verbraucherinformation (f) und die Verbraucherberatung (f)   _____

5 1. Lesen Sie bitte den Anzeigentext und übersetzen Sie ihn.

Die EUROCARD sagt mehr über Sie als die Stempel in Ihrem Reisepaß.

Wenn Sie auf Ihren Reisen mit der EUROCARD bezahlen, zeigen Sie, daß Sie mit Geld gut umgehen können. Und das Vertrauen *Ihrer Bank oder Sparkasse* besitzen. Mit der EUROCARD kann man in Deutschland bei mehr als 200.000 Stellen optimal bezahlen. Weltweit bei über 9 Millionen (im Verbund mit MasterCard). Fragen Sie Ihre Bank oder Sparkasse!

EUROCARD. Für Leute, die auch sonst gute Karten haben.

2. Wie gefällt Ihnen die Anzeige? Welche Assoziationen ruft das Foto bei Ihnen wach?

3. Glauben Sie, daß diese Anzeige in Ihrem Land Erfolg hätte? Begründen Sie Ihre Meinung und machen Sie gegebenenfalls Vorschläge, welche Fotos oder Abbildungen Ihrer Ansicht nach in Ihrem Land besser geeignet wären.

1. Diesen Text werden Sie – ohne Hilfen – so weit verstehen, daß Sie eine Überschrift dazu finden können.

6

„Bezahlen Sie einfach mit Ihrem guten Namen", wirbt American Express, Diners Club mit dem Slogan „Die Karte und mehr", Visa suggeriert „Visa ist alles, was
5 Sie brauchen" und Eurocard, die vierte im Bunde der großen Plastikgeldunternehmen, dient sich sogar als „Eintrittskarte für die Welt" an.
Die Werbung zieht. Schon 4,07 Millionen
10 Deutsche zücken in Hotels, Restaurants, Boutiquen und Warenhäusern die 5,4 mal 8,5 Zentimeter große Karte mit eingestanztem Namen und Kennziffer, wenn es ans Bezahlen geht.
15 Tatsächlich hat der Zahlungsverkehr per Kreditkarte seine Vorzüge. Die gängigen Karten werden nämlich rund um den Globus akzeptiert. So wirbt Diners Club mit 1 Million Vertragspartnern in der ganzen
20 Welt, American Express baut auf 3 Millionen. Visa ersetzt bei 7,7 Millionen Vertragspartnern das Bargeld. Eurocard, unbestrittene Nr. 1 in Deutschland (3,6 Millionen Karten mit einem Marktanteil von gut 50%
25 beim Umsatz), bringt es in Zusammenarbeit mit der MasterCard auf über 9 Millionen. Ganz gleich in welcher Währung, der Kartenkunde braucht überall nur einen Kugelschreiber, um seine Rechnung zu
30 begleichen – seine Unterschrift auf dem Coupon ist so gut wie bares Geld. Dafür zahlt er eine Jahresgebühr (Diners 150 Mark, American Express 140 Mark, Eurocard 40, Visa zwischen 33 und 90
35 Mark).
Abgerechnet wird einmal im Monat. Das bringt dem Kartenzahler den Vorteil eines zinslosen Kredits – vom Zeitpunkt der Bezahlung bis zur Abbuchung auf dem
40 Konto.
Ihre stattlichen Gewinne machen die Kartengesellschaften freilich nicht mit den Gebühren der Kunden, sondern mit den Provisionen, die sie von ihren Vertragspart-
45 nern kassieren – zwischen drei und sechs Prozent der über die Karte erzielten Umsätze. Nicht wenige stöhnen unter dieser Last, denn es dauert rund 10 Tage, bis das Geld von den Gesellschaften auf ihren
50 Konten ist, und der Verwaltungsaufwand ist natürlich größer, als wenn der Kunde bar bezahlt.
Doch immer weniger Läden, Hotels und Restaurants der „Luxusklasse und des ge-
55 hobenen Mittelstands" – die Zielgruppe der Kartengesellschaften – wollen auf die einladenden Embleme an der Tür verzichten. Denn ...

Stern

2. Welche Vorteile sieht der Verfasser des Artikels in der Benutzung einer Kreditkarte? Fallen Ihnen weitere ein?
   Wodurch finanzieren sich die Kartengesellschaften in erster Linie?

3. Am Ende des Textes sind die Gründe weggelassen worden, warum die Geschäftsleute trotz allem großen Wert darauf legen, mit Kreditkartengesellschaften zusammenzuarbeiten.
   Um welche Gründe könnte es sich handeln?

4. Berichten Sie bitte von Ihren Erfahrungen mit einer Kreditkarte, falls Sie eine besitzen.

5. Wie schätzen Sie die zukünftige Entwicklung des Kreditkartenwesens ein?

7 1. Bei den beiden folgenden Texten handelt es sich um eine Erklärung aus einem Sachbuch und um einen Auszug aus einem Prospekt.
Lesen Sie bitte die beiden Texte und kreuzen Sie an, ob die folgenden Punkte in den jeweiligen Texten angesprochen werden.

	Text 1	Text 2
praktisches Zahlungsmittel im In- und Ausland		
eurocheque und eurocheque-Karte gemeinsam vorlegen		
sicheres Zahlungsmittel		
kein Bargeld notwendig		
Scheckempfänger überprüft Unterschrift		
Bank garantiert Einlösung		

Text 1

Der eurocheque und die eurocheque-Karte

Mit der eurocheque-Karte garantiert die Bank, daß jeder vom Kunden unter Vorlage der eurocheque-Karte ausgeschriebene eurocheque bis zu 400 DM oder dem entsprechenden Gegenwert in einer anderen Währung auf jeden Fall eingelöst wird.
Bei Annahme eines eurocheques prüft der Scheckempfänger, ob die eurocheque-Karte gültig ist und ob der Name des Kreditinstituts, die Kontonummer und die Unterschrift auf eurocheque und eurocheque-Karte übereinstimmen. Sodann vermerkt der Empfänger die Kartennummer auf der Rückseite des eurocheques.

Text 2 (S. 113)

2. Sie haben sicherlich bemerkt, daß sich die beiden Texte nicht nur im Inhalt, sondern auch in der Form unterscheiden.
Vergleichen Sie bitte die beiden Texte in bezug auf Form und Stil anhand der folgenden Kriterien:

— grafische Aufmachung
— Länge der Sätze
— persönlicher oder unpersönlicher Stil (an welchen Merkmalen erkennt man ihn?)

Sachbuchtext: _____

Prospekt: _____

Text 2

eurocheque

Weil Sie damit immer bei Kasse sind: beim Einkaufsbummel, am Wochenende, auf Reisen, im Urlaub - beinahe überall.

Mit eurocheques und eurocheque-Karte sind Sie jederzeit geldbereit - auch ohne Bargeld. Und Sie haben immer den richtigen Betrag dabei. Sie sind also vor Überraschungen sicher. Den eurocheque ausfüllen, unterschreiben und die ec-Karte vorlegen. Fertig!
Das ist einfach, praktisch, bequem und vor allem sicher.

eurocheques sind international.

Wer jung, mobil und viel auf Achse ist, für den sind eurocheques ideal. Denn damit kommen Sie beinahe überall durch. In rund 40 Ländern gibt es heute Geldinstitute, die eurocheques annehmen und einlösen. Außerdem akzeptieren viele Hotels, Restaurants, Kaufhäuser, Einzelhandelsgeschäfte, Tankstellen und Campingplätze im In- und Ausland eurocheques als Zahlungsmittel.
Überall, wo Sie das blau-rote eurocheque-Zeichen sehen, sind Sie als ec-Kartenbesitzer willkommen. Diesen Service sollten Sie nutzen.

8 *brauchen* + Infinitiv

Beispiel 1:
den eurocheque ausfüllen
den eurocheque unterschreiben
die ec-Karte vorlegen

Sie brauchen nur den eurocheque aus**zu**füllen, **zu** unterschreiben und die ec-Karte vor**zu**legen.

1. Bilden Sie bitte Sätze nach dem Beispiel 1.

bei der Autovermietung anrufen
Ihre Kreditkartennummer angeben

_____

auf das ec-Zeichen achten

_____

zur Bank gehen
das entsprechende Formular ausfüllen

_____

Beispiel 2:
keine Kaution zahlen
Sie brauchen *keine* Kaution **zu** zahlen.

2. Bilden Sie Sätze nach dem Beispiel 2.

nicht sofort bezahlen

_____

erst am Monatsende bezahlen

_____

kein Bargeld mitnehmen

_____

weder Bargeld *noch* Ihr Scheckheft dabei haben

_____

Merke wohl: Wer **brauchen** *ohne* **zu**
gebraucht, braucht **brauchen**
überhaupt nicht zu gebrauchen.

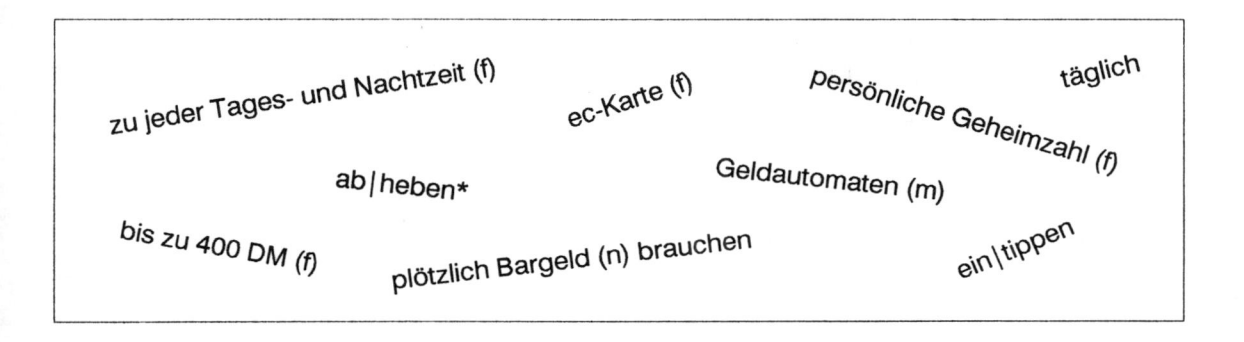

9 Schreiben Sie bitte anhand der folgenden Punkte einen kurzen Text, mit dem Sie sich an die ec-Kartenbesitzer wenden.

- zu jeder Tages- und Nachtzeit (f)
- ec-Karte (f)
- persönliche Geheimzahl (f)
- täglich
- ab|heben*
- Geldautomaten (m)
- bis zu 400 DM (f)
- plötzlich Bargeld (n) brauchen
- ein|tippen

10 1. Erinnern Sie sich noch an den typischen Aufbau eines kurzen Zeitungsartikels (vgl. Aufg. 5, Kap. 2)?

F

Numerieren Sie die folgenden Sätze bitte in der für eine Zeitungsmeldung typischen Reihenfolge.

Deutsche noch ein Volk der Barzahler

☐ Das dichte Zweigstellennetz von Banken und Sparkassen, so das Institut, ermögliche eine bequeme Bargeldversorgung.

☐ Die Deutschen sind im Gegensatz zu Amerikanern und Franzosen noch ein „Volk der Barzahler".

☐ Dabei sei die am häufigsten von den Bundesbürgern gebrauchte Banknote der „Hunderter".

☐ Wie die KKB Bank AG, Düsseldorf, in einer Untersuchung Anfang der 90er Jahre festgestellt hat, werden rund 85 Prozent der finanziellen Transaktionen in der Bundesrepublik in bar abgewickelt.

2. Welchen Prozentsatz würden Sie für Barzahlungen in Ihrem Land veranschlagen?

11 1. Die ab Oktober 1990 sukzessive eingeführten neuen Banknoten sind auf Seite 104 dieses Buches abgebildet.

Informieren Sie sich bitte über die auf den Geldscheinen dargestellten Persönlichkeiten und berichten Sie, was Sie herausbekommen haben.

2. Wen würden Sie gerne einmal auf einer Banknote Ihres Landes abgebildet sehen? Warum?

12 1. Lesen Sie bitte den Text und beantworten Sie die folgenden Fragen:

a) Was ist „Electronic Cash"?
_____
_____

b) Wie entwickelt sich dieses Zahlungssystem in Deutschland?
_____
_____

c) In welchem Bereich ist das größte Wachstum zu erwarten?
_____
_____

Die deutschen Sparkassen wollen ihre Dienstleistungen im Bereich Electronic Banking erweitern. Wie das geschäftsführende Vorstandsmitglied des Deutschen Sparkassen- und Giroverbandes, Hans-Michael Heitmüller, in Köln erklärt, ist Electronic Cash bereits „aus der Startphase heraus". Die Neuheit, ein Zahlungssystem, bei dem der Kunde nur mit einer Scheckkarte und der Eingabe seiner Geheimnummer zahlt, habe sich in einer Testphase im süddeutschen Raum seit dem 16. Juli bewährt.

Dort habe man diese alternative Zahlungsmöglichkeit zunächst bei 16 000 Tankstellen eingeführt und das Angebot seither bundesweit auf etwa 100 000 erweitert.

Heitmüller erwartet besonders im Bereich der Mineralölgesellschaften das größte Wachstumspotential für diese Dienstleistung.

Die Entwicklung von Electronic Cash schreite rasant voran, sagte Dieter Kuhn, stellvertretendes Vorstandsmitglied der Sparkasse Bonn. Die Sparkasse rechne Ende dieses Jahres mit 10 bis 15 Vertragsabschlüssen, darunter sei auch ein Bekleidungskonzern. Die Kosten von 1,1 Prozent des Rechnungsbetrages würden vom Händler getragen. Enthalten seien darin 0,3 Prozent Provision an die Sparkasse, Leitungsgebühren und Gebühren für die Hardware.

Süddeutsche Zeitung

2. Suchen Sie eine Überschrift für den Artikel.

3. Verfügen Sie über eigene Erfahrungen im Bereich des „Electronic Cash"? Bitte berichten Sie.

4. **Machen Sie eine Gegenüberstellung der Vor- und Nachteile des bargeldlosen Einkaufs per Magnetkarte.** (Vgl. auch Aufg. 15, Kap. 2)

Vorteile	Nachteile

Substantive mit Femininendungen 13

Substantive mit den folgenden Endungen sind feminin (von ganz wenigen Ausnahmen abgesehen):
-heit, -keit, -schaft, -ung, -ion, -in, -enz, -ei, -ie, -ik, -tät, -ur.
Feminin sind auch die von Verben abgeleiteten Substantive auf **-e** und **-t**.

Schreiben Sie bitte jeweils drei weitere Substantive in die einzelnen Rubriken.

-heit	**-keit**	**-schaft**	**-ung**
die Neuheit	die Möglichkeit	die Wirtschaft	die Dienstleistung

-ion	**-in**	**-enz**	**-ei**
die Konstruktion	die Sekretärin	die Konkurrenz	die Partei

-ie	**-ik**	**-tät**	**-ur**
die Ökonomie	die Elektronik	die Qualität	die Struktur

von Verben abgeleitet auf -e	**von Verben abgeleitet auf -t**
die Anlage	die Unterschrift

```
          Die Enz-ik-ur-ei-tät-
        ♀ ion-ie-keit
          -schaft Heit-in-ung!
```

KAPITEL 4

14 Zusammen mit dieser Karikatur ist in der Wochenzeitung DIE ZEIT ein Artikel zum Thema „Gebührenregelung bei den deutschen Banken" erschienen.

F

1. Stellen Sie aufgrund der Karikatur eine Vermutung über Art und Inhalt der Darstellung dieses Sachverhalts an.

2. Formulieren Sie bitte aufgrund Ihrer Vermutungen eine Überschrift für diesen Artikel.

Ihr Dozent zeigt Ihnen anschließend die Originalüberschrift.

3. Könnte man über die Banken in Ihrem Land Ähnliches formulieren?

4. Dieser Text ist eine Zusammenfassung des Originals. Füllen Sie bitte die Lücken mit den Wörtern im Schüttelkasten aus.
(Achtung – die Substantive und Verben im Schüttelkasten sind jeweils in der Grundform aufgeführt.)

Vor dreißig Jahren haben die Banken dafür gesorgt, daß alle Löhne und Gehälter nicht mehr direkt ausgezahlt, sondern _____ wurden. Obwohl damals die einzelnen Buchungen sehr viel aufwendiger waren, erhob man dafür keine _____.
Heute ist das anders. Trotz elektronischer Verarbeitung muß der Kunde für jede
5 _____ zahlen. Inzwischen sind auch die Guthabenzinsen für _____ abgeschafft. Bei einer Überweisung wird das Geld zwar sofort vom Konto abgebucht, aber es dauert mindestens drei Tage, bis es auf dem anderen Konto _____ ist („Wertstellung"). Dieses Geld kann die Bank für sich arbeiten lassen und damit ____Zinsen____ verdienen.
10 Will ein Sparer sein Geld z. B. in Wertpapieren anlegen, muß er dafür u. a. eine _____ entrichten.
In Anbetracht dieser Tatsachen ist nur schwer zu verstehen, warum die Banken ständig darüber klagen, daß der bargeldlose Zahlungsverkehr für sie zu teuer wird. Als Ausweg aus diesem Dilemma sehen sie z. B. das _____.

> Depotgebühr (f)   Buchung (f)   gut|schreiben*   Girokonto (n)
> Electronic Cash (n)   überweisen*   Gebühr (f)   Zins (m) ✓

5. Lesen Sie nun den Originalartikel und notieren Sie im nachfolgenden Raster in Stichworten, worüber sich der Autor beklagt.

Banken und Sparkassen waren es, die die Arbeitnehmer vor gut drei Jahrzehnten von der altgedienten Lohntüte entwöhnten. Das private Girokonto wurde als die einzig
5   sinnvolle Alternative gepriesen. Damals verzichteten die Banken auf Gebühren – obwohl jede einzelne Buchung mit zeitaufwendigem Ausfüllen von Kontoblättern verbunden war.
10   Heute werden jährlich Millionen und Milliarden Buchungen im bargeldlosen Zahlungsverkehr abgewickelt, die Flut der Überweisungen und Lastschriften steigt kontinuierlich. Dank modernster Bank-
15   elektronik strömen heute die Beträge rund um die Uhr durch den Bankenapparat, ohne daß die Angestellten Überstunden machen müssen – einen Stillstand der Computer gibt es praktisch nicht mehr. Geän-
20   dert haben sich auch die Gebühren: Schon vor Jahren haben die meisten Institute den Guthabenzins von ohnehin kaum mehr als einem halben Prozent abgeschafft – aus Rationalisierungsgründen, wie es offiziell
25   heißt. Auch ist die Kontoführung längst nicht mehr kostenlos. Begnügten sich die Kreditinstitute anfangs noch mit Pauschalen wie etwa 3 Mark im Monat, wird jetzt jede einzelne Buchung mit bis zu
30   1,20 Mark abgerechnet. Als „Retter der Menschheit" sehen sich gar manche Institute, die dem Kunden gleich Pauschalen von 10 oder 12 Mark monatlich abnehmen – selbst wenn sein Konto nur fünf Bu-
35   chungen im Monat aufweist.
Trotzdem klagen die Institute. So beharrt die Kreditwirtschaft auf dem Standpunkt, daß der bargeldlose Zahlungsverkehr jedes Jahr enorme Defizite anhäuft. Dabei fra-
40   gen sich manche Kunden freilich: Wer verlangt denn an jeder Straßenecke einen Geldausgabeautomaten mit mindestens 120 000 Mark Anschaffungskosten? Wer verlangt, daß die Institute stets Stand-
45   leitungen zu weit entfernten Zentralen unterhalten, für die die Post sechsstellige Monatsbeiträge abrechnet?

Auffallend auch die Abwicklung des bargeldlosen Zahlungsverkehrs: Schreibt heu-
50   te ein Institut seinem Kunden einen eingereichten Scheck gut, werden meist drei Tage „Wertstellung" zum Einreichungstag addiert. Quasi über Nacht erfolgt jedoch die Belastung auf dem Konto des Ausstellers,
55   ein Zinsgewinn ist den Instituten sicher. Umgekehrt geht es jedoch wesentlich langsamer: Überweisungen dauern heute zwischen drei und fünf Arbeitstagen – von einer Buchung über Nacht erscheint man
60   hier weit entfernt.
Auch Anleger kommen sich geprellt vor, wenn sie – etwa bei der Bayerischen Hypotheken- und Wechselbank – für den Kauf festverzinslicher Wertpapiere mit
65   einer Mindestgebühr von immerhin 25 Mark belastet werden und auch die Depot-Mindestgebühr inzwischen bei stolzen 30 Mark liegt.
Die Klagen der Institute reißen – trotz
70   jährlich höherer Milliardengewinne wie jüngst bei der Deutschen Bank – nicht ab. Der Zahlungsverkehr sei zu teuer, man müsse neue Wege finden. Der erste Schritt dazu wurde längst getan: Beim Electronic
75   Cash braucht der Kunde nur noch durch Einschiebung der Eurocheque-Karte – Kosten: zehn Mark im Jahr – und Eingabe der Geheimnummer zu zahlen. Der im weiteren vollautomatisch abgewickelte Vorgang
80   kostet dann jedoch Buchungsgebühren beim Kunden und Geschäftsinhaber von meist jeweils fünfzig Pfennig. Hinzu kommen die Nebenkosten für die Abrechnung in Höhe von mindestens 0,5 Prozent – und
85   dies praktisch ohne manuelles Zutun der Institute. Noch bequemer klingeln die Bank-Kassen gar bei der hauseigenen Eurocard: Für durchschnittlich 3,2 Prozent Gebühren – zahlbar von Geschäften, Ho-
95   tels, Restaurants und anderen – kann leicht auf die fünfzig Pfennig Buchungsgebühr verzichtet werden.

Solidus/Die Zeit

Verfahren bei Buchungen und Kontoführung (allgemein): _____
_____
_____

Guthabenzinsen für Girokonten: _____
_____
_____

Geldausgabeautomaten: _____
_____
_____

Standleitungen zur Bankzentrale: _____
_____
_____

Buchungsverfahren bei Schecks: _____
_____
_____

Überweisungen: _____
_____
_____

Verfahren beim Kauf von Wertpapieren: _____
_____
_____

Electronic Cash: _____
_____
_____

Eurocard: _____
_____
_____

6. Wie verfahren die Banken in Ihrem Land in bezug auf die oben genannten Punkte?
_____
_____
_____
_____
_____
_____

15 In jeder der folgenden Zeilen ist – von rechts nach links geschrieben – ein Wort aus dem Bereich „Geld und Banken" versteckt.

F

N	E	N	N	E	T	N	O	K	K	N	A	B	E	G	R	E	V
E	N	I	E	T	R	A	K	T	I	D	E	R	K	K	R	A	F
T	N	E	K	C	E	H	C	S	T	S	O	L	R	E	B	Ü	T
R	E	G	N	U	S	I	E	W	R	E	B	Ü	B	A	S	B	A
L	E	I	R	E	M	M	U	N	O	T	N	O	K	N	A	E	B
N	I	N	N	E	S	I	V	E	D	E	N	I	E	E	T	N	U
O	N	R	E	T	L	A	H	C	S	R	A	T	E	B	T	N	A
E	R	O	I	T	A	M	O	T	U	A	D	L	E	G	E	D	U
N	E	R	R	E	V	Z	T	A	S	S	N	I	Z	N	I	E	N
E	G	A	L	N	A	D	L	E	G	B	U	R	H	A	Z	E	B
E	G	N	E	R	A	P	S	G	N	U	R	E	T	N	O	K	A
R	A	B	S	N	O	I	T	A	L	F	N	I	E	I	K	I	
T	I	E	H	N	E	B	E	H	B	A	R	E	N	E	G	I	L
E	R	H	E	K	R	E	V	S	G	N	U	L	H	A	Z	R	E
T	S	G	N	U	R	H	Ä	W	E	G	T	I	D	E	R	K	A
E	N	E	C	I	E	L	H	O	K	A	R	T	A	S	N	U	L
N	E	G	N	U	R	E	I	P	A	P	T	R	E	W	N	U	N
E	G	A	R	T	F	U	A	R	E	U	A	D	S	E	G	I	E

1. _____
2. _____
3. _____
4. _____
5. _____
6. _____
7. _____
8. _____
9. *Zinssatz*
10. _____
11. _____
12. _____
13. _____
14. _____
15. _____
16. _____
17. _____
18. _____

16 1. Lesen Sie bitte die Redemittel zur Angabe eines bestimmten Zeitpunktes

mit Präposition	ohne Präposition
zu einem bestimmten Zeitpunkt	—
zu dieser/jener Zeit	—
zur Zeit	—
um 17 Uhr	—
am Morgen/Vormittag/Nachmittag/Abend	—
am Donnerstag	—
am Donnerstag, dem (den) 11.11.	Donnerstag, den 11.11.
am letzten/nächsten Donnerstag	letzten/nächsten Donnerstag
am/zu Anfang der Woche/des Monats/des Jahres (aber: **zu** Beginn ...)	Anfang der Woche/des Monats/des Jahres
am Ende der Woche/des Monats/des Jahres	Ende der Woche/des Monats/des Jahres
—	Anfang Januar/Februar/usw.
in der letzten/in dieser/in der nächsten Woche	letzte/diese/nächste Woche
im letzten/in diesem/im nächsten Monat/Jahr	letzten/diesen/nächsten Monat letztes/dieses/nächstes Jahr
im Januar/Februar usw.	—
im Jahr(e) 1992	1992
—	Mitte letzter/dieser/nächster Woche
—	Mitte letzten/dieses/nächsten Monats/Jahres
—	Mitte Januar/Februar usw.

KAPITEL 4   121

2. Ein Spiel

Nachstehend ist der Terminkalender von Direktor Braun (Frankfurter Kreditbank) abgedruckt. Jemand versucht, einen Termin bei Direktor Braun zu bekommen. Er spricht mit dessen Sekretärin, die ihm zunächst anhand des Terminkalenders erklärt, daß es schwierig sein wird, einen Termin zu finden. Dann versuchen die beiden gemeinsam, doch noch eine Möglichkeit zu finden.

Verfassen Sie bitte – in Partnerarbeit – einen Dialog, und verwenden Sie dabei möglichst viele Zeitangaben.

Februar

Mo	1.	9.00 Abteilungsleiter-Konferenz/14.00 Peters, Banken-Verlag
Di	2.	10.30 Eröffnung Zweigstelle Goethestr.
Mi	3.	10.00 Besprechung Dr. Weiß (Bayer. Hypothekenbank)/15.00 Dr. Paul
Do	4.	9.30 Dr. Braun (Finanzmin.)/14.30 Pressekonferenz
Fr	5.	Sitzung Banken-Kommission (Bonn)
Sa	6.	
So	7.	
Mo	8.	
Di	9.	
Mi	10.	
Do	11.	Tokio
Fr	12.	
Sa	13.	
So	14.	
Mo	15.	9.00 Abteilungsleiter-Konferenz/13.30 Nippon-Bank
Di	16.	12.00 Arbeitsessen Prof. Werner/15.30 Mayer (Commerzbank)
Mi	17.	10.00 Interview Hessischer Rundfunk/17.30 Vortrag Universität Frankfurt
Do	18.	10.30 Dr. Weiß (in München)
Fr	19.	Sitzung Banken-Kommission (Bonn)
Sa	20.	
So	21.	
Mo	22.	
Di	23.	
Mi	24.	Urlaub
Do	25.	
Fr	26.	
Sa	27.	
So	28.	

3. Terminspiel am Telefon. Arbeiten Sie bitte zu zweit.

a) Jeder von Ihnen „besetzt" in seinem Terminkalender von Montag bis Freitag zwischen 8.00 und 20.00 Uhr an jedem Tag sechs Stunden mit drei verschiedenen Terminen (z. B. 12.30–14.00 Essen mit auswärtigem Kunden, 15.00–17.30 Besprechung anliegende Kreditgewährungen; 18.00–20.00 Empfang und Vortrag Dr. Bohr).

b) Sie telefonieren miteinander (Achtung: Sie sollten dabei mit dem Rücken zu Ihrem Gesprächspartner sitzen). **Sie müssen für diese Woche drei Termine vereinbaren, und zwar in der folgenden Reihenfolge:**
1. **Vorbesprechung** (45 Minuten)
2. **ausführliche Diskussion** (120 Minuten)
3. **Nachbesprechung** (ca. 30 Minuten)

Versuchen Sie zuerst, drei Termine zu finden, an denen Sie beide Zeit haben. Da die Termine sehr wichtig sind, müssen Sie, falls das nicht geht, am Ende evtl. andere Termine verschieben oder ausfallen lassen.

	Montag	Dienstag	Mittwoch
8.00			
9.00			
10.00			
11.00			
12.00			
13.00			
14.00			
15.00			
16.00			
17.00			
18.00			
19.00			
20.00			

	Donnerstag	Freitag	Samstag
8.00			
9.00			
10.00			
11.00			
12.00			
13.00			
14.00			Sonntag
15.00			
16.00			
17.00			
18.00			
19.00			
20.00			

17 **1. Welcher Begriff paßt nicht in die Reihe? Warum? Suchen Sie bitte einen Oberbegriff für die anderen.**

Scheck (m) — Kontoauszug (m) — Kreditkarte (f) — Wechsel (m) — Bargeld (n)

2. Was kann man mit Geld *nicht* tun?

Geld (n) ab|heben*
ein|zahlen
überweisen*
sparen
erhöhen
ab|buchen lassen*
wechseln
an|legen

3. Was kann man mit Zinsen *nicht* tun?

Zinsen (m) zahlen
berechnen
erhöhen
senken
bekommen*
wechseln
gut|schreiben*

18 **1. Das Foto in der Anzeige zeigt u.a. die Namensschilder von Ärzten, Rechtsanwälten, Wirtschaftsprüfern und Architekten.**
Was haben die Berufsgruppen gemeinsam?

2. Klären Sie die Bedeutung der Wörter im Schüttelkasten.
(Arbeiten Sie evtl. mit dem Wörterbuch.)

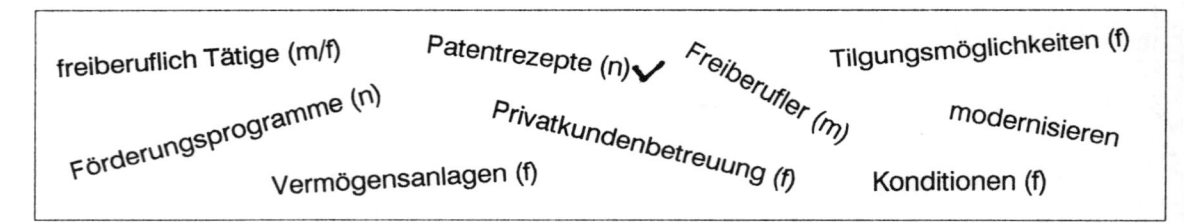

freiberuflich Tätige (m/f) — Patentrezepte (n) ✓ — Freiberufler (m) — Tilgungsmöglichkeiten (f) — Förderungsprogramme (n) — Privatkundenbetreuung (f) — modernisieren — Vermögensanlagen (f) — Konditionen (f)

3. Fügen Sie die Wörter aus dem Schüttelkasten in den Text ein.

Die praxisnahe Finanzierung für alle

Immer mehr _____, also Ärzte, Rechtsanwälte, Wirtschaftsprüfer, Architekten und Steuerberater, kommen mit ihren Finanzierungsfragen zu uns.
Weil sie wissen, daß wir keine Patentrezepte liefern, sondern sie persönlich über Finanzierungsangelegenheiten beraten und ihnen konkrete Angebote machen.
So zum Beispiel unser Praxisdarlehen zur Finanzierung von Investitionen. Es unterstützt Sie optimal, wenn Sie sich mit einer neuen Praxis niederlassen, eine bestehende Praxis übernehmen oder Ihre Praxisräume _____ oder erweitern wollen.
Natürlich können Sie das Praxisdarlehen auch für andere Zwecke verwenden. Beispielsweise für die Finanzierung von steuerlich interessanten _____.
Oder Sie setzen es für sonstige Anschaffungen und Umfinanzierungen ein.
Unser Praxisdarlehen bietet Ihnen besonders günstige _____ und eine Vielzahl von _____, die stets auf Ihre persönliche Situation zugeschnitten sind. Ein zusätzlicher Anreiz sind öffentliche _____, die Sie in Ihr Praxisdarlehen einbeziehen können.
Wenn Sie mehr wissen möchten, dann sprechen Sie mit unserer _____.
Oder rufen Sie uns einfach an.

Mit dem Praxisdarlehen können Sie die unterschiedlichsten Investitionen finanzieren.

Dresdner Bank

Substantive, die wie Adjektive dekliniert werden   **19**

Nominativ Singular	der Selbständig**e**	ein Selbständig**er**
	der freiberuflich Tätig**e**	ein freiberuflich Tätig**er**
Nominativ Plural	die Selbständig**en**	Selbständig**e**
	die freiberuflich Tätig**en**	freiberuflich Tätig**e**

1. Nachstehend finden Sie eine Liste mit denjenigen Substantiven dieses Typs, die häufig in Presse- und Wirtschaftstexten vorkommen.
Vielleicht kennen Sie noch andere derartige Substantive; notieren Sie diese dann anschließend.
Bitte übersetzen Sie die Begriffe.

der Angestellte (auch f) _____

der Beamte (f: Beamtin) _____

der Industrielle (auch f) _____

der Sachverständige (auch f) _____

der Berufstätige/Erwerbstätige (auch f) _____

der Jugendliche (auch f) _____

der Erwachsene (auch f) _____

der Vorsitzende (auch f) _____

der Arbeitslose (auch f) _____

der Arbeitsuchende (auch f) _____

der Staatsangehörige (auch f) _____

der Deutsche (auch f) _____

der Reisende (auch f) _____

_____   _____

_____   _____

_____   _____

2. Ergänzen Sie bitte.

a) Die Erklärung der Vorsitzend_____ enthielt keine neuen Zahlen.

b) In der Bundesrepublik sind alle Angestellt_____ sozialversichert.

c) Die Zahl der Arbeitslos_____ ist gestiegen.

d) Der Anteil der Jugendlich_____ bei den Arbeitslos_____ ist relativ niedrig.

e) Für Berufstätig_____ ist das Ladenschlußgesetz ungünstig.

f) Zu dieser Frage wurde ein Sachverständig_____ interviewt.

g) Reisend_____ in Richtung München müssen hier umsteigen.

h) Jugendlich_____ unter 16 Jahren dürfen dieses Lokal nur in Begleitung von Erwachsen_____ betreten.

i) Diese Regelung gilt nur für Beamt_____.

j) Er ist deutsch_____ Staatsangehörig_____.

k) Sie ist Deutsch_____.

20

1. Informieren Sie sich aus Fachlexika und Wörterbüchern über die folgenden Begriffe.

Haushaltsrechnung (f) / Schufa (f) / Bonitätsprüfung (f) / Kreditwürdigkeit (f) / öffentlicher Dienst (m) / Beamter (m)

2. Machen Sie jetzt den Test. Würden Sie problemlos einen neuen Kredit erhalten?

Test: Das sind Sie Ihrer Bank wert.

Bevor es Bares gibt, müssen Sie prüfen lassen, ob Sie eines Kredits würdig sind. Das Ergebnis Ihrer Haushaltsrechnung, bei der Sie alle Einkommen und Verpflichtungen offenlegen müssen, entscheidet über die Kreditfähigkeit. Nur wenn unter dem Strich einige Mark mehr als die neue Rate übrigbleiben, ist diese erste Hürde genommen. Nach Prüfung Ihrer Angaben erkundigt sich das Kreditinstitut bei der Schufa über Sie.

Einige Institute verfahren bei der Bonitätsprüfung wie bei einem Test, dessen Antworten mit Punkten bewertet werden. Damit Sie nicht von der Neugier Ihres Geldgebers überrascht werden, stellt Ihnen **Capital** solch einen Test mit den wichtigsten Fragen einer Bonitätsprüfung vor. Rechnen Sie sich für jede Antwort die entsprechende Punktzahl an. Die Summe daraus, das Ergebnis Ihrer Haushaltsrechnung und die Schufa-Auskunft entscheiden am Ende über Ihre Kreditwürdigkeit.

Haushaltsrechnung.

Mark

- Monatliches Nettoeinkommen
- \+ Sonstiges regelmäßiges Einkommen
- = Gesamteinkommen
- – Miete, inklusive Nebenkosten
- – Ausgaben für Haushalt
- – Ausgaben für Auto
- – Raten für Bausparverträge, Versicherungen, sonstige Kredite
- – Sonstige regelmäßige Ausgaben
- = Frei verfügbares Einkommen
- – Neue Rate
- = Überschuß

Kredit-Scoring.

Alter
18 bis 28 — 7
bis 40 — 10
bis 60 — 15
älter — 12
Ihre Punktzahl

Familienstand
Alleinstehend — 5
Verheiratet — 8
Ihre Punktzahl

Anzahl der Personen im Haushalt
1; 2 — 8
3; 4 — 5
5 und mehr — 3
Ihre Punktzahl

Beruf
Hilfsarbeiter — 4
Arbeiter — 6
Gelernter Handwerker, technischer/kaufmännischer Angestellter — 8
Öffentlicher Dienst, Beamte, Spezialisten wie Ärzte, Ingenieure — 11
Ihre Punktzahl

Beschäftigungsdauer
Bis 2 Jahre — 3
Bis 6 Jahre — 6
Bis 10 Jahre — 10
Darüber — 15
Pensionäre — 10
Ihre Punktzahl

Geschäftsbeziehung mit der Bank
Ordentliche Kontoführung — 10
Neuer Kunde — 0
Ihre Punktzahl

Einkommen des Ehepartners
Regelmäßig — 5
Kein Einkommen — 0
Ihre Punktzahl

Sachvermögen (zum Beispiel)
Auto — 3
Edelmetalle — 10
Nicht vorhanden — 0
Ihre Punktzahl

Ihr Ergebnis

Lösung.
Bis 30 Punkte: Kreditvergabe gefährdet.

30 bis 60 Punkte: Unter Umständen eingeschränkte Kreditvergabe.

Über 60 Punkte: Kreditvergabe voraussichtlich unproblematisch.

Capital

Hier ist wichtiges Vokabular aus dem Bereich „Kredit". **21**

Schreiben Sie bitte die muttersprachlichen Entsprechungen daneben. Arbeiten Sie mit dem Wörterbuch.

kurz-, mittel-, langfristig	_____
einen Kredit aufnehmen (einen Kredit in Anspruch nehmen)	_____
einen Kredit gewähren	_____
einen Kredit kündigen	_____
die Kreditwürdigkeit	_____
der Kreditnehmer	_____
der Kreditgeber	_____
das Kreditinstitut	_____
die Kreditkarte	_____
etwas auf Kredit kaufen	_____
die Sicherheit	_____
die Hypothek	_____
etwas mit einer Hypothek belasten	_____
die Laufzeit	_____
das Zahlungsziel	_____

In dem folgenden Text sind einige Begriffe untereinander vertauscht. In keinem Satz gibt es mehr als einen Fehler, der jeweils erste Satz der beiden Absätze ist korrekt. **22**
Korrigieren Sie bitte den Text.

Kredite

Notizen

Je nach Art des Kredits unterscheidet man Waren- und Geldkredite. Einen Geldkredit hat beispielsweise ein Einzelhändler, der bei seinem Lieferanten Ware kauft, die er erst nach Ablauf einer gewissen Zeit (Zahlungsziel) bezah-
5 len muß. Den Warenkredit gibt es gewöhnlich bei einer Bank.
Kredite werden auch nach ihrer Laufzeit unterschieden. Bis zu einer Laufzeit von sechs Monaten spricht man von langfristigen Krediten, bis zu vier Jahren von mittelfristi-
10 gen. Darüber hinausgehende Kredite sind kurzfristig. Typischer Vertreter des langfristigen Kredites ist der Überziehungskredit, bei dem kurzzeitig das Konto überzogen wird. Typische mittelfristige Kredite sind zum Beispiel Hypotheken, die meist über drei Jahre laufen. Die bekannte-
15 sten langfristigen Kredite sind Kredite für PKW, die bis zu 30 Jahre laufen können.

Lebensmittel Praxis

23 Die folgenden beiden Texte behandeln eine Kreditart, die oft im Geschäftsleben vorkommt: den Wechsel.

F

1. Lesen Sie zuerst Text 1, der an einem Beispiel verdeutlicht, was ein Wechsel ist. Füllen Sie dann das Wechselformular aus.

Text 1

Die Firma A sendet der Firma B am 1.5.199. Waren im Wert von 10.000,– DM (inkl. Mehrwertsteuer). Vor der Lieferung wird vereinbart, daß das Geschäft auf der Grundlage eines Dreimonatswechsels abläuft. Firma B braucht den
5 Betrag also erst am 1.8.199. zu zahlen, bekommt gewissermaßen einen Kredit in Form eines Zahlungsaufschubs. Der Wechsel wird von der Firma A ausgestellt. Damit die Zahlung rechtlich bindend ist, muß Firma B den Wechsel abzeichnen, ihn gewissermaßen offiziell akzep-
10 tieren.

A = Aussteller (m)
B = Bezogener (m)

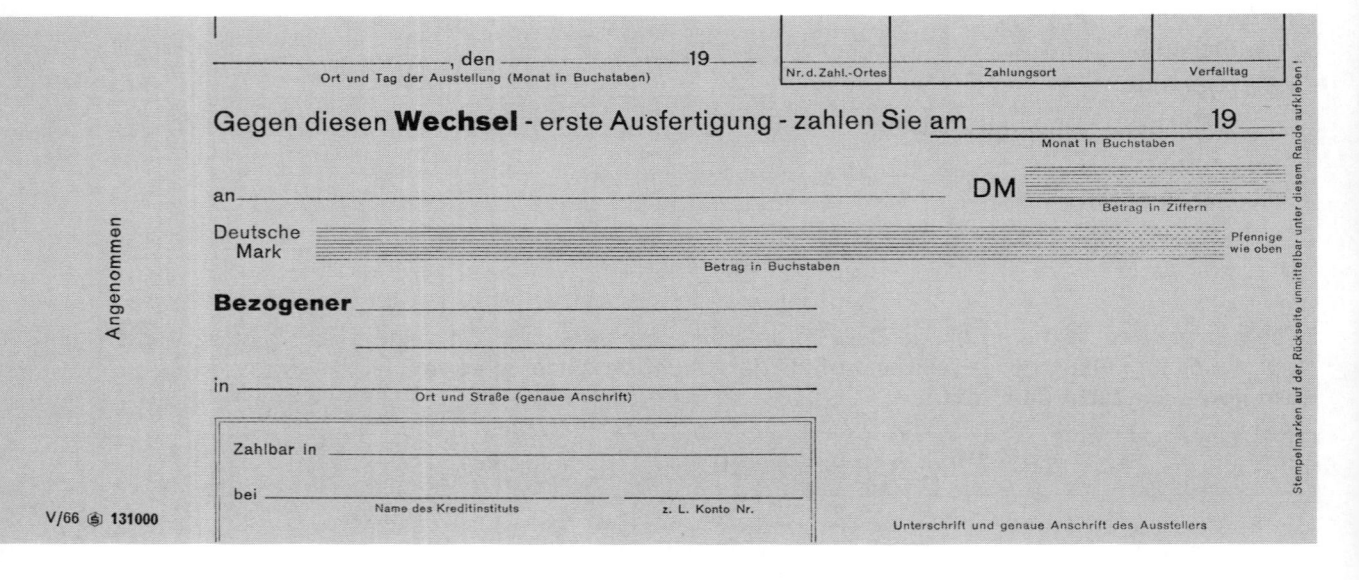

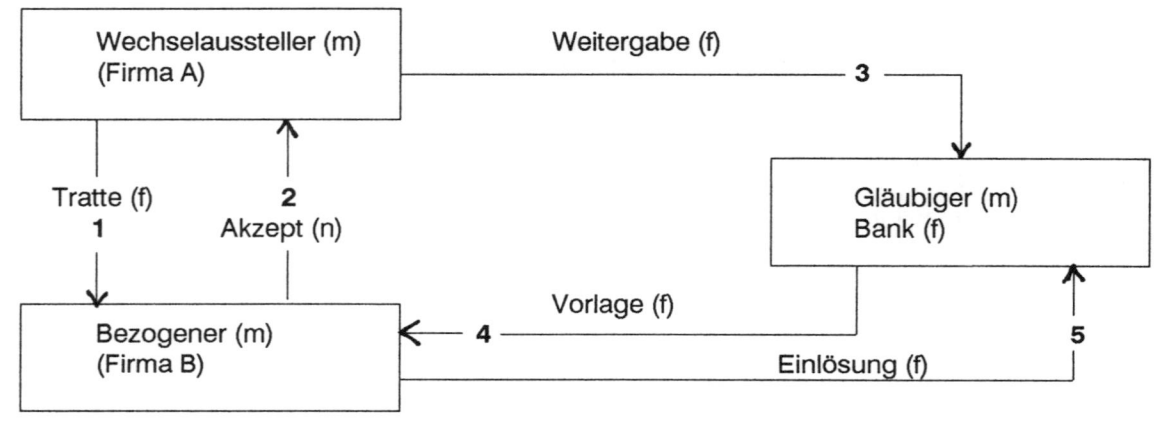

KAPITEL 4

2. Lesen Sie dann den zweiten Text und notieren Sie auf deutsch und in kompletten Sätzen, welche Möglichkeiten ein Wechselbesitzer hat, um an sein Geld zu kommen.

Text 2

Notizen

Der Wechsel ist eine Art Wertpapier. Der Wechselaussteller (hier: Firma A) erhält den Wechsel nach dem Akzept des Bezogenen (Firma B) zurück und besitzt damit ein Dokument, das zu einem bestimmten Zeitpunkt die Bezahlung einer bestimmten Summe zusichert. Trotzdem muß er nicht bis zum Erreichen des Verfalldatums (1.8.199.) auf sein Geld warten. Wer einen Wechsel besitzt, hat zwei Möglichkeiten, sofort sein Geld zu bekommen. Er kann den Wechsel

— einem seiner Gläubiger als Zahlungsmittel weitergeben oder
— ihn von seiner Bank diskontieren lassen, d. h. ihn an seine Bank weiterverkaufen.

Wer einen Wechsel an ein Geldinstitut verkauft, bekommt den Gegenwert sofort seinem Konto gutgeschrieben. Jedoch berechnet das Geldinstitut für die Zeit bis zum Verfalltag Wechselzinsen, den Diskont.

Lebensmittel Praxis

3. Erklären Sie in Ihrer Muttersprache, was ein Wechsel ist. Nehmen Sie dabei auch die Übersicht auf S. 128 zu Hilfe.

Welche Möglichkeiten der Geldanlage kennen Sie?

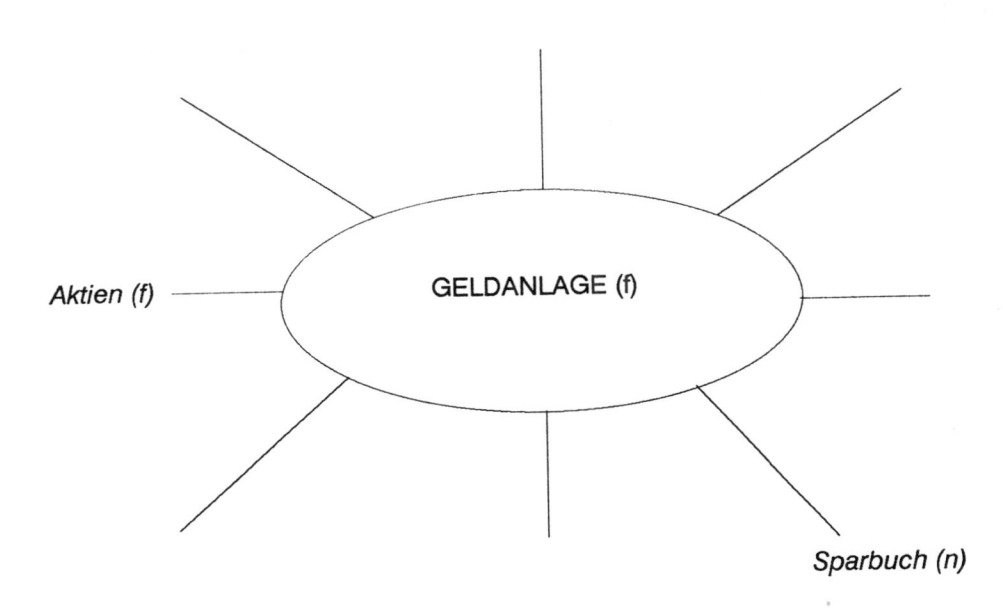

24

Aktien (f) — GELDANLAGE (f) — *Sparbuch (n)*

KAPITEL 4

25

Das Schaubild zeigt, welche Formen der Geldanlage in der Bundesrepublik in zwei aufeinanderfolgenden Jahren (untere Hälfte: Vorjahr) jeweils mehr oder weniger populär waren.

[F]

1. Um welche Anlageformen (Schüttelkasten) könnte es sich bei den beiden auffälligsten Veränderungen handeln?

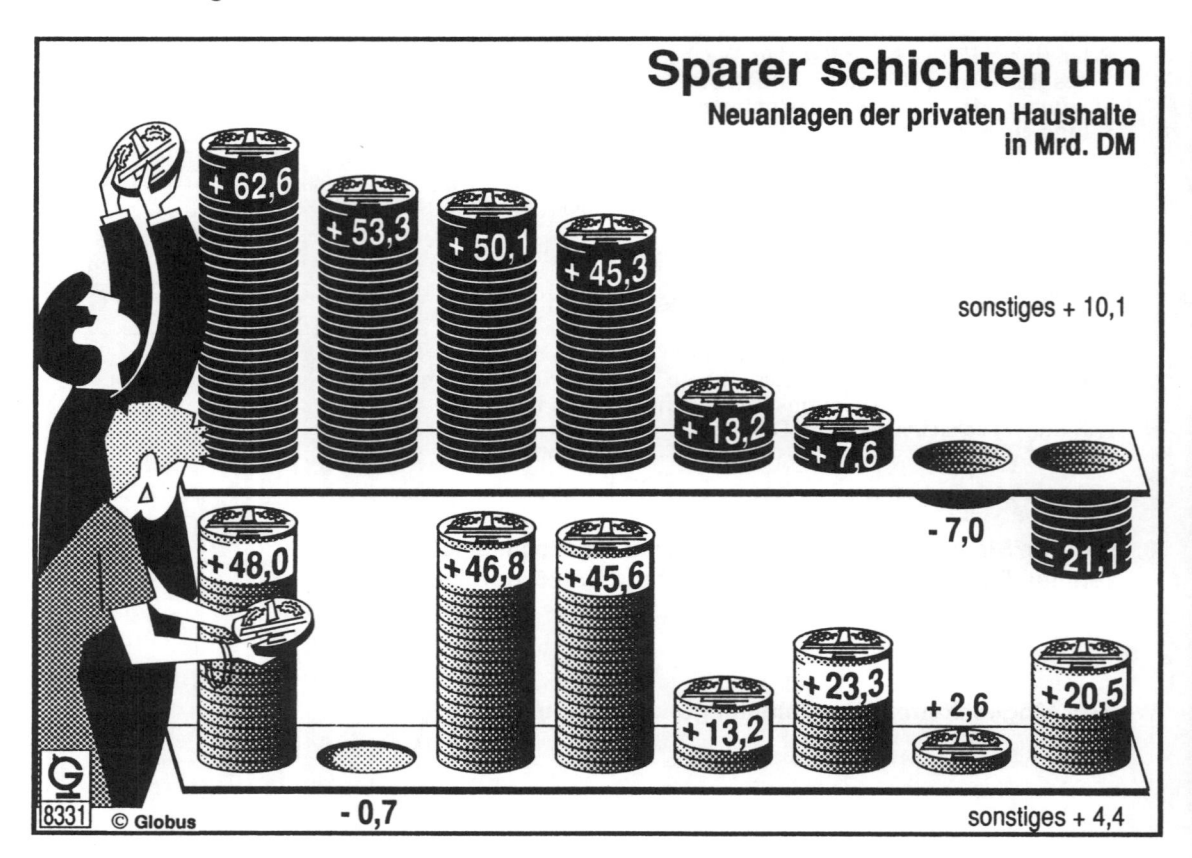

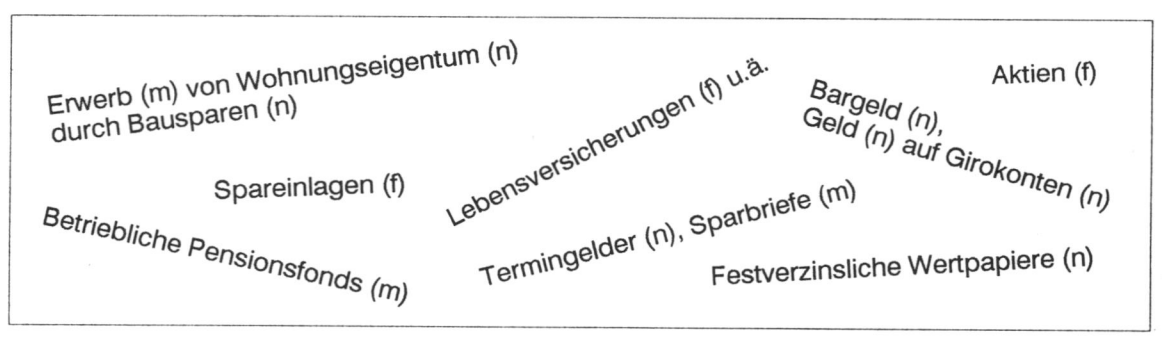

Sparer schichten um
Neuanlagen der privaten Haushalte in Mrd. DM

Obere Hälfte: +62,6 | +53,3 | +50,1 | +45,3 | +13,2 | +7,6 | −7,0 | −21,1 | sonstiges +10,1

Untere Hälfte: +48,0 | −0,7 | +46,8 | +45,6 | +13,2 | +23,3 | +2,6 | +20,5 | sonstiges +4,4

© Globus 8331

Erwerb (m) von Wohnungseigentum (n) durch Bausparen (n)

Spareinlagen (f)

Betriebliche Pensionsfonds (m)

Lebensversicherungen (f) u.ä.

Termingelder (n), Sparbriefe (m)

Bargeld (n), Geld (n) auf Girokonten (n)

Aktien (f)

Festverzinsliche Wertpapiere (n)

Ihr Dozent zeigt Ihnen jetzt das komplette Schaubild.

2. Welche Gründe könnte es für das veränderte Anlageverhalten geben?

3. Glauben Sie, daß das Anlageverhalten der deutschen Sparer dem der Sparer in Ihrem Land gleicht?

Kennen Sie auch noch andere Anlageformen, die im Schaubild nicht vorkommen? Welche Anlageformen sind das? Warum werden diese Anlageformen im Schaubild wohl genannt? 26

Sie können überprüfen, ob Sie die richtige Antwort gefunden haben, indem Sie aus den nachstehenden Silben bzw. Wörtern einen Satz bilden.

an — an — delt — es — geld — gen — gen — han — la — la — nicht — sach — sich — um — um — und

---

1. Lesen Sie bitte die nachstehenden Texte und füllen Sie anschließend das Raster aus. Was wird zu den folgenden Anlageformen in den Texten gesagt? 27

Text 1	Text 2
Die Sparquote hat sich im letzten Jahr von 13,6 auf 14,3 Prozent erhöht. Dies ist im historischen Vergleich zwar ein hoher Wert, aber der absolute Rekord war 1975 mit 14,8 Prozent erreicht worden. In den östlichen Bundesländern sind mehr Abhebungen von Sparkonten zu verzeichnen als im Westen Deutschlands. Freilich läßt sich nicht genau erfassen, wieviel von diesem Geld in andere Anlageformen und wieviel in den Konsum fließt. Insgesamt ist der Anstieg der Sparquote mit einem massiven Umschichtungsprozeß verbunden. Einen Absatzboom erlebt die Kreditwirtschaft vor allem bei den festverzinslichen Wertpapieren. Relativ stabil bleibt nach einer Prognose des Sparkassen- und Giroverbands die Ersparnisbildung bei Versicherungen mit etwa 50 Milliarden DM und die Vermögensbildung in Form von Wohnungseigentum mit 42 Milliarden DM. Die Stimmung an der Börse ist eher zurückhaltend. Deutsche Aktien werden zur Zeit nur mit dem Zwölffachen des Gewinns berechnet.	Zinsbewußt und auf Nummer Sicher – das war die Devise der Sparer im vergangenen Jahr. So wurden beispielsweise von den niedrig verzinsten Sparguthaben erhebliche Beträge abgezogen. Dafür wurden verstärkt festverzinsliche Wertpapiere gekauft, die wesentlich höhere Erträge abwerfen. Bei den zinsgünstigen Termingeldern gab es einen riesigen Zugewinn. Kaum Veränderungen zeigten sich dagegen bei jenen Geldanlageformen, die der langfristigen Zukunftssicherung dienen – die also für materielle Sicherheit im Alter und für ein sorgenfreies Wohnen in den eigenen vier Wänden bestimmt sind. Für Versicherungen (vor allem Lebensversicherungen) wandten die Bundesbürger rund 50 Milliarden DM auf. Fast ebenso hoch, nämlich gut 45 Milliarden DM, waren die Mittel für den Erwerb von Wohnungseigentum durch Bausparen. Dazu zählen die Aufstockung von Bausparguthaben und die Tilgung von Bauspardarlehen. Globus

	Text 1	Text 2
Aktien		
festverzinsliche Wertpapiere		
Spareinlagen		
Versicherungen		
Wohnungseigentum		

28 Welche Vor- und Nachteile haben Geldanlagen
— in Aktien,
— in festverzinslichen Wertpapieren,
— in Versicherungen,
— auf Sparkonten?

29 1. Was für ein „Anlage-Typ" sind Sie? Wie würden Sie Ihr Geld anlegen?

2. Was halten Sie von der alten goldenen Anlegerregel, wonach man das Risiko dritteln sollte: Immobilien, Wertpapiere, Gold?

3. Wären Sie bereit, Ihr Geld bei dieser Bank anzulegen?
Warum (nicht)?

DER Ökobank KAPITAL-SPARBRIEF

Mit dem Kapital-Sparbrief bieten wir eine Geldanlage mit marktüblicher Verzinsung. Für alle, die auf Zinsen nicht verzichten und mit ihrem Geld das ökologische und gesellschaftliche Engagement der Ökobank unterstützen wollen.

Wer auf die volle Ausnutzung der Zinsmöglichkeiten angewiesen ist, war bisher gezwungen, auf andere Banken auszuweichen. Das muß jetzt nicht mehr sein.

Wir haben dafür den Ökobank Kapital-Sparbrief eingerichtet. Mit seinen Geldern finanziert die Ökobank ihre normalen, ungeförderten Kredite.

Sie müssen also nicht mehr fremdgehen mit Ihrem Geld. Sie müssen nicht mehr zulassen, daß mit Ihrem Geld etwas finanziert wird, das gegen Ihre Überzeugung steht.

DER Ökobank KAPITAL-SPARBRIEF
Sie müssen nicht mehr fremdgehen mit Ihrem Geld

---

4. Wodurch könnte sich die Ökobank von anderen Geschäftsbanken unterscheiden?

Die Verwendung des Komparativs

30

Bei den beiden vorangegangenen Aufgaben werden Sie des öfteren den Komparativ verwendet haben, dessen gängigste Struktur **A ist größer als B** ist.
Nachstehend werden drei weitere Verwendungen des Komparativs aufgezeigt.

1. immer (mehr)... / immer (weniger)...

   Beispiel: Computer werden immer billiger.

   Bilden Sie weitere Sätze.

   a) Sparbücher — attraktiv
   b) Leute — Kreditkarten
   c) Güter — exportieren
   d) Werbung — Geld ausgeben
   e) Umweltschutz — wichtig
   f) Messen und Ausstellungen — groß
   g) Tante-Emma-Läden — wenig
   h) Wohnungen in den neuen Bundesländern — teuer

2. je..., desto (um so)...

   Beispiele: **Je höher** die Zinsen sind, **desto (um so)** attraktiver wird das Sparen.
   Je mehr Kunden mit der Kreditkarte bezahlen, **desto (um so)** schneller arbeiten die Kassiererinnen an der Kasse.

   Bilden Sie weitere Sätze.

   a) Das Geld wird langfristig angelegt. — Die Zinsen sind hoch.
   b) Die Sicherheiten sind gut. — Man bekommt leicht einen Kredit.
   c) Die Verkaufsfläche ist groß. — Der Umsatz ist hoch.
   d) Eine Firma exportiert wenig. — Sie ist nicht vom Dollarkurs abhängig.
   e) Die Industrie investiert viel. — Viele Arbeitsplätze werden geschaffen.
   f) Das Angebot ist groß. — Die Ware ist billig.
   g) Die Unternehmer wollen rationalisieren. — Die Löhne und Gehälter sind hoch.
   h) Neue Industrien siedeln sich an. — Es gibt gute Absatzmöglichkeiten.

3. Absoluter Komparativ

   Beispiele: eine **größere** Summe (= die Summe ist nicht klein)
   eine **größere** Bank (= die Bank ist nicht klein)

   Ergänzen und antworten Sie bitte:

   Ist ein älteres Auto _____ als ein altes Auto?
   Ist eine kürzere Reise _____ als eine kurze Reise?
   Ist eine ältere Person _____ als eine alte Person?
   Ist ein größerer Auftrag _____ als ein großer Auftrag?

31

In diesem Rätsel sind – diagonal angeordnet und in allen Richtungen – 26 Wörter versteckt. Die Hälfte davon sind zusammengesetzte Wörter.

F

	1	2	3	4	5	6	7	8	9	10	11	12	13	14	15	16	17	18	19	20	21	
A			N								S	N		T								A
B					E						E	R	U							G		B
C						T					T		T	U		K		N				C
D					N			S		I		N	K	U			U	Z				D
E						E		O	O	E	T		E		N	L		R	A			E
F				I			K	K	S	G	G		D	D		E	H				V	F
G			T		N			N		A	A	E		I	L	S			E			G
H		K				V	I		L	S	N	L	N	Z	U	S	T	H	R			H
I	A		N			T	E	N	K	B	P	E	N	N	I	I	K	S	C			I
J		E		A	I		I	S	E	O	N	A	G	A	E	N	I	O		E		J
K	R		S	D	B	E		R	T	O	N	S	R	H	D	C	S	T	N	R	W	K
L		I	E	S	R		A		I	I	M	T	R	B	H	L	I	S	E	T		L
M		R	S	A	A	T		T	F	I	T	E	O	E	U	D	E	I	A			M
N	K		P	I	U	K	A	T	T		H	I	R	A	E	C	P	G		T		N
O		S		N	K	G	R	T	I	C		U	O	R	U	A	H			S	Z	O
P			G		I	O	E	A	I	D	N		K	N	P	S			P			P
Q				L	P	L		S	P	G	E	N		T			Z	A				Q
R			B	X					S	E	R	R		G		R	U					R
S		O	E						R		E	K			E			G				S
T									A		W				R		L					T
U								W									D					U
	1	2	3	4	5	6	7	8	9	10	11	12	13	14	15	16	17	18	19	20	21	

Beispiel: *Wechselkurs* — K 21 — A 11

32

1. Nehmen Sie zu den beiden folgenden Redensarten Stellung.

— Geld macht frei.
— Wer Geld hat, hat auch Sorgen.

2. Sammeln Sie weitere Redensarten/Sprüche zum Thema Geld, sowohl auf deutsch als auch in Ihrer Muttersprache.

1. **Bitte sehen Sie sich das Foto auf S. 136 an und lesen Sie den Text. Wie Sie sehen, handelt es sich um eine Anzeige der Dresdner Bank. Suchen Sie bitte eine passende Überschrift.**

2. Dieses oder ein ähnliches Bild werden auch Sie am 9. November 1989 bzw. unmittelbar danach in den Zeitungen und im Fernsehen gesehen haben.
   Beschreiben Sie bitte Ihre ersten Reaktionen darauf.

3. Der Text der Dresdner Bank hat einen optimistischen Tenor. Es ist vom bevorstehenden „Richtfest für das ‚europäische Haus'" die Rede.

   a) **Wie schätzen Sie die Folgen der Vereinigung der beiden deutschen Staaten mit Blick auf die *Situation in Deutschland* im ersten Jahrzehnt danach ein?**
   Welche Probleme stellen sich den Deutschen?

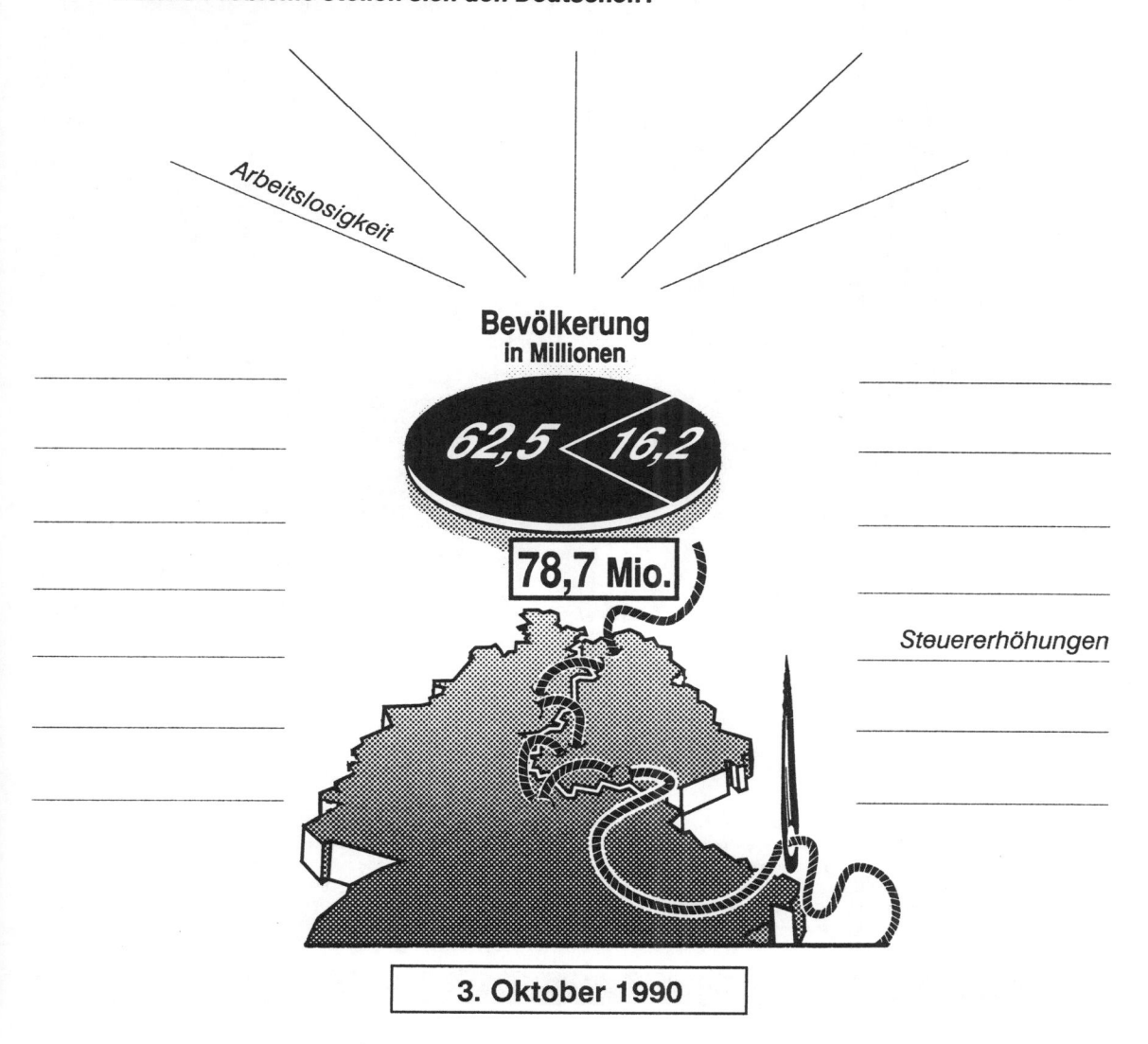

   Arbeitslosigkeit

   Bevölkerung in Millionen
   62,5 / 16,2
   78,7 Mio.

   Steuererhöhungen

   3. Oktober 1990

   b) **Wie wird sich Ihrer Meinung nach ein vereinigtes Deutschland *auf Europa* auswirken?**

   KAPITEL 4

Die Menschen in der DDR haben es allen bewiesen: Freiheitswille ist stärker als der härteste Beton.

Und sie haben uns gezeigt, welche Dynamik sich aus friedlichen Veränderungen entwickeln kann.

Wir meinen, daß sich hier auch Chancen bieten, über Europa weiter nachzudenken. Denn die Zeit ist reif:

Nur noch drei Jahre trennen uns von einem ganz neuen Europa. Auch das erschien lange als kaum möglich.

Heute wissen wir: Das Richtfest für das „europäische Haus" steht unmittelbar bevor.

Alles dies verlangt nicht nur die modernsten und bewährtesten Mittel des Marktes und der Finanzierung. Es verlangt auch ein neues Nachdenken über die Aufgaben.

Und über die Wege, sie zu lösen. Friedlich, gemeinsam, mit ganzer Kraft.

Hier sehen wir unsere Verantwortung. Kein einzelner Staat, keine private Wirtschaft schafft das allein. Wir alle brauchen deshalb ganz Europa für den Neuanfang.

Dresdner Bank

4. Das folgende Schaubild markiert die wichtigsten Stationen der deutsch-deutschen Geschichte bis zur Vereinigung.
Informieren Sie sich bitte über die einzelnen Wegmarken und erläutern Sie sie mündlich und/oder schriftlich.

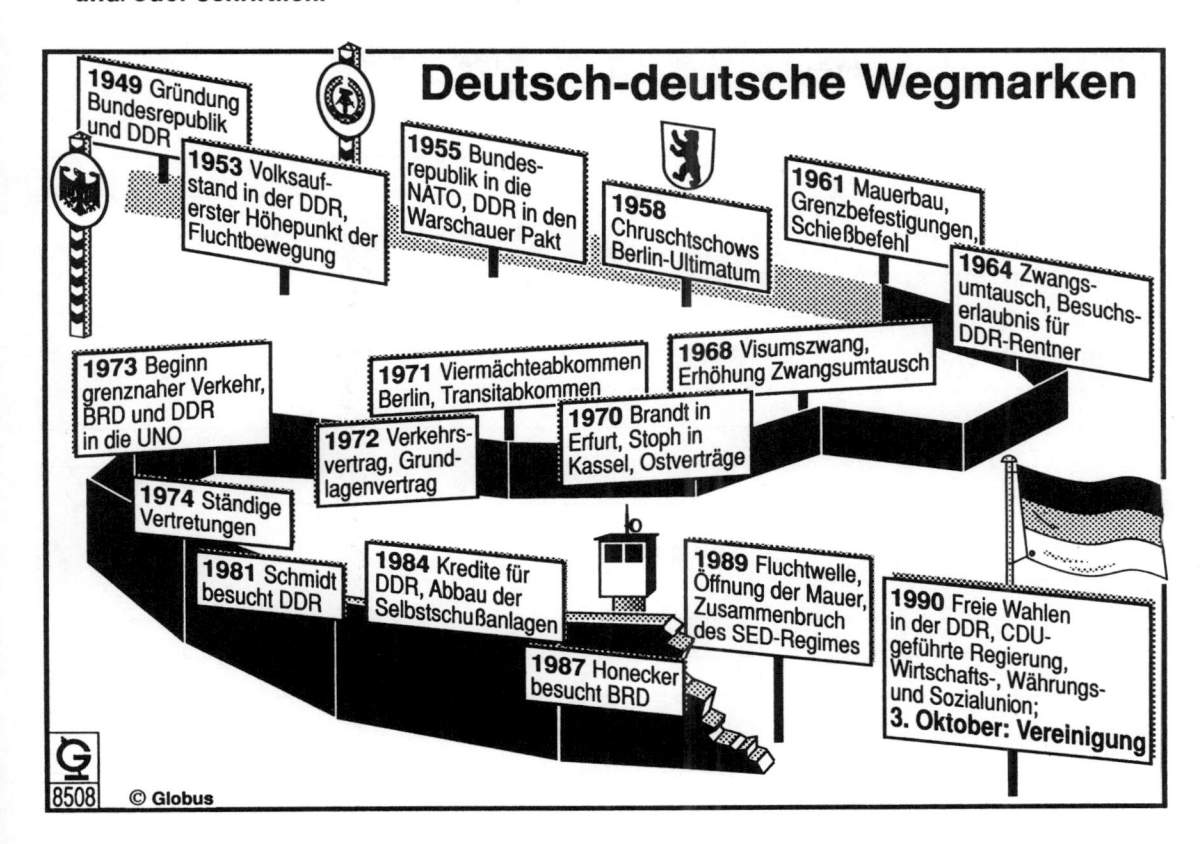

Deutsch-deutsche Wegmarken

- **1949** Gründung Bundesrepublik und DDR
- **1953** Volksaufstand in der DDR, erster Höhepunkt der Fluchtbewegung
- **1955** Bundesrepublik in die NATO, DDR in den Warschauer Pakt
- **1958** Chruschtschows Berlin-Ultimatum
- **1961** Mauerbau, Grenzbefestigungen, Schießbefehl
- **1964** Zwangsumtausch, Besuchserlaubnis für DDR-Rentner
- **1968** Visumszwang, Erhöhung Zwangsumtausch
- **1970** Brandt in Erfurt, Stoph in Kassel, Ostverträge
- **1971** Viermächteabkommen Berlin, Transitabkommen
- **1972** Verkehrsvertrag, Grundlagenvertrag
- **1973** Beginn grenznaher Verkehr, BRD und DDR in die UNO
- **1974** Ständige Vertretungen
- **1981** Schmidt besucht DDR
- **1984** Kredite für DDR, Abbau der Selbstschußanlagen
- **1987** Honecker besucht BRD
- **1989** Fluchtwelle, Öffnung der Mauer, Zusammenbruch des SED-Regimes
- **1990** Freie Wahlen in der DDR, CDU-geführte Regierung, Wirtschafts-, Währungs- und Sozialunion; **3. Oktober: Vereinigung**

© Globus

5. Bitte interpretieren Sie die nachstehende Karikatur.

„Zugegeben, Bruder, so komfortabel wie in deinem Wagen saß ich in meinem Trabbi nicht – aber ich saß am Steuer!"

34 Notieren Sie bitte in den folgenden Rubriken Wörter bzw. Ausdrücke aus dem gesamten Kapitel 4. Vergessen Sie bei den Substantiven die Artikel und Pluralformen nicht. Kennzeichnen Sie die unregelmäßigen Verben mit einem * und die trennbaren Verben mit einem |.

Substantive:

Wichtige Adjektive in Verbindung mit Substantiven:

Ausdrücke:

Verben:

Verben:

Kapitel 5

Post, Telekommunikation

Dienstleistungen der Bundespost	1, 7, 8, 24
Nominalkomposita	2
Neuordnung der Bundespost	3–6, 9
Telekommunikation und Binnenmarkt	10
Telefax und Telebrief	11, 12
Suffixe zum Ausdruck von *ohne ...* bzw. *arm an ...*	13
Information aus der „Steckdose"	14, 24, 25
Telefon(ieren)	15–23
ISDN	25
Adjektive und Partizipien	26
Btx	27
ermöglichen, erlauben	28
Kreuzworträtsel: Fachvokabular	29
Wichtige Lexik	30

1 Hier sind einige Dienstleistungen der Post bildlich dargestellt.
Lesen Sie den nachstehenden Text und kreuzen Sie bitte diejenigen Dienstleistungen an, die *nicht* bildlich dargestellt sind.

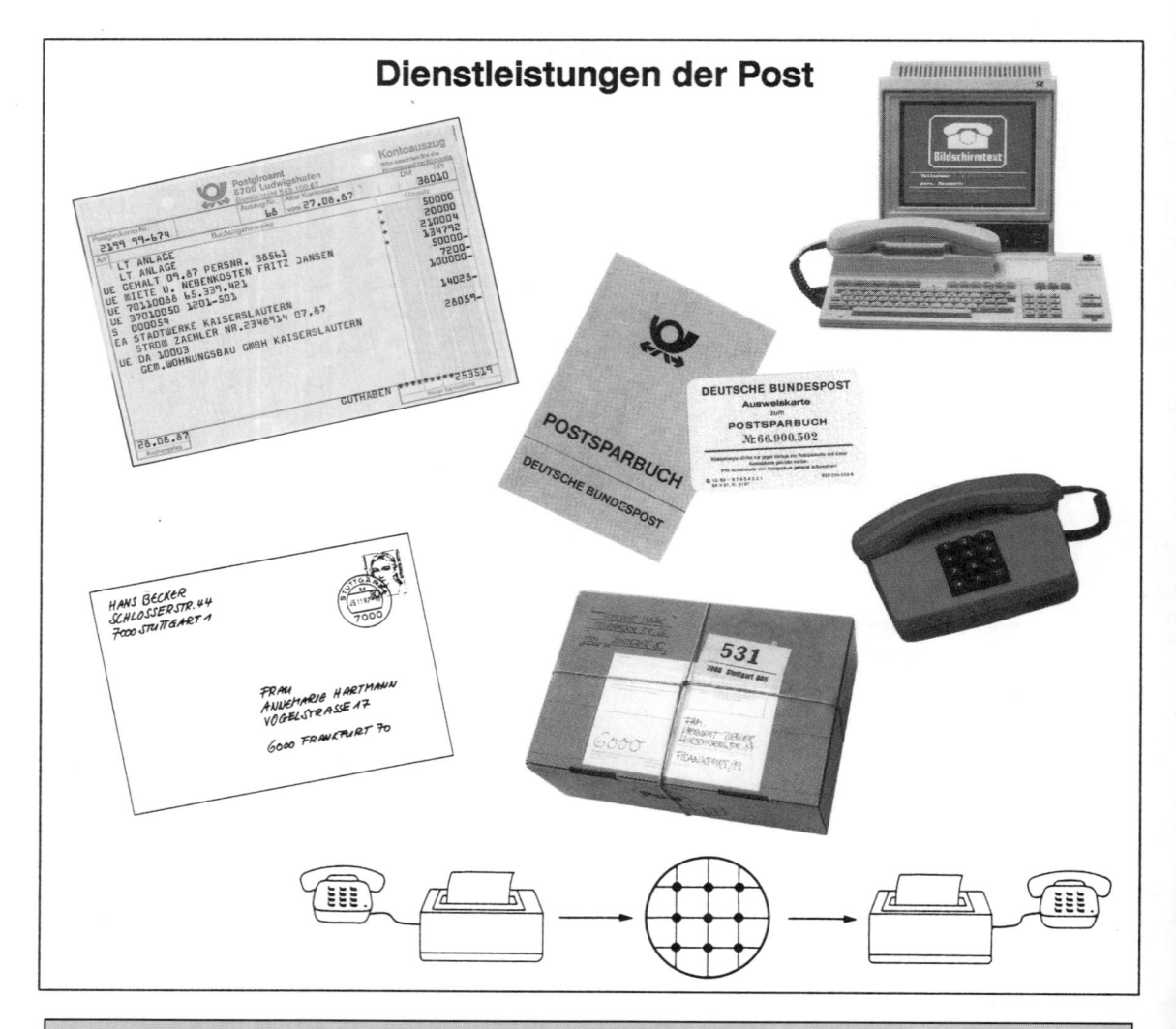

Dienstleistungen der Post

Nachrichten übermitteln
- ☐ **Briefsendungen**
- ☐ **Telegramme**
- ☐ **Telefongespräche**
- ☐ **Fernschreiben** (Telex)
- ☐ **Fernkopien** sind die über Fernmeldenetze der Post übermittelten Texte und Zeichnungen. Dieser Dienst heißt Telefax.
- ☐ **Teletex** („elektronische Briefe") sind gespeicherte Schreibmaschinentexte, die vom Absender zum Empfänger über das Fernmeldenetz übermittelt werden. Die Übermittlung einer Seite dauert nur Sekunden.
- ☐ **Bildschirmtext** (Btx) ermöglicht es, Informationen über das Telefonnetz auf den Bildschirm zu übertragen, wobei der Btx-Teilnehmer Informationen sowohl abrufen als auch absenden kann.

Geldbeträge übermitteln
- ☐ **Postanweisungen** sind Aufträge an die Post, eingezahlte Beträge den Empfängern bar auszuzahlen.
- ☐ **Zahlscheine** sind Aufträge an die Post, eingezahlte Beträge dem Postgirokonto oder Bankkonto des Empfängers gutzuschreiben.
- ☐ **Postgirokonten** dienen den Kunden zum Überweisen, Einzahlen und Auszahlen von Geldbeträgen.

Sparkonten führen
- ☐ **Postsparbücher** ermöglichen es, Geld bei der Post zinsbringend zu sparen und bei Reisen im In- und Ausland Geld abzuheben.

Pakete befördern (Pakete bis 20 kg und Päckchen bis 2 kg)

Zeitungen befördern

Fernmeldewege vermieten
Neben den Fernmeldeeinrichtungen für alle stellt die Post Übertragungseinrichtungen für besondere Zwecke bereit, z. B. für Radio- und Fernsehsendungen, für Verbindungen zwischen Computern, für Polizei oder Feuerwehr.

Unsere Post

Schreib mal wieder!

Werbespruch der Deutschen Bundespost

Nominalkomposita (vgl. Aufg. 4 und 28, Kap. 1, Aufg. 21, Kap. 2, und Aufg. 2, Kap. 4)   2

Nominalkomposita (z. B. **Dienstleistung**) setzen sich aus einem Bestimmungswort (**Dienst**-) und einem Grundwort (-**leistung**) zusammen. Das Grundwort wird durch das Bestimmungswort in seiner Bedeutung näher bestimmt und eingeengt.
Kennt man die Bedeutung eines Kompositums nicht, so ist es zweckmäßig, das Wort in seine einzelnen Bestandteile zu zerlegen. Diese Bestandteile werden Sie im allgemeinen in Ihren Wörterbüchern finden, während die Komposita – wegen ihrer unendlich großen Zahl – oft nicht verzeichnet sind.

Die wichtigsten Grundtypen bei den Nominalkomposita sind:

1. Substantiv + Substantiv = Kompositum
   der Dienst + **die** Leistung = **die** Dienstleistung

2. Adjektiv + Substantiv = Kompositum
   neu + **die** Gestaltung = **die** Neugestaltung

3. Verb + Substantiv = Kompositum
   zahlen + **die** Karte = **die** Zahlkarte

4. Präposition + Substantiv = Kompositum
   mit + **der** Bewerber = **der** Mitbewerber

KAPITEL 5

1. **Zerlegen Sie die folgenden Komposita bitte in ihre Hauptkomponenten (|), geben Sie ihnen den richtigen Artikel und ordnen Sie sie den oben aufgeführten Kategorien zu. Übersetzen Sie sie dann in Ihre Muttersprache.**

Artikel	Kompositum	Kategorie	Entsprechung in der Muttersprache
der	Post|bote	*1*	
_____	Telefonhörer	—	
_____	Sendegerät	—	
_____	Postmonopol	—	
_____	Briefsendung	—	
_____	Telefonbuch	—	
_____	Gegenleistung	—	
_____	Paketkarte	—	
_____	Ferngespräch	—	
_____	Telefonleitung	—	
_____	Eilsendung	—	
_____	Briefkasten	—	
_____	Fernschreiben	—	
_____	Nebenanschluß	—	
_____	Briefmarke	—	
_____	Drucksache	—	

Häufig kommen im Deutschen auch Komposita vor, die drei oder mehr verschiedene oder gleiche Komponenten kombinieren.

Beispiel:
Adjektiv	+	Verb	+	Substantiv	=	Kompositum
fern	+	melden	+	**der** Zweig	=	**der** Fernmeldezweig

2. **Geben Sie bei den folgenden Komposita den richtigen Artikel und die einzelnen Komponenten (|) an.**

der	Fern|melde|zweig	_____	Postzeitungsdienst
_____	Postsparkassendienst	_____	Fernmeldenetz
_____	Postleitzahl	_____	Firmenrufnummer
_____	Bildschirmtext	_____	Postsparbuch
_____	Fernkopiergerät	_____	Postbankbereich
_____	Kundendienstberater	_____	Großkundenservice

Lesen Sie bitte den folgenden Text und fassen Sie kurz in Ihrer Muttersprache zusammen, worin die wesentliche Erneuerung der Bundespost besteht.

Die Neuordnung der Bundespost

Seit Mitte 1990 ist in Teilbereichen der Deutschen Bundespost Wettbewerb zwischen Post und privaten Anbietern möglich. Diese Reform wurde mit dem Ziel begründet, die Konkurrenzfähigkeit der Post in Europa zu verbessern.

Am 1.7.1989 wurde die Bundespost, die mit 550 000 Beschäftigten das größte Unternehmen Deutschlands ist, in drei selbständige Teilunternehmen gegliedert: In den *Postdienst* (Briefe und Pakete), die *Postbank* und die *Telekom* (Telefon- und Fernmeldebereich). Die Unternehmen blieben unter staatlicher Verwaltung. An die Stelle des bisherigen Postministeriums trat ein Bundesministerium für Post und Telekommunikation, das die betrieblichen Aufgaben (z.B. Angebot der verschiedenen Dienste) an die drei Postunternehmen abgibt. Das Ministerium übt die Rechtsaufsicht aus und nimmt politische Aufgaben wahr.

Das Monopol der Bundespost für Briefverkehr, Fernmeldenetz und Telefondienst bleibt unbefristet bestehen. Alle neuen Dienste der Telekommunikation und der Verkauf der von den Fernmeldeteilnehmern benutzten Endgeräte wurden ab 1.7.1990 für private Anbieter freigegeben (Privatisierung).

Durch die unterschiedlichen Einnahmen der Postdienste ist ein Finanzausgleich zwischen den drei Postunternehmen notwendig. Der Fernmeldezweig wird weiterhin die Defizite der Brief- und Paketpost ausgleichen.

Aktuell

Hier sind die Tätigkeitsbereiche der Bundespost schematisch dargestellt.
Schreiben Sie bitte die folgenden Begriffe jeweils in das passende Kästchen. Die Reihenfolge der untersten Ebene hat dabei keine Bedeutung.

[F]

Briefe und Postkarten   Pakete
Postbank ✓   Päckchen
Deutsche Bundespost   Telekom
Postdienst   Zeitungen und Zeitschriften

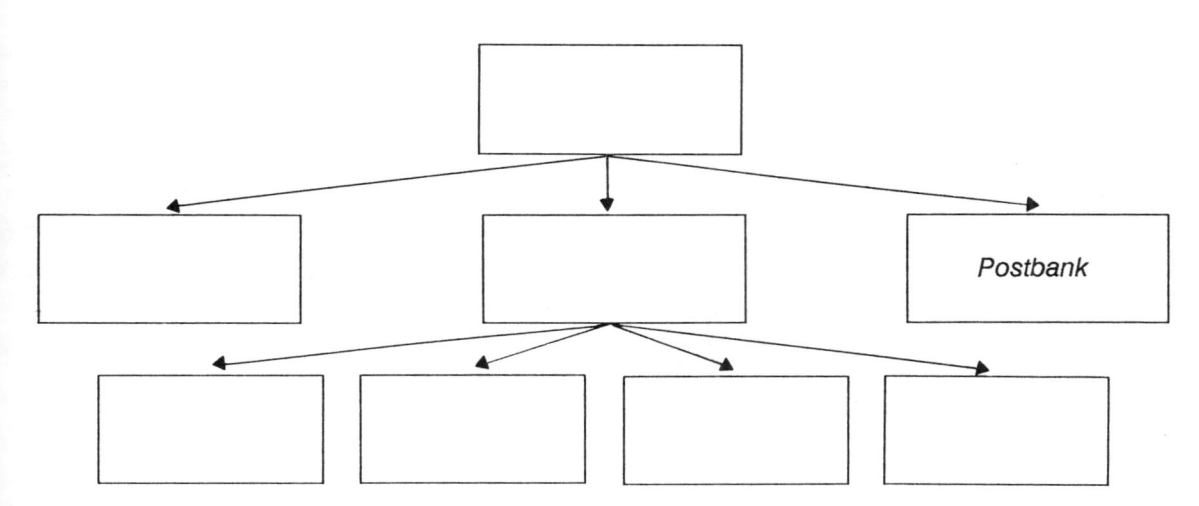

KAPITEL 5   143

5 Der folgende Text steht in engem Zusammenhang mit dem Artikel „Die Neuordnung der Bundespost" (Aufg. 3).

Bitte lesen Sie den Text.
Um welchen Teilbereich der Bundespost handelt es sich?
Welche zusätzlichen Informationen erhalten Sie über diesen Teilbereich?

Am Anschluß endet die Macht der Post

Jede Benutzung der „Nabelschnur zur Außenwelt" läßt bei der Deutschen Bundespost die Kasse klingeln. Daran wird sich auch in Zukunft nichts ändern. Aber am Anschluß endet neuerdings die Macht der Post. Das Postmonopol reicht nur noch bis dahin, wo das Kabel aus der Wand kommt, die Steckdose eingeschlossen. Letztere ist der Dreh- und Angelpunkt
5 der neuen Freiheit. Sie muß von der Post genehmigt sein. Und nur wer diese genehmigte Steckdose hat, kann einfach ein Gerät kaufen, mitnehmen, anschließen und benutzen.
Der ehemalige Monopolist akzeptiert seine ungewohnte Rolle als freier Unternehmer. Und der neue Konkurrenzdruck hat viele Vorteile für den Verbraucher. Er macht es z.B. möglich, daß die (Ent-)Störungsstelle rasch einen Techniker schickt, der einen Fehler ebenso schnell
10 wie freundlich behebt.

---

6 1. Wie interpretieren Sie die folgende Karikatur?

2. Lesen Sie den nachfolgenden Text und machen Sie sich Notizen. Welche Informationen erhalten Sie über welche Bereiche? Gibt es jeweils eine positive oder eine negative Entwicklung?

Beispiel:

Postdienst	verglichen mit Fernmeldedienst an Umsatz verloren	Entwicklung: negativ

Die Entwicklung der einzelnen Dienstleistungsbereiche der Deutschen Bundespost

Am Umsatz gemessen, verlor der Postdienst gegenüber dem Fernmeldedienst in den letzten drei Jahrzehnten ständig an Boden. Doch wäre es falsch, daraus auf die abnehmende Bedeutung dieses Dienstzweiges zu schließen. Tatsächlich stieg z. B. die Zahl der beförderten Briefsendungen in diesem Zeitraum um mehr als die Hälfte, und auch der Postzeitungsdienst stieß auf eine wachsende Nachfrage. Einbußen gab es allerdings im Paketverkehr, den die Post im Wettbewerb mit privaten Unternehmen abwickelt, und im Gelddienst (Postanweisungen), dessen Leistungen zunehmend durch den bargeldlosen Zahlungsverkehr ersetzt werden. Das Plus im Postsparkassendienst wurde inzwischen durch Defizite in anderen Postbankbereichen aufgezehrt. Eigentlicher Wachstumsträger bleibt aber der Fernmeldedienst, auf den inzwischen mehr als zwei Drittel der Umsatzerlöse der Deutschen Bundespost entfallen.

Leistungen der Deutschen Bundespost,
Zahlenbilder 831521, Erich Schmidt Verlag

3. Um eine Entwicklung in ihrer Tendenz auszudrücken, benutzt man häufig das Partizip I der folgenden Verben:

ab|nehmen*   zu|nehmen*
sinken*   wachsen*
nach|lassen*   steigen*
fallen*

Beispiel: Bis zum Jahr 2000 rechnet man in Ostdeutschland mit einer **wachsenden** Nachfrage nach Telefonanschlüssen.

Bilden Sie bitte zwei Beispiele für jedes Verb.

7 Setzen Sie bitte die Wörter aus dem Schüttelkasten, die alle in der Grundform angegeben sind, in den Text ein.

F

1. _____ 2. _____ 3. _holt_____
4. _____ 5. _____ 6. _____
7. _ab_____ 8. _____ 9. _____
10. _____ 11. _____ 12. _____
13. _____ 14. _____ 15. _____
16. _____ 17. _____ 18. _____
19. _____ 20. _____ 21. _____
22. _____

„Täglich holen wir jetzt Ihre Pakete ab", sagte der Kundenberater der Post

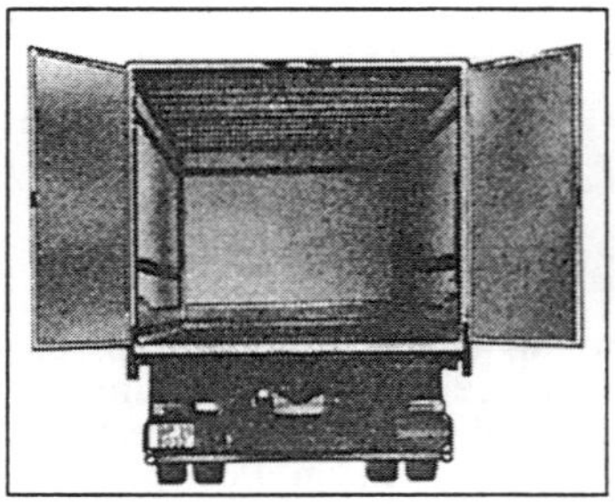

Mo 15⁰⁰   Di 15⁰⁰   Mi 15⁰⁰

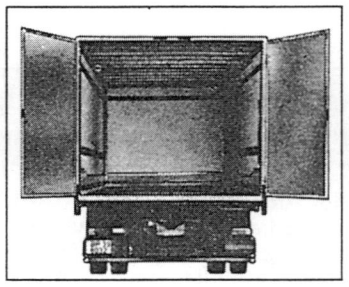

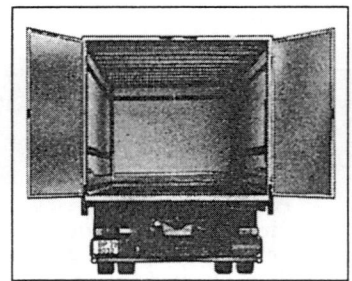

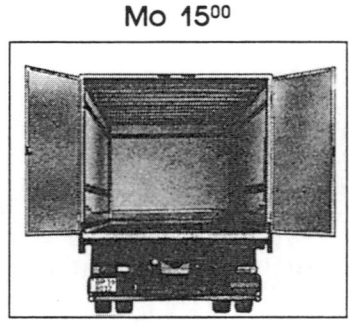

Do 15⁰⁰   Fr 15⁰⁰   Sa 10³⁰

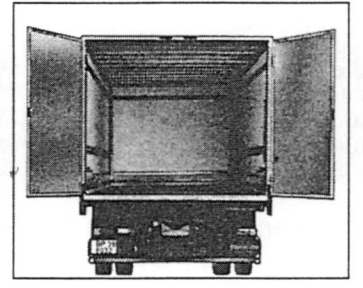

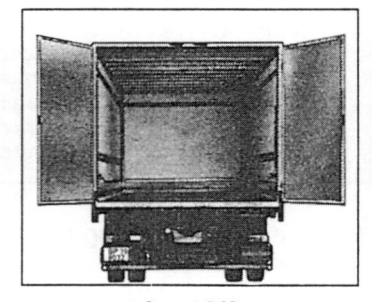

Mit der **(1)** bekommen Sie Ihre Versandprobleme besser in den Griff. Im Rahmen einer individuellen **(2)** **(3)** die **(4)** Ihre **(5)** **(6)** bei Ihnen **(7)**. Sogar zu einer festgelegten **(8)**. Und darauf können Sie sich verlassen. Denn die **(9)** ist **(10)** außer **(11)** für Sie im Einsatz. Sie **(12)**

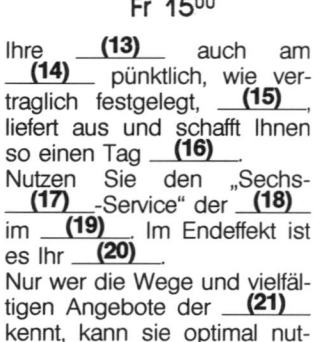

Ihre **(13)** auch am **(14)** pünktlich, wie vertraglich festgelegt, **(15)**, liefert aus und schafft Ihnen so einen Tag **(16)**. Nutzen Sie den „Sechs-**(17)**-Service" der **(18)** im **(19)**. Im Endeffekt ist es Ihr **(20)**.

Nur wer die Wege und vielfältigen Angebote der **(21)** kennt, kann sie optimal nut-

zen. Mehr sagt Ihnen unser **(22)**, wenn Sie uns den Beratungs-Coupon zusenden.

Das Postpaket Schnell und sicher

Post

Ihr Dozent zeigt Ihnen anschließend den Originaltext.

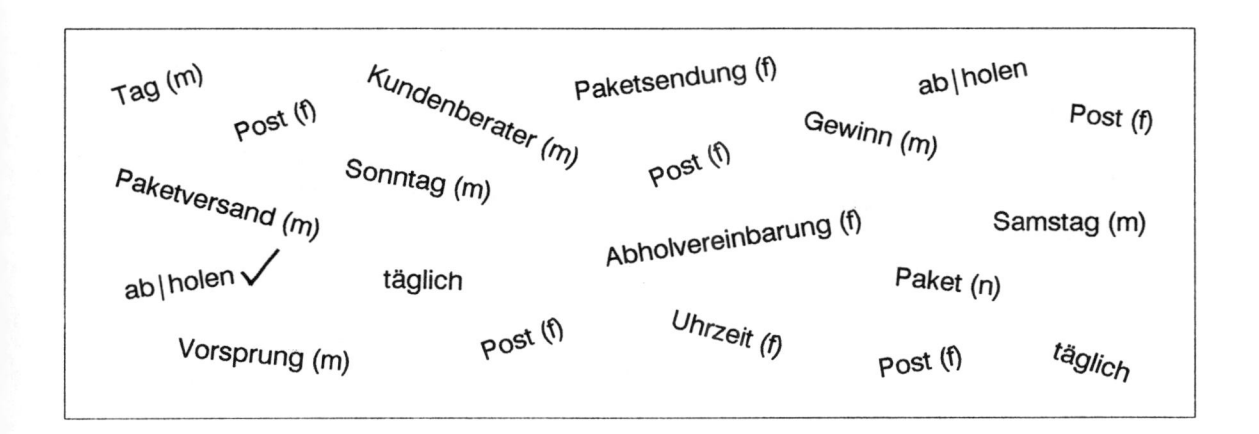

Tag (m) Post (f) Kundenberater (m) Paketsendung (f) ab|holen Post (f)
Paketversand (m) Sonntag (m) Post (f) Gewinn (m)
Abholvereinbarung (f) Samstag (m)
ab|holen ✓ täglich Paket (n)
Vorsprung (m) Post (f) Uhrzeit (f) Post (f) täglich

1. Sie sehen hier den ersten Teil einer Anzeige der Postbank.
Lesen Sie die Überschrift und versuchen Sie, das Bilderrätsel zu lösen. Sie können selbst überprüfen, ob Sie richtig geraten haben, indem Sie anschließend den nachstehenden zweiten Teil der Anzeige aufmerksam lesen.

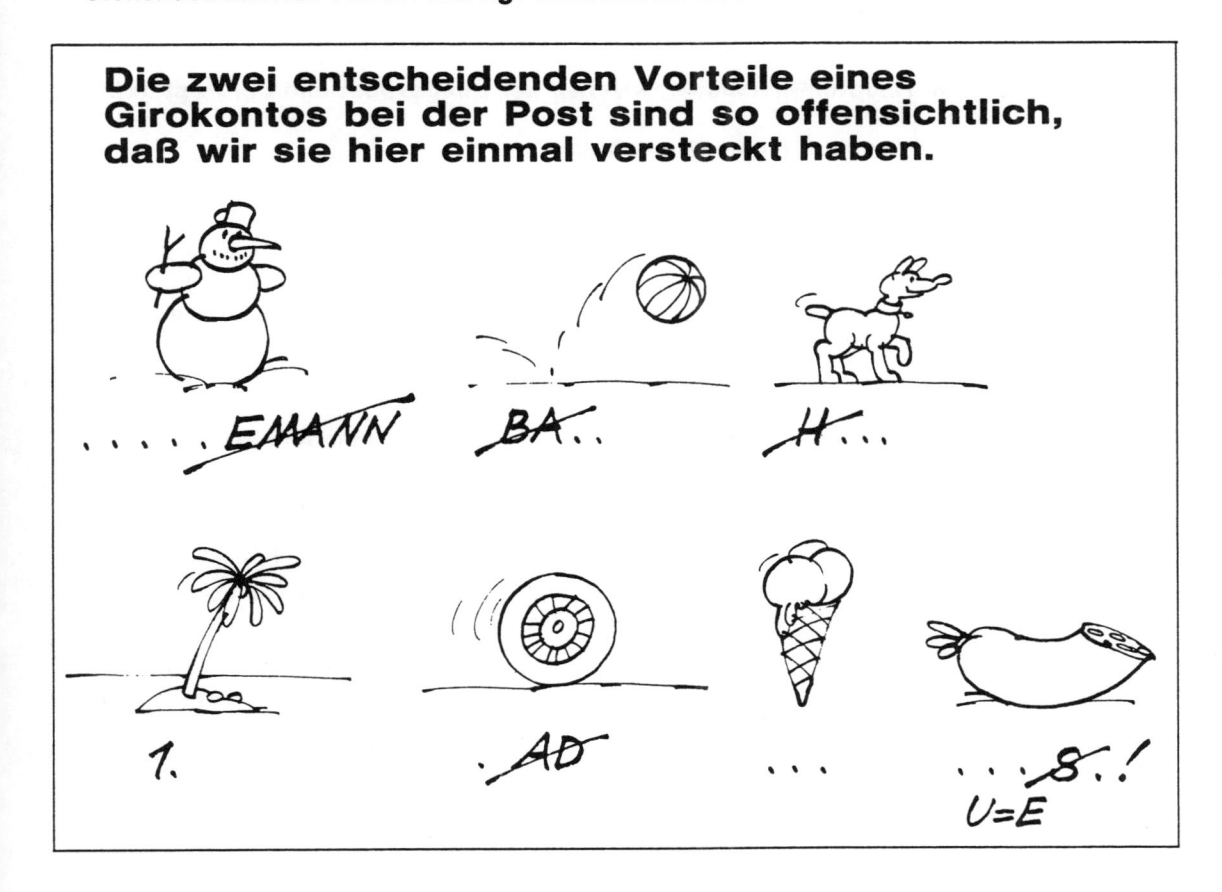

8

Die zwei entscheidenden Vorteile eines Girokontos bei der Post sind so offensichtlich, daß wir sie hier einmal versteckt haben.

.....EMANN   BA...   H...

1.   .AD   ...   ...S..!
                          U=E

KAPITEL 5

Was macht **ein Girokonto bei der Post** so besonders effektiv und wirtschaftlich? Des Rätsels Lösung: schneller Geldtransfer und niedrige Gebühren.

Mit PostGiro sind Sie sozusagen auf der **Schnellstraße des Geldverkehrs**. Überweisungen von Postgirokonto zu Postgirokonto dauern nur ein bis zwei Tage.

PostGiro ist auch **sehr preisgünstig**. Vergleichen Sie einmal. Sie werden überrascht sein, wie günstig. Berücksichtigen Sie dabei, daß z.B. das Einrichten, Ändern und Löschen von Daueraufträgen keinen Pfennig extra kostet.

Darüber hinaus ist PostGiro **ganz besonders bequem**. Ihre Aufträge stecken Sie einfach in den gelben Postgirobriefumschlag und werfen ihn in den nächsten Briefkasten. Und wenn sich etwas auf Ihrem Konto bewegt hat, erhalten Sie prompt einen **tagesaktuellen Kontoauszug ins Haus** geschickt.

„Schnell und preiswert" heißt also des Rätsels Lösung. Und Sie sollten jetzt nicht mehr lange darüber nachdenken, wem Sie Ihren Geldverkehr anvertrauen. Ihr nächstes Postamt oder Ihre Poststelle hilft Ihnen gern, **ein Postgirokonto einzurichten**.

PostGiro.
Noch bequemer und aktueller mit Btx.
Informationen dazu über ★ 20000 #.

2. Notieren Sie in Stichpunkten, mit welchen Vorteilen die Postbank in der vorstehenden Anzeige für ihre Girokonten wirbt.

9 Worin sehen Sie die Hauptunterschiede zwischen der Bundespost und der Post in Ihrem Land?
Was halten Sie von Privatisierung im Bereich der Post?

10 1. Lesen Sie bitte die Überschrift und den Vorspann. Bringen Sie dann die Textabschnitte A–F in die richtige Reihenfolge.

2. Unterstreichen Sie die Wörter, die Ihnen bei der Zuordnung geholfen haben.

3. Schreiben Sie eine Zusammenfassung des Textes, deren Länge möglichst genau einem Drittel der Vorlage (415 Wörter) entspricht.

Der Binnenmarkt lockt die ausländische Konkurrenz
Liberalisierung und Standardisierung machen den Einstieg in die Telekommunikation erst attraktiv

Für die japanische Industrie (aber genauso auch für Unternehmen aus den USA und anderen Teilen der Welt) hat der EG-Binnenmarkt ohne Grenzen zwei Gesichter: zum einen zeigt er sich als bedrohliche „Festung Europa", die der Konkurrenz aus Übersee den Zutritt erschwert, zum anderen erscheint er als verlockendes neues Absatzgebiet. Was der europäischen Wirtschaft zum Vorteil gereicht, die Schaffung eines riesigen Marktes mit gemeinsamen Spielregeln, zieht auch in verstärktem Maße Wettbewerber von außen an. In vielen Fällen macht erst die Liberalisierung und Vereinheitlichung, wie sich an Beispielen im Bereich der Telekommunikation zeigt, die Expansion in Europa interessant.

F Darunter befanden sich auch etliche der sogenannten „Baby Bells", d.h. Nachfolgegesellschaften des amerikanischen Bell-Konzerns, dessen Fernmelde-Monopol vor längerer Zeit bereits zerschlagen wurde. Diese – nach hiesigen Maßstäben – „Riesenbabys", deren Umsätze in die Milliarden gehen, sind seit einiger Zeit dabei, international aktiv zu werden und den Schritt über den Atlantik zu wagen.

C
☐ dem gemeinsamen Binnenmarkt (der größere Stückzahlen verheißt und eventuell auch eine eigene Produktion trägt);
☐ der technischen Standardisierung (die den Absatz gleicher Produkte in mehreren Ländern erlaubt);
☐ der einheitlichen EG-Zulassung (die eine einfachere, schnellere und billigere Markteinführung möglich macht);
☐ den offenen Post-Ausschreibungen (die bisher verschlossene Märkte erreichbar machen); sowie
☐ der Einführung neuer Technologien (die einen hohen Zuwachs versprechen und bei denen auch die Karten der Wettbewerber neu gemischt werden).

B Eine der Konsequenzen dieser Entwicklung ist das zunehmende Interesse ausländischer Unternehmen an den jeweiligen nationalen Märkten. Dies gilt sowohl für europäische Firmen wie auch für Gesellschaften aus Übersee. Besonders deutlich wurde dies bei der Ausschreibung für das zweite digitale Mobilfunknetz der Bundesrepublik, an dem sich in mehreren Konsortien eine Vielzahl ausländischer Unternehmen beteiligten.

E Daß der europäische Telekommunikationsmarkt ausländische Unternehmen nun besonders anzieht, ist dem Zusammenwirken mehrerer Faktoren zu verdanken, die abschließend im Überblick aufgeführt werden sollen:

D Inzwischen haben viele EG-Länder durch Aufhebung oder Einschränkung des Postmonopols, Privatisierung, Einführung offener internationaler Ausschreibungen usw. eine Deregulierung des Fernmeldemarktes eingeleitet. Sie wurde und wird durch die Integration der EG angetrieben oder fällt zumindest damit zusammen.

A Nachvollziehen läßt sich die Expansion in Europa auch am schrittweisen Vorgehen der japanischen NEC Corporation in Tokio, des weltweit fünftgrößten Telekommunikations-Konzerns. Der Grundstein für das deutsche und europäische Telekommunikations-Geschäft wurde vor einigen Jahren mit dem Vertrieb von Fernkopierern gelegt. Hier existierten für die japanische Industrie günstige Einstiegsmöglichkeiten, da Europa bei diesen Geräten anfangs quasi völlig auf fernöstliche Lieferanten angewiesen war. Dann folgten Funkrufempfänger und – in beschränktem Maße – Telefone.

Süddeutsche Zeitung

11 1. Lesen Sie den Text bitte still für sich und klären Sie in der Gruppe unbekanntes Vokabular.
Überlegen Sie sich, wie man dieses „Gedicht" am wirkungsvollsten vortragen könnte – resigniert, wütend, „cool", sachlich, bittend, fordernd, sarkastisch ...?

2. Lesen Sie den Text dann laut vor.

Baby, fax es rein!

Ich bin immer für dich da, hab ich mal gesagt
Ruf mich an, von mir aus nachts um vier
Eine Zeitlang hab ich sogar meinen Wecker gestellt
Aber nie was gehört von dir.

5   Mein Anrufbeantworter gab keinen Piep von sich
Und mein Briefkasten blieb so was von tot
Da klebten nicht mal Hafties an der Wohnungstür
Nichts erlöste mich aus meiner Not.

Ich will nicht länger, daß du meine Sehnsucht stillst
10 *Seit ein paar Tagen bin ich lieber allein*
Wenn du mir noch irgend etwas sagen willst:
Fax es rein! Fax es rein!

Du hast immer gewollt, daß ich selbständig werde
Und jetzt will ich's wirklich bleiben
15 Mein Fax rollt mir nun meinen Pizzateig
Und toastet die Weißbrotscheiben.

Es kopiert mir dazu die besten Rezepte
Mein System ist wirklich ausgeklügelt
Es ist mein Faxgerät, das mich per Fernbrief weckt
20 Und mir meine Hemden bügelt.

Ich will nicht länger, daß du meine Sehnsucht stillst
Seit ein paar Tagen bin ich lieber allein
Wenn du mir noch irgend etwas sagen willst:
Fax es rein! Fax es rein!

25 Für den Fall, daß du dir's noch mal überlegen willst
Bemüh dich nicht, laß es sein
Schreib keinen Abschiedsbrief, falls du dich selber killst
Sondern fax ihn einfach rein.

Thomas C. Breuer

3. Schreiben Sie alle umgangssprachlichen Wendungen heraus – was bedeuten sie? Wie würden sie das in Ihrer Muttersprache ausdrücken?
Suchen Sie bitte standardsprachliche Entsprechungen.

1. Lesen Sie bitte den folgenden Text und versuchen Sie herauszufinden, an wen sich diese Anzeige der Telekom wendet. Markieren Sie beim Lesen diejenigen Textstellen, an denen Sie die Zielgruppe erkennen können.

Wie kommt ein Dokument im Nu von der Elbe an die Ruhr?

Sie können minutenschnell korrespondieren. Schwarz auf weiß – per Fernkopierer und Telefon. Für die Verbindung zahlen Sie nicht mehr als die normalen Telefongebühren. Der Telefaxdienst macht's möglich. Ob Sie Korrekturen, Handnotizen, Zeichnungen, Diagramme, Tabellen, Geschäftsbriefe oder andere Vorlagen (Originale bis zum Format A 4) auf Reisen schicken, Ihr Partner bekommt alles schwarz auf weiß, minutenschnell. Und das, soweit das Telefon reicht. Denn Fernkopierer werden einfach zusätzlich zum Telefon an das Telefonnetz angeschlossen. Besondere Leitungen sind nicht nötig. Alle Fernkopierer im Telefaxdienst arbeiten reibungslos zusammen. Ihre Telefax-Partner und deren Rufnummern finden Sie im amtlichen Telefaxverzeichnis der Deutschen Bundespost – gegebenenfalls hilft Ihnen auch die Telefonauskunft weiter.

Die Geräte zum Telefaxdienst.

Die Geräte können Sie natürlich bei der Post mieten. Oder privat beschaffen. Dabei können Sie zwischen manuellen und automatischen Fernkopierern wählen – je nach Ihrem Kommunikationsvolumen. Mit den automatischen Geräten können Sie auch ohne Bedienungskraft Sendungen empfangen und mehrere Vorlagen – einmal eingelegt – automatisch senden.

Telebrief – die Ergänzung.

Im Telefaxdienst können Sie zunehmend mehr Teilnehmer problemlos anwählen. Und selbst wenn Ihr Geschäftspartner noch nicht mit einem Fernkopierer arbeitet, können Sie den Kommunikationskreis schließen: Als Telefaxteilnehmer wählen Sie eins der 700 Postämter an, die mit Fernkopierern ausgestattet sind. Von dort wird Ihre Telefaxnachricht als „Telebrief" auf Wunsch per Eilboten dem Empfänger zugestellt.

Möchten Sie Ihre Korrespondenz wirtschaftlicher gestalten? Rufen Sie doch einfach die Technische Vertriebsberatung bei Ihrem Fernmeldeamt an. Die Rufnummer steht im Telefonbuch unter Post.

2. **Beantworten Sie die folgenden Fragen:**

Wie funktioniert der Telefaxdienst?

_____
_____
_____

Was ist ein Telebrief?

_____
_____
_____
_____

13 Konstruktionen mit **ohne** ... bzw. **arm an** ... lassen sich im Deutschen durch Adjektive ausdrücken, die mit dem entsprechenden Substantiv und den Nachsilben **-los**, **-frei** oder **-arm** gebildet werden.

1. **Schreiben Sie bitte die Entsprechungen in Ihrer Muttersprache neben die folgenden Adjektive. Arbeiten Sie evtl. mit dem Wörterbuch.**

-los
ausnahmslos _____ mittellos _____
aussichtslos _____ mühelos _____
bargeldlos _____ problemlos _____
bedenkenlos _____ reibungslos _____
bedeutungslos _____ rücksichtslos _____
ergebnislos _____ sinnlos _____
erwerbslos _____ tadellos _____
fristlos _____ verantwortungslos _____
grundlos _____ wirkungslos _____
kostenlos _____ zinslos _____

-frei
alkoholfrei _____ nikotinfrei _____
atomwaffenfrei _____ rostfrei _____
bleifrei _____ steuerfrei _____
chlorfrei _____ störungsfrei _____
einwandfrei _____ zollfrei _____
frachtgebührenfrei _____ zuschlagfrei _____

-arm
bevölkerungsarm _____ schadstoffarm _____
fettarm _____ verkehrsarm _____
kalorienarm _____ vitaminarm _____
rohstoffarm _____ waldarm _____
sauerstoffarm _____ wasserarm _____

2. **Ordnen Sie jedem Substantiv (S. 153) ein Adjektiv aus dem Schüttelkasten zu. Schreiben Sie den Artikel (bestimmt oder unbestimmt) dazu, und achten Sie auf die richtige Endung des Adjektivs.**

erwerbslos   ergebnislos   grundlos   industriearm   alkoholfrei
einwandfrei   kalorienarm   zinslos   konkurrenzlos ✓   zollfrei
bargeldlos   kostenlos   rostfrei   wirkungslos   fristlos

152 KAPITEL 5

___ _____	Zahlungsverkehr	___ _____	Nahrungsmittel
___ _____	Einfuhr	___ _____	Gegend
___ _____	Stahl	___ _____	Wollstoff
___ _____	Entlassung	*ein konkurrenzloser*	Preis
___ _____	Beratung	___ _____	Verhandlung
___ _____	Kredit	___ _____	Reklamation
___ _____	Maßnahme	___ _____	Getränk
___ _____	Jugendlicher		

1. Lesen Sie bitte den Text und ergänzen Sie – in Stichworten – das nachstehende Schema.

Information aus der „Steckdose"

Das Telefon ist heute Kommunikationsmedium Nr. eins. Es steht inzwischen nicht nur in nahezu jedem deutschen Haushalt. Längst hat es auch den Brief als Nachrichtenmittel überflügelt. Seit Anfang der siebziger Jahre übersteigt die Zahl der Telefongespräche die der Briefe.

Daran, daß das Telefon dem Briefverkehr den Rang abgelaufen hat, wird sich auch künftig nichts ändern. Schon deshalb, weil das Telefonnetz mit der technischen Entwicklung Schritt gehalten hat und neben dem normalen Gespräch eine Fülle neuer Kommunikationsmöglichkeiten bietet:

● Die Telefonleitung kann zur Datenübertragung zwischen Computern genutzt werden.

● Kopien können übertragen werden.

● Mit Hilfe eines Fernsehers lassen sich ganze Textseiten abrufen (Btx). Neuerdings kann dieser Service auch mit Hilfe spezieller Telefone genutzt werden, die mit einem Sichtschirm ausgerüstet sind (Multitel, Minitel).

● Die neuen Techniken machen das Telefon außerdem mobiler: Durch die Einführung eines neuen Mobilfunk-Systems können die in Autos, Zügen und auf Binnenschiffen eingesetzten mobilen Telefone mehr als 300 000 Teilnehmern verfügbar gemacht werden.

Informationsdienst des Instituts
der Deutschen Wirtschaft

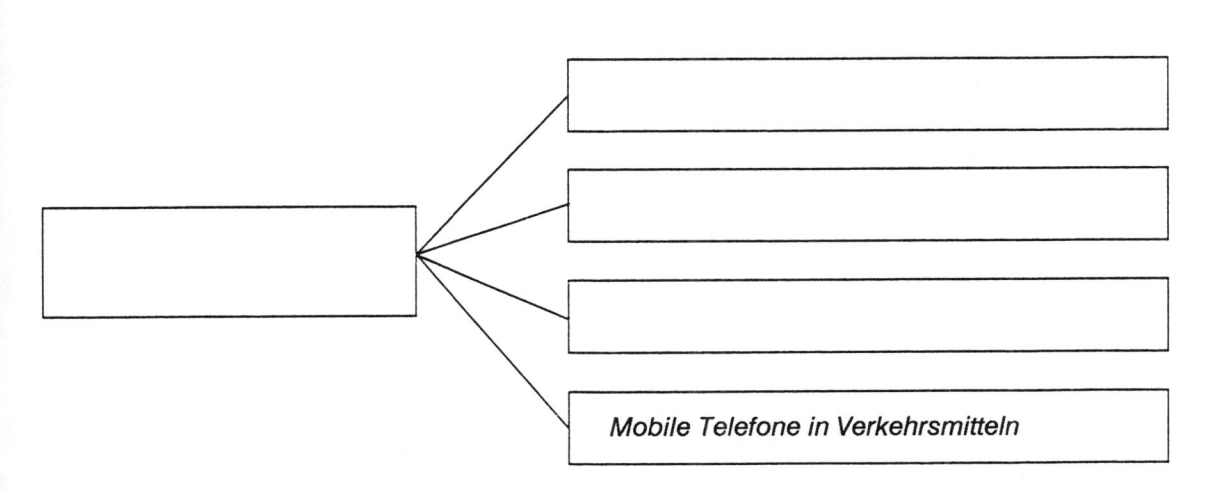

Mobile Telefone in Verkehrsmitteln

2. Beschreiben Sie bitte kurz die einzelnen Kommunikationsmöglichkeiten: Welche Vor- und Nachteile haben sie? In welchen Situationen sind welche Kommunikationsmöglichkeiten am besten?

3. Glauben Sie, daß die Bedeutung des Schreibens in Zukunft eher ab- oder zunehmen wird?

15 Schreiben Sie bitte zu den nachstehenden Wörtern die Artikel und die Entsprechungen in Ihrer Muttersprache auf. Benutzen Sie evtl. Ihr Wörterbuch.

_____ Telefonleitung _____
_____ Telefonnetz _____
_____ Telefongespräch _____
_____ Telefonverbindung _____
_____ Telefonapparat _____
_____ Telefonbuch _____
_____ Telefonzelle _____
_____ Telefongebühr _____
_____ Telefonauskunft _____
_____ Telefonnummer _____

16 1. Lesen Sie den Text und diskutieren Sie bitte, welche Leistungsmerkmale für wen besonders wichtig sind.

„Telefonkomfort? Was bedeutet das?"

Hier erfahren Sie alles über die Leistungsmerkmale intelligenter Telefone mit moderner Mikroprozessortechnik. Kreuzen Sie bitte an, was Sie von Ihrem Telefon erwarten.

Wahlwiederholung. Ist die Leitung Ihres Gesprächspartners besetzt, weil er gerade ein anderes Gespräch führt oder meldet er sich nicht, gibt es die Wahlwiederholung: Die von Ihnen zuletzt gewählte Rufnummer wird nach Druck auf eine Taste erneut angewählt.

Kurzwahl. Sie können die zehn Menschen, mit denen Sie am häufigsten telefonieren, schon durch einen kurzen Druck auf zwei Tasten erreichen. Eine Rufnummer – bei Bedarf mit Vorwählnummer – wird vollständig eingetippt und durch einen Tastendruck gespeichert. Wenn Sie die Nummer beim nächsten Mal anrufen wollen, geht's schneller. Ein kurzer Druck auf zwei Tasten genügt.

Namentasten. Gesprächspartner, mit denen Sie oft telefonieren, erreichen Sie noch einfacher, direkt über die Namentaste, namentlich beschriftet.

Notizbuchfunktion. Während des Telefonierens, z.B. mit der Auskunft, brauchen Sie keine Rufnummer auf Zetteln zu notieren. Sie tippen die eben gehörte Nummer einfach ins Telefon ein. Sie kann auf Tastendruck gespeichert oder sofort automatisch angewählt werden.

Direktruf. Mit dem Direktruf (auch „Babyruf" genannt) kann eine bestimmte, zuvor eingespeicherte Rufnummer automatisch gewählt werden, sobald der Hörer abgenommen und eine beliebige Zifferntaste gedrückt wird. So können Sie z. B. Ihr Kind unter der gespeicherten Nummer anrufen – auch wenn es noch keine Zahlen kennt. ☐

Anzeige der gewählten Rufnummer (Display). Telefone mit Display zeigen Ihnen an, welche Rufnummer – ggf. mit Vorwählnummer – Sie gerade selbst oder automatisch (bei Wahlwiederholung oder per Kurzwahl) wählen. Sie erkennen schnell, welche Rufnummer Sie eingespeichert haben und können die Wahl unterbrechen, wenn Sie sich einmal verwählt haben. ☐

Gebührenanzeige. Sie können während eines Gesprächs oder danach schnell mal Ihre Telefongebühren kontrollieren, die Gebühren eines Gesprächs oder die Summe über eine bestimmte Zeit. ☐

Anschlußmöglichkeit für einen Zweithörer (Hörmuschel). Wenn bei Ihren Gesprächen öfter jemand mithören muß oder es in Ihrer Umgebung manchmal laut ist, sollten Sie einen Zweithörer ans Telefon anschließen lassen. ☐

Lauthören. Über einen eingebauten Lautsprecher im Telefon können Sie andere im Raum zuhören lassen oder am Gespräch beteiligen. ☐

Wahl bei aufliegendem Hörer. Sie haben noch eine Hand frei, wenn Sie wählen. Erst wenn der andere Teilnehmer sich meldet, brauchen Sie den Hörer abzunehmen. So haben Sie mehr Zeit, um sich auf ein Gespräch vorzubereiten. ☐

3-Ton-Ruf. Besonders wohlklingendes Anrufsignal. Es besteht aus drei verschiedenen Tönen. Die Lautstärke ist einstellbar. Bei einigen Modellen auch die Tonfolge. Die unterschiedliche Tonfolge wird auch von Personen mit Hörbehinderung besser wahrgenommen. ☐

Sperrschloß. Damit können Sie das Telefon gegen unerwünschte Benutzung durch andere abschließen. Ankommende Rufe können aber jederzeit entgegengenommen werden. ☐

Freisprechen. Sie können telefonieren, ohne den Hörer abzunehmen. Also wählen, hören und frei sprechen bei aufliegendem Hörer. Beide Hände bleiben frei für die Unterlagen, die Sie für das Gespräch evtl. benötigen. ☐

Automatische Hinweisansage. Telefone mit einem Textmodul können automatisch jedem Anrufer Auskunft geben, wann Sie wieder zu sprechen sind. Wochentag und Stunde sind einfach mit dem Kodierschalter einstellbar. ☐

Das Telefonprogramm der Post

2. Tragen Sie in die Kästchen am rechten Rand ein, wie nützlich die einzelnen Merkmale für Sie persönlich sind, und vergleichen Sie danach die Ergebnisse in der Gruppe.

```
0 = nicht nützlich
1 = kaum nützlich
2 = ziemlich nützlich
3 = sehr nützlich
4 = absolut notwendig
```

17 1. Das folgende Bild stammt aus einer Anzeige.
   Stellen Sie bitte Vermutungen darüber an,
   — **wo und wann sich diese Situation abspielt,**
   — **wer dort mit wem telefoniert und**
   — **warum.**

F

2. Ihr Dozent nennt Ihnen anschließend den Auftraggeber der Anzeige und sagt Ihnen den Text, der **über** dem Bild steht.
   Was könnte der dort genannte Service sein?

3. Ihr Dozent zeigt Ihnen nun die komplette Anzeige.
   An wen wendet sich diese Anzeige Ihrer Ansicht nach?

18 1. Übersetzen Sie bitte den folgenden Text, der zu dem Bild gehört.
   Fertigen Sie zuerst eine Rohfassung an. Benutzen Sie erst dann das Wörterbuch (vgl. Aufg. 4, Kap. 3).

> Ihre Kunden würden gern mit Ihnen sprechen. Wenn da nicht die Ferngebühren wären. Mit Service 130 telefonieren Ihre Kunden zum Nulltarif mit Ihnen. Von Dresden genauso wie von Kiel oder aus Oberbayern. Die Gebühren übernehmen Sie und bekommen dafür ein persönliches Gespräch. Am Telefon wird man sich schnell einig. Von Anfrage über Kundendienst bis Verkauf. Mit Service 130 ist Ihre Geschäftsstelle nie weiter als das nächste Telefon. Einfacher und direkter können Verkaufsförderung und Kundendienst nicht sein. Was Service 130 kostet und wie man Teilnehmer wird, erfahren Sie unter 01 30-01 01. Natürlich zum Nulltarif.
> **Service 130. Nachfrage zum Nulltarif.**

2. **Gibt es in Ihrem Land ein ähnliches System?**

Bei den folgenden Cartoons handelt es sich um Werbung der Firma Hagenuk für schnurlose Telefone.
Verfassen Sie bitte Texte nach dem Muster des ersten Cartoons.
(Alle Texte enden mit „und sein/ihr schnurloses Hagenuk".)

Werner S., 47, Gelegenheits-Magier und sein schnurloses Hagenuk.

KAPITEL 5

20 Bitte schreiben Sie auf der Grundlage der folgenden Notizen eine kurze Zeitungsmeldung. (Vgl. dazu auch Aufg. 5, Kap. 2)

Hauptinformation:
Markt für mobile Kommunikation (Sprache und Daten) wächst rapide.

Quelle:
Diebold Deutschland GmbH, Eschborn

Detailinformationen:
— Zahl der Teilnehmer in Westeuropa wird im nächsten Jahrzehnt um jährlich 30 Prozent wachsen
— Zahl der Endgeräte wird sich verdreifachen
— Wachstum wird von der Sprachkommunikation getragen
— Einsatzmöglichkeiten mobiler Kommunikationsendgeräte vor allem: informationstechnische Unterstützung von Außendienst- und Service-Bereichen

---

21 Das Telefon ist aus der Arbeitswelt, insbesondere aus dem Büro, nicht mehr wegzudenken. Es gibt inzwischen Wirtschaftszweige, bei denen sämtliche Geschäftsaktivitäten über das Telefon abgewickelt werden (z. B. Telefonmarketing).

1. **Für die meisten Menschen ist das Telefon Segen und Fluch zugleich. Machen Sie bitte eine Gegenüberstellung der Vor- und Nachteile.**

Vorteile	Nachteile

2. **Das Telefonieren ist eine eigene Fertigkeit. Wodurch unterscheidet es sich vom direkten („face-to-face") Gespräch?**

3. **Was sollte man Ihrer Ansicht nach beim Telefonieren in der Geschäftswelt unbedingt vermeiden?**

4. Führen Sie bitte kurze Telefongespräche miteinander. Sitzen Sie dabei mit dem Rücken zu Ihrem Gesprächspartner. Verwenden Sie, wo sie passen, die folgenden Redemittel.

---

1. Eröffnungen

Angerufener:
Müller und Müller. Guten Tag.
Firma Meyer. Guten Morgen. Mit wem möchten Sie sprechen?
Schulz und Söhne. Technische Abteilung, Dirk Schlegel. Guten Tag.

> Hier ist der automatische Anrufbeantworter des Übersetzungsbüros Dressler. Wir sind leider momentan nicht zu erreichen. Hinterlassen Sie bitte Ihren Namen und Ihre Telefonnummer. Wir rufen zurück. Danke.

Anrufer:
Pirelli, Mailand hier. Guten Tag. Ich hätte gern Frau Westphal gesprochen.
Gracewell's, Toronto. Versandabteilung. Können Sie mich bitte mit dem Einkauf verbinden?
Guten Tag, Herr Schlegel. Schön, Sie gleich am Apparat zu haben. Wir haben hier ein kleines Problem ...
Oh, Entschuldigung, da muß ich mich verwählt haben.

> Peter Braun. Medizinische Geräte. Die Übersetzung des Begleittexts zu unseren Akupunkturgeräten ist schon zwei Tage überfällig. Wir bitten um sofortigen Rückruf. Telefon ...

2. Auf das Ende hinsteuern
Ich sehe gerade, daß ich noch ein Gespräch auf der anderen Leitung habe, vielleicht könnten wir ...
Telefonisch kommen wir hier nicht weiter, ich schicke Ihnen einmal einen Entwurf, und dann ...
Tut mir leid, aber ich muß langsam zum Schluß kommen, ich habe nämlich noch ...
Vielleicht sollten wir das doch lieber in einem persönlichen Gespräch weiter verfolgen ...

---

3. Beenden
Vielen Dank für Ihre Hilfe. Auf Wiederhören.
Wir hören wieder voneinander.
Ja, dann alles Gute bis zu unserem Treffen auf der Messe, auf Wiederhören.

Es gibt nationale Eigenheiten beim Telefonieren. So ist es z.B. in Deutschland üblich, sich mit seinem Namen zu melden. Auch der Anrufer nennt zuerst seinen Namen (und seine Firma).

22

Welche Erfahrungen haben Sie bei Telefonaten mit dem Ausland in bezug auf die Gesprächseinleitung, Zustimmung/Ablehnung eines Vorschlags und den Abschluß des Gesprächs gemacht?
Telefonieren Sie gerne mit dem Ausland? Warum (nicht)?

23 Welches der folgenden Wörter existiert nicht? Warum?

Telefongespräch
Ferngespräch
Fernsprechnummer
Fernsprechgebühren
Telefonfernsprecher
Telefonverbindung

24 Lesen Sie bitte den Text, und machen Sie dann die folgende Übung.

Kontakte zur Zukunft

Stärker als viele andere setzt die Post auf neue Kommunikationstechnologien. Teletex, Bildschirmtext, die Digitalisierung, der Aufbau eines integrierten Netzes, Glasfaser- und Satellitentechnik machen deutlich, wo zukünftig Schwerpunkte gesetzt werden. Damit wird kontinuierlich die Leistungsfähigkeit der Post gesteigert. Damit wird für unsere Kunden Kommunikation schneller, sicherer, vielfältiger und komfortabler.

T·e·l·e·k·o·m·

Ergänzen Sie mit Wörtern aus dem Text.

Die Post ___*setzt*___ verstärkt _____ _____ _____.

Dabei _____ verschiedene _____ _____.

Ziel ist die Steigerung der _____.

Und dies bedeutet mehr Schnelligkeit, Sicherheit, Vielfalt und Komfort der _____

für die _____ der _____.

25 1. Informieren Sie sich bitte, was ISDN (Integrated Services Digital Network) bedeutet und wie es funktioniert.

2. Lesen Sie die folgende Anzeige und unterstreichen Sie in jedem Absatz die Stellen, die die wichtigsten Informationen enthalten.

3. Formulieren Sie für jeden Absatz eine Kurzüberschrift oder ein Stichwort.

Wie alle großen Ideen ist auch ISDN verblüffend einfach

① Punkt und Strich gehören zu den wichtigsten Erfindungen der Menschheit. Diese beiden einfachen Zeichen nämlich sind die Grundlage des Morsealphabets. Darin hat jeder Buchstabe seine eigene, unverwechselbare Kombination aus Punkten und Strichen – damit die Information per Draht übermittelt werden kann : in Form von kurzen und langen elektrischen Impulsen. Samuel Morse machte mit diesem einfachen Prinzip die Telegrafie zur ersten schnellen, unkomplizierten und wirtschaftlichen Telekommunikationsübertragung.

② Heute, fast 150 Jahre später, sorgt eine ebenso einfache Idee für die Telekommunikation der Zukunft : ISDN. Die Abkürzung steht für „Integrated Services Digital Network", und das bedeutet, daß bald alle Telekommunikationsdienste eine gemeinsame Sprache haben : digital.

③ Dafür wird die herkömmliche Technik durch moderne und zukunftsweisende Elektronik ersetzt. Das erfreuliche Ergebnis : Sprache, Text, Daten und Bilder können in einem universellen Netz kostengünstig zum Teilnehmer übermittelt werden.

④ Mit ISDN hat die Post Ihnen aber noch viel mehr zu bieten : Sie werden nur noch eine universelle Anschlußdose für alle Ihre Endgeräte haben – zum Beispiel Telefon, Computer, Telefax, Teletex und Btx. Sie werden bis zu 8 Endgeräte über eine einzige Anschlußleitung betreiben können. Sie werden nur noch eine Telekommunikationsnummer haben – und eine einzige, übersichtliche Telekommunikationsrechnung im Monat. Und bald werden Sie neue Telekommunikationsdienste wie Fernsprechen mit Bildübertragung nutzen können.

⑤ Hinzu kommt : ISDN arbeitet mit noch mehr Präzision und Qualität als die herkömmliche Technik. Mit anderen Worten : Sie werden künftig komfortablere, bessere und schnellere Dienstleistungen erhalten. Und wohlgemerkt : All das schafft die Post, ohne ein neues Kabel verlegen zu müssen. Sondern nur durch die Verwirklichung einer einfachen Idee.

Integrated Services Digital Network heißt die Idee der Zukunft. Dieses diensteintegrierende, digitale Fernmeldenetz ermöglicht Sprach-, Text-, Bild- und Datenkommunikation über ein einheitliches Netz.

Wenn Sie mehr über die Post von morgen wissen wollen, dann fordern Sie unsere Broschüren zum Thema ISDN an : „Informationsservice ISDN", Postfach 3020, 6600 Saarbrücken.

ISDN macht es Ihnen einfach.

T·e·l·e·k·o·m

---

4. Nennen Sie ein paar Situationen, in denen ISDN sinnvoll zu nutzen ist.

5. ISDN ist innerhalb Europas in Deutschland am weitesten verbreitet. Anfang der 90er Jahre bestanden bereits grenzüberschreitende Verbindungen zwischen der Bundesrepublik und den Niederlanden, Frankreich, Italien und Großbritannien.
Halten Sie es für sinnvoll und wünschenswert, daß sich ISDN in ganz Europa / auf der ganzen Welt durchsetzt?
Begründen Sie Ihre Meinung.

6. Verfassen Sie zum Stichwort ISDN einen kurzen Text im Stil eines Lexikoneintrags.

26 1. Der Anzeigentext enthält eine Anzahl von Adjektiven und Partizipien, deren Bedeutung Ihnen bei der Lektüre des Textes vielleicht nicht immer ganz klar war. Einige von ihnen sind hier noch einmal aufgeführt.
Überlegen Sie sich, welche Bedeutung sie haben könnten und nehmen Sie dazu auch die entsprechenden Textstellen zu Hilfe.
Schreiben Sie bitte die Entsprechungen in Ihrer Muttersprache unter die deutschen Angaben.

verblüffend einfach
_____

eine unverwechselbare Kombination
_____

eine unkomplizierte und wirtschaftliche Telekommunikationsübertragung
_____

eine gemeinsame Sprache
_____

eine herkömmliche Technik
_____

die zukunftsweisende Elektronik
_____

ein erfreuliches Ergebnis
_____

etwas kostengünstig übermitteln
_____

eine übersichtliche Telekommunikationsrechnung
_____

2. **Welche der vorstehenden Adjektive und Partizipien passen zu den folgenden Substantiven? Manchmal sind mehrere Kombinationen möglich.**

Stil (m) _____
Schema (n) _____
Einzelhandel (m) _____
Angebot (n) _____
Transportmittel (n) _____
Übung (f) _____
Effekt (m) _____
Erfindung (f) _____
Entscheidung (f) _____
Nachricht (f) _____

Lesen Sie bitte den Text und dann die Zusammenfassung. Stimmen Text und Zusammenfassung überein?

27

Btx – Bildschirmtext

Btx ist ein Kommunikationssystem, bei dem Texte, Daten und Grafiken über die Telefonleitung übertragen und auf einem Fernsehgerät sichtbar gemacht werden. Mit dem Btx-Anschluß ist das Abrufen und Absenden von Informationen und auch der Dialog mit anderen Teilnehmern möglich. Bildschirmtext verbindet den jeweiligen Teilnehmer mit einer Btx-Zentrale der Bundespost, über die verschiedene Kommunikationssysteme und -angebote erreichbar sind. Btx wird vor allem von Unternehmen für Warenbestellungen, Geschäftsmitteilungen und Kontoführung genutzt, aber auch von Privatteilnehmern. Btx bietet die Möglichkeit, eine Vielzahl von Anbietern von Waren und Dienstleistungen sowie kommunale und soziale Einrichtungen problemlos zu erreichen. Das Btx-Geschäft lief in Deutschland nur zögerlich an. Aber im Zuge der Verbreitung von ISDN ist auch mit einer markant steigenden Zahl der Anschlüsse zu rechnen.

Bei Bildschirmtext handelt es sich um ein neuartiges Kommunikationssystem, mit dem die Bundespost die eigenen Erwartungen übertroffen hat. Btx bietet über ein spezielles Kabelnetz die Möglichkeit, jederzeit per Bildschirm Informationen abzurufen und zu übermitteln. Dieses Angebot wird sowohl von der Geschäftswelt als auch von Privatleuten genutzt.

ermöglichen – erlauben

28

Texte, in denen Vorteile einer Sache, einer Einrichtung usw. dargestellt werden oder in denen auf verschiedene Verwendungsmöglichkeiten hingewiesen wird, enthalten häufig die folgenden Strukturen:

— Mit diesem System **ist** das Abrufen von Informationen **möglich**.
— Dieses System **ermöglicht es/erlaubt es**, Informationen ab**zu**rufen.
— Dieses System **ermöglicht/erlaubt** das Abrufen von Informationen.
— Dieses System **macht es möglich**, Informationen ab**zu**rufen.
— Dieses System **macht** das Abrufen von Informationen **möglich**.
— Dieses System **bietet die Möglichkeit**, Informationen ab**zu**rufen.
— Mit diesem System **können** Informationen abgerufen werden.
— Mit diesem System **können** Sie Informationen abrufen.

Beschreiben Sie nun mündlich die folgenden Vorzüge eines Telefons.

Mit diesem Telefon... / Dieses Telefon...
— bei aufliegendem Hörer wählen
— die zuletzt gewählte Nummer wiederholen
— die Gebühren des Gesprächs anzeigen
— zehn Telefonnummern speichern und durch Kurzwahl abrufen
— die Lautstärke des Klingelzeichens verändern
— die gewählte Nummer auf der Anzeige sehen

29

In jeder der folgenden Zeilen ist, von rechts nach links geschrieben, ein Wort aus dem Bereich des Post- und Fernmeldewesens versteckt.

F

E	N	I	E	H	C	S	L	H	A	Z	E	B	H	C	O	N	K
E	T	S	S	O	P	X	E	L	E	T	R	E	F	S	T	R	O
E	N	R	E	Z	N	E	T	T	E	K	A	P	B	A	W	E	N
G	N	U	R	E	H	C	E	R	P	S	N	R	E	F	N	A	K
E	T	T	X	E	T	M	R	I	H	C	S	D	L	I	B	E	G
L	E	R	H	Ü	B	E	G	E	B	I	E	G	R	E	T	N	U
E	T	S	S	U	L	H	C	S	N	A	R	E	V	E	S	B	A
E	L	L	I	M	R	E	T	F	U	R	N	A	E	B	R	O	V
E	L	H	A	Z	T	I	E	L	T	S	O	P	S	E	B	M	A
T	N	R	E	W	E	H	C	A	S	K	C	U	R	D	L	A	Z
E	T	T	F	N	U	K	S	U	A	R	A	P	I	R	D	N	I
N	E	G	N	U	K	I	N	O	R	T	K	E	L	E	M	A	K
O	R	E	T	A	R	E	B	N	E	D	N	U	K	O	S	T	S
R	E	G	N	U	T	I	E	L	N	O	F	E	L	E	T	S	E
T	I	E	K	H	C	Ä	R	P	S	E	G	S	T	R	O	M	E
T	R	E	B	S	G	N	U	D	N	I	B	R	E	V	B	O	L
N	E	T	N	A	R	E	B	R	E	D	N	E	S	B	A	K	E
R	E	R	E	I	P	O	K	N	R	E	F	R	E	Z	R	O	V

1. _____
2. _____
3. _____
4. _____
5. _____
6. _____
7. _____
8. _____
9. *Postleitzahl*
10. _____
11. _____
12. _____
13. _____
14. _____
15. _____
16. _____
17. _____
18. _____

Notieren Sie bitte in den folgenden Rubriken Wörter bzw. Ausdrücke aus dem gesamten Kapitel 5. Vergessen Sie bei den Substantiven die Artikel und Pluralformen nicht. Kennzeichnen Sie die unregelmäßigen Verben mit einem * und die trennbaren Verben mit einem |.

30

Substantive:

_____

Wichtige Adjektive in Verbindung mit Substantiven:

_____

Ausdrücke:

_____

Verben:

_____

Verben:

_____

Kapitel 6

Datenverarbeitung

Computer und Arbeitsplätze	1, 3, 11, 12, 18
Erste Erfahrungen mit dem PC	2
Gesundheitsschäden durch Bildschirmarbeit	4, 18
Stichwort „Ergonomie"	5
Arbeitserleichterung durch Computer	6, 7, 10, 14, 18
Konditionalsätze ohne *wenn*	8
Halbleiterindustrie	9
Werbeanzeige eines Computerherstellers	6, 10
Fachvokabular	13
Fachvokabular: Kreuzworträtsel	19
Adverbien	15
Internationalismen	16
Indirekte Rede	17, 18
Wichtige Lexik	20

1 Wo könnte diese Szene spielen? Was könnte der eine Mann zu dem anderen sagen?

F

Ihr Dozent zeigt Ihnen anschließend den Originaltext.

2 1. Über die ersten Erfahrungen mit einem Personalcomputer – bitte lesen Sie.

Leider kann der PC nicht lügen

Ich habe mir jetzt auch einen Personalcomputer (PC, sprich: Pézé) angeschafft. Man hat heute so etwas, oder man ist nicht von dieser Welt. Hat man einen PC zu Hause aufgestellt, muß man ihm etwas eingeben, denn von selbst tut er nichts. Wer einen Computer, aber kein eigenes Personal hat, ist da schwer dran.

Ich habe meinem PC unlängst meine letzte Supermarktrechnung eingetippt. Im Jahr 2000 kann ich dann vergleichend ablesen, wie teuer Leberwurst, Schnitzel oder Markenbutter früher einmal waren.

Mein PC ist mein elektronisches Notizbuch, das sich allerdings nicht ohne weiteres in die Jackentasche stecken läßt. Ist man unterwegs, braucht man einen Taschencomputer, wenn man wissen will, wie hoch der Harz und wie volkreich die Stadt Celle ist.

Mein Heimgerät war in den ersten zwölf Stunden ganz schön ausgelastet. Einkommen, Ausgaben, Abgaben – alles schluckte es willig und wiederholte meine Lichtrechnung auch noch beim fünfzehntenmal mit gleichbleibender Freundlichkeit.

Irgendwann hab ich dann noch meine Freundinnen eingegeben, chronologisch, auch die platonischen. Mit Müh und Not kam ich auf siebzehn Zeilen, ließ mir vom PC eine Grafik anfertigen und eine Hochrechnung für die Zukunft. Danach lag mein erotischer Höhepunkt um 1985, Tendenz: abflauend. So Unerfreuliches erfährt man von PCs, die alles können, nur nicht beschönigend lügen.

Übrigens hab ich neulich eine nette Dame kennengelernt. Sie ist Hackerin und knackt jeden Code, meinen demnächst vielleicht auf Lebenszeit.

Süddeutsche Zeitung

2. **Gefällt Ihnen der Text? Warum (nicht)?**

3. **Benutzen Sie selbst einen Personalcomputer?**
   Welche Erfahrungen haben Sie damit gemacht?

   Für welche Art von Tätigkeit setzen Sie ihn ein?
   Welche Programme benutzen Sie?

   Falls Sie noch nie an einem Bildschirm gearbeitet haben: Würden Sie es gerne einmal versuchen? Warum (nicht)?

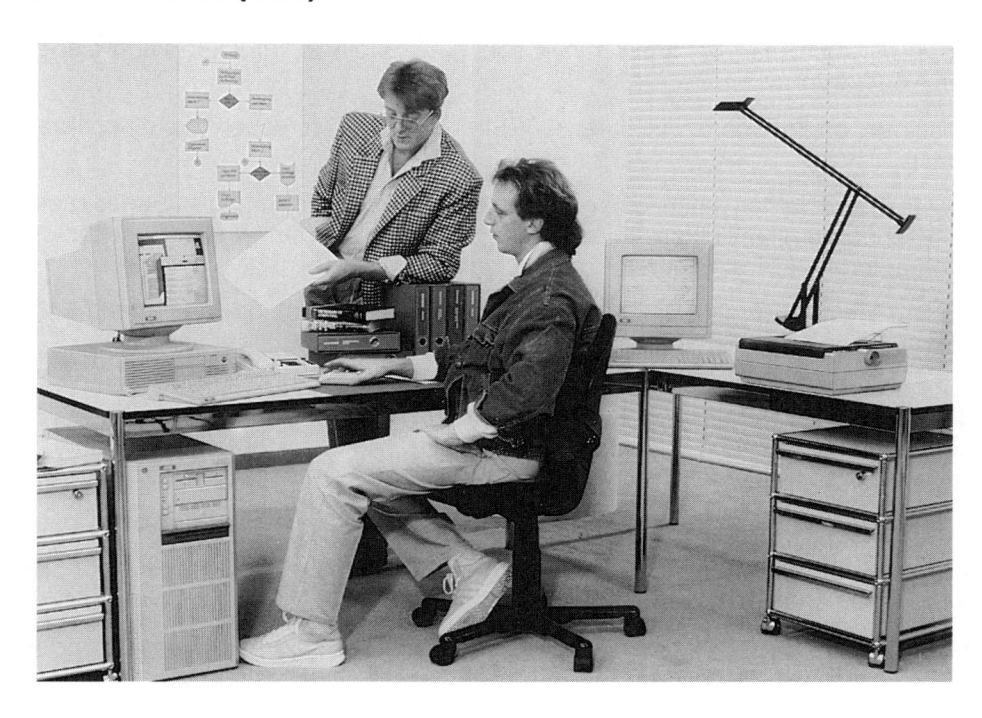

1. **Lesen Sie bitte die folgenden Sätze und kreuzen Sie diejenigen Aussagen an, denen Sie zustimmen. Begründen Sie jeweils Ihre Meinung.**

   — Ich glaube, daß die Computer neue Arbeitsplätze schaffen. ☐
   — Ich glaube, daß durch die Computer zahlreiche Menschen ihren Arbeitsplatz verlieren werden. ☐

   — Ich glaube, daß die Computer die Lebensqualität verbessern werden. ☐
   — Ich finde es nicht gut, wenn wir immer mehr von der Technik abhängig werden. ☐

   — Ich fürchte, daß mit den Computern unser Privatleben immer stärker überwacht wird. ☐
   — Ich finde, daß der Staat möglichst viel über jeden einzelnen wissen sollte; wer ein ruhiges Gewissen hat, hat ja nichts zu befürchten. ☐

   — Ich meine, daß jeder auf der Schule lernen sollte, wie man mit einem Computer umgeht. ☐
   — Ich meine, daß nur Spezialisten Computerkenntnisse brauchen. ☐

2. **Suchen Sie weitere Gegensatzpaare nach diesem Muster.**

4 Im folgenden Schüttelkasten sind zwei Texte zum Thema „Gesundheitsschäden durch Bildschirmarbeit" (A: Ozonbelastungen, B: Muskelbeschwerden) enthalten.

1. Bringen Sie die Textabschnitte jeweils in die richtige Reihenfolge.

a) Und so ist es dann gar nicht mehr undenkbar, daß Arbeitnehmer durch die Maschinen, die ihnen da vor die Nase gestellt werden, in manchen Fällen vielleicht schleichend vergiftet werden – um hinterher wegen „Krankfeierns" gescholten und am Ende sogar als „Invalide" entlassen zu werden.

b) Dies mag übertrieben erscheinen, aber denken Sie beispielsweise an den Laserdrucker, mit dem man bekanntlich viel schönere Briefe ausdrucken kann als mit dem lauten Nadeldrucker.

c) Wir meiden grelle Sonne mit ihren UV-Strahlen und wir essen biologisch-sauberes Gemüse.

d) In Deutschland leiden nach einer im August von der Dortmunder Bundesanstalt für Arbeitsschutz veröffentlichten Untersuchung mehr als zwei Drittel aller Beschäftigten, die an Computerbildschirmen arbeiten, an typischen Gesundheitsbeschwerden.

e) Doch um welchen Preis! Selbst die Industrie gibt zu, daß die hochmodernen Print-Systeme giftiges Ozon emittieren.

f) Aufgrund dieser Beschwerden werden in den nächsten Jahren auf die Versicherungen und Arbeitgeber Ausgaben in Millionenhöhe zukommen, denn man kann davon ausgehen, daß etwa 20 000 Bildschirmarbeitsplätze nicht modernen Erkenntnissen der Arbeitsplatzergonomie entsprechen.

g) Als erste Symptome diagnostizieren Fachleute Schmerzen im Handgelenk.

h) Doch am Schreibtisch – da lassen wir uns immer noch bedenkenlos von Strahlen bombardieren und von Giften verseuchen.

i) Diese Krankheit heißt in Fachkreisen RSI (engl. „repetition strain injuries") und wird im deutschsprachigen Raum zumeist als „regionale muskuloskelatale Störungen" bezeichnet.

j) Dieses Gas kann so unschöne Dinge wie Unwohlsein, Kopfschmerzen, Augenbeschwerden, Übelkeit und Konzentrationsschwäche hervorrufen.

k) Später entzünden sich die Sehnen, und schließlich versagen Finger und Arme ihren Dienst.

l) Die betroffenen Arbeitnehmer können zeitweise nicht einmal eine Kaffeetasse heben oder ein Kraftfahrzeug führen, ohne Schmerzen zu empfinden.

A: | c | | | | | | B: | d | | | | | |

2. Begründen Sie die von Ihnen festgelegte Reihenfolge.

Der Begriff „Ergonomie" taucht immer häufiger in Verbindung mit der Gestaltung von Produkten und Einrichtungen auf. In Prospekten und Fachanzeigen wird dafür geworben. Das Wort stammt aus dem Griechischen und bedeutet frei übersetzt soviel wie „Regeln für menschgerechte Arbeitsgestaltung".

5

1. **Bitte überlegen Sie, welche ergonomischen Aspekte (z. B. Lärm, einseitige Belastung) bei *Ihrer* Arbeit eine Rolle spielen.**

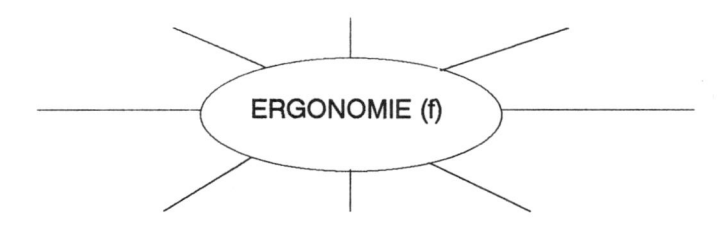

```
         \  |  /
          \ | /
    ——( ERGONOMIE (f) )——
          / | \
         /  |  \
```

2. **Was ist im Laufe der Jahre verbessert worden?**
   Was sollte verbessert werden?

Bei diesem Bild handelt es sich um einen Ausschnitt aus einer Werbeanzeige von IBM.

6

1. **Wie könnte man von dem Bild ausgehend zu einer Werbung für IBM-Produkte kommen? Notieren Sie bitte in Stichpunkten, mit welchen Argumenten dabei geworben werden könnte.**

F

Ihr Dozent zeigt Ihnen anschließend die Anzeige mit dem Text.

2. **Notieren Sie bitte die fünf Tätigkeiten, bei denen IBM dem Schreiner helfen will.**

KAPITEL 6   171

7 Lesen Sie bitte den Text und ergänzen Sie dann das nachstehende Schema.

F

Moderne Technik im Vertrieb

Immer mehr Bestellungen erreichen den Lieferer inzwischen nicht mehr auf dem Briefweg, sondern über die modernen Telekommunikationseinrichtungen der Post. Sie werden direkt im Computer gespeichert und die in ihnen enthaltenen Angaben werden dazu benutzt, Frachtpapiere, Lieferscheine und Rechnung auszufertigen, desgleichen den Auftrag an das Auslieferungslager. Enthält die Bestellung keine Preise, können sie aus dem Computerspeicher eingesetzt werden. Der Computer berechnet zugleich die Mehrwertsteuer. Außerdem wird die Bestellung der Buchhaltung gemeldet und automatisch auf dem Kundenkonto notiert. Damit kann der Computer selbsttätig Mahnungen ausfertigen, wenn die Überweisung des Rechnungsbetrages durch den Kunden ausbleibt. Verglichen mit früher, als alle diese Arbeiten von Hand erledigt und getippt werden mußten, ist das eine ganz beachtliche Arbeits- und Kostenersparnis.

Frankfurter Rundschau

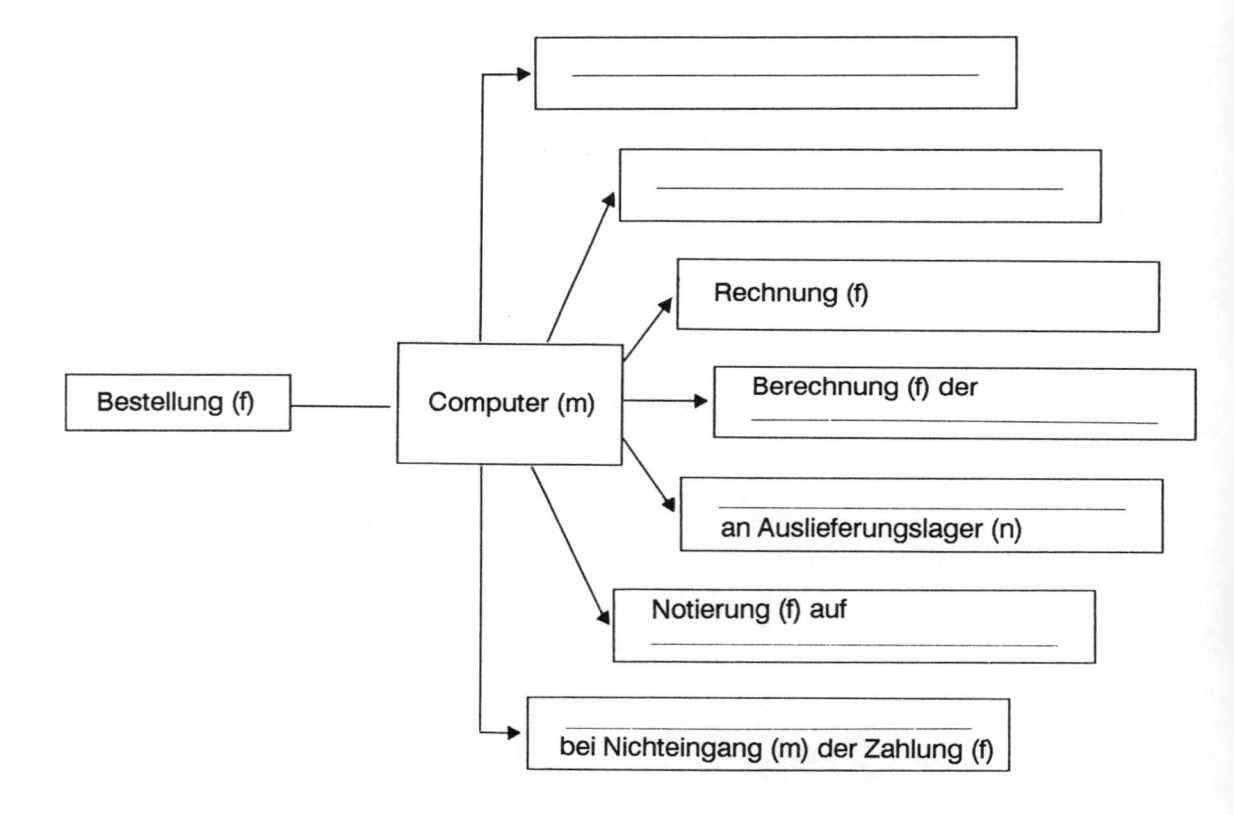

Bestellung (f) → Computer (m) →
- _____
- _____
- Rechnung (f)
- Berechnung (f) der _____
- _____ an Auslieferungslager (n)
- Notierung (f) auf _____
- _____ bei Nichteingang (m) der Zahlung (f)

Konditionalsätze ohne *wenn* 8

Beispiel:
Wenn die Bestellung keine Preise enthält, (so) können sie aus dem Computerspeicher eingesetzt werden.

Enthält die Bestellung keine Preise, (so) können sie aus dem Computerspeicher eingesetzt werden.

1. Vervollständigen Sie bitte die folgende Regel.

> In Konditionalsätzen ohne „wenn" steht der _____satz vor dem _____satz und im Nebensatz steht das konjugierte Verb an _____ Stelle.

2. Bilden Sie mit den folgenden Elementen Sätze entsprechend der obigen Regel:

a) der Anschluß ist besetzt
   die Nummer wird automatisch wieder angewählt

b) der Rechnungsbetrag wird nicht rechtzeitig überwiesen
   der Computer kann selbsttätig Mahnungen ausfertigen

c) Ihr Geschäftspartner arbeitet noch nicht mit einem Fernkopierer
   Sie können ihm einen Telebrief schicken

d) Sie rufen ins Ausland an
   Sie müssen die Vorwahl des entsprechenden Landes wählen

e) Sie sind auf eine schnelle Lieferung angewiesen
   Sie sollten unseren Paket-Service nutzen

f) Sie benötigen weitere Informationen
   rufen Sie uns einfach an

g) Sie haben irgendwelche Versandprobleme
   wir beraten Sie gerne

> **Kon|di|ti|on** [...*zion*] *die;* -, -en ⟨lat.⟩ (Bedingung; [Gesamt]zustand); vgl. à condition; **kon|di|tio|nal** (Sprachw.: bedingungsweise geltend; bedingend); **Kon|di|tio|nal** *der;* -s, -e (Sprachw.: Bedingungsform); **Kon|di|tio|na|lis|mus** *der;* - (eine philos. Lehre); **Kon|di|tio|nal|satz** (Sprachw.: Umstandssatz der Bedingung); **Kon|di|tio|nier|an|la|ge** (zur Ermittlung des zulässigen Feuchtigkeitsgehaltes von Textilien); **kon|di|tio|nie|ren** (Werkstoffe vor der Bearbeitung an die erforderlichen Bedingungen anpassen); **kon|di|tio|niert** (beschaffen [von Waren]); **Kon|di|tio|nie|rung; Kon|di|ti|ons|_schwä|che, ...trai|ning**

aus: DUDEN. Band 1: Die Rechtschreibung

9

F

**1. Wie schätzen Sie die internationale Marktsituation der Elektronikindustrie ein?
Welche Länder sind Marktführer/Hauptkonkurrenten? Warum?
Welche Märkte haben das größte Wachstumspotential?
Wo würden Sie Ihr Land einordnen?**

**2. Klären Sie bitte den Begriff „Halbleiter".
Lesen Sie dann den folgenden Text und setzen Sie die Wörter aus dem Schüttelkasten, die alle in ihrer Grundform angegeben sind, ein.**

Westliche Halbleiterhersteller haben im letzten Jahr ihren _____ gegenüber der japanischen Konkurrenz zum ersten Mal seit zehn Jahren wieder _____ können. Die japanischen Unternehmen konnten allerdings ihre dominierende _____ weiterhin behaupten und belegen sechs Plätze in der Liste der
5 Top Ten dieser _____. Diese Zahlen gab das Technologie-Beratungsunternehmen Dataquest in einem Überblick bekannt.
Der Anteil der US-Unternehmen am internationalen _____ erhöhte sich gegenüber dem Vorjahr (34,9) auf 36,9 Prozent. Der Marktanteil der Europäer wuchs auf 10,5 Prozent (9,5 im Vorjahr). Der Anteil der Japaner am _____ für Halb-
10 leiter ist auf 49,5 (52,1) Prozent zurückgegangen. Der Grund hierfür ist nach Ansicht von Dataquest der Preisverfall bei Speicherchips.
Der Anteil japanischer Firmen am US-Markt ist laut Dataquest auf 22 (24) Prozent gefallen, US-Firmen konnten ihren Marktanteil in Japan dagegen auf 10,4 (10) Prozent _____. Die Verkaufszahlen der europäischen Firmen am heimischen Markt
15 zeigen ein _____ von 1,7 Prozent auf 38,2 Prozent. Diese Entwicklung sei vor allem auf hohe _____ an die Telekommunikations-Industrie und _____ von Unterhaltungselektronik zurückzuführen.

Süddeutsche Zeitung

Marktstellung (f)   Markt (m)   Verkauf (m)   steigern
aus|bauen   Branche (f)   Marktanteil (m)
Hersteller (m)   Weltmarkt (m)   Wachstum (n)

3. Suchen Sie eine passende Überschrift für den Artikel.

1. Sie sehen hier einen Ausschnitt aus einer Werbeanzeige einer Computerfirma.
Wer, glauben Sie, sind diese beiden Personen und welche Beziehung könnte zwischen ihnen bestehen?

10

[F]

2. Der mittlere Teil der Zeichnung ist hier weggelassen worden.
Wie, glauben Sie, sieht die Verbindung zwischen den beiden Personen *zeichnerisch* aus?

3. Ihr Dozent liest Ihnen nun den – sehr kurzen – Text vor, der zu dieser Anzeige gehört.
Überprüfen Sie bitte, ob die von Ihnen aufgestellten Hypothesen zu dem Text passen. Falls nicht, überlegen Sie sich andere Möglichkeiten.

Machen Sie bitte eine Aufstellung, welche Berufszweige Ihrer Ansicht nach von der rasanten Entwicklung der Mikroelektronik a) kurzfristig und erheblich, b) eher mittelfristig und c) kaum oder nicht betroffen sind.

11

Begründen Sie Ihre Eingruppierungen.

kurzfristig und erheblich	eher mittelfristig	kaum oder nicht
Drucker	*Bürokräfte*	*Kraftfahrer*

KAPITEL 6

12 1. **Lesen Sie bitte den folgenden Text einmal ganz durch, ohne ein Wörterbuch zu benutzen oder Vokabeln zu erfragen.**

Computerkenntnisse immer mehr gewünscht

In der Berufswelt hat der Computer einen festen Platz erobert. Gleich, ob man als Werkzeugmacher, Sekretärin oder als Lehrer sein Geld verdient, Grundkenntnisse in der Anwendung der neuen Technik sind unerläßlich geworden. Daneben haben sich Berufsfelder etabliert, die sich ausschließlich mit dem ökonomischen und technisch effizienten Einsatz der Rechner beschäftigen. Für beide gilt aber die Tatsache, daß jede Computer-Ausbildung nur dann zukunftssicher ist, wenn sie mit der technischen Entwicklung Schritt hält: Der Wille zur Weiterbildung ist unerläßlich. Aufgrund der großen Nachfrage nach Arbeitskräften mit Computer-Qualifikation haben sich besonders die Chancen für Berufsanfänger verbessert.

Ein Blick in die Tageszeitungen zeigt, daß bei mehr als 22% der angebotenen Stellen eine generelle Computerkenntnis verlangt wird. Zirka ein Drittel der zu besetzenden Arbeitsplätze ist Berufsanfängern vorbehalten, knapp die Hälfte soll mit erfahrenen Praktikern besetzt werden.

Im Kernbereich der EDV-Berufe, etwa bei Entwicklern, Analytikern, Programmierern, besteht immer noch ein deutlicher Mangel. Die weiter vorangetriebene Vernetzung von PC-Systemen hat gleichfalls zu einem Nachfrageschub von Fachkräften geführt.

Die Frage der Unternehmen nach der fachlichen Eignung wird in zunehmendem Maße mit der Erkundigung nach fachübergreifenden Qualifikationen verbunden – mit anderen Worten: Computerwissen ist unabdingbar. Die Bereitschaft, sich die notwendigen Kenntnisse anzueignen, wird allgemein vorausgesetzt. Damit gewinnt die Frage der Weiterbildung Gewicht.

Beim Überblick über den Stellenmarkt in der Bundesrepublik ist leicht festzustellen, daß Jugendliche, die mit Computern, Telekommunikation und der Elektronik im weitesten Sinne vertraut sind, von vornherein einen besseren Start ins Berufsleben haben dürften als Gleichaltrige, die diese Kenntnisse nicht vorweisen können. Staat und Verwaltung haben mittlerweile erkannt, daß Computerbildung nicht erst nach der Schulausbildung in Angriff genommen werden darf: Kurse an Berufs- und allgemeinbildenden Schulen werden allmählich zum Bestandteil des Lehrplanes. Daneben helfen auch die Volkshochschulen bei der Vermittlung von Computerkenntnissen. Neben einführenden Veranstaltungen bieten sie Kurse für Umschüler und arbeitslose Akademiker an, um diesen Personengruppen den Einstieg in einen zukunftssicheren Beruf zu ermöglichen.

Süddeutsche Zeitung

2. **Lesen Sie den Artikel ein zweites Mal und notieren Sie Stichpunkte zu den inhaltlichen Schwerpunkten.**

a) Bedeutung des Computers in der Berufswelt (allgemein): _____

_____

_____

_____

b) Stellenanzeigen in den Zeitungen: _____

_____

_____

c) Arbeitsmarkt im EDV-Bereich: _____

_____

_____

_____

d) Berufschancen für Jugendliche: _____
_____
_____

e) Weiterbildung im Bereich EDV: _____
_____
_____
_____

3. Ist die Situation in Deutschland mit der in Ihrem Land vergleichbar? Was ist ähnlich/ gleich, wo liegen die Unterschiede?

4. Was halten Sie von der folgenden These:

Der Computer ist gerade für Frauen wichtig, weil er eine befriedigende Verbindung von Familien- und Berufswelt ermöglicht.

Übersetzen Sie bitte die Ausdrücke mit „Daten..."

13

mißbrauchen

aus|tauschen   über|tragen*

ein|geben* / erfassen   verarbeiten

DATEN (Pl.)

ab|rufen*   speichern

schützen

KAPITEL 6

14 Der folgende Text ist nicht ganz leicht. Sie brauchen beim Lesen aber auch nur in groben Zügen die verschiedenen darin aufgezählten Vorteile des Computers für Klein- und Mittelbetriebe zu verstehen.

Schreiben Sie bitte diese Vorteile – in Ihrer Muttersprache – jeweils in Form eines kurzen Satzes neben die entsprechenden deutschen Textabschnitte.

Wettbewerbsfähiger mit Computer

Anders als in Großunternehmen ist der Computer in Klein- und Mittelbetrieben noch längst keine Selbstverständlichkeit. Dabei kann gerade die EDV die Wettbewerbsfähigkeit des Mittelstands beträchtlich verbessern.

- Routinearbeiten werden maschinell erledigt, was Zeit und damit Personalkosten spart. An einem typischen Sekretariatsplatz ist bereits wenige Wochen nach Einführung des Computers eine Kapazitätsreserve von 20 Prozent nachweisbar.
- Produktion und Lagerhaltung sind auch in kleineren Betrieben entscheidende Kostenfaktoren. Eine bedarfsorientierte Produktionsplanung in Verbindung mit einer optimierten Lagerwirtschaft läßt die „Luft" aus diesen Kosten.
- Je kleiner ein Betrieb, um so länger dauert erfahrungsgemäß die Rechnungserstellung. Die „Rechnung auf Knopfdruck" in Verbindung mit einem automatischen Mahnwesen verbessert auch bei diesen Betriebsgrößen die Liquidität erheblich.
- Vor allem im Handwerksbereich, aber auch in anderen Branchen, wird oft mehr geschätzt als kalkuliert, mit der Folge von regelmäßigen Verlustaufträgen. Dabei können geeignete EDV-Kalkulationsprogramme in wenigen Minuten verschiedenartigste Kalkulationen erstellen und damit Verluste rechtzeitig sichtbar machen.
- Schnelle und korrekte Kalkulationen sind auch wichtig, wenn es um die Angebotserstellung geht. Computerunterstützte Betriebe erzielen hier beträchtliche Wettbewerbsvorteile, weil sie schneller mehr Angebote abgeben können.
- Wettbewerbsvorteile verschafft der Computer in Verbindung mit einem Textverarbeitungssystem auch in anderer Hinsicht: Computerausdrucke vermitteln Professionalität und verbessern damit das Image des Absenders.
- Nicht zuletzt zählt der Wettbewerbsfaktor Information: Besser aufbereitete und schneller verfügbare Daten ermöglichen der Betriebsführung qualifiziertere Entscheidungen.

Die Sparkassen

Vervollständigen Sie bitte die Aufzählung mit Wörtern aus dem vorstehenden Text. 15

> Verben, die eine Veränderung ausdrücken, können mit den folgenden Adverbien graduiert werden:
>
> überhaupt nicht, gar nicht
> nicht
> kaum, wenig, ein wenig, geringfügig, leicht
> ziemlich, ziemlich stark
> _____, _____, sehr, sehr stark
> gewaltig, enorm

Unterstreichen Sie bitte im folgenden Text alle Internationalismen und übersetzen Sie sie in Ihre Muttersprache. 16

Computer 2000 kauft Distributor in Schweden	Entsprechungen in der Muttersprache
Die Computer 2000 AG, München, hat die schwedische Expander Informatic Group AB, Stockholm, zu 73% übernommen. Expander sei eines der führenden schwedischen Distributions-Unternehmen für den Fachhandelsvertrieb von Soft- und Hardwareprodukten für den professionellen Personal-Computer-Markt, teilte Computer 2000 mit. Bei sehr guter Ertragslage habe der Umsatz im letzten Jahr umgerechnet rund 46 Mio. DM betragen. Das schwedische Management bleibe am Unternehmen beteiligt und werde die Geschäfte weiterführen. Computer 2000 ist mit einem Konzernumsatz von rund jährlich 600 Mio. DM eines der größten Vertriebsunternehmen in Europa für Produkte rund um den Personal Computer. Im neuen Geschäftsjahr wird erstmals ein Konzernumsatz von über 1 Mrd. DM erwartet. Süddeutsche Zeitung	

KAPITEL 6

17 Indirekte Rede

1. Wie Sie an den Verbformen erkennen können, ist der vorstehende Text überwiegend in der indirekten Rede verfaßt.
Unterstreichen Sie bitte die entsprechenden Verben.

Als Grundregeln für geschriebene Texte gilt:

> Die indirekte Rede steht im Konjunktiv I, wenn dessen Form nicht mit dem Indikativ identisch ist. Andernfalls wird der Konjunktiv II benutzt.

Direkte Rede	**Indirekte Rede**	
Der Firmensprecher sagt/e: „Der Umsatz **beträgt** 46 Millionen Mark."	Der Firmensprecher sagt/e, ... der Umsatz **betrage** 46 Millionen Mark. ... daß der Umsatz ... **betrage**.	**Konjunktiv I**
„Die Angestellten **haben** eine Gehaltserhöhung bekommen."	... die Angestellten **hätten** eine Gehaltserhöhung bekommen. ... daß die Angestellten ... bekommen **hätten**.	**Konjunktiv II**

2. Vervollständigen Sie die folgende Regel.

> In der Presse wird die indirekte Rede hauptsächlich in der ___3.___ Person Singular und Plural benutzt. Für den Singular verwendet man dabei die Formen des _____, für den Plural dagegen die Formen des _____ (außer für das Verb **sein**: sie **seien**).
> Es ist ebenfalls möglich, **würde/würden** + Infinitiv zu verwenden (außer bei den Hilfs- und Modalverben).

18 Bitte erweitern Sie die Gegenüberstellung. Verwenden Sie die indirekte Rede.

Die einen sagen,
der Computer diene nur dazu, die Unternehmerprofite zu steigern.
Er mache die Menschen krank.
...

Die anderen sagen,
erst der Computer mache die 4-Tage-Woche möglich.
...

Ich meine, daß ... (Indikativ!)

Die fehlenden Buchstaben in der mittleren Reihe ergeben – von oben nach unten gelesen – ein Wort, das nachstehend auch zeichnerisch dargestellt ist.

19

F

Spezialist auf dem Gebiet der elektronischen Datenverarbeitung:

jemand, der Programme schreibt:

damit niemand Daten mißbraucht, gibt es...

ein Gerät, das in immer mehr Haushalten steht:

hier lassen sich die Daten abrufen:

ein kristalliner Stoff, der eine besondere Leitfähigkeit hat:

wenn Daten auf die Reise gehen:

wenn man den Computer nur für das Schreiben benutzt, handelt es sich um...

eine Abkürzung für ein Wort, ohne das heutzutage scheinbar nichts mehr geht:

ein elektrischer Baustein, der eine Vielzahl an Informationen und Schaltkreisen enthält:

jemand, der sich unberechtigterweise Zugang zu Datenbanken verschafft:

Bildschirm:

Teilbereich der Elektrotechnik, der sich u.a. mit Halbleitern und Fotozellen beschäftigt:

Gegenteil von Software:

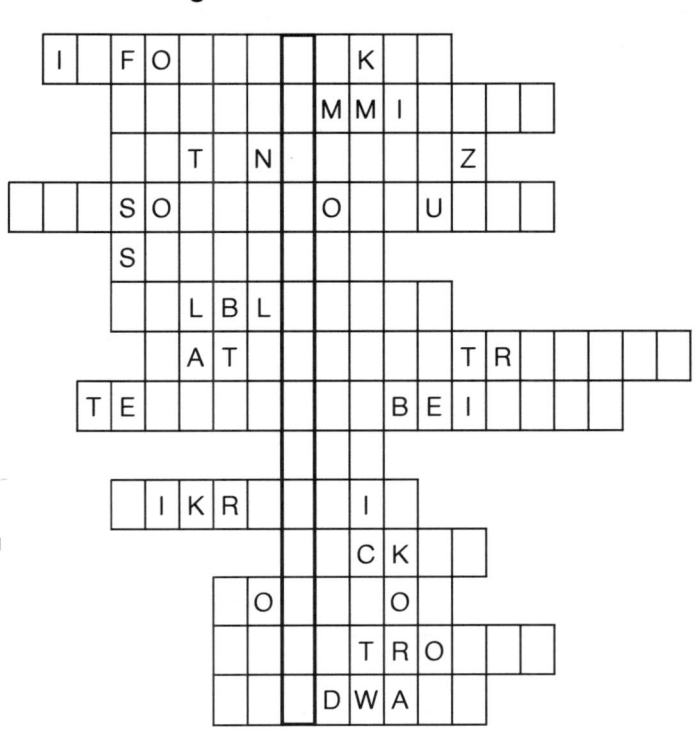

„Schau an, Sie haben sich auch einen _____ angeschafft!"

KAPITEL 6

20 Notieren Sie bitte in den folgenden Rubriken Wörter bzw. Ausdrücke aus dem gesamten Kapitel 6. Vergessen Sie bei den Substantiven die Artikel und Pluralformen nicht. Kennzeichnen Sie die unregelmäßigen Verben mit einem * und die trennbaren Verben mit einem |.

Substantive:

Wichtige Adjektive in Verbindung mit Substantiven:

Ausdrücke:

Verben:

Verben:

Kapitel 7

Transport und Verkehr

Verteilung der Verkehrsmittel, Orthographie, Interpunktion	1–3
Autoabsatz	4
Stichwort „Auto"	5
Probleme des Autoverkehrs	5–8
„Stadt-Auto" Bremen	8
Lkw-Verkehr	9, 10
Binnenschiffahrt	11
„Stadt – Land – Fluß"	12
Übersicht: Verkehrswesen	13
Güterverkehr: Deutsche Bundesbahn (DB)	14
Zeichenerklärungen – Fahrplan	15
Zugauskunft	16
Adjektive und Adverbien	17
DB-Angebote für Reisende	18
Passiv	19, 21
Hochgeschwindigkeitszüge	20
werden	21
Piktogramme aus dem Kursbuch der DB	22
DB-Pünktlichkeit	23
DB-Tarifbestimmungen	24
Fachvokabular: Kreuzworträtsel	25
Flughäfen in Deutschland	26–29
Rauchen im Flugzeug	30
Lufthansa-Angebote für Reisende	31, 37
feststellen, festlegen, festsetzen	32
Was Geschäftsleute beim Fliegen für wichtig halten	33, 34
Präposition, Konjunktion, Adverb	35
gelten, Geltungs-, gültig	36
Fachvokabular „Flug-"	38, 41
Überblicksartikel: Deutsche Lufthansa	39
Superlativ	40
Interview zum Verkehrswesen	42
Wichtige Lexik	43

1 Wie legen Sie den Weg zurück
- zum Arbeitsplatz,
- zum Ausbildungsplatz
  (zur Schule, zur Universität usw.),
- zu Freizeiteinrichtungen
  (zum Schwimmbad, zum Kino usw.),
- zum Einkaufen,
- zum Urlaubsziel?

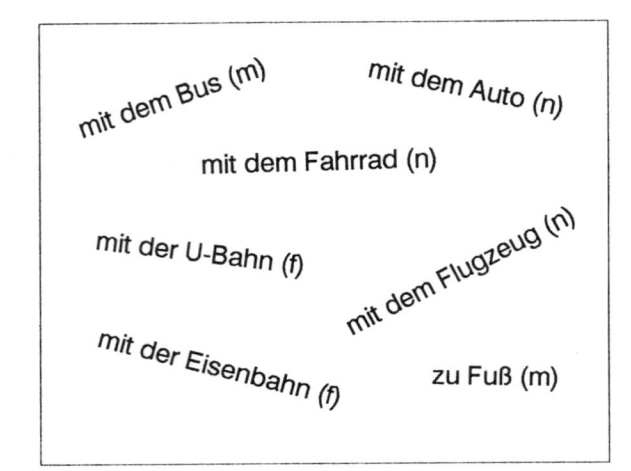

mit dem Bus (m)   mit dem Auto (n)
mit dem Fahrrad (n)
mit der U-Bahn (f)   mit dem Flugzeug (n)
mit der Eisenbahn (f)   zu Fuß (m)

2

F

1. In diesem Schaubild ist der Kontext weggelassen worden, in dem die Wege zurückgelegt werden: *zum Einkaufen, zum Ausbildungsplatz, zur Arbeit, in den Urlaub, in der Freizeit*.
Vervollständigen Sie bitte das Schaubild mit diesen Angaben.

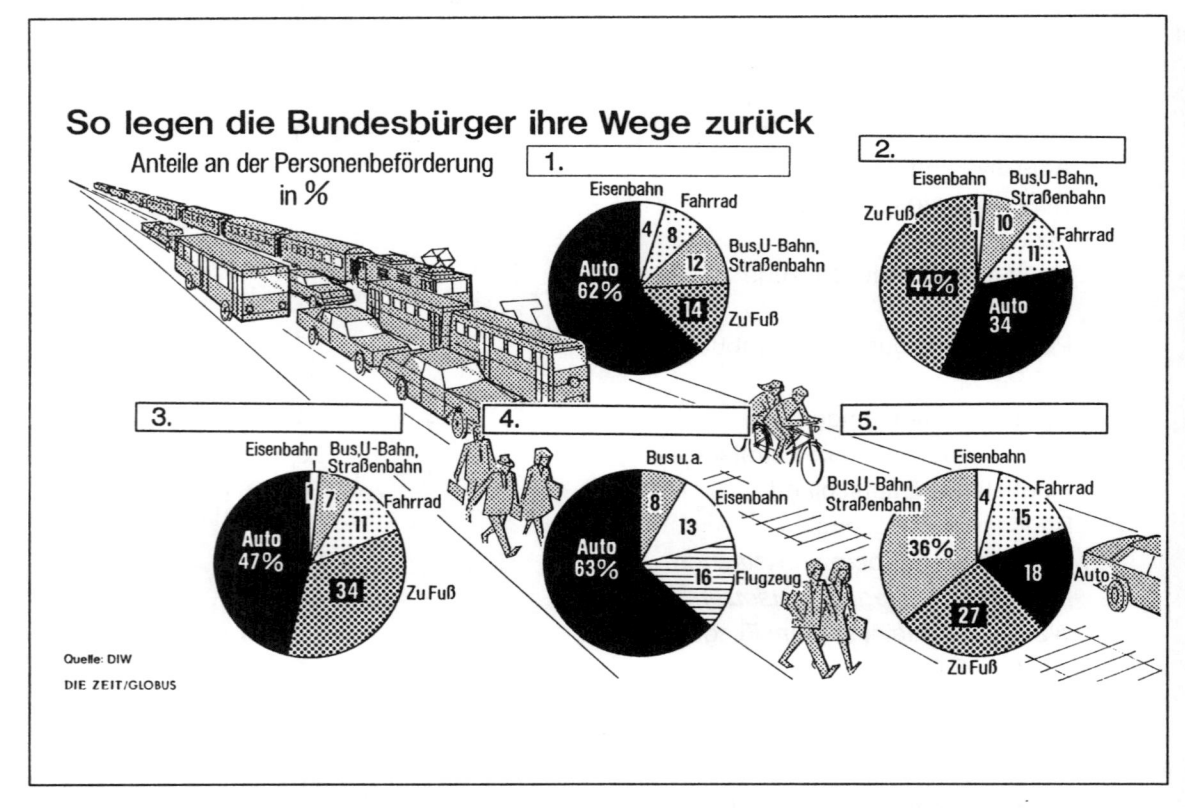

So legen die Bundesbürger ihre Wege zurück
Anteile an der Personenbeförderung in %

1. Eisenbahn 4, Fahrrad 8, Bus, U-Bahn, Straßenbahn 12, Zu Fuß 14, Auto 62%

2. Eisenbahn 1, Bus, U-Bahn, Straßenbahn 10, Fahrrad 11, Zu Fuß 44%, Auto 34

3. Eisenbahn 1, Bus, U-Bahn, Straßenbahn 7, Fahrrad 11, Zu Fuß 34, Auto 47%

4. Bus u. a. 8, Eisenbahn 13, Flugzeug 16, Auto 63%

5. Eisenbahn 4, Fahrrad 15, Auto 18, Zu Fuß 27, Bus, U-Bahn, Straßenbahn 36%

Quelle: DIW
DIE ZEIT/GLOBUS

2. Diskutieren Sie bitte Ihre Lösungen in der Gruppe und begründen Sie jeweils Ihre Meinung.

Ihr Dozent zeigt Ihnen anschließend das Originalschaubild.

1. **Beschreiben und kommentieren Sie bitte das nebenstehende Schaubild. Nehmen Sie dabei die Redemittel aus Aufg. 10 und 33, Kap. 3, und Aufg. 6, Kap. 5, zu Hilfe.**

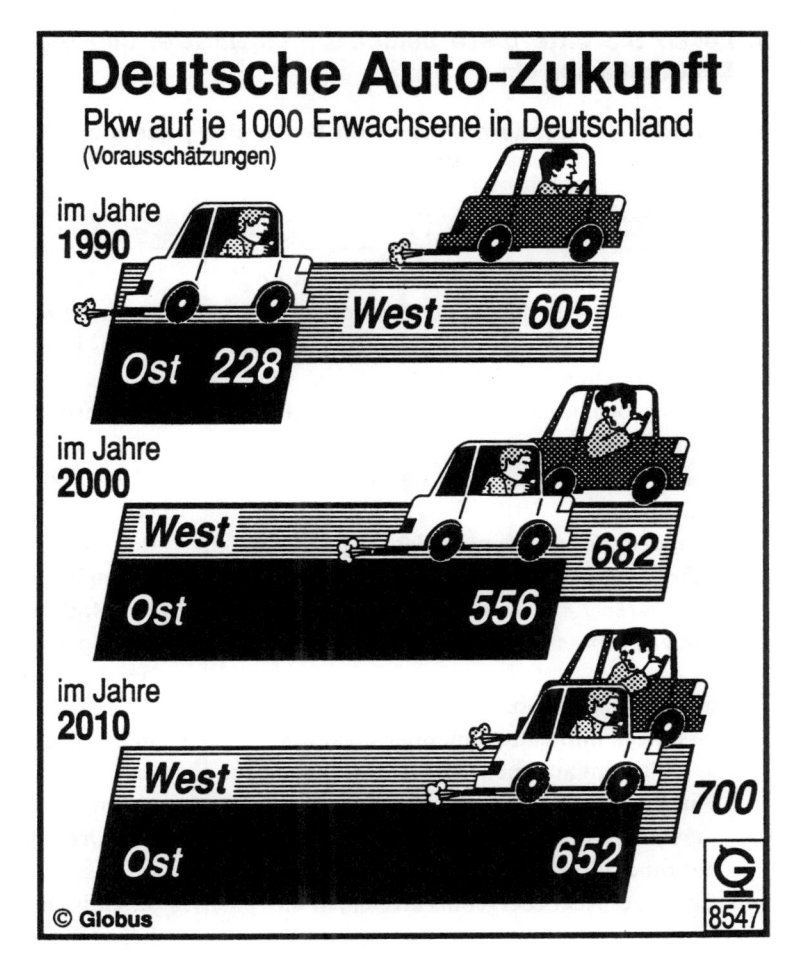

Deutsche Auto-Zukunft
Pkw auf je 1000 Erwachsene in Deutschland
(Vorausschätzungen)

im Jahre **1990**
West 605
Ost 228

im Jahre **2000**
West 682
Ost 556

im Jahre **2010**
West 700
Ost 652

© Globus
8547

2. **Schreiben Sie den folgenden Text neu und setzen Sie dabei die fehlenden Zwischenräume, Bindestriche, Satzzeichen und Großbuchstaben ein.**

gegenwärtigsinddie„ossis"(ostdeutschen)nichteinmalhalbsoreichlichmitpkwausgestatt
etwiedie„wessis"(westdeutschen)zurjahrtausendwendewirdderostdeutschemotorisieru
ngsgradschonfastsohochseinwieheuteimwestenweiterefünfjahrespäter2005istdieserst
anddannerreichtundwird2010sogarübertroffensogehtesauseinerprognosederdeutsche
5 nshellhervorfreilichimwestengehtesmitdermotorisierungebenfallsweitersokommtesdaß
derwestendeutschlandswohlauchnochimjahre2010einenmotorisierungsvorsprungvord
emostenhabenwirddiesvorallemdeshalbweildieälterenbürgerimöstlichenteildeutschlan
dssichnichtimgleichenmaßemotorisierenwerdenwieihreansautogewöhntenaltersgenos
senimwestendieserschnellstartindievollmotorisierungindereehemaligenddrallerdings
10 nurbeigünstigenwirtschaftlichenbedingungenzuerwartenaberauchbeieinerungünstigen
entwicklungistdamitzurechnendaßsichderpkwbestandindeutschlandsostenbis2010ver
doppelnwird.

4 1. **Lesen Sie bitte diese beiden Zeitungsartikel und ordnen Sie die Begriffe aus dem Schüttelkasten ein.**

2. **Suchen Sie zu jedem der beiden Texte eine passende Überschrift.**

Das letzte Jahr war das bisher beste „Autojahr" in der Geschichte der Bundesrepublik: 3,38 Mio. _____ und gut 158 000 Fahrzeuganhänger kamen neu auf die Straßen, meldet das Kraftfahrt-Bundesamt (KBA). Das waren 8,1 Prozent mehr _____ als im Vorjahr (3,13 Mio.). Von den Neuzulassungen des vergangenen Jahres waren 3,04 Mio. _____. Das waren 7,4 Prozent mehr als im letzten Jahr. Spürbare Steigerungen gab es bei den _____: Lastkraftwagen legten um 17,4 Prozent auf gut 157 000 Zulassungen und Sattelschlepper sogar um 31,8 Prozent auf gut 11 000 Anmeldungen zu. Nur bei den _____ ging die Zahl der Neuzulassungen um 2,6 Prozent auf rund 30 000 zurück. Ein neues Rekordergebnis erreichten die _____ Pkw mit ihrem Anteil an den Gesamtzulassungen. Insgesamt wurden im letzten Jahr von den Verkehrsbehörden 2,97 Mio. neu angemeldete Pkw (97,9 Prozent) als mehr oder weniger _____ eingestuft. Süddeutsche Zeitung	Die *Volkswagen AG*, Wolfsburg, hat nun im sechsten Jahr hintereinander die meisten Autos in Europa verkauft. Der Wolfsburger _____ habe seinen europäischen Marktanteil auf 15,4 Prozent (i.V. 15,0) gesteigert und dabei 2 041 000 (2 018 779) Fahrzeuge abgesetzt, heißt es in einer in London veröffentlichten Übersicht der *Automotive Industry Data*. VW habe bei einem insgesamt um 1,5 Prozent geschrumpften Markt einen _____ um 1,1 Prozent verbucht. Das Fachblatt erklärte den VW-Anstieg vor allem mit dem _____ auf dem deutschen Automarkt. Der Anteil der *Fiat SpA*, Mailand, die an zweiter Stelle gestanden habe, sei hingegen auf 14,2 Prozent (14,9) gesunken. Die Ursache hierfür sei der schrumpfende _____ in Italien. Japanische Hersteller hätten insgesamt deutlich zugelegt und nähmen den sechsten Platz ein. Ihr _____ sei in Europa auf 11,6 Prozent (10,9) gestiegen. Süddeutsche Zeitung

---

schadstoffreduzierten   Traktoren (m)   Anmeldungen (f)   Nutzfahrzeugen (n)

Marktanteil (m)   Boom (m)   Personenwagen (m)   Markt (m)

Kraftfahrzeug (n)   Anstieg (m)   Konzern (m)   abgasentgiftet

---

3. **Unterstreichen Sie alle Ausdrücke mit der Bedeutung *fallen* bzw. *steigen*.**

4. **Übersetzen Sie einen der beiden Texte.**

1. Sammeln Sie bitte Stichworte zum Thema „Autoverkehr". **5**

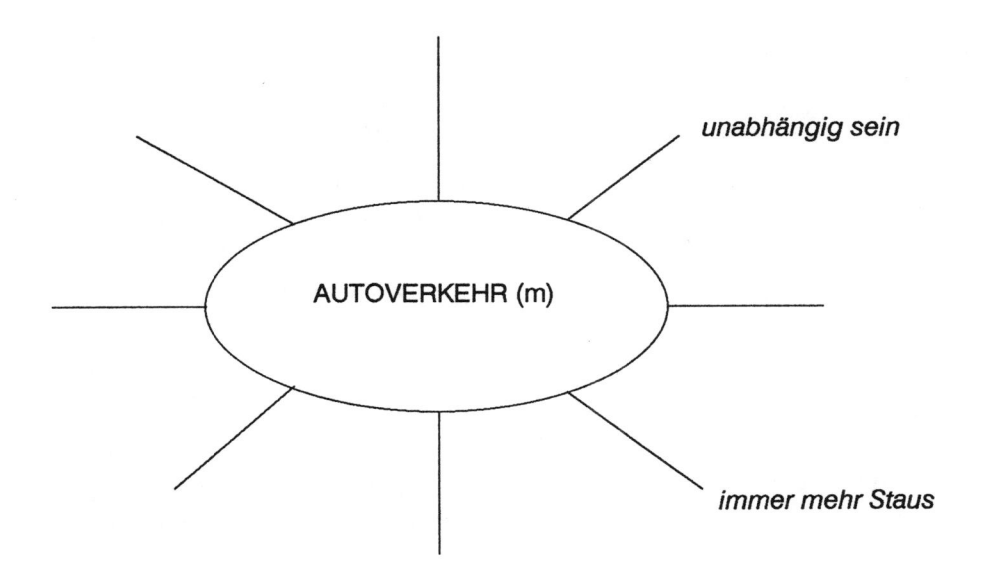

unabhängig sein

AUTOVERKEHR (m)

immer mehr Staus

2. Welche Rolle spielt das Auto in Ihrer Gesellschaft?

3. „Am Firmenwagen erkennt man die Stellung des Arbeitnehmers in der Firma" – inwiefern entspricht diese Aussage den Verhältnissen in Ihrem Land?

PARKNOTSTAND

„HALLO – FAHRN SIE WEG?"

In den letzten vierzig Jahren stieg die Zahl der Kraftfahrzeuge in der Bundesrepublik von 3,4 Millionen auf knapp 35 Millionen an. In der gleichen Zeit nahm die Länge des Straßennetzes von 353 000 km auf 497 000 km zu. Eine der Folgen dieses Zahlenverhältnisses stellt Ernst Hürlimann in der nebenstehenden Karikatur dar. **6**

Welche weiteren Folgen dieser Entwicklung sehen Sie?

7

F

1. Wenn ein Fahrzeug zum „Stehzeug" wird – ordnen Sie bitte die Sätze in der rechten Spalte denen in der linken zu.

1. Weil sich am 1. November mehr als 100 000 Autos an der Stau-Hitparade beteiligten und mit ihren Autos für einen neuen Spitzenreiter sorgten, ...

2. Einen halben Tag dauerte es, ...

3. Doch bis dahin kosteten jeder Kilometer und jede Stunde im Stau 1000 Mark nur an Treibstoffverbrauch, ...

4. Für die Zukunft läßt das Schlimmes ahnen, und Verkehrsexperten gehen davon aus, ...

5. In einer Studie für die Klimaschutz-Kommission des Bundestages errechnete der Neusser Unternehmensberater Ralf E. Geiling, ...

6. Er wies darauf hin, ...

7. Mehr als 26 Milliarden Mark an volkswirtschaftlichen Kosten gehen auf City-Staus zurück, ...

8. Ein großer Teil könnte eingespart werden, ...

9. Das würde auch die langen Standzeiten etwas angenehmer machen. Geiling: ...

10. Ob arm oder reich – ...

a) ... daß im Stadt-Stau ein Mehrverbrauch an Benzin und Diesel von 6,2 Milliarden Liter entsteht, immerhin etwa ein Achtel von dem, was Deutschlands Autofahrer insgesamt tanken.

b) ... daß die Motoren gewissermaßen „nebenbei" noch fast 15 Millionen Tonnen Abgasschadstoffe im Stau produzieren.

c) ... also insgesamt rund zwei Millionen Mark.

d) ... entstand eine 170 Kilometer lange Schlange auf der Autobahn Nürnberg–Berlin.

e) ... bis der Verkehr wieder flüssig lief.

f) ... „Im Stau vor roten Ampeln wartet der Autofahrer rund 65 Stunden im Jahr."

g) ... im Stau sind alle gleich.

h) ... so errechnete der Experte.

i) ... daß man im Jahre 2000 nur noch von Stau zu Stau fahren wird.

j) ... wenn die Autofahrer die Motoren ihrer Autos frühzeitig abstellten.

1	2	3	4	5	6	7	8	9	10
	e								

2. Sind die Straßen in Ihrem Land ähnlich verstopft wie die in Deutschland? Welche „Stauerfahrungen" haben Sie gemacht?

3. Der Text macht deutlich, daß beim Autofahren Kosten entstehen, für die der Verursacher, der Autofahrer, nur zum Teil selbst bezahlt. Volkswirtschaftler sprechen in diesem Zusammenhang von „externen Kosten", d.h. Kosten, die zwar entstehen, wenn eine Leistung erbracht wird, für die aber unbeteiligte Dritte (normalerweise die Allgemeinheit) aufkommen müssen.

**Zählen Sie bitte ein paar externe Kosten des Autofahrens auf.
Muß man Ihrer Ansicht nach aus der Existenz dieser externen Kosten den Schluß ziehen, daß das Autofahren entsprechend teurer werden sollte?
Begründen Sie Ihre Meinung.**

„Stadt-Auto" Bremen: Ein Fahrzeug nur bei Bedarf

Mit einer originellen Idee will der Verein „Öko-Stadt Bremen" den Autoverkehr in der Hansestadt reduzieren. „Stadt-Auto" heißt das Projekt, das ein
5 Sprecher des Vereins erläuterte. Wer bereit ist, auf ein eigenes Auto zu verzichten, kann für einen Monatsbeitrag von zehn Mark und eine einmalige Kaution von 1000 Mark Mitglied des Projekts
10 werden und nach Bedarf telefonisch ein Auto buchen. Jedes Mitglied erhält einen Schlüssel für einen der vier Tresore auf bestimmten Parkplätzen. Dort befinden sich Papiere und Schlüssel für
15 die auf den Plätzen abgestellten Autos. Durch einen Telefonservice rund um die Uhr erfährt der Interessent, wann, für welchen Zeitraum und wo er einen Wagen erhalten kann. Am Monatsende
20 erhält der Benutzer dann eine Rechnung. Ziel des Projektes ist es, Anreize zu schaffen, möglichst wenig Auto zu fahren.

Süddeutsche Zeitung

8 Glauben Sie, daß das „Stadt-Auto-Projekt" von dem im nebenstehenden Text die Rede ist, eine Lösung des Auto-Problems ist? Welche Schwierigkeiten sehen Sie bei der Durchführung eines solchen Projekts? Wären Sie bereit, an diesem Projekt teilzunehmen? Bitte äußern Sie sich schriftlich.

EINFACH intelligenter

Die Alternative zum eigenen Auto. Schont Umwelt, Nerven und Geldbeutel. Komfortabel und unkompliziert. Mit eigenem Schlüssel. Jederzeit verfügbar. Info anfordern!

STADT AUTO
Wenig Auto - Viel Vergnügen
Tel. 0421 - 77 010

9 Schreiben Sie bitte den Text neu und ergänzen Sie die Vokale a, e, i, o und u (■). [F]

Mehr Genehmigungen für Europas Speditionen

D■■ V■rk■hrsm■n■st■r d■r ■G h■b■n d■■ l■tzt■n Gr■ndl■g■n für ■■n fr■■■s ■■r■päsch■s Str■ß■n-Sp■d■t■■nsw■s■n g■sch■ff■n. ■n Brüss■l b■schl■ss■n d■■ M■n■st■r, d■■ Z■hl d■r ■■r■p■w■■t■n Tr■nsp■rt-G■n■hm■g■ng■n für Sp■d■t■■r■ ■m 40 Pr■z■nt z■ ■rhöh■n, ■m ■■n fr■■■s Str■ß■n-Sp■d■t■■nsw■s■n ■m ■■r■päsch■n B■nn■nm■rkt z■ g■währl■■st■n. D■b■■ s■nd ■ll■rd■ngs n■ch ■■nschränk■ng■n mögl■ch, f■lls d■rch d■■ Z■l■ss■ng z■ v■■l■r F■hrz■■g■ d■■ Pr■■s■ ■n G■f■hr g■r■t■n.

10 1. Lesen Sie bitte die Überschrift des Artikels auf S. 190 und sehen Sie sich die Karikatur an. Worum geht es wohl in dem Text?

[F] 2. Lesen Sie den Artikel einmal ganz ohne Hilfestellung durch. Stimmten Ihre Vermutungen?

3. Gehen Sie dann absatzweise vor: Lesen Sie zuerst einen Absatz ganz durch und unterstreichen Sie dann die Hauptaussage(n) bzw. die Schlüsselwörter. Vergleichen Sie die Ergebnisse untereinander.

4. Verfassen Sie auf deutsch eine kurze Zusammenfassung.

„Just in Time" oder längst zu spät?
Vernetzung verschiedener Verkehrsmittel und Trennung der Verkehrsnetze nötig

Der Lastwagen ist nicht nur der jüngste Landverkehrsträger, er ist auch der erfolgreichste. Mitte der 60er Jahre überholte der Güterverkehr auf der Straße die Eisenbahn, die bis dahin Spitzenreiter war. Heute werden mehr Güter im Straßenverkehr befördert als mit allen anderen Transportmitteln zusammengenommen.

Das Zauberwort heißt „Just in Time", der Lkw wird zur verlängerten Werkbank und zum rollenden Lager. Die Ladung ist terminlich auf die Minute disponiert, sonst stehen die Bänder still. Lagerhaltung und daraus resultierende Kapitalbindung fällt weg, „gelagert" wird im fließenden Verkehr. Streß und dauernder Termindruck für die Fahrer, Akkord auf den Straßen, Knock out für die Natur – denn umweltfreundlich ist der Lastwagen bis heute beileibe nicht.

Stichwort Schadensbegrenzung. Im Bundesumweltministerium heißt das: „Ziel muß es sein, das Verkehrswachstum der nächsten Jahre mit öffentlichen Verkehrsmitteln aufzufangen." Die Realität: Sorgenkind Nummer eins ist mal wieder der Güterverkehr, dessen Zunahme um gut 20 Prozent in den letzten zwei Jahren die Reduzierung verkehrsbedingter Umweltbelastungen im Bereich des Individualverkehrs fast gänzlich kompensiert hat. Gerade den Güterverkehr mit umweltfreundlicheren Verkehrsmitteln aufzufangen, erscheint schwierig. Auch wenn die Bahn auf einigen wichtigen Strecken mit Tempo 160 für Schnelligkeit im Güterverkehr sorgt – der Lkw ist in seiner Mobilität nicht zu schlagen, vor allem in der Fläche.

Besonders Westdeutschland hat, da sind sich alle einig, eine der besten Verkehrsinfrastrukturen der Welt. Alles hat auch dabei seinen Preis, 40 Prozent unserer Siedlungsflächen sind inzwischen Verkehrsflächen. Trotz dieser Vorteile ist die Gütertransportgeschwindigkeit in Europa langsamer gewachsen, als die enorme technische Entwicklung von der Postkutsche zum Transportsystem Lastwagen glauben läßt. Um diesem Handicap beizukommen, geht es der Verkehrsforschung nicht in erster Linie darum, Verkehrsmittel zu optimieren, sondern Verkehrssysteme zu entwickeln und geeignete Schnittstellen zu anderen Verkehrsträgern zu schaffen. Verkehrssysteme, das heißt symbiotische Verknüpfungen von Individual- und Massenverkehr, Ineinandergreifen von großen und kleinen Verkehrskreisläufen, multifunktionale Verkehrsträger, wie es die „Studiengruppe für Biologie und Umwelt" definiert. Dazu kommt der Einsatz von Datenverbünden und Kommunikationstechnologien, um nicht nur den Übergang von Personen und Gütern von einem Verkehrsmittel auf ein anderes zu verbessern, sondern auch den Verkehrsfluß zu optimieren. Verkehrsverbünde also, Huckepackverkehr, Autoreisezüge, „fly and drive"-Angebote, das alles sind sinnvolle Ideen und erste Schritte zur Vernetzung verschiedener Verkehrsmittel.

War mit dem Container ein erster Schritt für eine größtmögliche Kompatibilität von Frachtbehältern getan, so ist ein konsequenter zweiter Schritt die Errichtung von Güterverkehrszentren (GVZ), um logistische Leistungen mit einem möglichst geringen Zeitverlust beim Güterumschlag abwickeln zu können. Um dann auch auf der Strecke effizient und schnell arbeiten zu können, haben Verkehrsplaner Szenarien zur Differenzierung von Straßennetzen entworfen. Trennungen von Wohn- und Hauptstraßen, vielfach erprobt im Rahmen des Bundesforschungsvorhabens „Flächenhafte Verkehrsberuhigung", und eine weitergehende Auskopplung von Gefahr- und Schwergutnetzen zeigen, daß Verkehr ökologisch und sozial verträglich gestaltet werden kann.

M. S.-Fichtner (pti)/Saarbrücker Zeitung
Grafik: J. Jauss

1. **Markieren Sie bitte auf der Karte diejenigen Wasserwege, von denen in den Texten gesprochen wird.**

Im Güterverkehr der Bundesrepublik Deutschland nimmt die Binnenschiffahrt, die über ein dichtes Netz großzügig ausgebauter Wasserstraßen verfügt, einen bedeutenden Rang ein. Die für die Schiffahrt regulierten großen natürlichen Wasserwege (Rhein, Elbe, Weser, Main, Donau) sind durch ein System künstlicher Kanäle miteinander verbunden, so daß alle wichtigen Industriezentren und Handelsplätze durch Binnenschiffe erreicht werden können. Die meisten Kanäle gibt es in Nordwestdeutschland, wo neben den traditionellen, vom Rhein-Ruhr-Gebiet ausgehenden oder zu ihm hinführenden West-Ost- und Nord-Süd-Verbindungen in den letzten Jahren noch zusätzliche Wasserwege (wie der Elbe-Seitenkanal) für die Binnenschiffahrt geschaffen worden sind. Die von der Binnenschiffahrt genutzten Wasserstraßen in Deutschland haben eine Gesamtlänge von rund 6 700 km. Davon entfallen ungefähr zwei Drittel auf Flußstrecken und ein Drittel auf künstliche Wasserwege (Kanäle).

Wichtigste Verkehrsader der Binnenschiffahrt ist der Rhein, der sich von der schweizerischen bis zur niederländischen Grenze über rund 700 km erstreckt. Auf ihm werden mehr als drei Viertel der von Binnenschiffen beförderten Gütermenge bewegt. Wirtschaftliche Vorteile bietet der Massengütertransport auf dem Wasserwege vor allem den im Rheingebiet angesiedelten Unternehmen des Bergbaus, der Eisen- und Stahlindustrie, der Chemischen Industrie, der Mineralölverarbeitung und der Baustoffindustrie. Der Rhein ermöglicht schnelle Verbindungen zwischen den belgisch-holländischen Seehäfen und den westdeutschen Binnenhäfen.

Erich Schmidt Verlag

2. **Suchen Sie zu jedem der beiden Texte eine passende Überschrift.**

3. **Auf der Karte der Binnenwasserstraßen sind 14 schiffbare Flüsse verzeichnet. Listen Sie diese Flüsse auf und schreiben Sie den Artikel dazu.**

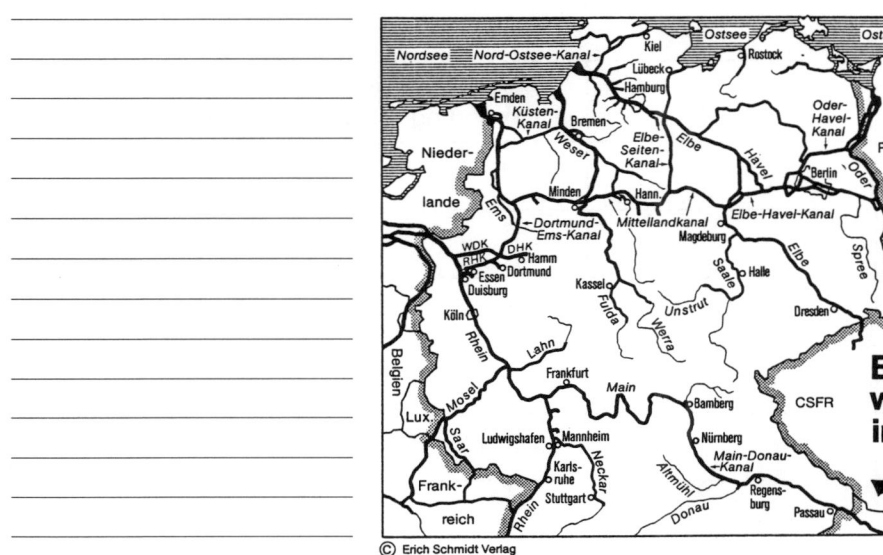

12 Stadt – Land – Fluß

Für dieses Geografiespiel braucht man mindestens zwei Teilnehmer. Man teilt zunächst ein Blatt Papier in die drei Spalten *Stadt, Land* und *Fluß* ein. Ein Teilnehmer sagt laut den Buchstaben A und geht dann für die anderen unhörbar das weitere Alphabet durch. Er wird an irgendeiner Stelle durch Zuruf gestoppt. Der entsprechende Buchstabe wird laut gesagt. Alle Teilnehmer schreiben zu diesem Buchstaben auf deutsch je eine Stadt, ein Land und einen Fluß auf. Sobald jemand in der Runde alle drei Spalten ausgefüllt hat, müssen die anderen aufhören zu schreiben. Jetzt geht es an die Punktverteilung. Für Namen, die man als einziger gefunden hat, gibt es 20 Punkte. Für Bezeichnungen, die andere auch genannt haben, erhält man 10 Punkte. Für falsch geschriebene Namen werden 3 Punkte abgezogen. Wenn die Punkte verteilt und notiert sind, fängt eine neue Runde an.

Das Spiel läßt sich z. B. durch eine zeitliche Vorgabe oder durch eine von vornherein festgelegte Rundenzahl begrenzen.

Ein abschließender Tip: zur Vorbereitung erweist sich S. 2 als sehr hilfreich!

13 Welche Begriffe fehlen in der folgenden Darstellung?

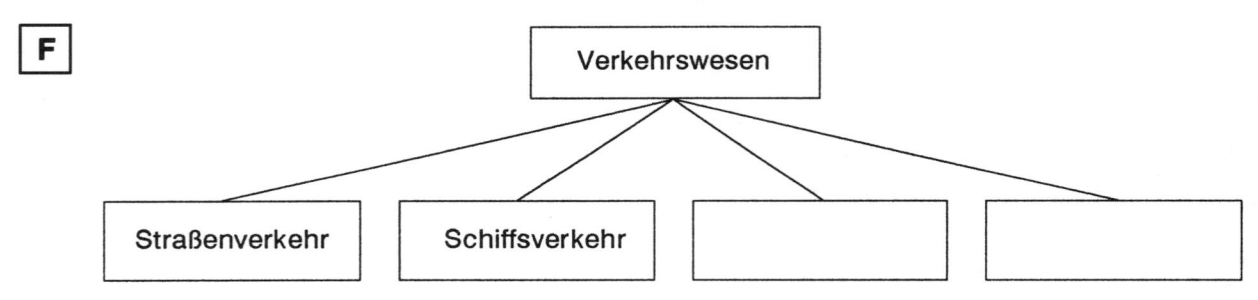

F

Verkehrswesen
- Straßenverkehr
- Schiffsverkehr
-
-

14 Lesen Sie bitte die nebenstehenden Auszüge aus Anzeigen der Deutschen Bundesbahn für verschiedene Service-Leistungen im Bereich des Güterverkehrs, und füllen Sie dann das Raster aus.

	Gewicht	Schnelligkeit Beförderungsdauer	Abholung und Zustellung
InterCargo-Züge			
Stückfracht			
IC-Kurierdienst			
Partiefracht			
Expreßdienst			
Termindienst			

Die InterCargo-Züge verbinden über Nacht die elf bedeutendsten Wirtschaftszentren der Bundesrepublik Deutschland. Zwischen 21 Uhr und 5 Uhr haben sie durchgehend Vorfahrt. Dadurch schafft es die Güterbahn, daß alle Wagen, die am späten Nachmittag abgeholt werden, bis spätestens 9 Uhr morgens am Ziel bereitstehen. Und zwar garantiert.

Bei Stückfracht geht's mit System auf die Reise. Dabei brauchen Sie so gut wie keinen Finger zu rühren. Die Güterbahn holt nämlich Ihre Sendung mit dem LKW ab und bringt sie zum nächsten Stückfracht-Bahnhof. Dann geht's auf die Schiene, bis zum Zielbahnhof. Von dort wiederum per LKW direkt vor die Haustür Ihrer Kunden. Sie sehen, Schiene und Straße arbeiten schnell und reibungslos zusammen.

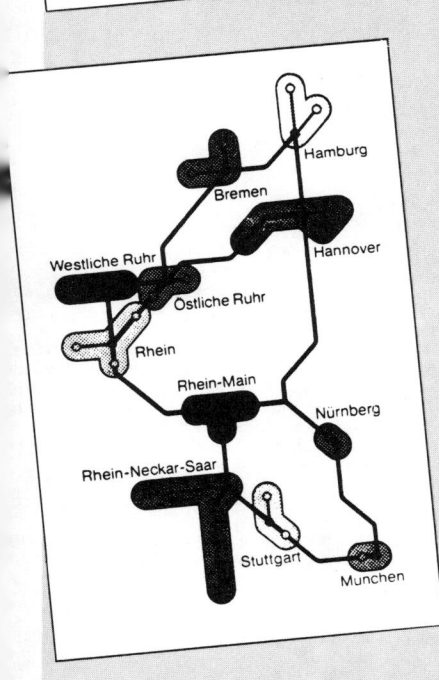

Unser IC-Kurierdienst löst dringende Transportprobleme nicht nur besonders schnell, sondern auch äußerst zuverlässig, und das bei 36 IC-Bahnhöfen. Befördert werden Sendungen bis 10 kg in Intercity-Zügen. Das heißt Auflieferung, Beförderung und Ablieferung Ihrer Sendung am gleichen Tag, und das minutengenau. Auch in der Schweiz. Ihr IC-Kuriergut können Sie entweder am Gepäckschalter oder am IC-Zug aufliefern bzw. abholen. Auf Wunsch werden die Sendungen auch überall im Bundesgebiet abgeholt und zugestellt.

Partiefracht ist ein besonders günstiges Angebot der Güterbahn, das Sendungen ab einer Tonne von heute auf morgen ans Ziel bringt. Ihre Sendungen werden per LKW abgeholt und über Nacht im Güterwagen direkt von einem Partiefrachtbahnhof zum anderen befördert. Von dort geht es gleich weiter zum Empfänger. Ebenfalls per LKW. So kommt alles, was in den Einzugsbereichen der 26 Partiefrachtbahnhöfe versandt wird, schon am nächsten Tag ans Ziel.

Mit dem Termindienst fahren alle Sendungen bis 100 kg gut, die unbedingt am nächsten Morgen ankommen müssen. Denn alles, was Sie bis 17.30 Uhr zu einem der 60 Termingutbahnhöfe bringen, ist am nächsten Morgen garantiert um 8 Uhr (in wenigen Fällen um 10 Uhr) am Ziel. Natürlich wird Ihre Sendung auch gerne per LKW zugestellt: innerhalb von zwei Stunden und ebenfalls garantiert.

Der Expreßdienst ist nicht nur schnell, sondern auch überall zu Hause. An 1.800 Bahnhöfen und rund um die Uhr.
Mit dem jeweils nächsten Reise-oder Expreßgutzug kommt Ihre Sendung prompt auf die Schiene, und : von heute auf morgen ans Ziel, wobei jedes Stück bis zu 100 kg wiegen darf.

DB Die Bahn

15

1. Ergänzen Sie bitte die folgenden Zeichenerklärungen aus dem Fahrplan der Deutschen Bundesbahn mit den Begriffen aus dem Schüttelkasten.

Zeichenerklärung

: links neben den Fahrplanzeiten =
: zuschlagpflichtige **EC-**, **IC-**, **IR-**, **FD-** und D-Züge

EC EuroCity, Europäischer Qualitätszug (EC/IC-Zuschlag grundsätzlich erforderlich).

IC InterCity, Nationaler Qualitätszug (EC/IC-Zuschlag grundsätzlich erforderlich).

IR InterRegio, _____

FD Fern-Express, qualifizierter Schnellzug,
D Schnellzug
M Messe-Schnellzug, nur 1. Klasse

zu Fahrausweisen bis 50 km (Zonen 1–7) sowie zu Streckenzeitkarten ist Schnellzugzuschlag erforderlich, wenn der Zug links neben den Fahrplanzeiten als zuschlagpflichtig gekennzeichnet ist.

RSB RegionalSchnellBahn, _____

E Eilzug
CB City-Bahn, Qualitätszug des Verdichtungsverkehrs
Ⓢ Ⓢ-Bahn
RB RegionalBahn
ohne Buchstaben: **Zug des Nahverkehrs**

Fahrplanzeiten sind in magerer Schrift gedruckt

Verkehrstage

{ links neben den Fahrplanzeiten: verkehrt nicht täglich oder nur während eines bestimmten Zeitabschnittes

† _____

✗ _____

Ⓐ an Werktagen außer Samstag
Ⓑ täglich außer Samstag
Ⓒ an Samstagen, Sonn- und Feiertagen

① Montag
② Dienstag
③ Mittwoch
④ Donnerstag
⑤ Freitag
⑥ Samstag (Sonnabend)
⑦ Sonntag

Abkürzungen

BD Bundesbahndirektion
Bf Bahnhof
Hbf Hauptbahnhof
GBB Geschäftsbereich Bahnbus
Bst Betriebsstelle (Bus)
Vb Verkaufsbüro (Bus)
ZOB Zentralbusbahnhof

Angaben zu den Zügen und Bahnhöfen

◊ Bei Anschlußangaben: **EC/IC** (EuroCity/InterCity; Zuschlag grundsätzlich erforderlich)

Ⓡ _____

♦ Platzreservierung für Einzelreisende besonders empfohlen, für Reisegruppen Angebotseinschränkungen.
🛄 mit Gepäck- und Fahrradbeförderung
🚃 Zug führt durchlaufende Wagen (Kurswagen)
🛏 Schlafwagen
S Einbettklasse (großes Einbettabteil), 1. Klasse
Sp Spezialklasse (kleines Einbettabteil), 1. Klasse
D Zweibettklasse (großes Zweibettabteil), 1. Klasse
T 2 Touristenklasse (kleines Zweibettabteil), 2. Klasse
T 3 Touristenklasse (Dreibettabteil), 2. Klasse

🛏 _____

✗ Quick-Pick-Zugrestaurant
🍴 _____
🍷 _____ } Service

6̄, 7̄... Übergangszeiten von 6, 7 ... Minuten (siehe „Kurze Hinweise für unsere Fahrgäste")

▶ Halt nur zum Zusteigen
◀ Halt nur zum Aussteigen
x vor dem Namen des Bahnhofs oder der Haltestelle: alle Züge und Busfahrten halten nur nach Bedarf, vor der Zeitangabe: hält nur nach Bedarf. Reisende, die aussteigen wollen, werden gebeten, dies dem Schaffner oder Zugführer spätestens auf dem letzten Haltebahnhof oder auf der letzten Haltestelle mitzuteilen. Reisende, die einsteigen wollen, machen sich dem Aufsichtsbeamten oder, wo dieser fehlt, dem herannahenden Zug oder Bus rechtzeitig bemerkbar.
│ In der Mitte der Fahrzeitspalte: fährt auf dem betreffenden Bahnhof (Haltestelle) durch

🚌 _____
✴ Schienenfahrausweise, ausgenommen Streckenzeitkarten, gelten im allgemeinen im Bus ohne Zahlung eines Zuschlages
▲ Bus hält nicht am Bahnhof
⚓ Schiffahrtslinie
✈ Ⓢ-Verkehr zum Flughafen
⊞ Grenzbahnhof oder Grenzübergangsstelle mit Paß- und Zollabfertigung
⊞ Paß- und Zollabfertigung im fahrenden Zug
P Bahnhof mit DB-eigenem Parkplatz

Weitere Zeichen oder Buchstaben als Hinweise auf Anmerkungen sind auf der Seite erklärt, auf der sie vorkommen.

Qualitätszug (m) des Regionalverkehrs (m)   Liegewagen (m) 2. Klasse (f)

an Werktagen (m)   überregionaler Zug (m) mit gehobenem Komfort (m)   Buslinie (f)

Platzkarten (f) erforderlich   Speisen (f) und Getränke (n) im Zug erhältlich

an Sonntagen (m) und allgemeinen Feiertagen (m)   Zugrestaurant (n)

---

2. Zählen Sie ein paar Feiertage in Deutschland auf.

16

Auskunft

Spielen Sie bitte Zugauskunft. Spieler A will von Köln nach Dresden fahren. B hat den nachstehenden Fahrplan vorliegen und gibt Auskunft über die Verbindungen (Umsteigen, Wochentage, Zugrestaurant usw.).

A ist ein schwieriger Kunde, der alles ganz genau wissen möchte. B sollte auch die Informationen aus Aufg. 15 nutzen.

16 Köln – Dortmund – Hamm ⊂ Kassel / Hannover ⊃ Halle – Leipzig – Dresden ← 16

Zug		D 1053	D 877	D 455 ◆ [12]	IC 606 ✕	D 437	D 2049 [50] ☐ [10]	E 2857	IC 604 ✕	D 735 ☐	D 487	E 857	D 955 [11]	D 1457	D 2241 [50]	IR 2141 ✕	IC 602 ✕	D 637 ☐
von		Köln		Mönchen-gladbach	Wies-baden				Karlsruhe							Norddeich	(Basel-)Koblenz	
Köln Hbf	8				8 10		9 03	9 57	10 09					10 53	11 03		12 10	
Düsseldorf Hbf							9 40	10 36	10 33					11 30	11 40			
Duisburg Hbf				8 10			9 57		10 46					11 50	11 57			
Essen Hbf				8 28			10 13		10 59					12 07	12 13			
Bochum Hbf	4			8 40			10 23		11 09					12 18	12 23			
Wuppertal-Elberfeld	3				8 42			10 55									12 42	
Hagen Hbf					8 59			11 17									12 59	
Dortmund Hbf	6			8 52	9 20		10 34		11 20					12 30	12 34		13 20	
Hamm (Westf)	4			8 55	9 27	10 36	10 52	11 31 (STOLZENFELS)	11 42					12 39 →	12 52		13 27 (KAISERSTUHL)	
Paderborn Hbf				10 13	9 42 (ADOLPH VON MENZEL)			12 32									13 42	
Altenbeken				10 26				12 53										
Warburg (Westf)				10 54														
Kassel Hbf				[20] 11 28	[20] 11 42													
Kassel Hbf		10 43																
Eichenberg		11 25																
Nordhausen		12 54						○ 15 44					15 53					
Bielefeld Hbf	4				10 10		11 23			12 10				13 23			14 10	
Minden (Westf)					10 59 (MENZEL)		11 52			12 22				13 52				
Hannover Hbf							12 22			12 59				14 22			14 59	
Hannover Hbf					11 02		12 38			13 02						14 38	15 02	
Braunschweig Hbf	4				11 47					13 47							15 47	
Helmstedt	3																	
Wolfsburg							13 30									15 30		
Magdeburg Hbf					13 08		14 44			15 08						16 52	17 08	
Magdeburg Hbf	6		14 33				14 05	14 56			15 26						17 04		17 22
Halle (Saale) Hbf	9		15 19				15 32	16 22			16 52			17 33					18 51
Leipzig Hbf					16 10		16 17	16 59			17 32			18 18			19 33		
Riesa				15 37				17 09				18 12		18 43					
Dresden-Neustadt				16 47				18 15				19 10		19 47					
Dresden Hbf	7			17 24				18 54				19 49		20 26					
				17 33				19 03						20 34					
nach								Nord-hausen			Lublin			Dresden				Erfurt	

Zug		E 847	D 1475	EC 57 ✕	D 1457	D 2143 [50] ☐	IC 502 ✕	EC 108 ✕	D 737	E 3889	D 1057	D 957 ☐	EC 102 ✕	D 2547 [2]	D 739	D 979	D 441	D 449
von				Köln				(Interlaken-)Koblenz					(Chur-)Koblenz		Hengelo			
Köln Hbf	8					13 03	13 10	14 09					16 09				23 00	22 54
Düsseldorf Hbf						13 40		14 33					16 33				23 18	23 32
Duisburg Hbf						13 57		14 46					16 46				23 34	23 54
Essen Hbf						14 13		14 59					16 59				23 37	0 09
Bochum Hbf	4					14 23		15 09					17 09				23 49	0 21
Wuppertal-Elberfeld	3						13 42											
Hagen Hbf							13 57			14 12								
Dortmund Hbf	6					14 34		15 20					17 20				0 02	0 34
Hamm (Westf)	4			12 39	14 36		15 27 (SCHAUINSLAND)	15 42 (THUNER SEE)					17 27				0 12	0 40
Paderborn Hbf				13 04	14 52								17 42 (RÄTIA)				1 24	1 08
Altenbeken				13 55														
Warburg (Westf)				14 10					16 17									
Kassel Hbf				14 35					16 57								2 33	
Kassel Hbf				[20] 15 08	[20] 15 20				17 41								3 01	
Eichenberg									18 25									
Nordhausen									19 47								5 00	
Bielefeld Hbf	4					15 23		16 10					18 10	18 48				2 03
Minden (Westf)				(HEINRICH HEINE)		15 52												2 36
Hannover Hbf						16 22		16 59					18 59	19 22				3 19
Hannover Hbf						16 38		17 02					19 02	19 28				3 31
Braunschweig Hbf	4							17 47					19 47	20 07				
Helmstedt	3													20 40				
Wolfsburg						17 30											4 23	
Magdeburg Hbf						18 44		19 08					21 08	21 40			5 47	
Magdeburg Hbf	6	ab				18 56			20 02					22 06			6 01	
Halle (Saale) Hbf	9	19 23				20 22			21 32		21 31			23 32			6 52	7 28
Leipzig Hbf		19 57				20 59			22 08		22 18			0 09			7 38	8 04
Riesa			(K) 20 18	20 40		21 09				22 26					0 43		8 15	
Dresden-Neustadt			21 16			21 54				23 31					1 44		9 21	
Dresden Hbf	7		21 54	22 10		22 54				0 08					2 20		9 58	
			22 24	22 20	23 03	23 03				0 17					2 31		10 07	
nach															Zwickau			

Weitere Züge zwischen Köln und Hannover siehe Fernverkehrstabelle 40, zwischen Hannover und Magdeburg siehe 34, zwischen Köln und Kassel siehe 41

Ⓚ = vom 21. VI. bis 7. IX.
Ⓐ = vom 23. VI. bis 6. IX.
[2] = nicht 24./25. XII., 31. XII./1. I.
[10] = über Northeim
[11] = über Erfurt – Chemnitz
[12] = über Erfurt
[20] = Kassel-Wilhelmshöhe
[50] = Zug wird während des Jahresfahrplanabschnittes in einen zuschlagpflichtigen IR umgewandelt

17 Von *Stunde, Tag, Woche, Monat, Jahr* abgeleitete Adjektive/Adverbien

1. Übersetzen Sie bitte.

ein halbstündiges Interview _____
eine zweistündige Zugfahrt _____
eine eintägige Reise _____
ein vierwöchiger Intensivkurs _____
ein achtmonatiger Aufenthalt _____
eine langjährige Erfahrung _____
ein zwanzigjähriger Student _____
ein ganzjährig geöffnetes Hotel _____
ein stündlich verkehrender Zug _____
der Zug verkehrt nicht täglich _____
ein wöchentliches Treffen _____
eine zweimonatlich erscheinende Informationsschrift _____
eine dreimal jährlich stattfindende Untersuchung _____

2. Vervollständigen Sie die folgende Regel.

Adjektive/Adverbien auf -_____ drücken die Dauer oder das Alter aus.

Adjektive/Adverbien auf -_____ drücken das Wiederkehren in einem bestimmten zeitlichen Abstand aus.

3. Ergänzen Sie mit Adjektiven auf *-lich* oder *-ig*.

a) Wir bieten Ihnen fünfmal _____ Direktflüge nach New York (pro Tag).
b) Er hat ein _____ Auslandsstudium hinter sich (mehrere Jahre).
c) Die Konten werden _____ überprüft (jedes Vierteljahr).
d) Er bucht eine _____ Urlaubsreise (drei Wochen).
e) Die InterCity-Züge verkehren _____ (jede Stunde).
f) Trotz _____ Verhandlungen wurde keine Einigung erzielt (sechs Monate).
g) Der Flughafenbus fährt _____ (jede halbe Stunde).
h) Er hat als _____ bei dieser Firma angefangen (im Alter von achtzehn Jahren).
i) Er hielt eine _____ Rede (zweieinhalb Stunden).

Die folgenden Textteile stammen aus zwei verschiedenen Anzeigen, mit denen sich die Deutsche Bundesbahn an zwei unterschiedliche Zielgruppen wendet. **18**

Lesen Sie bitte die Textteile und überlegen Sie sich, um welche beiden Zielgruppen es sich handelt und welche Textteile (A–L) zu welcher Zielgruppe gehören. Füllen Sie die nachstehenden Kästchen aus. Es ist *nicht* notwendig, die Textteile in eine bestimmte Reihenfolge zu bringen.

A) Die Bahn verleiht Fahrräder, bringt Ihnen Ihren Koffer bis ins Hotel und trägt ihn wieder nach Hause; sie hält Ihnen einen Parkplatz in Bahnhofsnähe frei, wechselt Ihr Reisegeld und serviert Ihnen Drinks.

B) Wenn Sie zusammen mit Kollegen reisen, stellen wir Ihnen in der 1. Klasse IC ein ganzes Konferenzabteil zur Verfügung. Schon ab vier Personen reservieren wir Ihnen kostenlos ein ganzes Abteil.

C) Zudem kommt die Bahn über Btx auf Ihren Bildschirm, gibt am Telefon automatisch Auskunft, schickt auch Ihr Auto in den Urlaub, läßt Sie im Zug feiern, tanzen, telefonieren, bei Hitze nicht schwitzen und bei Kälte nicht frieren.

D) Das vielseitigste Verkehrsmittel für Geschäftsleute heißt InterCity. Die Züge fahren im Stundentakt.

E) Die Bahn hat noch viele gute Angebote für Firmen und Geschäftsreisende. Zum Beispiel können Sie auch mitten in der Stadt in einem unserer IC-Hotels übernachten.

F) Sie versichert Ihr Gepäck, reserviert Ihnen einen Sitzplatz im Zug, bringt Ihnen im Schlafwagen das Frühstück ans Bett, verleiht Mietwagen und bucht Abteile für die ganze Familie.

G) Das bedeutet, Sie können sich statt auf den Fahrplan voll und ganz auf Ihren Terminplan konzentrieren.

H) Für den Fall, daß Sie mal eben im Büro anrufen wollen: das Münz-Zugtelefon befindet sich im 1.-Klasse-Großraumwagen.

I) Die Bahn bringt Sie sicher und bequem in Europas interessanteste Städte, bucht Ihr Hotelzimmer und sorgt für den Reiseführer.

J) Und wenn Sie dann ausgeruht und gut vorbereitet in die Gespräche gehen, haben Sie das Geschäft schon halb in der Tasche.

K) Außerdem macht sie Ihnen noch Ihr Bett, paßt auf Ihre Kleinen auf und zapft Bier im Restaurant der Fern-Express-Züge.

L) Sie geht mit Ihnen am Bodensee und an der Ostsee sogar aufs Wasser, setzt Sie direkt am Flughafen ab und wünscht Ihnen eine angenehme Bahnfahrt.

DB Die Bahn

Zielgruppe:
Textteile:

Zielgruppe:
Textteile:

19 Spiel

Sie sind – durch einen unerklärlichen Fehler im vollautomatischen Steuerungssystem Ihres Super-Schnellzuges – völlig unerwartet auf einem kleinen Stern in einer fernen Galaxie gelandet. Dort ist alles ganz anders als auf der Erde. Und wie anders das alles ist, notieren Sie sich natürlich in Ihr Reisetagebuch.

Beschreiben Sie bitte, was dort nicht bzw. anders gemacht wird. Benutzen Sie so viele Verben wie möglich aus den vorstehenden Textabschnitten in Aufg. 18, und zwar im Passiv. (Achtung: Nicht alle diese Verben sind im Passiv verwendbar!) Arbeiten Sie in Gruppen. Die Gruppe, die die meisten Verben aus dem Text korrekt verwendet hat, hat gewonnen.

Beispiel: Hier werden keine Fahrräder verliehen.
Hier werden statt Fahrrädern fliegende Teppiche verliehen.

20

|F|

**1. Reisen Sie gern mit der Eisenbahn?
Was gefällt Ihnen (nicht) am Zugfahren?
Wenn Sie schon einmal mit dem Zug im Ausland waren: Berichten Sie bitte von Ihren Eindrücken. Sind Ihnen Unterschiede im Vergleich zum Zugreisen in Ihrem Land aufgefallen?**

2. Tragen Sie die Detailinformationen in Stichworten in die nachfolgenden Rubriken ein.

a) Struktur und Ziel des Hochgeschwindigkeitsnetzes: _____

b) Kosten und Zeitplan: _____

c) Internationale Nord-Süd- und Ost-West-Verbindungen: _____

d) Situation und Entwicklung in Großbritannien, Frankreich und Italien: _____

e) Situation und Entwicklung in der Bundesrepublik Deutschland: _____

f) Ausbau des Bahnverkehrs über die Alpen: _____

Hochgeschwindigkeits-Netze von 30 000 Kilometern Länge sollen die Fahrzeiten halbieren

Ein Netz für europäische Züge mit hoher Geschwindigkeit kommt langsam – aber es kommt. Es wird eine neue Aufteilung der Verkehrsträger (Straße, Schiene, Wasser, Luft) geben. Freier Markt und Wettbewerb regeln sie. Dieses Bild entwarf Bundesbahn-Vorstand Hemjö Klein *vor Gästen der* Europäischen Reiseversicherung AG, München.

Große grenzüberschreitende Zusammenschlüsse der Fahrzeug- und Waggonbauindustrie, die heute komplette Zugsysteme aus einer Hand liefern, lassen nach Klein den Zukunftstrend erkennen. Auch für die Kraftfahrzeugindustrie wird es problematisch, wenn das Automobil immobil macht. Auch aus ihrer heutigen Sicht braucht man die Bahn.

Heute planen, immer nach Kleins Darlegungen, die zwölf Bahnen der europäischen Länder zusammen mit Österreich und der Schweiz ein Hochgeschwindigkeitsnetz, das die Reisezeiten halbiert und der Schiene 50 bis 100 Prozent mehr Verkehr bringt. Rund 30 000 km dieser Stränge sollen neu oder ausgebaut werden, davon 19 000 km für Tempo 250 bis 300 km/h, 11 000 km für 160 bis 250 km/h. Die auf 25 Jahre verteilten Gesamtkosten belaufen sich auf 200 Milliarden DM oder 90 Milliarden ECU, was jährlich 20 DM je Europäer entspricht. Wenn alles nach Plan verläuft, wird bis 1995 das Netz 12 300 km lang sein, bis zum Jahre 2005 rund 15 500 km und bis 2015 dann 30 000 km.

Besonders intensiv sollen die dicht besiedelten Regionen mit hohem wirtschaftlichen Potential wie die Ballungsgebiete Rhein/Ruhr, Paris, London miteinander verbunden werden.

Zu den vier großen Nord-Süd-Korridoren wie etwa Schottland-Neapel kommen fünf Ost-West-Korridore wie etwa Paris-München oder Madrid-Mailand. Sie müssen allesamt nach Osten verlängert werden.

Im Fadenkreuz Europas steht Deutschland. Das muß nach Klein die Diskussion bestimmen. Ziel des Hochgeschwindigkeitsverkehrs (HGV) sind natürlich kürzere Reisezeiten. So soll die Strecke Paris-London, auf der man heute mehr als fünf Stunden braucht, nach Inbetriebnahme des Kanaltunnels auf 2,58 Stunden reduziert werden. Bei Paris-Köln (jetzt reichlich fünf Stunden) ist das Ziel 2,55 Stunden, bei München-Mailand (jetzt acht Stunden) 3,55 und bei München-Rom (jetzt elf Stunden) 5,40 Stunden.

In Großbritannien wird von 1995 an auf den HGV-Strecken 200 bis 225 km/h schnell gefahren; in dem am weitesten fortgeschrittenen Frankreich, wo Züge schon jetzt mit Tempo 280 verkehren, ab Mitte der 90er Jahre mit einer Geschwindigkeit von bis zu 350 km/h. In Italien fahren bereits seit 1988 Züge mit Tempo 280. In der Bundesrepublik, wo die Bahn halb so schnell wie das Flugzeug, aber doppelt so schnell wie das Auto werden will, kamen die schnellen Strecken Hannover-Würzburg und Mannheim-Stuttgart Mitte 1991 in Betrieb.

Damit dürften 18 Milliarden DM in diese Strecken investiert worden sein – eine Minute Zeitgewinn kostet etwa 130 Millionen DM. Köln-Rhein/Main soll als Teil der Achse London-Paris 1997 fertig sein. Dortmund-Kassel und Hannover-Berlin bis zum Jahre 2000.

Dann wird man in Deutschland auf 2000 km schneller als 200 km/h fahren können. Das bedeutet Fahrzeiten von München nach Hannover von statt jetzt 5,45 nur noch 3,45 Stunden. Bis 1995 werden 60 ICE-Zugeinheiten mit 120 Triebköpfen und 12 Mittelwagen verkehren – jedes Jahr eine ICE-Linie mehr.

Auch an den Ausbau des Bahnverkehrs über die Alpen will man intensiv herangehen, doch braucht auch das seine Zeit. Auf der jetzigen Brenner-Strecke soll aber schon vom nächsten Jahr an die tägliche Kapazität um 100 Züge gesteigert und die Strecke München-Verona viergleisig ausgebaut werden. Der Brenner-Basistunnel zwischen Innsbruck und Franzensfeste (Kosten etwa 7,4 Milliarden DM) sowie der Ausbau der Zulaufstrecken München-Innsbruck und Franzensfeste-Verona (Kosten etwa 11,4 Milliarden DM) sollen die Engpässe endgültig beseitigen. Für die Alpentransversale Schweiz bietet nach Kleins Ansicht der Gotthard (fast 50 km) die beste Lösung. Es werden aber auch der Ausbau Lötschberg-Simplon und Splügen diskutiert.

Süddeutsche Zeitung

21 werden

1. Das Verb *werden* im vorstehenden Text hat unterschiedliche Funktionen. Es kann zum einen für das Futur (1), zum anderen für das Passiv (2), zum weiteren im Sinne von „sich entwickeln, sich wandeln" (3) benutzt werden.

   Unterstreichen Sie bitte alle Stellen im Text, wo *werden* vorkommt und bestimmen Sie die Funktion dieses Verbs.

2. **Übersetzen Sie bitte:**
   a) Die Situation wird schwierig.
   b) Die Frage wird in Kürze geregelt.
   c) Er wurde zu einem der bekanntesten Architekten.
   d) Die Lage auf dem Arbeitsmarkt ist schlechter geworden.
   e) Die Tarife sind um 10% erhöht worden.
   f) Alles wird teurer.
   g) Sie wollte Lokomotivführerin werden.
   h) Diese Produkte werden nicht so schnell verkauft werden.
   i) Es wird allmählich spät.
   j) Es wird bald Winter.
   k) Der Tourismus soll weiter ausgebaut werden.

22

F

Hier sind Piktogramme aus dem Kursbuch der Deutschen Bundesbahn abgebildet.
Ordnen Sie bitte den Piktogrammen die entsprechenden Wörter aus der nachstehenden Liste zu. Die richtige Nummer genügt. Wer findet in 10 Minuten die meisten Zuordnungen?

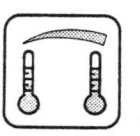

1 Geldwechsel (m)
2 Toiletten (f) (Damen)
3 Eingang (m)
4 Temperaturstell-
   einrichtung (f)
5 Rail & Road (n)
6 Blumenladen (m)
7 Apotheke (f)
8 Waschraum (m)
9 Großraumwagen (m)
10 Dusche (f) (Bad)
11 Kleingut-Beförderung (f)
   in IC-Zügen (m)
12 Kofferkarren (m)
13 Treppe (f) aufwärts
14 Friseur (m)
15 Bahnhofsmission (f)
16 Kein Trinkwasser (n)
17 Zollabfertigungsstellen (f)
   und Zollbüros (n) in
   den Bahnhöfen (m)
18 Öffentlicher
   Fernsprecher (m)
19 Wartesaal (m)
20 Gesperrter Durchgang (m)
21 Erste Hilfe (f)
22 Toiletten (f) (Herren)

23 Sitzplatz (m) für
   Schwerbehinderte (m, f)
24 Fundbüro (n)
25 Wasser (n);
   Fußhebel (m) bedienen
26 Kinderland (n)
27 Rasiersteckdose (f)
28 Restaurant (n)
29 Postamt (n)
30 Person (f) mit Kleinkind (n)
31 Nichts hinaus | werfen*
32 Fahrtreppe (f)
33 Schlafwagen (m)
34 Gepäckaufbewahrung (f)
35 Liegewagen (m)
36 Toiletten (f) (allgemein)
37 Personenaufzug (m)
38 Raucher (m)
39 Nicht öffnen,
   bevor der Zug hält*
40 Büffet (n)
41 Tür (f) unbenutzbar
42 Ausgang (m)
43 Gepäckwagen (m)
44 Behälter (m) für Abfälle (m)
   oder gebrauchte
   Handtücher (n)

45 Trinkwasser (n)
46 Reisegepäck (n)
47 Buchladen (m)
   Zeitschriften (f)
48 Lichtschalter (m)
49 Reservierungsschalter (m)
50 Treffpunkt (m)
51 Körperbehinderte (m, f)
52 Bus (m)
53 Tabakwaren (f)
54 Park & Rail (n)
55 Nichtraucher (m)
56 Treppe (f) abwärts
57 Gepäck (n)
   im Schließfach (n)
58 Auto (n) im Reisezug (m)
59 Fahrkartenverkaufsstellen (f)
60 Schiffsanlegestelle (f)
61 Information (f)
62 Nicht hinaus | lehnen
63 Regelschalter (m) für
   Lautsprecheranlage (f)
64 Lüftungsschalter (m)

KAPITEL 7

23 1. **Stellen Sie bitte aus den folgenden Stichpunkten einen kurzen zusammenhängenden Zeitungsartikel her.**
   Sie müssen nicht unbedingt jedes Stichwort verarbeiten.

> **Bummeln mit der Bundesbahn**
> **InterCity-Züge werden immer unpünktlicher**
>
> nur 65 von 100 IC-Zügen erreichen ihr Ziel fahrplanmäßig – Fahrgäste verärgert – Anschlüsse verpassen – schlechtes Wetter – Gewerkschaften: restriktive Personalpolitik – Unternehmensleitung: technische Störungen, Bauarbeiten – Investitionen im östlichen Teil Deutschlands – Streik – Warten auf die neuen Hochgeschwindigkeitszüge

2. **Benutzen Sie dieselben Informationen als Thema für einen Brief: ein (verärgerter) Autofahrer, der auf die Bahn umgestiegen ist, schreibt an die Bundesbahn.**

3. **Vergleichen Sie die beiden Texte miteinander. Notieren Sie in Stichworten, was für die jeweilige Textsorte typisch ist.**

Zeitungsartikel	Brief

Mit dem ICE geht alles schneller – er erreicht Spitzengeschwindigkeiten von 250 km/h

Lesen Sie bitte die Auszüge aus den Tarifbestimmungen der Deutschen Bundesbahn und geben Sie die Informationen in Ihrer Muttersprache wieder. **24**

LÖSEN DER FAHRAUSWEISE.
Lösen Sie Ihren Fahrausweis bitte vor Antritt Ihrer Reise. Das ist im allgemeinen bis zu 10 Tagen, im internationalen Verkehr sogar schon 2 Monate vor dem ersten Geltungstag möglich.

VORBESTELLEN VON SITZPLÄTZEN, PLATZKARTEN.
Sitzplätze können schon zwei Monate vor dem Reisetag bestellt werden. Bei Platzreservierung im EC, IC oder ICE ist die Reservierung – auch im Anschlußzug – mit dem Zuschlag abgegolten. Ihre Wünsche (Raucher oder Nichtraucher, Fenster- oder Gangplatz) werden nach Möglichkeit berücksichtigt.

REISEGEPÄCK.
Gegenstände, die für Ihren Gebrauch bestimmt und in Koffern, Körben oder Kisten, letztere allerdings nur bis zu 50 kg Einzelgewicht, verpackt sind, können Sie als Reisegepäck aufgeben. In nahezu jedem Ort holen wir auf Wunsch Ihre Koffer ab und bringen sie zum Hotel, zum Ferienhaus etc. – ganz nach Ihren Wünschen.

FAHRPREISERSTATTUNG.
Nicht benutzte Fahrausweise können zur Erstattung vorgelegt werden. Für die Bearbeitung des Antrags wird eine Gebühr erhoben. Wollen Sie einen Fahrausweis nur teilweise benutzen, so lassen Sie sich dies bitte sofort vom Aufsichtsbeamten des betreffenden Bahnhofs auf dem Fahrausweis bescheinigen. Benutzen Sie eine niedrigere Wagenklasse als die in Ihrem Fahrausweis angegebene oder nehmen an Ihrer Gruppenreise weniger Personen als im Gruppenfahrschein angegeben teil, so lassen Sie dies bitte vom Zugbegleiter bescheinigen.

Deutsche Bundesbahn

Die fehlenden Buchstaben in der mittleren Reihe ergeben – von oben nach unten gelesen – ein weiteres wichtiges Wort aus dem Bereich des Verkehrswesens. **25**

F

jemand, der einen Pkw oder Lkw lenkt:
wenn man mit dem Zug reist und nicht riskieren will, im Gang stehen zu müssen, sollte man sich einen ... reservieren
im Zug kann man im ... essen

sie werden u. a. von Autos ausgestoßen und verschmutzen die Luft:
„Verkehr" ist ein Oberbegriff, der sich unterteilt in Personenverkehr und ...
eine ... ist billiger und geselliger als eine Einzelreise

das umweltfreundlichste Verkehrsmittel:

was der Autofahrer in der Stadt immer sucht, aber nur selten findet:
oftmals eine Art Gehaltserhöhung und gleichzeitig ein Statussymbol:
was öffentliche Verkehrsmittel nach Möglichkeit immer einzuhalten versuchen:

Sattelschlepper, Lkw, Traktoren sind ...

26 1. Setzen Sie bitte die sechs deutschen Flughäfen mit den meisten Fluggästen ein.

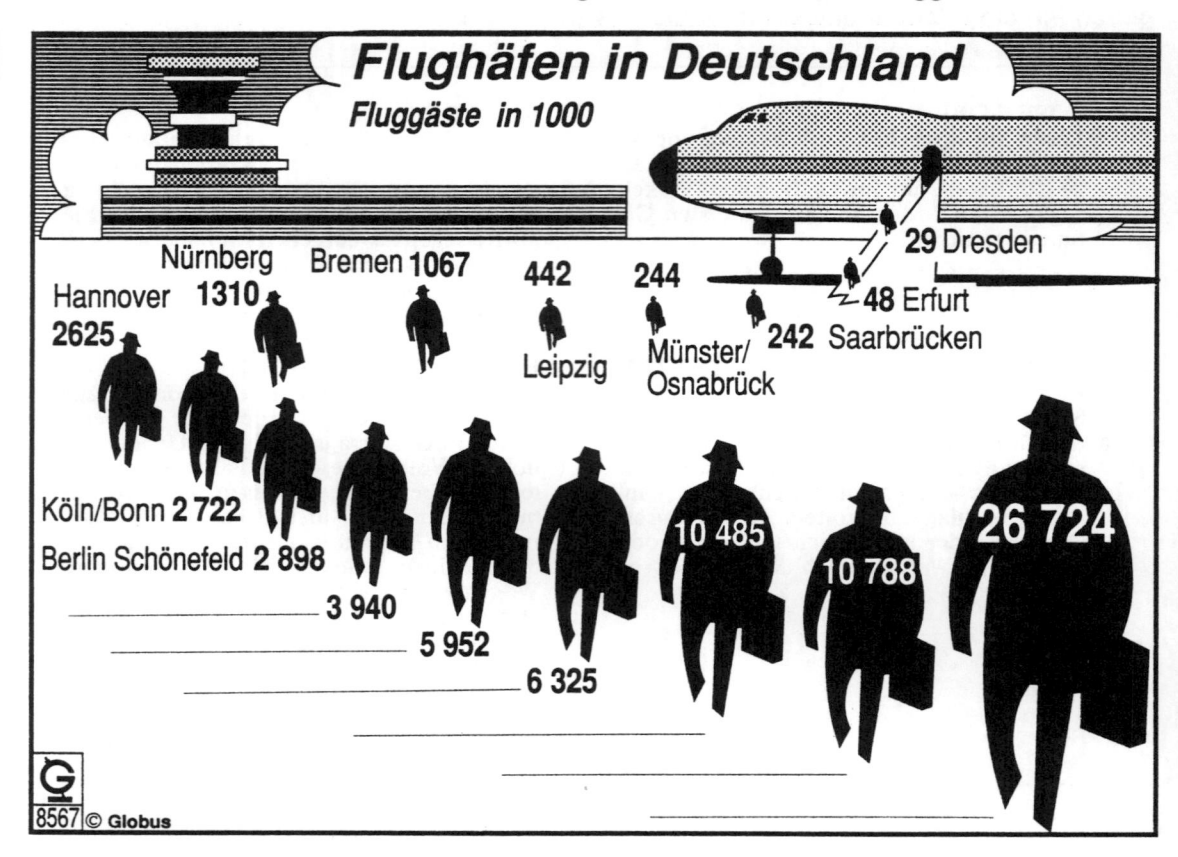

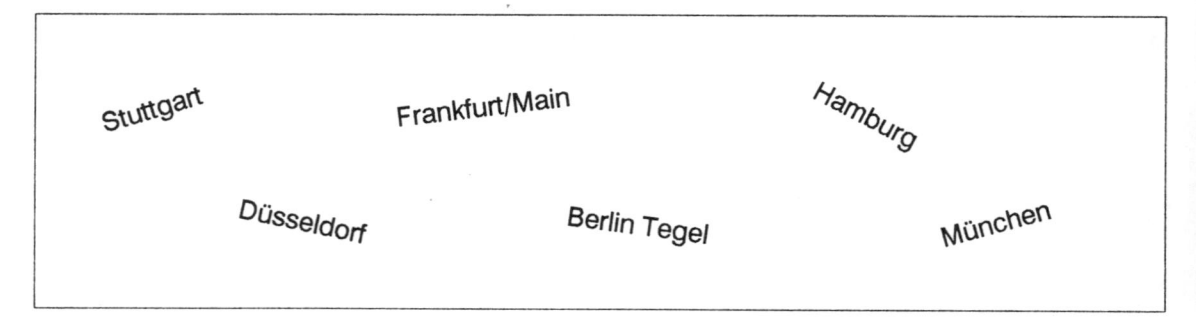

F

Flughäfen in Deutschland
Fluggäste in 1000

- Hannover 2625
- Nürnberg 1310
- Bremen 1067
- 442 Leipzig
- 244 Münster/Osnabrück
- 242 Saarbrücken
- 48 Erfurt
- 29 Dresden
- Köln/Bonn 2 722
- Berlin Schönefeld 2 898
- _____ 3 940
- _____ 5 952
- _____ 6 325
- _____ 10 485
- _____ 10 788
- _____ 26 724

© Globus

Stuttgart   Frankfurt/Main   Hamburg

Düsseldorf   Berlin Tegel   München

Ihr Dozent zeigt Ihnen anschließend das Originalschaubild.

2. Glauben Sie, daß sich an diesem Gefüge bis zum Jahr 2000 etwas geändert haben wird?

3. Welche Flughäfen zählen zu den bedeutendsten in Ihrem Land/in Europa/auf der ganzen Welt?

4. Wie schätzen Sie allgemein die Bedeutung des Flugverkehrs in bezug auf Personen- und Güterbeförderung ein?

Ein Flughafen verfügt nicht nur über die direkt zum Abflug bzw. zur Ankunft gehörenden Einrichtungen – Fluggast- und Gepäckabfertigung (check-in), technische Ausstattung usw. –, sondern auch über zahlreiche Geschäfte und andere Dienstleistungsbetriebe.

27

Welche Punkte sind für Sie bei der Einrichtung eines Flughafens wichtig und welche Dienstleistungen würden Sie dort gerne vorfinden? Tragen Sie bitte jeweils die für Sie wichtigsten fünf Punkte ein.

Einrichtung des Flughafens:
1. _____
2. _____
3. _____
4. _____
5. _____

Geschäfte und Dienstleistungsbetriebe:
1. _____
2. _____
3. _____
4. _____
5. _____

1. Lesen Sie bitte den Text und überprüfen Sie, welche der von Ihnen in Aufg. 27 genannten Punkte hier angesprochen werden.

28

Flughafen Frankfurt

Heimatbasis der Lufthansa, Knotenpunkt europäischer Luftstraßen, Drehscheibe im internationalen Flugverkehr, 30 Millionen Fluggäste pro Jahr (täglich 85 000) und 900 An- und Abflüge täglich: der Frankfurter Flughafen zählt zu den drei bedeutendsten in Europa.
Rollbänder, Rolltreppen und ein Tunnel erlauben einen bequemen Wechsel von Flugsteig zu Flugsteig. Wo Sie Ihren Anschlußflug finden, erfahren Sie an zahlreichen Informationstafeln oder an einem unserer Lufthansa-Schalter. Falls Ihr Gepäck durchabgefertigt wurde und Sie Ihre Bordkarte schon haben, können Sie direkt zum Flugsteig Ihres Anschlußfluges gehen.
Die Zeit zwischen zwei Flügen wird meist nicht reichen, um alle Annehmlichkeiten des Frankfurter Flughafens kennenzulernen. Insgesamt 30 Cafés, Restaurants und Bars stehen zur Verfügung, ein Kino, ein Supermarkt, vier Duty Free Shops und rund 100 Fachgeschäfte vom Antiquitätenladen bis zum Zeitungskiosk. Für den Fall der Fälle bieten auch Banken, Post, Apotheke, Friseur, chemische Reinigung und eine Schuhschnellreparatur ihre Dienste an.
Wer am Flughafen übernachten will oder muß, hat die Wahl: ein Hotel liegt dem Terminal gegenüber und ist zu Fuß zu erreichen; ein zweites, ganz in der Nähe, hat einen kostenlosen Zubringer- und Abholdienst.
Noch zwei Pluspunkte für Frankfurt:
Der eigene Bahnhof, der den nahtlosen Übergang auf das Streckennetz der Deutschen Bundesbahn ermöglicht.
Und: sozusagen vor der Haustür kreuzen sich wichtige Autobahnen – und Avis oder ein anderer Autoverleiher hat bestimmt noch einen Mietwagen für Sie.

2. Welche der von Ihnen genannten Punkte werden im Text nicht angesprochen? Markieren Sie bitte im Text diejenigen Punkte, die Sie nicht genannt haben.

3. Um welche Textsorte handelt es sich Ihrer Ansicht nach?

4. Wenn Sie schon einmal per Flugzeug verreist sind:
Waren Sie mit dem Service auf dem Flughafen zufrieden? Was hat Ihnen (nicht) gefallen?
Berichten Sie bitte, was zwischen dem Betreten des Flughafengebäudes und dem Abflug geschieht. Benutzen Sie dabei Zeitangaben wie *zuerst, dann, danach, zuletzt/ schließlich ...*

29 **1. Lesen Sie nun bitte den folgenden Text einmal ganz durch und geben Sie ihm eine Überschrift.**

Flughäfen sind so gut wie der stille Service, den sie ihren Kunden bieten. Doch diese haben oft genug Grund zur Klage. Mal gibt es zu wenig Sitzplätze, mal sind alle Telefone besetzt, mal sämtliche Gepäckkarren vergriffen. „Wie gut ein Airport ist, hängt von seiner Benutzerfreundlichkeit ab", schreibt das Düsseldorfer Magazin Profitravel, *das in seiner jüngsten Ausgabe die Infrastruktur von 16 Flughäfen testete. Ergebnis: Viele Airports tun zu wenig für ihre Kundschaft.*

In Zürich beispielsweise gibt es für jährlich 12,2 Millionen Passagiere gerade 240 Sitzplätze außerhalb der Gates, und in München ist der Kampf um freie Tische in Bistros und Restaurants besonders groß: Auf umgerechnet 100 000 Fluggäste pro Jahr kommen nicht einmal 10 Sitze. In Frankfurt hingegen ist Parkraum rar: Zwar existieren auf Deutschlands größtem Flughafen über 11 000 Parkplätze, gemessen an 26,7 Millionen Passagieren und einer nicht überschaubaren Besucherflut ist das Angebot jedoch zu knapp. Ganz andere Sorgen haben die Gäste des Stuttgarter Flughafens: Obwohl pro Jahr fast vier Millionen Passagiere gezählt werden, gibt es gerade 147 Gepäckwagen. Abfertigungsschalter sind hingegen in Berlin-Tegel – ganze 18 Check-in-Counter haben durchschnittlich geöffnet – dünn gesät, einem Flughafen, der immerhin sechs Millionen Passagiere pro Jahr abfertigt. Wer telefonieren will, braucht schließlich in Wien häufig viel Geduld. Auf Österreichs größtem Airport – 7100 Beschäftigte betreuen dort jährlich 5,2 Millionen Fluggäste – sind lediglich 38 Telefonapparate installiert.

Sichtlich Probleme tauchen auch bei der Erreichbarkeit der Airports auf. Wer sich beispielsweise in Saarbrücken auf den öffentlichen Nahverkehr verläßt, ist vom Airport in die City 40 Minuten unterwegs, ein Zeitraum, den auch eine Taxifahrt in Hamburg verschlingt, die vom Hauptbahnhof zum Flughafen führt. Schlechte Karten haben im übrigen Mietwagen-Kunden in München. Bis zu zwölf Minuten kann es dauern, bis der Reisende dort in seinem Leihauto sitzt. Auch die Gepäckabfertigung dauert schließlich unterschiedlich lang: Dresden, Leipzig, Stuttgart und Frankfurt verlangen von ihrer Kundschaft am meisten Geduld – 20 Minuten sind mindestens einzuplanen.

Süddeutsche Zeitung

2. Lesen Sie den Artikel ein zweites Mal und geben Sie in Stichworten an, welche Probleme sich bei den genannten Flughäfen stellen.

Zürich: _____

München: _____

Frankfurt: _____

Stuttgart: _____

Berlin-Tegel: _____

Wien: _____

Saarbrücken: _____

Hamburg: _____

Dresden: _____

Leipzig: _____

Schlechte Luft

30

Ab Oktober 1990 wollte die Lufthansa ein Rauchverbot für alle Inlandflüge verfügen. In den Winterflugplänen war zu lesen: „Eine gute Nachricht für unsere Kunden: Auf allen Inlandflügen fliegt Lufthansa ‚rauchfrei'." Und weiter: „Wir haben uns gründlich mit dem Thema befaßt. Unsere Untersuchungen haben ergeben, daß die überwältigende Mehrheit unserer Fluggäste für Nichtraucherflüge dankbar ist."
Doch bei dieser Ankündigung blieb es. Mit der Begründung, es bestehe die Gefahr einer „Konfrontation und Polarisierung" unter den Fluggästen, machte die Lufthansa einen Rückzieher.

1. **Finden Sie diese Begründung überzeugend?**
   Könnte es noch andere Erklärungen für den plötzlichen Sinneswandel bei der Lufthansa geben?

2. Der Philipp-Morris-Chef Paul Hendrys bezeichnete die Zurücknahme des noch nicht in Kraft getretenen Rauchverbots auf Inlandflügen als „Entscheidung im Sinne der Toleranz".
   Wie stehen Sie zu dieser Aussage?

3. Die Stuttgarter Anwälte Martin Sorg und Mark Binz verklagten daraufhin die Lufthansa und wollten gerichtlich ein Rauchverbot auf Inlandflügen erzwingen.
   Wie würden Sie als Richter entscheiden?

4. **Machen Sie bitte eine Diskussionsrunde unter der Überschrift „Aus aktuellem Anlaß: Rauchverbot bei der Lufthansa?".**
   Teilnehmer: ein Moderator, Vertreter verschiedener Interessengruppen – Zigarettenindustrie, Lufthansa, Gesundheitsministerium, Raucher, Nichtraucher, Flugpersonal, Vielflieger wie z. B. Geschäftsleute ...

5. **Schreiben Sie einen Kurzkommentar zum Thema „Rücknahme des Rauchverbots der Lufthansa bei Inlandflügen".**
   Nehmen Sie dabei auch die folgende Statistik zu Hilfe.

   Raucher in der Bundesrepublik Deutschland

Bevölkerung	Anteil (%)		
	Raucher	Ehemalige Raucher	Nichtraucher
Weibliche Jugendliche (15-24 Jahre)	38	12	50
Männliche Jugendliche (15-24 Jahre)	44	9	47
Frauen (ab 25 Jahre)	26	18	56
Männer (ab 25 Jahre)	41	33	26

Quelle: Bundesgesundheitsministerium

31 Mit diesen beiden Anzeigen warb die Lufthansa für Inland- bzw. Nordamerika-Flüge.
Lesen Sie bitte die beiden Texte und füllen Sie dann das nachstehende Raster aus.

① Auf dem schnellsten Weg nach Hamburg oder München.

Weil gute Verbindungen nun mal das berufliche Fortkommen erheblich erleichtern, bemühen wir uns, das innerdeutsche Flugangebot für den Geschäftsreisenden so optimal wie möglich zu gestalten. Durch häufige Flugverbindungen, kurze Intervalle und eine Flugplangestaltung, die versucht, Ihren Terminproblemen Rechnung zu tragen. So gibt es beispielsweise auf den Strecken Frankfurt–Hamburg und Frankfurt–München einen regelrechten Stundentakt. Das heißt im Klartext, alle 60 Minuten einen Flug. Hin und zurück. Auf anderen Strecken bietet Lufthansa einen 2-Stunden-Takt. Und auf den weniger frequentierten Flügen sind die Abflugzeiten so gelegt, daß Sie bequem morgens hin- und abends wieder zurückfliegen können. So sind Sie rechtzeitig wieder zu Hause.

Lufthansa

② Über 100 Lufthansa-Flüge von Deutschland nach Nordamerika. Woche für Woche.

Im Gegensatz zum Touristen ist es dem Geschäftsreisenden nicht egal, an welchem Wochentag er fliegt. Je flexibler er bei der Wahl seines Fluges sein kann, desto besser fürs Geschäft. Daraus folgt: je mehr Verbindungen, desto besser die Fluggesellschaft. Lufthansa bietet Ihnen die meisten Flugverbindungen von Deutschland nach Nordamerika. Über 100 pro Woche. Mit insgesamt 15 Zielen in den USA und Kanada. Das ist der wichtigste Service, den wir Ihnen bieten können. Obwohl alles andere ebenfalls nicht zu verachten ist: Sie fliegen ausschließlich mit modernsten Großraumflugzeugen über den Atlantik. Und Sie genießen in aller Ruhe den gesamten Service und Komfort an Bord. Denn wer besser fliegt, kommt besser an.

Lufthansa

Kreuzen Sie an, welche Punkte in welcher Anzeige angesprochen werden.

	1	2
moderne Maschinen		
Annehmlichkeiten beim Flug		
zahlreiche Flüge		
stündliche Verbindungen		
günstige Abflugzeiten		

Die Boeing 747-400 ist das größte Flugzeug der Lufthansa-Flotte

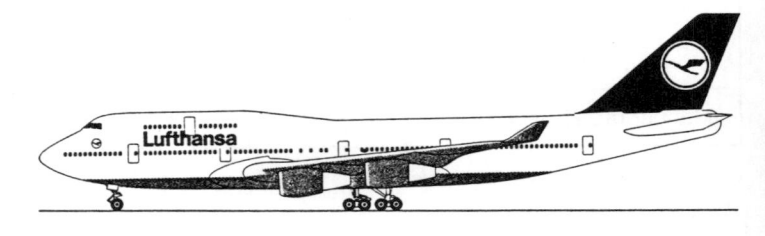

32

1. **Ergänzen Sie bitte jeweils mit *feststellen* oder *festlegen/festsetzen*.**
   a) Wir haben noch keinen endgültigen Termin _____.
   b) Für das Tanklager des neuen Münchner Flughafens wurden besondere Sicherheitsanforderungen _____.
   c) Auf dieser Linie wurden mehrmals Verspätungen _____.
   d) Wir haben _____, daß ein Gepäckstück fehlt.
   e) In den Bestimmungen ist _____, wieviel Gepäck mitgenommen werden darf.
   f) Wir haben keine Verbesserungen im Service _____ können.
   g) Die offizielle Eröffnung des neuen Terminals ist auf den 30. Januar _____ worden.
   h) Wir haben diesen Irrtum leider zu spät _____.

2. **Wie lassen sich diese Verben in Ihre Muttersprache übersetzen?**

33

1. Stellen Sie sich bitte vor, Sie unternähmen oft Geschäftsreisen mit dem Flugzeug. Welche Kriterien wären dann bei der Wahl einer Fluggesellschaft für Sie besonders wichtig, weniger wichtig bzw. gar nicht wichtig?

2. Ordnen Sie die folgenden Punkte in der Reihenfolge der Wichtigkeit, die sie für Sie haben, und zwar mit Zahlen von 1–14 in der linken Spalte. Lassen Sie die rechte Spalte bitte frei.

	freundliches Bodenpersonal	
	freundliches Bordpersonal	
	getrennte Kabine für Geschäftsreisende	
	getrennte Warteräume	
	getrennte Abfertigung	
	Zeitungs- und Zeitschriftensortiment	
	moderner Flugzeugpark	
	günstige Abflugzeiten	
	komfortable Sitze	
	genug Platz zwischen den Sitzen	
	Möglichkeit, den Sitzplatz zu wählen	
	Pünktlichkeit	
	gutes Essen und gute Getränke an Bord	
	sauberes Image der Fluggesellschaft	

3. **Diskutieren und begründen Sie Ihre Bewertungen in der Gruppe.**

34 1. Dieser Text berichtet über eine Meinungsumfrage bei Geschäftsreisenden.
Tragen Sie bitte die Ergebnisse dieser Meinungsumfrage in die rechte Spalte des vorstehenden Kriterienkatalogs ein (wiederum mit Zahlen von 1–14).

Vor allem Pünktlichkeit gefragt

Bevor die Deutsche Lufthansa ihre im Europaverkehr eingesetzten Flugzeugtypen Airbus A 310, Boeing 727 und Boeing 737 auf ein neues Zwei-Klassen-System umrüstete, ließ der deutsche National-Carrier erst einmal die Wünsche seiner Hauptkundschaft abfragen.

„Was", so fragten die Marktforscher, „erwarten Geschäftsreisende von einer Fluggesellschaft?"

Die Repräsentativumfrage ergab – bei Geschäftsreisenden nicht überraschend –, daß 98 Prozent „Pünktlichkeit" von ihrer Fluggesellschaft erwarten. Mindestens ebenso wichtig sind für den Business-Traveller „günstige Abflugzeiten": 97 Prozent stellten diesen Anspruch auf Platz zwei des Forderungskatalogs an Fluggesellschaften. Eine kleine Überraschung ist Punkt drei im Wunschdenken der Geschäftsreisenden. Fast 97 Prozent erwarten „freundliches Bordpersonal" – noch vor dem „sauberen Erscheinungsbild" der Airline (95 Prozent) und dem „Sitzkomfort" (94 Prozent). Einen „großen Sitzabstand" und damit mehr Beinfreiheit setzen die Vielflieger auf Platz sechs (91 Prozent) ihrer Erwartungen an eine Fluggesellschaft, danach folgt mit 88 Prozent „freundliches Bodenpersonal" und die „Sitzplatzwahl" mit 85 Prozent.

Die in der Werbung oft herausgehobene „gute Bordverpflegung" spielt im Gegensatz zu Langstreckenflügen auf der europäischen Kurz- und Mittelstrecke keine dominierende Rolle: 81 Prozent der befragten Geschäftsreisenden plazierten diesen Forderungspunkt auf Platz neun ihrer Hitliste.

„Separate Abfertigung" wollen 78 Prozent der Frauen und Männer im grauen Flanell, auf „moderne Flotte/Technik" legen 69 Prozent der Befragten Wert, während das vermeintliche Statussymbol „Separate Kabine" nur noch von 57 Prozent der Interviewten gewünscht wird.

48 Prozent der Geschäftsreisenden legen Wert darauf, vor dem Abflug in getrennten Warteräumen Crackers und Kaffee zu konsumieren, und nur noch 44 Prozent der Business-Traveller erwarten von ihrer Fluggesellschaft ein gutes und umfangreiches Lesesortiment.

Fazit: Der deutsche Geschäftsreisende will pünktlich und komfortabel am Ziel angelangen, umhegt von adrettem und freundlichem Kabinenpersonal.

Die Zeit

2. **Welche Unterschiede stellen Sie im Vergleich zu Ihrer eigenen Bewertung fest?**

35 Präposition – Konjunktion – Adverb

Vor der Einführung einer neuen Klasseneinteilung will die Fluglinie eine Meinungsumfrage durchführen.

Bevor die Fluglinie eine neue Klasseneinteilung einführt, will sie eine Meinungsumfrage durchführen.

Die Fluglinie will eine neue Klasseneinteilung einführen. **Zuvor (vorher)** führt sie eine Meinungsumfrage durch.

Die obigen Beispielsätze drücken alle drei denselben Sachverhalt aus. Nur die Syntax ist verschieden, je nachdem ob die Präposition **vor**, die Konjunktion **bevor** oder die Adverbien **zuvor** bzw. **vorher** verwendet wurden.

1. Vervollständigen Sie bitte die folgende Aufstellung.

Präposition	Konjunktion	Adverb
vor	bevor	zuvor, vorher
_____	nachdem	_____
bis, bis zu	_____	bis dahin
_____	_____	währenddessen
_____	seit, seitdem	seitdem, seither
_____	obwohl	trotzdem
wegen, aufgrund	da, weil (auch: denn)	daher, darum, deshalb, deswegen
statt, anstatt	statt daß, anstatt daß	statt dessen

2. Bilden Sie bitte mit den nachstehenden Angaben jeweils Sätze.

a) unter Verwendung der Präposition,
b) unter Verwendung der Konjunktion,
c) unter Verwendung des Adverbs.

1. Die Wetterlage war ungünstig. Das Flugzeug konnte landen. (trotz)
2. Die Konkurrenz wird immer größer. Die Bahn hat ihr Angebot für den Güterverkehr verbessert. (da, denn)
3. Das Projekt ist noch nicht fertiggestellt. Es werden noch mehrere Monate vergehen. (bis)
4. Die Bundesbahn hat günstigere Tarife eingeführt. Die Zahl der Bahnreisenden ist gestiegen. (seit)

gelten, Geltungs-, gültig

36

Übersetzen Sie die folgenden Beispiele:

die Geltungsdauer	Die Geltungsdauer der Flugscheine beträgt im allgemeinen 1 Jahr.
der Geltungstag	Der Geltungstag ist auf dem Fahrausweis vermerkt.
der Geltungsbereich	Geltungsbereich: Europa und Nordamerika.
gelten (gültig sein)	weltweit gelten (gültig sein)
	nur bis zum 31.12. gelten (gültig sein)
	erst ab 15.10. gelten (gültig sein)
	nur für Bahnfahrten zweiter Klasse gelten (gültig sein)
gültig/ungültig	eine gültige/ungültige Fahrkarte
die Gültigkeit	die Gültigkeit der Fahrausweise überprüfen
ungültig werden (verfallen)	Der Flugschein wird am 31.12. ungültig. (Der Flugschein verfällt am 31.12.)
in Kraft treten	Der Sommerfahrplan tritt am 27. Mai in Kraft.

37 1. Lesen Sie den folgenden Text und notieren Sie in Stichpunkten – in Ihrer Muttersprache – die Bedingungen, an die der „Super Flieg & Spar"-Tarif gebunden ist.

Lufthansa verbilligt Flüge

Bis zu 60 Prozent Ermäßigung gegenüber dem normalen Flugpreis bringt der neue „Super Flieg & Spar"-Tarif für innerdeutsche Flüge (die Preise galten während des Winterflugplans schon auf einigen ausgewählten Routen): Diese Sonderpreise gibt es seit dem 1. April für alle Strecken.
Gebucht werden muß sieben Tage im voraus, wobei Buchung, Flugscheinausstellung und Bezahlung gleichzeitig erfolgen müssen. Zurückfliegen dürfen die Passagiere frühestens am ersten Sonntag nach Reiseantritt. Umgebucht oder storniert werden kann nur gegen eine Gebühr von 100 Mark, nach Reiseantritt überhaupt nicht mehr.

Die Zeit

2. Entwerfen Sie auf deutsch eine Werbeanzeige zum „Super Flieg & Spar"-Tarif. Welche visuellen Elemente würden Sie verwenden?
Einigen Sie sich zuerst darüber, wo die Anzeige erscheinen und welches Format sie haben soll.

38

Schreiben Sie neben die folgenden Ausdrücke die Entsprechungen in Ihrer Muttersprache. Arbeiten sie evtl. mit dem Wörterbuch.

den Flugschein ausstellen   _____
den Flugschein bezahlen   _____
den Flugschein vorzeigen   _____
einen Flug buchen   _____
einen Flug bestätigen   _____
einen Flug umbuchen   _____
einen Flug stornieren   _____

1. Lesen Sie bitte den Text und setzen Sie die Begriffe aus dem Schüttelkasten ein.

Die Deutsche Lufthansa

Die Deutsche Lufthansa entwickelte sich in kurzer Zeit zu einer der leistungsfähigsten Fluggesellschaften der Welt. Heute unterhält sie ein weltumspannendes Flugnetz mit einer _____ von über 730 000 km und fliegt regelmäßig mehr als 182 Ziele auf allen Kontinenten (und in 85 Ländern) an.

Mit der systematischen Erweiterung des Flugangebots und der Einrichtung neuer Strecken erbrachte die Lufthansa immer höhere Verkehrsleistungen. Seit 1955 hatten die Maschinen mit dem Kranich-Symbol mehr als 320 Mio. _____ an Bord. Allein im vergangenen Jahr beförderten sie 22,5 Mio. Passagiere. Zwar blieb die Lufthansa von den _____ nicht unberührt, mit denen die internationale Zivilluftfahrt seit Mitte der siebziger Jahre zu kämpfen hatte – drastisch gestiegene Treibstoffkosten, Überkapazitäten und Preisverfall –, doch überwand sie diese Turbulenzen besser als die meisten anderen Fluggesellschaften. Zur Zeit bereiten die starken Wechselkursschwankungen des Dollar und des Yen besondere Probleme. Auch die zunehmende Zahl der Warteschleifen wirkt sich negativ auf die Kostensituation aus.

Die eindruckvollsten Zuwachsraten verbuchte die Lufthansa im _____, wo sie im internationalen Vergleich die Nummer eins ist (im Passagierverkehr belegt sie hinter British Airways und Air France Rang drei). Die Luftfracht, anfänglich nur Beiladung zum Passagier-Transport, hat nach verkauften Tonnenkilometern inzwischen bereits größere Bedeutung als der Personenflugverkehr. Im Zeichen der anhaltenden Hochkonjunktur der deutschen Wirtschaft stieg das Frachtaufkommen der Lufthansa auf knapp 916 000 Tonnen. Es wurden 101 000 Tonnen Post befördert.

Nach: Zahlenbilder 428114, Erich Schmidt Verlag

Frachtverkehr (m)   Schwierigkeiten (f)   Passagiere (m)   Streckenlänge (f)

---

2. Die Begriffe aus dem Schüttelkasten sind Schlüsselwörter des Textes. Notieren Sie auf deutsch die Informationen, die der Text zu diesen Begriffen liefert.

3. Fassen Sie den Text in Ihrer Muttersprache zusammen.

Export kolumbianischer Schnittblumen mittels „Lufthansa Quick Transfer"

40 Der Superlativ

— **adjektivisch**
Nur die **leistungsfähigsten** Fluggesellschaften werden sich auf dem Markt behaupten können.
Außerhalb der Saison sind die Preise **am günstigsten**.
Die Lufthansa überwand die Schwierigkeiten besser als die **meisten** anderen Fluggesellschaften.
Die **eindruckvollsten** Zuwachsraten verbuchte die Lufthansa im Frachtverkehr.

— **adverbial**
Die Lufthansa überwand die Turbulenzen **besser** als die anderen Fluggesellschaften.
Studenten fliegen **am billigsten**.

**Gewisse Adverbien werden mit dem Superlativ gebildet. Schreiben Sie die Entsprechungen in Ihrer Muttersprache daneben. Arbeiten Sie evtl. mit dem Wörterbuch.
Bilden Sie je einen Beispielsatz.**

frühestens	_____	schnellstens	_____
höchstens	_____	spätestens	_____
meistens	_____	wenigstens	_____
mindestens	_____		

41

F

Aus den folgenden Silben lassen sich 10 Wörter bilden, wobei jedes dieser Wörter die Silbe *flug* enthält.

ab — ab — an — bin — dung — fen — fer — flug — flug — flug — flug — flug — flug — flug — flug — flug — flug — gast — ge — groß — gung — ha — kehr — preis — raum — schaft — schein — schluß — sell — ti — ver — ver — zeit — zeug — ziel

_____   _____
_____   _____
_____   _____
_____   _____
_____   _____

42

Nehmen wir einmal an, Sie hätten die Möglichkeit, einen deutschen Verkehrsexperten für eine Zeitung Ihres Landes zu interviewen.

Erstellen Sie bitte gemeinsam einen Fragenkatalog.
(Vgl. dazu Aufg. 11, Kap. 1.)

Notieren Sie bitte in den folgenden Rubriken Wörter bzw. Ausdrücke aus dem gesamten Kapitel 7. Vergessen Sie bei den Substantiven die Artikel und Pluralformen nicht. Kennzeichnen Sie die unregelmäßigen Verben mit einem * und die trennbaren Verben mit einem |.

43

Substantive:

Wichtige Adjektive in Verbindung mit Substantiven:

Ausdrücke:

Verben:

Verben:

Kapitel 8

Tourismus

Stichwort „Urlaub"	1, 2
Was ist im Urlaub (un)wichtig?	3, 13
Wohin reisen die Deutschen am liebsten?	4–7
Orthographie, Interpunktion	6
Trinkgeld	8
Typisch ausländischer Tourist!	9
Fernreisetourismus und seine Folgen	10
„Sanftes" Reisen	11
Reisewörter	12
Buchungs- und Reservierungssystem: START	14
Fachvokabular	15, 23, 29–31
Indirekte Rede	16
Redemittel zur Angabe der Herkunft von Informationen	17
Vor der Reise	18
Versicherungen	19
Cartoons zum Thema „Urlaub"	20
Urlaubsangebote	21, 22, 24, 25, 29
Jugendherbergen	26
schaffen	27
Die Bundesrepublik als Reiseland für Gäste aus dem Ausland	28
Projekt	32
Wichtige Lexik	33

1 1. Welche Assoziationen verbinden Sie mit dem Stichwort „Urlaub"?

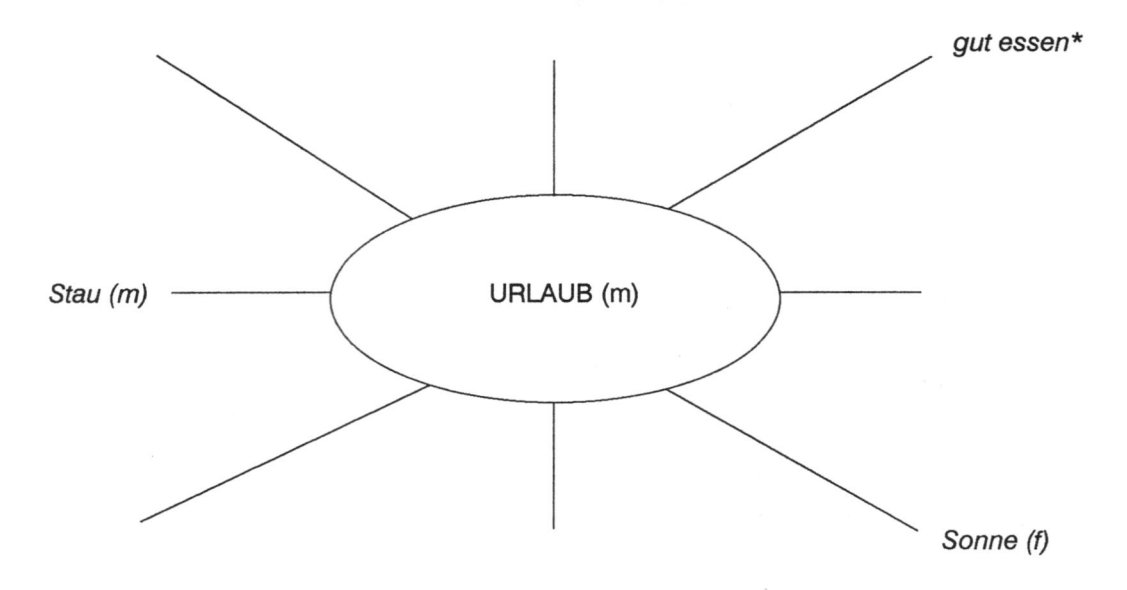

gut essen*

Stau (m) —— URLAUB (m)

Sonne (f)

2. Versuchen Sie, die Assoziationen zu ordnen.

2 Welcher Urlaub ist Ihnen besonders in Erinnerung geblieben? Bitte erzählen Sie.

Beschreiben Sie Ihren Idealurlaub.

3 1. Tragen Sie bitte in die Kästchen ein, was für Sie im Urlaub (un)wichtig ist.

F
- ☐ Abenteuer (n)
- ☐ Sport (m)
- ☐ Gesundheit (f)
- ☐ Bildung (f), Besichtigung (f)
- ☐ Besuch (m) (Freunde, Familie)
- ☐ Strandleben (n), Baden (n), Sonnen (n)
- ☐ Vergnügen (n)
- ☐ Ausruhen (n)

0 =	nicht wichtig
1 =	eher unwichtig
2 =	wichtig
3 =	sehr wichtig

2. Vergleichen Sie die Ergebnisse in der Gruppe.

Ihr Dozent hat ein Schaubild, das zeigt, was die Deutschen von ihrem Urlaub erwarten.

3. Finden Sie, daß bei dieser Befragung wichtige Aspekte ausgelassen worden sind?

1969 gab eine vierköpfige Arbeitnehmerfamilie im Jahresdurchschnitt 1 400 DM für Freizeit aus. Seitdem ist nicht nur das Einkommen kräftig gestiegen, sondern auch der Anteil des verfügbaren Geldes, der für den Freizeitbereich ausgegeben wird. Berechnungen des Statistischen Bundesamtes zufolge ließen sich die Arbeitnehmerhaushalte im letzten Jahr die Freizeit etwa 7 500 DM kosten.

Ein erheblicher Teil des Freizeitbudgets fließt in den Urlaub.
Die Deutschen gelten als besonders reiselustig.

Was meinen Sie: In welche Länder reisen die Deutschen am liebsten?
Ordnen Sie bitte den Summen im Schaubild die jeweiligen Länder aus dem Schüttelkasten zu.

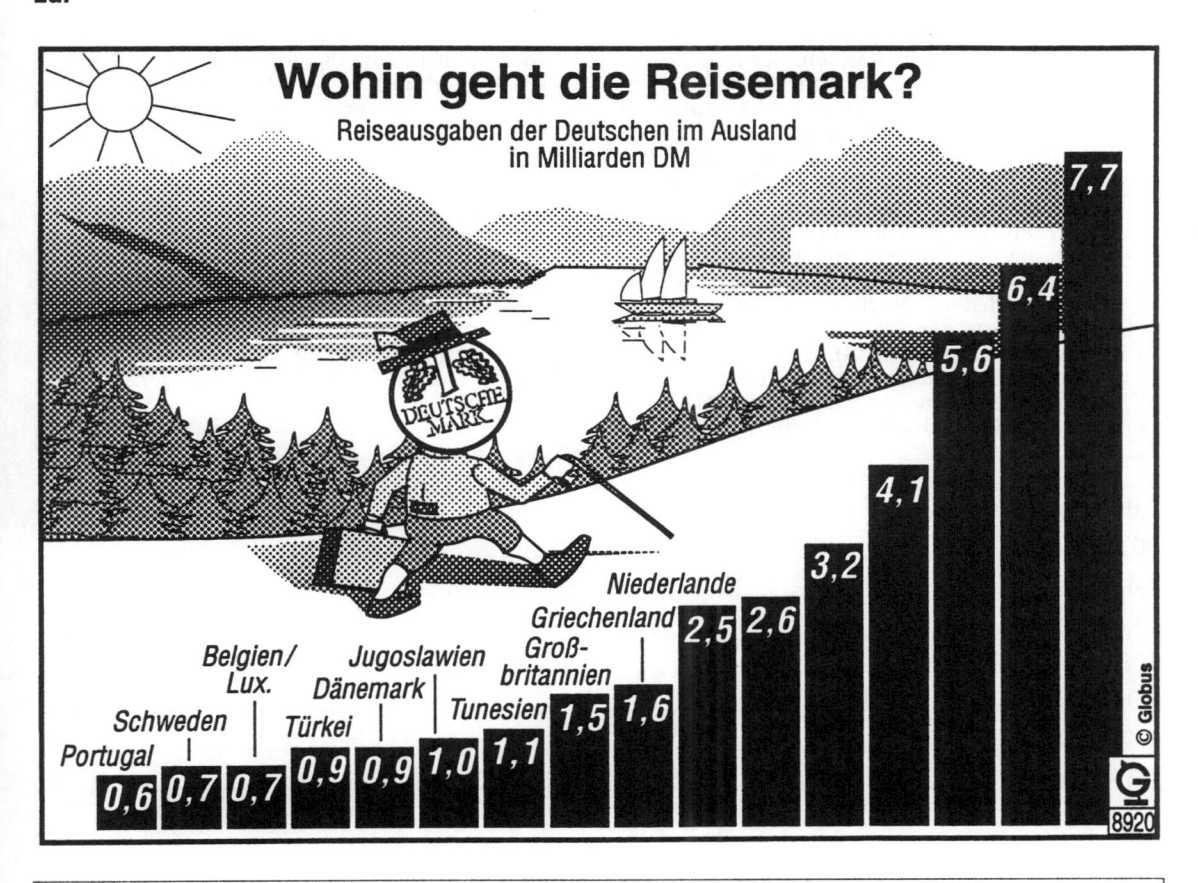

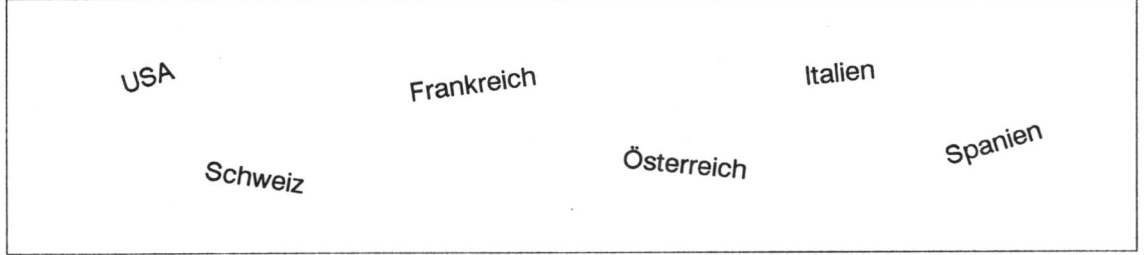

Wohin geht die Reisemark?
Reiseausgaben der Deutschen im Ausland in Milliarden DM

Portugal	Schweden	Belgien/Lux.	Türkei	Jugoslawien Dänemark		Tunesien	Großbritannien	Griechenland	Niederlande				
0,6	0,7	0,7	0,9	0,9	1,0	1,1	1,5	1,6	2,5	2,6	3,2	4,1	5,6	6,4	7,7

USA Frankreich Italien

Schweiz Österreich Spanien

Ihr Dozent zeigt Ihnen anschließend das Originalschaubild.

5 Österreich gehört seit vielen Jahren zu den beliebtesten Urlaubsländern der Deutschen.

1. Welche Gründe könnte es dafür geben?
2. Lesen Sie bitte den folgenden Bericht über die österreichische Tourismusbranche. Notieren Sie neben die nachstehenden Zahlenangaben in Stichworten die dazugehörigen Informationen.

Deutsche ließen Urlaubsland Österreich links liegen

Österreichs Tourismuswirtschaft hat in diesem Sommer das durch die Schneearmut bedingte, schlechte Winterergebnis nahezu aufholen können. Zwischen Mai und Oktober stieg die Zahl der Gästenächtigungen um 2,6 Prozent auf 74 Millionen. Bei den Auslandsgästen gab es eine Steigerung um 2,7 Prozent auf 56,2 Millionen. Noch positiver hat sich der Devisenüberschuß aus dem Reiseverkehr entwickelt: Er erhöhte sich zwischen Januar und September um 3,8 Prozent auf umgerechnet 7,4 Milliarden DM. In dieser Periode gab es die höchsten Nächtigungszuwächse bei Gästen aus den USA (+31,7 Prozent), aus Italien (+11,4 Prozent), der Schweiz (+6,6 Prozent), Frankreich (+6,3 Prozent) und Großbritannien (5,2 Prozent). Deutsche und niederländische Urlauber haben Österreich in diesem Jahr eher links liegen gelassen: Die Übernachtungen deutscher Touristen, die mit 49,84 (von insgesamt 108,61) Millionen erneut ihre dominierende Rolle spielten, gingen um 7,5 Prozent zurück, die der Holländer um 6,9 Prozent. Dieses Ausbleiben hat unter dem Strich der Nächtigungsbilanz ein Minus von 1,4 Prozent hinterlassen. Besonders das südliche Bundesland Kärnten, das gewöhnlich von deutschen und holländischen Urlaubern überdurchschnittlich frequentiert wird, bekam dies zu spüren. Die Zahl der Ausländernächtigungen in Kärnten sank um 6,2 Prozent, der Umsatz der Kärntner Tourismuswirtschaft mußte einen Schwund von 6,6 Prozent auf 2,17 Milliarden DM verkraften.

Süddeutsche Zeitung

2,6 Prozent: _____
56,2 Millionen: _____
7,4 Milliarden: _____
11,4 Prozent: _____
108,61 Millionen: _____
6,9 Prozent: _____
1,4 Prozent: _____
6,6 Prozent: _____

6 Schreiben Sie den folgenden Text neu und setzen Sie dabei die fehlenden Zwischenräume, Satzzeichen und Großbuchstaben ein.

[F]

wasdeutscheüberösterreichersagen

österreichwirdvondeutschenurlaubernvorallemwegenderschönenlandschaftundderd
ortherrschendenalpenländischengemütlichkeitgeschätzauchdiebequemeanreiseun
ddieaussichtinderalpenrepublikzuwandernundsichauszuruhenregendiedeutschenan

weiteregründefürdiebeliebtheitdesurlaubslandesösterreichsinddarüberhinausdeutsc
5 hsprachigkeitundgastfreundlichkeitdiesgehtauseinerjetzterschienenenstudiehervord
iediesalzburgerlandtourismusgesellschaftsowieburgenländischefremdenverkehr
sverbandunddasösterreichischehandelsministeriuminauftraggegebenhattenfreilich
mußtediealpenrepublikauchfedernlassennegativbeurteilendiebefragtenschlechtesw
ettereinrelativhohespreisniveausowiezuvielautoverkehrinteressantdabeiistdaßdiede
10 utschentouristenihrenpkwzwarimurlaubgriffbereithabenwollenindenferienortenselbst
werdendiefahrzeugeabernichtsogernegesehen

1. Welche Unterschiede könnte es im Reiseverhalten zwischen West- und Ostdeutschen geben?

2. Lesen Sie jetzt den Artikel über das Reiseverhalten der Ostdeutschen. Decken sich die Aussagen des Textes mit Ihren Vermutungen?

So reisten die Ostdeutschen

Die Interessengemeinschaft Tourismus-Soziologie e. V. in Leipzig und das Leif-Institut (Leipziger Institut für Empirische Feldforschung) haben auf der Messe in Leipzig ihre neueste Studie zum Thema „Reiseverhalten der Ostdeutschen" vorgestellt.

Für die Untersuchung, durchgeführt im Oktober und November des letzten Jahres, wurden 1030 Menschen im Alter zwischen 18 und 80 Jahren in den fünf östlichen Bundesländern befragt. Dabei ging es nur um Reisen, die länger als vier Tage dauerten.

Im September hatte unabhängig davon auch das Sozialforschungsinstitut Basisresearch in Frankfurt zusammen mit Dimo, seiner Repräsentanz in Dresden, 1005 Ostdeutsche im Alter von über 14 Jahren nach ihren Reisegewohnheiten gefragt. Fast 63 Prozent der Befragten waren demnach zu einer oder mehreren Urlaubsreisen mit einer Dauer von fünf Tagen oder mehr aufgebrochen (oder wollten es noch tun). Zum Vergleich: Nach der Reiseanalyse, die ebenfalls von Basisresearch durchgeführt wurde, lag die Reiseintensität der Westdeutschen im selben Untersuchungszeitraum nur geringfügig höher – bei knapp 67 Prozent.

Nach den Untersuchungen, sowohl aus Frankfurt wie auch aus Leipzig, machten 37 Prozent Urlaub in Ostdeutschland, nur 14 Prozent zog es nach Westdeutschland. Bei vielen Befragten war die Sehnsucht, einmal Naturereignisse wie Ebbe und Flut zu sehen oder hohe Berge, besonders groß. Daher reisten die meisten entweder ganz in den Norden oder nach Süddeutschland.

Nur 13 Prozent der Ostdeutschen fuhren ins Ausland, allein die Hälfte von ihnen in die ehemaligen Ostblockstaaten. Favoriten waren dabei die Tschechoslowakei und Ungarn. Aber auch Österreich war ein beliebtes Reiseziel.

Gefragt nach ihren Urlaubserwartungen kreuzten die allermeisten die Rubrik „Abschalten, ausspannen" an.

I. Ahrens/Die Zeit

3. Schreiben Sie, ähnlich wie in Aufg. 5, die wichtigsten Zahlen und Informationen des Textes heraus.

8 Andere Länder, andere Sitten – Trinkgelder

F Sicherlich befällt auch Sie manchmal auf einer Urlaubs- oder Geschäftsreise eine gewisse Unsicherheit, wenn es nach der Taxifahrt, im Hotel oder im Restaurant darum geht, sich mit einem Trinkgeld für Service und Freundlichkeit zu bedanken. Schließlich möchte man weder geizig noch gönnerhaft wirken.
Berichten Sie bitte von Ihren Erfahrungen im In- und Ausland.
An welche „Faustregeln" halten Sie sich?

Ihr Dozent zeigt Ihnen anschließend ein Schaubild zu Trinkgeldern im internationalen Vergleich.

9

1. **Sehen Sie sich bitte das Bild an und notieren Sie Ihre Assoziationen.
   Gibt es zwischen Ihren Assoziationen und denen der anderen Kursteilnehmer Ähnlichkeiten?**

   _____
   _____
   _____
   _____
   _____
   _____
   _____
   _____
   _____
   _____
   _____
   _____
   _____
   _____
   _____

2. Diese Darstellung ist eine Skulptur des amerikanischen Künstlers Duane Hanson.
   Welchen Titel würden Sie diesem Kunstwerk geben?

3. **Versuchen Sie bitte zu beschreiben, welche Absicht Hanson möglicherweise mit einer solchen Darstellung verfolgt.**

4. **Woran erkennen Sie ausländische Touristen, abgesehen von der Sprache? Beschreiben Sie bitte Äußerlichkeiten und Verhaltensweisen, die Ihnen aufgefallen sind.
   Was finden Sie typisch für welche Nationalität?**

5. **Erlegen Sie sich bestimmte Verhaltensregeln auf, wenn Sie ins Ausland fahren? Wenn ja, welche?
   Verhalten Sie sich in gewissen Fällen bewußt anders als in Ihrem Land?**

1. **Lesen Sie bitte zunächst nur die Überschriften und die Einleitung des folgenden Artikels.**
   Um welche Probleme könnte es sich handeln?
   Welche Länder könnten von diesen Problemen in besonderem Maße betroffen sein?

2. **Lesen Sie dann den Rest des Artikels zügig durch und versuchen Sie, den Inhalt mündlich zusammenzufassen.**
   Dabei helfen Ihnen sicherlich die fett markierten Wörter, die die Hauptinformationen kennzeichnen.

Fernreisetourismus unter der Lupe
Studie untersucht wirtschaftlichen Nutzen der Zielländer

Der Tourismus ist drauf und dran, im Weltmaßstab der größte Wirtschaftssektor zu werden und die bislang führende Autoindustrie von der Spitze zu verdrängen. Da aber die vielen Millionen von Urlaubern, die alljährlich ihre Ferien in fremden Ländern verbringen, mannigfache Probleme importieren, gerät der Tourismus zunehmend ins Kreuzfeuer der Kritik. Eine Diskussion auf der Jahrestagung des Deutschen Reisebüro-Verbandes (DRV) in Singapur und eine dort vorgelegte Studie befaßten sich mit beiden Trends.

Die Diskussion über Schaden und Nutzen von **Fernreisen** brachte erstaunlich wenig Sensibilität der Vertreter der Reisebranche gegenüber den immer deutlicher sichtbaren **negativen Folgen** zutage. Eine Vertreterin einer in Bangkok tätigen Umweltschutzorganisation wies auf die Vielzahl von Problemen hin, angefangen beim **hohen Wasser- und Landverbrauch** touristischer Objekte über die **Zerstörung von Meeresbiotopen** durch Taucher bis hin zu den Störungen, die Urlauber durch ihr **taktloses Auftreten** in fernöstlichen Tempeln verursachen. Dies alles **berührte die Branchensprecher jedoch nicht sonderlich.** Zwar gaben sie zu erkennen, daß diese Kritikpunkte ihnen sehr wohl bekannt waren, jedoch verwiesen sie im wesentlichen darauf, daß es Sache der Gastländer sei, für Abhilfe zu sorgen. **Selbst,** so lautet das Fazit, **könnte man wenig tun,** zumal sich die betroffenen Länder nicht selten die Einmischung in die inneren Angelegenheiten, wie die Bebauung der Küsten usw., verbäten.

Welche **wirtschaftlichen Auswirkungen der Ferntourismus** auf eine Auswahl von Zielländern hat, darauf gibt eine druckfrische **Studie** des Deutschen Wirtschaftswissenschaftlichen Instituts für Fremdenverkehr an der Universität München Auskunft, die in Singapur anläßlich der DRV-Jahrestagung vorgestellt wurde. Daraus ist beispielsweise zu entnehmen, daß die **Fernreisen** im letzten Jahrzehnt fast **explosionsartig,** nämlich um 300 Prozent, **zugenommen** haben. Demgegenüber sind im gleichen Zeitraum die Urlaubsreisen innerhalb Deutschlands nur um 22,5 Prozent und ins europäische Ausland um 42,5 Prozent gestiegen. Von den gesamten Devisenausgaben der Bundesbürger im letzten Jahr in Höhe von 52 Milliarden DM entfielen 9,5 Milliarden auf Ziele außerhalb Europas. Bei der Verteilung der Mittel auf insgesamt zehn Länder, die der Untersuchung zugrunde gelegt wurden, ergibt sich weiter, daß **Singapur mit Deviseneinnahmen** aus dem Tourismus von insgesamt 4,5 Milliarden Dollar **an der Spitze** steht, gefolgt von Mexiko mit 4,2, Thailand mit 3,4 und Indonesien mit 1,3 Milliarden Dollar. Jamaika bringt es auf 636 Millionen Dollar, Kenia auf 493, Sri Lanka auf 97 und die Seychellen auf 96 Millionen Dollar.

In dem Kapitel über die **Einkommens- und Beschäftigungseffekte** wird festgestellt, daß der Beitrag des Tourismus am Bruttosozialprodukt auf den **Seychellen** mit gut 20 Prozent **am höchsten** ist. Es folgen Jamaika (13,4 Prozent), Singapur (10,3 Prozent) und Thailand (3,5 Prozent). Was die Beschäftigung betrifft, so zeigt die Studie, daß **in Mexiko 340 000 Arbeitsplätze** unmittelbar am Tourismus hängen. In Thailand sind es 240 000, in Singapur 130 000. Erhebliche **Strukturunterschiede** ergeben sich **bei der Betrachtung der Einkommensrelationen.** Während nämlich in hochentwickelten Ländern die Arbeitsplätze im Tourismus eher zu den weniger gut bezahlten gehören, ist es in Ländern der Dritten Welt genau umgekehrt.

Süddeutsche Zeitung

3. **Lesen Sie den Text ein zweites Mal. Halten Sie nun die Hauptaussagen in höchstens sieben Thesen fest.**

4. Die Länder, von denen im Text die Rede ist, befinden sich in einem Dilemma.
   Beschreiben Sie dieses Dilemma.
   Sehen Sie mögliche Auswege aus dieser Situation?

5. **Welche Bedeutung hat der Tourismus für Ihr Land?**

11

1. Was verstehen Sie unter dem Begriff „sanftes Reisen"? Welche Kriterien könnte es für „sanftes Reisen" geben (An- und Abreise, Fortbewegung am Urlaubsort, Ferienort, Unterkunft und Verpflegung, Aktivitäten ...)?

2. Bringen Sie den folgenden Text in die richtige Reihenfolge.

Gütesiegel für „sanftes Reisen"?

A Wie sehen die Mindestanforderungen aus? Da wird beispielsweise vom Reiseveranstalter sachliche und umfassende Information über fremde Länder erwartet: keine Klischees, keine Werbung mit erotischen Abenteuern, keine Superlative, sondern respektvolle Beschreibung der „bereisten" Bevölkerung und ihrer Kultur. An- und Abreise sollten mit öffentlichen Verkehrsmitteln erfolgen. Lediglich Bahn und Fahrrad aber können dieses Attribut für sich in Anspruch nehmen. Flugzeug und Auto werden als ökologisch schlecht verurteilt. Flugreisen sollen nur in begrenzten Ausnahmefällen zulässig sein. Unterkünfte und Fremdenverkehrseinrichtungen dürfen nicht in ökologisch sensiblen Gebieten errichtet werden und müssen sich in das Landschafts- und Ortsbild einfügen. Alte, wertvolle Bausubstanz ist zu erhalten.

B Einig waren sich die Teilnehmer der „5. Allgäuer Gespräche" darüber, daß das Siegel nur zeitlich begrenzt verliehen werden soll. Den Gedanken, auch ein Umweltteufelchen zu verleihen, ließ man fallen aus der Erkenntnis, daß das Gütesiegel ein positiver Anreiz sein solle, kein Bestrafungsinstrument.

C Die Naturfreundejugend und der Deutsche Naturschutzring haben einen Kriterienkatalog „Sanfter Tourismus" erarbeitet. Er wurde anläßlich der „5. Allgäuer Gespräche" vorgelegt. Ziel dieser Gesprächsrunde, an der rund 90 Vertreter der verschiedensten Umweltgruppen, Kommunen und Reiseveranstalter teilnahmen, ist die Einführung eines europaweiten Gütesiegels.

D Vorreiter dieses Siegels ist der vom Umweltbundesamt vergebene „blaue Umweltengel", den die Verbraucher inzwischen als Entscheidungshilfe zu schätzen wissen. Der geplante Tourismus-Gütesiegel will dem umweltbewußten Reisenden, aber auch der Fremdenverkehrswirtschaft, die Qual der Wahl erleichtern. Maßgebend für die Vergabe ist der Kriterienkatalog. Auf knapp drei Seiten sind da Forderungen an Reiseveranstalter, Ferienorte und -betriebe zusammengefaßt.

E Die Runde zwang sich durch, alpinen Skilauf zu tolerieren, wenn der jetzige Anlagenbestand nicht weiter ausgebaut werde. Doch Motorsportarten und Wettangeln gelten als Tabu. Erforderlich scheinen Angebote zu kreativen und phantasievollen Tätigkeiten wie Malen, Töpfern oder Spielen.

Süddeutsche Zeitung

Reihenfolge: ☐☐☐☐☐

3. Erklären Sie die folgenden Ausdrücke aus dem Text in Ihrer Muttersprache.

Vorreiter (m) / Entscheidungshilfe (f) / die Qual der Wahl erleichtern / Mindestanforderung (f) / Klischee (n) / etw. für sich in Anspruch (m) nehmen* / in begrenzten Ausnahmefällen (m) / zulässig sein* / sich in das Landschaftsbild ein|fügen / etw. verleihen* / Anreiz (m)

4. Verfassen Sie bitte einen Leserbrief an die Zeitung aus der Position von jemandem, der findet, daß „die schönsten Wochen des Jahres" nicht mit Umweltschutzgedanken getrübt werden sollten.

Im folgenden Text wird mit Sprache gespielt. **12**
Lesen Sie bitte den Text und versuchen Sie, die Ihnen evtl. unbekannten „Reisewörter" mit Hilfe des Wörterbuchs zu verstehen.
Der Reiz des Textes liegt unter anderem darin, daß eine lange Aufzählung plötzlich durchbrochen wird.
Durch welche beiden Wörter?

Reisewörter

Gesammelt von Tilde Michels

Weltreise
Reiselust
Dienstreise
Reisewecker
Eisenbahnreise
Reiseprogramm
Gesellschaftsreise
Reisebekanntschaft
Geschäftsreise
Reisevertreter
Ferienreise
Reisegepäck
Luftreise
Reisegeld
Sommerreise
Reiseleiter
Auslandsreise
Reiseandenken
Vergnügungsreise
Reisegesellschaft
Studienreise
Reisebericht
Traumreise
Reisefieber
Autoreise
Reiseweg
Winterreise
Reisedecke
Seniorenreise
Reisebegleiter
Erkundungsreise

Reiseverpflegung
Urlaubsreise
Reiseverkehr
Tagesreise
Reisekoffer
Badereise
Reisezeit
Durchreise
Reiseführer
Hochzeitsreise
Reisegefährte
Entdeckungsreise
Reisebeschreibung
Abenteuerreise
Reisetagebuch
Besuchsreise
Reisewetter
Lustreise
Reisepaß
Schiffsreise
Reisebüro
Vortragsreise
Reisetasche
Forschungsreise
Reiseabenteuer
Erholungsreise
Reiselektüre
Teepreise
Reisernte
Rundreise
Reiseziel

Der fliegende Robert

13 Was vermissen Sie im Urlaub am meisten?

[F] Ihr Dozent hat ein Schaubild, das zeigt, was die Deutschen im Urlaub vermissen.

14 1. **Lesen Sie bitte die beiden folgenden Texte, die sich mit dem Buchungssystem START beschäftigen.**
Im Kasten finden Sie sieben Zwischenüberschriften. Ordnen Sie diese den einzelnen Textabschnitten zu.

---
1. Auch die Bahn ist dabei
2. Was das Reservierungssystem alles kann
3. Kauf von Reisen heute sehr einfach
4. Verdoppelung des Hotelangebots
5. Erweiterung des Reservierungssystems
6. Ein Plus nicht nur für die Reisebranche
7. Mehr Städteverbindungen im Computer

☐ **Ein Reiseticket kauft man heute so einfach wie eine Kinokarte:** Im Reisebüro kann man sich zwischen Kreta und Mallorca, China und Cortina, Flug oder Schiffsreise, Stadthotel und Wohnboot entscheiden und das Ticket gleich mitnehmen – dank der Elektronik.

☐ Immer mehr Touristikunternehmen und Reisebüros schließen sich an das Buchungssystem START an, das mit Siemens-Computern arbeitet. Denn die Kunden wollen nicht warten. Wer seinen Urlaubstermin festgelegt hat, der will dann im Reisebüro auch gleich wissen, wo er mitten in der Saison noch ein Zimmer mit Meerblick bekommt. Oder wo die Sonne am billigsten ist oder welche Kreuzfahrt er noch erreichen kann. Das Buchungssystem mit Siemens-Computern macht das Reisen einfacher.

☐ Der elektronische Fortschritt ist uns Tag für Tag eine große Hilfe – etwa in der Medizin, in der Forschung, in der Wirtschaft. Und bringt uns immer neue Erleichterungen, auch in der Freizeit und auf Reisen.

☐ Das Informations- und Reservierungssystem für die Reisebüros, START, an dem die Deutsche Lufthansa wesentlich beteiligt ist, wird zu einem umfassenden Reisevertriebssystem ausgebaut.

☐ Insbesondere das Flugreservierungssystem, das bisher primär die Verbindungen der deutschen Fluggesellschaft herausstellte, soll sich durch eine Neugruppierung des Flugangebots stärker an den Kundenbedürfnissen orientieren. Dies kündigte das Lufthansa-Vorstandsmitglied Frank Beckmann an. START/LH will die Zahl der abrufbaren Städteverbindungen auf 250 000 erhöhen.

☐ Von anfangs 500 ist die Zahl der Hotels steil angestiegen, die unabhängig von einer Flugbuchung über das Lufthansa-Hotelreservierungssystem via START bestellt werden können. In den folgenden Jahren, hofft die Fluglinie, wird die Zahl auf 10 000 Hotels anwachsen.

☐ Die elektronische Fahrplanauskunft der Deutschen Bundesbahn (DB) über START erfaßte bisher schon die Städteverbindungen. In Kooperation entwickeln die Bahn und START einen neuen Service, der Fahrplan-Auskünfte gibt und die Preise für Inlands- und Auslandsfahrkarten berechnet.

2. **Wodurch unterscheiden sich die beiden Texte? Was ist jeweils die Hauptinformation für den Leser? Um welche Textsorten handelt es sich Ihrer Meinung nach? Warum?**

15

1. **Welches Wort paßt nicht in die Reihe? Erklären Sie bitte warum.**

   a) Einfahrt (f) — Ausfahrt (f) — Durchfahrt (f) — Abfahrt (f) — Kreuzfahrt (f)
   b) Urlaub (m) — Ferien (Pl) — Feiertag (m) — Freitag (m) — Freizeit (f)
   c) Auskunft (f) — Buchung (f) — Information (f) — Beratung (f) — Hinweis (m)
   d) Hotel (n) — Gasthof (m) — Gastfreundschaft (f) — Pension (f) — Jugendherberge (f)
   e) Lieferschein (m) — Flugschein (m) — Fahrkarte (f) — Reiseticket (n) — Straßenbahnfahrschein (m)
   f) Dresden — Hannover — Wiesbaden — Magdeburg — Essen
   g) Athen — Berlin — Genf — Rom — Wien
   h) Ostsee (f) — Bodensee (m) — Nordsee (f) — Atlantik (m) — Mittelmeer (n)

2. **Mit den Anfangsbuchstaben der nicht passenden Wörter können Sie die fehlenden Buchstaben der folgenden zwei Wörter aus dem Text in Aufg. 14 ergänzen. Markieren Sie zunächst die Anfangsbuchstaben der nicht passenden Wörter und ordnen Sie diese dann ein.**

   _ L U _ A N _ E _ O T   M E _ R _ _ I C _

16

Sehen Sie bitte noch einmal Aufg. 17 (indirekte Rede), Kap. 6, an. Formen Sie dann die folgende Pressemitteilung in einen Zeitungsartikel um. (Der Anfang dieses Zeitungsartikels ist vorgegeben.)

Pressemitteilung

Anläßlich der Diskussionen um die Entwicklung des europäischen Tourismus im Binnenmarkt gab die Deutsche Zentrale für Tourismus (DZT) *heute vormittag eine Pressekonferenz. Die bei dieser Gelegenheit abgegebene Erklärung hatte folgenden Wortlaut:*

„Europas Tourismuswirtschaft hat im letzten Jahr ihr Geschäft ausgebaut. Die Zahl der amtlich registrierten Ankünfte stieg um 1,5 Prozent auf 261 Millionen, damit erhöhte sich das Volumen in den letzten fünf Jahren um mehr als 30 Prozent. Auch die Einnahmen aus dem Tourismus sind gewachsen, und zwar auf 175,5 Milliarden Mark und damit um etwa 6,5 Prozent in den letzten zwölf Monaten.
Insgesamt unternehmen die Bewohner der 18 westeuropäischen Staaten nach unseren Erhebungen pro Jahr eine Milliarde Reisen, wobei vier von fünf Reisen innerhalb der jeweiligen eigenen Landesgrenzen durchgeführt werden. 200 Millionen Reisen gehen jedoch ins Ausland, im Durchschnitt sind die Touristen dabei etwa zehn Tage unterwegs. Mehr als die Hälfte aller Auslandsreisen haben die fünf Länder Spanien, Frankreich, Österreich, Deutschland und Italien zum Ziel, wobei das Auto nach wie vor das beliebteste Verkehrsmittel ist: 45 Prozent setzen sich in den Wagen, wenn sie ins Ausland fahren.
Auch weltweit ist der Tourismus gewachsen. Insgesamt haben im vergangenen Jahr unseren Schätzungen zufolge 1,5 Milliarden Menschen eine Reise unternommen, etwa die Hälfte davon waren unterwegs, um Urlaub zu machen. Die Einkünfte aus dem internationalen Tourismus sind erstaunlich in die Höhe gegangen. Sie betragen 456 Milliarden Mark."

Ein gutes Jahr für den Tourismus

Das Fremdenverkehrsgewerbe hat wieder allen Grund zum Optimismus. Dies erklärte ein Sprecher der Deutschen Zentrale für Tourismus *mit Blick auf die Entwicklung des europäischen Tourismus und des Fremdenverkehrs auf der ganzen Welt. So habe Europas Tourismuswirtschaft im letzten Jahr ihr Geschäft ausgebaut…*

17 Redemittel zur Angabe der Herkunft von Informationen

> Dies erklärte ...
> Dies ergibt/zeigt eine Studie/Umfrage/Untersuchung usw. des ...
> Dies geht aus einer Studie/einer Untersuchung/einer Umfrage/einem Bericht/einer Erklärung usw. des ... hervor.
> Wie aus gut unterrichteten Kreisen zu erfahren war, ...
> Aus informierten Kreisen verlautet, daß ...
> Wie aus Bonn verlautet/gemeldet wird, ...
> Laut Finanzminister Pfennigfuchser ...
> Laut einer Erklärung des Sprechers der Deutschen Zentrale für Tourismus ...
> Wie das Bundeswirtschaftsministerium mitteilt/mitteilte, ...

18 In dem folgenden Text ist bei einem der Punkte ein Irrtum passiert. Bei welchem? Was ist falsch?

Vor der Reise ...

Bei aller Vorfreude auf die Urlaubsreise sollte man ein paar wichtige Dinge nicht vergessen.

Rechtzeitig vor Reiseantritt sollten Sie
— Gültigkeit von Paß und/oder Personalausweis überprüfen und eventuell Ihr Visum einholen,
— sich um eine Reisekrankenversicherung kümmern,
— Reiseschecks, Euroschecks und Devisen bestellen,
— sich über Zollvorschriften des Urlaubslandes informieren,
— sich die Prämie für eine Reisegepäckversicherung auszahlen lassen.

19 1. Nennen Sie bitte die muttersprachlichen Entsprechungen für die folgenden Versicherungsarten.

F

a) Arbeitslosenversicherung: _____
b) Diebstahlversicherung: _____
c) Feuerversicherung: _____
d) Haftpflichtversicherung: _____
e) Hausratversicherung: _____
f) Krankenversicherung*: _____
g) Kreditversicherung: _____
h) Lebensversicherung: _____
i) Rechtsschutzversicherung: _____
j) Reiserücktrittversicherung: _____
k) Rentenversicherung: _____

l) Transportversicherung: _____
m) Unfallversicherung*: _____
n) Vollkaskoversicherung: _____

2. Das deutsche Versicherungssystem unterscheidet nach dem Träger der jeweiligen Versicherung zwischen Sozialversicherung (gesetzlich vorgeschrieben) und Privatversicherung (freiwillig). Bestimmte zur Sozialversicherung gehörende Versicherungen wie die Kranken- und Unfallversicherung (*) können auch privat abgeschlossen werden.
Ordnen Sie bitte die obigen Versicherungsarten in die nachfolgende Übersicht ein.

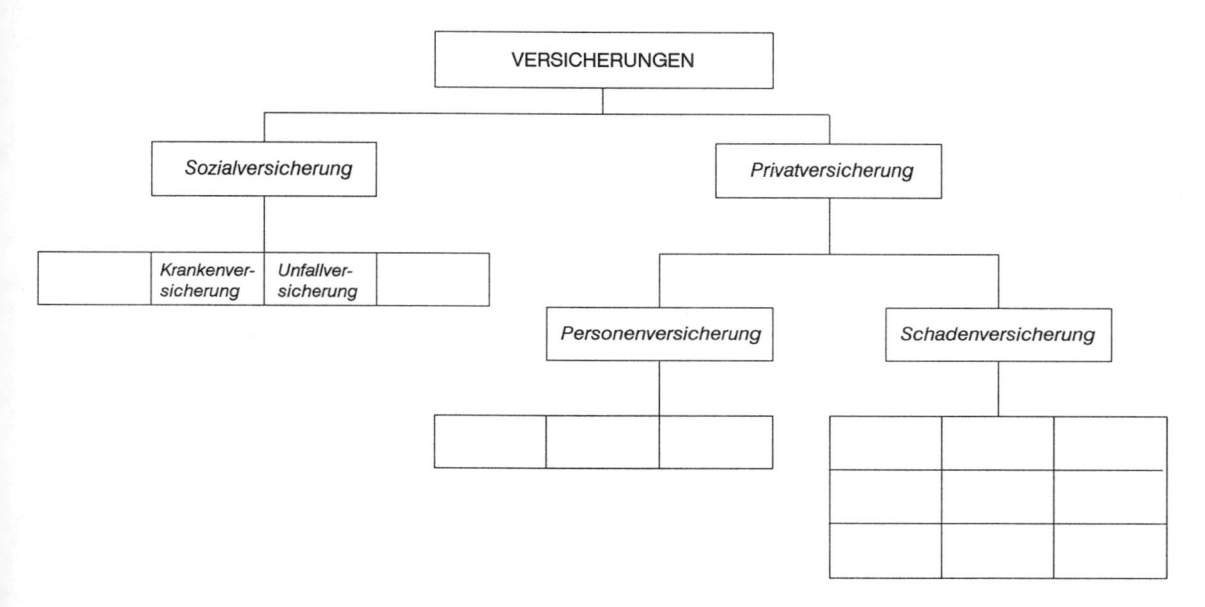

```
                    VERSICHERUNGEN
                    /            \
        Sozialversicherung    Privatversicherung
         /       |                /          \
    Kranken-  Unfall-      Personen-    Schaden-
    versicherung versicherung versicherung versicherung
```

**3. Beschreiben und interpretieren Sie bitte das nebenstehende Schaubild.
Gibt es in Ihrem Land eine ähnliche Tendenz?**

Trend zur Sicherheit
Jährliche Ausgaben je Privathaushalt für private Versicherungen

vor 20 Jahren — 950 DM = 4,8 % des verfügbaren Einkommens

vor 10 Jahren — 1 470 DM

heute — 3 700 DM = 7,4 % des verfügbaren Einkommens

KAPITEL 8

20 Sehen Sie sich bitte die beiden Cartoons zum Thema „Urlaub" an.
Stellen Sie sich vor, Sie wären in der Tourismus- oder Versicherungsbranche tätig. Machen Sie Vorschläge, wie man die Cartoons für Werbezwecke nutzen könnte. Verfassen Sie gegebenenfalls einen kurzen Text.

230 KAPITEL 8

Übersetzen Sie bitte den folgenden Text.
Benutzen Sie erst dann das Wörterbuch, wenn Sie eine Rohfassung angefertigt haben.

21

Durch Deutschland und Europa wandern

Notizen

Rund 300 Ferientouren zum Selbstkostenpreis bieten die 53 deutschen Wandervereine im nächsten Urlaubsjahr in Deutschland und Europa an. Wie der Verband Deutscher Gebirgs- und Wandervereine jetzt dazu in Saarbrücken
5 mitteilte, gibt es bereits seit dem Frühjahr ein „grenzenloses" Wanderangebot für das gesamte Deutschland. Urlauber können beispielsweise den Thüringer Wald, das Erzgebirge, die Dübener Heide und den Ostharz erobern, aber auch zu Fuß die Naturschönheiten an Saale, Schwarza, El-
10 ster und Elbe entdecken. Eine Wanderwoche kostet zwischen 200 und 1000 Mark. Gemeinsam mit den Organisationen der Europäischen Wandervereinigung werden dazu auch Fuß-, Rad-, Bus- oder Flugtouren in andere Länder angeboten. Der Katalog „Ferienwanderungen in Deutsch-
15 land und Europa" ist gegen eine Schutzgebühr von vier Mark beim Verband Deutscher Gebirgs- und Wandervereine in 6600 Saarbrücken 3, Reichsstraße 4, erhältlich.

Süddeutsche Zeitung

22

Im folgenden Text werden zwei Angebote für Langzeitferien vorgestellt.
Lesen Sie bitte den Text und füllen Sie – in Stichpunkten – die beiden Rubriken aus. Überlegen Sie sich dann für jedes der beiden Angebote, an welche Art von Gästen es sich wohl wenden könnte.

Langzeiturlaub in Deutschland

Mit der „reinen Schwarzwaldluft" wirbt der Kurort Bad Herrenalb um jene Gäste, die viel Zeit haben. So sind im Zeitraum vom 10. Januar bis 16. April jeweils sechs-
5 wöchige Aufenthalte zu buchen, die inklusive Übernachtung und Frühstück in einem Gästehaus mindestens 1200, in der Ferienwohnung von 1600 Mark an kosten. Damit es nicht langweilig wird, gibt's Gelegenheit
10 zum Tennisspielen, zum Lang- und Abfahrtslauf sowie die Möglichkeit, den Urlaub mit einer Bade- oder Klimakur zu kombinieren, die zwar gesundheitsfördernd, jedoch extra zu zahlen ist.

15 Im oberbayerischen Prien am Chiemsee werden unter anderem dreißigtägige Ferien angeboten. Man kann wahlweise bei Privatvermietern, in Gasthöfen oder in Hotels unterkommen, die Preise bewegen sich zwi-
20 schen rund 700 und 1370 Mark pro Person. Eingeschlossen sind neben der Kurtaxe auch diverse Ausflüge in die Umgebung, etwa zur Herreninsel und zum Schloß Herrenchiemsee. Fürs Kulturelle sorgen ein
25 Besuch im Heimatmuseum und eine Dichterlesung.

Die Zeit

Stichpunkte für das Angebot in Bad Herrenalb:
_____
_____

Stichpunkte für das Angebot in Prien:
_____
_____

23 Bilden Sie mit allen Wörtern des Schüttelkastens zusammengesetzte Wörter, die entweder mit *Gast-* beginnen oder auf *-gast* enden. Schreiben Sie bitte die Artikel dazu und geben Sie die Entsprechungen in Ihrer Muttersprache an. Ein Wort paßt zweimal.

```
   ferien      geber     stamm      messe        haus         kur

          ehren            hof               land✓      flug        stätte

   arbeiter       wirtschaft        freundschaft      hotel      fahr
```

Gast-   **-gast**

1. *das Gastland* _____   1. _____
2. _____   2. _____
3. _____   3. _____
4. _____   4. _____
5. _____   5. _____
6. _____   6. _____
7. _____   7. _____
8. _____   8. _____
                                         9. _____

24 Verfassen Sie bitte auf der Basis der folgenden Stichpunktesammlung einen kurzen Text für eine Zeitung. Als Muster können die drei Meldungen in Aufg. 21 und 22 auf S. 231 dienen.

> jedes Jahr ein Katalog „Familien-Ferien" des Allgemeinen Deutschen Automobilclubs (ADAC) – familienfreundliche Urlaubsorte, vom ADAC inspiziert – ausführliche Beschreibungen: Sport, Kultur, Landschaft usw. – auch Verzeichnis größerer Hotelanlagen und Bungalowsiedlungen für Familien – kostenlos erhältlich – viele nützliche Tips für Familienurlaub in den Bergen – mit finanzieller Unterstützung des Bundesfamilienministeriums entstanden

In der folgenden Anzeige für eine Reise nach Kenia sind versehentlich Sätze aus Anzeigen für Reisen in andere Länder mit abgedruckt worden.
Markieren Sie bitte die betreffenden Sätze. Um welche Länder handelt es sich dabei?

KENIA
Safari-Sonderreise 5. bis 13. Juni

Fotoerlebnisse in zwei der schönsten Tierreservate der Welt: Massai-Mara und Amboseli-Park.

Flüge mit Kenya Airways in der Touristenklasse ab und bis Frankfurt. Nach der Ankunft erfolgt eine Übernachtung in der Hauptstadt Nairobi, die restlichen Tage übernachten Sie in typischen Lodges (mit allem Komfort, direkt in den Parks).

Ausflug in die Puszta mit Reitvorführungen, Ausflug ins Donauknie mit Besichtigung des Künstlerstädtchen Szentendre.

Für die Safari stehen Minibusse mit Fahrern zur Verfügung.

Halbtagesausflug zum Escorial (Kloster und Sommerpalast von Philipp II.) und Besuch des Tals der Gefallenen.

Diese Tage in Kenia werden ein immerwährendes Erlebnis für Sie sein. Im Preis ebenfalls enthalten sind Vollpension während der Safari und ein Frühstück in Nairobi sowie Versicherung und Reiseleitung ab/bis Frankfurt.

Mindestteilnehmerzahl: 15 Personen.

Es bietet sich die Möglichkeit, die Reise um eine Woche Badeurlaub in Mombasa zu verlängern. Minimumteilnehmerzahl für das Anschlußprogramm sind 8 Personen. Preis Anschlußprogramm: DM 624,—, Einzelzimmerzuschlag: DM 84,—.

DM 3440,—

Einzelzimmerzuschlag: DM 120,—

Neu auf dem Caravan-Markt:
Spezial-Wohnwagen für Angehörige des Hauses Windsor

26 1. **Haben Sie schon einmal in einer Jugendherberge übernachtet? Wodurch unterscheidet sich die Jugendherberge von anderen Unterkunftsmöglichkeiten?**

2. Das Deutsche Jugendherbergswerk (DJH), gegründet 1910, gehört zum Internationalen Jugendherbergsverband, der in 50 Ländern vertreten ist.
Das DJH bietet nicht nur Unterkunft und Verpflegung an, sondern betätigt sich auch als Reiseveranstalter, wie Sie dem folgenden Text entnehmen können.
Setzen Sie bitte die nachstehenden Begriffe in den Text ein.

Jugendherbergen: Die Clowns sind los

Soeben ist das neue Programm des Deutschen Jugendherbergswerkes für den Winter und das Frühjahr erschienen. In dem 56 Seiten starken Heft werden 500
5 Ziele in Deutschland und im Ausland angeboten.
Die Auswahl ist groß: Hobby- und Skiferien. Fitneßkurse. Außerdem werden preiswerte Flugreisen nach Ägypten, nach Ar-
10 gentinien oder nach Indien und Nepal angeboten.
Wer sich etwa als _____ betätigen will, kann Anfang Januar (7. bis 11. und 11. bis 13.) in die Jugendherberge nach
15 Grävenwiesbach kommen. Als Material bekommt man weichen Talkstein aus Übersee zur Bearbeitung, als Handwerkszeug Raspel, Feile und Messer. Kursdauer: elf oder zwanzig Unterrichtsstunden. Kursgebühr
20 mit Vollpension: 223 bzw. 350 Mark.
In der Jugendherberge Triberg im Schwarzwald kann man zwischen dem 28. Dezember und dem 6. Januar seine eigene _____ schnitzen und zusam-
25 menbauen, eine Uhr, die runde 450 Mark kosten würde. Nach getaner Arbeit geht's dann noch ins Uhrenmuseum in Furtwangen. Kurs- und Aufenthaltsgebühr mit Vollpension: 350 Mark, Materialkosten
30 und Uhrwerk: 75 Mark.
Oder wie wär's, einmal _____ zu spielen? Gelegenheit gibt es in Helmarshausen an den Wochenenden vom 30. November bis zum 11. Januar. Teil-
35 nehmerpreis: 187 Mark.
Unter dem Titel „Reisen mit Einsicht" veranstaltet die Jugendherberge Regensburg zwischen Januar und März _____ für Auslandsreisen.
40 Brasilien und Thailand, Spanien und Griechenland, Kenia, Peru, Indonesien und die Türkei stehen auf dem Programm. Für die Wochenendkurse sind inklusive Halbpension und ausführlichem Informationsmate-
45 rial 150 Mark zu zahlen.

G. Krauß/Die Zeit

Kuckucksuhr (f) / Bildhauer (m) / Einführungsseminare (n) / Clown (m)

3. **Was haben Sie im Urlaub vor? Ein Gedächtnisspiel**
Kursteilnehmer eins sagt: „Ich möchte im Urlaub gerne reiten." Kursteilnehmer zwei sagt: „Ich möchte im Urlaub gerne reiten und Tennis spielen." Kursteilnehmer drei wiederholt, was seine Vorgänger gesagt haben, und fügt eine Freizeitaktivität hinzu. Wer nicht alle Tätigkeiten, die vorher erwähnt wurden, wiederholen und eine neue hinzufügen kann, scheidet aus.

Das Verb *schaffen* 27

hervorbringen, errichten, gründen: *schaffen – schuf – geschaffen*

Im letzten Jahr wurden viele neue Arbeitsplätze im Tourismusgewerbe geschaffen.
Der Bildhauer schuf eine faszinierende Skulptur.

bewältigen, zuwege bringen: *schaffen – schaffte – geschafft*

Er hat diese Arbeit problemlos geschafft.
Sie schaffte es, für dieses Projekt staatliche Subventionen zu erhalten.

Ergänzen Sie bitte.

1. Hier soll ein neues Erholungszentrum _____ werden.
2. Für dieses Projekt müssen günstige Voraussetzungen _____ werden.
3. Sie haben es _____, auch außerhalb der Saison Touristen anzulocken.
4. In diesem Sektor sollen neue Stellen _____ werden.
5. Allein hätte er diese Arbeit nicht _____.
6. Es müssen neue Parkmöglichkeiten _____ werden.
7. Er hat es nicht _____, ihn zu überzeugen.
8. Zwischen den beiden Städten soll eine Direktverbindung _____ werden.
9. Laut Haushaltsplan sollen im kommenden Jahr weitere Planstellen _____ werden.
10. Er hat es immer wieder _____, die Zustimmung der übrigen Mitglieder zu bekommen.

Mann, bin ich _____

28 1. Haben Sie schon einmal in Deutschland Urlaub gemacht? Bitte berichten Sie.

2. Welche Regionen/Städte in Deutschland finden Sie besonders reizvoll?

3. Lesen Sie bitte den Zeitungsartikel und geben Sie an, ob die untenstehenden Aussagen mit dem Text übereinstimmen.
Begründen Sie jeweils Ihre Entscheidung.

Immer mehr Gäste aus dem Ausland
Die Bundesrepublik inzwischen beliebtes Reiseland

Die Bundesrepublik wird bei Ausländern als Reiseland immer beliebter. Wie das Statistische Bundesamt in Wiesbaden mitteilte, stieg die Zahl der Übernachtungen in den Hotels, Pensionen und weiteren Beherbergungsstätten mit neun und mehr Betten im Bundesgebiet bis Mai binnen Jahresfrist um fünf Prozent. Ein besonders hoher Zuwachs wurde dabei an ausländischen Gästen verzeichnet.

Insgesamt wurden im Mai 24,4 Millionen Gästeübernachtungen gemeldet, von denen 3,4 Millionen auf Reisende mit ständigem Wohnsitz außerhalb der Bundesrepublik entfielen. Diese Zahl stieg allein um 20 Prozent, der Zuwachs der ausländischen Gäste lag also viermal so hoch wie der allgemeine bei den Übernachtungen.

Von der erhöhten Übernachtungsrate profitierten vor allem Hotels, die gegenüber dem Vorjahr ein Plus von 13 Prozent erreichten. Gasthöfe und Hotel Garnis meldeten mit jeweils drei Prozent ein deutlich niedrigeres Wachstum, während Pensionen einen Rückgang von fünf Prozent zu verzeichnen hatten.

Für Gäste aus den EG-Mitgliedsländern (ohne die Bundesrepublik) wurden im Mai 1,5 Millionen Übernachtungen gemeldet. Das sind zwölf Prozent mehr als im letzten Jahr. Deutliche Zunahmen gab es bei den Gästen aus Großbritannien und Nordirland mit 31 Prozent, aus Belgien (plus 17 Prozent), aus Dänemark (plus 16 Prozent), aus Italien (plus 12 Prozent) sowie aus Frankreich (plus 9 Prozent). Aus Ländern außerhalb der EG mit einem höheren Reiseverkehrsaufkommen in der Bundesrepublik übernachteten unter anderem Besucher aus Japan (plus 30 Prozent), den USA (plus 18 Prozent), Österreich (plus neun Prozent) sowie Schweden und der Schweiz (jeweils plus sieben Prozent) häufiger als im Vorjahr.

Süddeutsche Zeitung

+ = steht so im Text
− = widerspricht dem, was im Text steht
O = im Text steht dazu nichts

a) Die Zahl der Übernachtungen in Jugendherbergen ist um neun Prozent gestiegen.
b) Es haben viermal so viele ausländische Gäste in deutschen Beherbergungsstätten übernachtet wie deutsche.
c) Die Zahl der Gäste aus EG-Mitgliedsländern stieg auf 1,5 Millionen.
d) Die Japaner stellen die größte Gruppe der ausländischen Gäste dar.

+	−	O

1. Suchen Sie bitte aus den folgenden Anzeigen diejenige heraus, die sowohl ein Schwimmbad als auch eine Sauna und außerdem Wandermöglichkeiten anbietet.

Berggasthof „RIEDLBERG"/Bayer. Wald
8371 Drachselsried, Telefon: (0 99 24) 19 91
Komfortzi. mit D/WC/B; reichhaltig. Frühstück, gutbürgerl. Küche, solarbeh. Schwimmbad, Liegewiese, Terrasse, Tischtennis, Wanderwege. HP 47,— b. 52,— DM. Kinderermäßigung bis 50%. Bitte Prospekt anfordern.

Gut Schlickenried
Hotel · Gasthof
Appartements
Tagungsräume
Betriebs- u. Familienfeiern
Schwimm- u. Tennishalle
Tennisfreiplätze, Sauna
herrl. Freizeitanlage
Reitverein
Familie H. Kleeblatt · 8157 Schlickenried bei Dietramszell
Tel. (0 80 27) 8 55, 8 56

FERIENWOHNUNGEN TRINKL
8182 Bad Wiessee
Ludwig-Thoma-Straße 5 + 6
Telefon: 0 80 22 / 8 15 43 oder 8 12 51

Komfortabel ausgestattete 1- bis 2-Zimmerwohnungen. Alle Appartements mit Küche, Bad/WC, Balkon od.Terrasse, Selbstwähltelefon, Farb-TV. Whirlpool, Sauna, Tischtennis- und Aufenthaltsraum, Liegewiese stehen zur Verfügung. Winter- und Frühjahrspauschalwochen! Ganzjährig geöffnet.

Lindau/Bodensee Hotel Bayerischer Hof
In einmaliger Lage an der Seepromenade der Inselstadt. Ruhig – behaglich – 200 Betten – Tagungs- und Kongreßräume bis 280 Personen – geheiztes Freischwimmbad – Ausflüge nach Österreich und in die Schweiz.
Telefon 08382 * 5055 – Telex 054340

Hotel Knoche Rimberg
In schönster u. ruhigster Einzellage des Hochsauerlandes. 713 m ü. M., ideale Wandermöglichkeit, Komfort-Zimmer, Hallenbad, Sauna, Solarium, Fitneß, eigener Skilift und gespurte Loipen direkt am Hotel, bes. gute Küche – auch Diät. Über 100 Jahre Familienbetrieb.
Farbprospekt anfordern:
5948 Schmallenberg-Rimberg, Tel. 02974/7041

2. In Kleinanzeigen werden oft Abkürzungen benutzt.
Schreiben Sie bitte neben die folgenden Wörter und Ausdrücke die Abkürzungen, die in den vorstehenden Anzeigen verwendet werden.

Halbpension (f) _____
herrlich _____
Dusche (f) _____
Bad (n) _____
über dem Meeresspiegel (m) _____
besonders _____
Zimmer (n) _____
solarbeheizt _____

30 Nachstehend sind einige wichtige Begriffe aus dem Hotelgewerbe aufgelistet. Schreiben Sie die Entsprechungen in Ihrer Muttersprache daneben. Arbeiten Sie evtl. mit dem Wörterbuch.

1. Übernachtung (f) und Frühstück (n) _____
2. Halbpension (f) _____
3. Vollpension (f) _____
4. Einzelzimmer (n) _____
5. Doppelzimmer (n) _____
6. Kinderbett (n) _____
7. Ermäßigung (f) _____
8. Aufpreis (m) _____
9. im Preis (m) enthalten sein* _____
10. Vor- und Nachsaison (f) _____
11. Hochsaison (f) _____
12. Mahlzeiten (f) _____
13. Verlängerungswoche (f) _____
14. Anzahlung (f) _____

31 Was ist richtig? Vorsicht, es gibt drei Möglichkeiten: beide Antworten sind richtig (a), eine einzige Antwort ist richtig (b), keine der beiden Antworten ist richtig (c).

1. Eine Pauschalreise
   — kann nur von Gruppen gebucht werden
   — kann nur von Einzelreisenden gebucht werden ☐

2. Eine Reise, bei der man viele Städte im Landesinneren besichtigt, ist
   — eine Kreuzfahrt
   — eine Rundreise ☐

3. Ein Reiseführer ist
   — ein Buch mit Hinweisen für Reisende
   — eine Person, die Reisende führt ☐

4. Wenn man sich in einem Reisebüro für eine Reise einschreibt, so nennt man das auch
   — eine Reise buchen
   — eine Reise stornieren ☐

32 Projekt

1. Einigen Sie sich bitte mit einem Partner bzw. mehreren Partnern auf ein Feriengebiet in Ihrem Land, das Sie für besonders reizvoll halten.

2. Besorgen Sie sich Unterlagen/Informationen über das Gebiet.

3. Überlegen Sie gemeinsam, wie Sie erreichen können, daß mehr Deutsche dieses Gebiet besuchen.

4. Stellen Sie Ihr Werbekonzept mündlich vor.

5. Verfassen Sie auf deutsch einen Werbetext für eine Werbebroschüre.

Notieren Sie bitte in den folgenden Rubriken Wörter bzw. Ausdrücke aus dem gesamten Kapitel 8. Vergessen Sie bei den Substantiven die Artikel und Pluralformen nicht. Kennzeichnen Sie die unregelmäßigen Verben mit einem * und die trennbaren Verben mit einem |.

33

Substantive:

Wichtige Adjektive in Verbindung mit Substantiven:

Ausdrücke:

Verben:

Verben:

Kapitel 9

Landwirtschaft

Stichwort „Essen", Eßgewohnheiten	1
Chemie in Nahrungsmitteln	2, 3, 5
Ökologischer Landbau	4–6
Agrarriese Deutschland	7, 8
Fachvokabular: Kreuzworträtsel	9
EG-Agrarpolitik	10–12, 14, 19
Erweiterte Partizipialattribute (2)	13
Passiv	14, 15, 18
Betriebsgrößen landwirtschaftlicher Betriebe im europäischen Vergleich	16
Vom traditonellen Hof zur Agrarfabrik	17
Betriebseinkommen	19
Orthographie, Interpunktion, Präpositionen	20
„Internationale Geflügelzucht"	21
Wichtige Lexik	22

1 1. **Erstellen Sie bitte gemeinsam ein Assoziogramm zum Thema „Essen".**

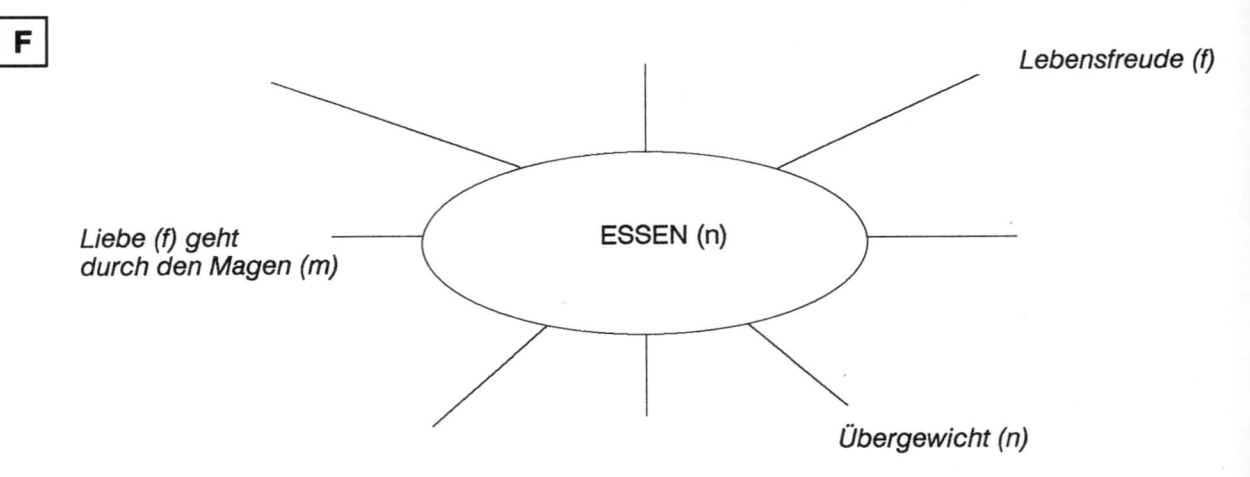

F

Lebensfreude (f)

Liebe (f) geht durch den Magen (m)

ESSEN (n)

Übergewicht (n)

2. **Berichten Sie von Ihren Eßgewohnheiten.**
   Was essen Sie viel bzw. wenig? Was ist Ihr Lieblingsgericht, was mögen Sie überhaupt nicht? Hatten Sie früher andere Lieblingsgerichte bzw. andere Gerichte, die Sie nicht mochten? Haben sich Ihre Eßgewohnheiten im Laufe der Zeit verändert?

3. Die folgende grafische Darstellung zeigt die Veränderung der Eßgewohnheiten der Bundesbürger innerhalb der letzten 25 Jahre.
   Versuchen Sie herauszufinden, welche Seite die *heutigen* Eßgewohnheiten darstellt, und geben Sie Gründe für Ihre Vermutung an.

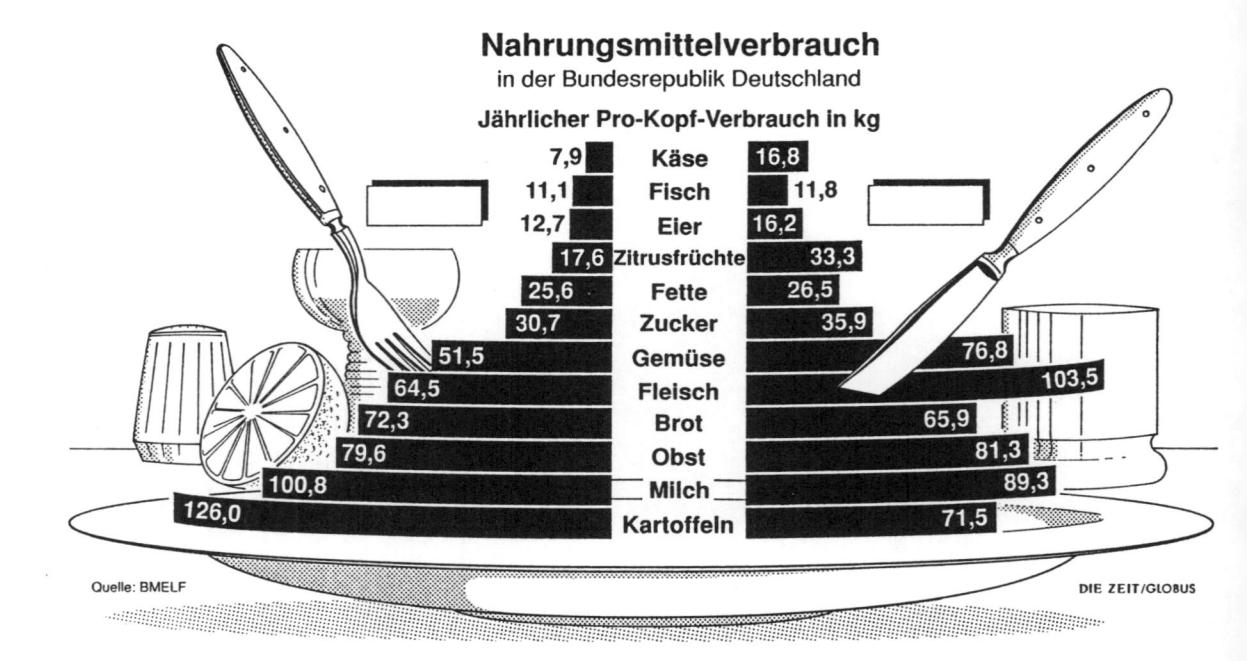

Nahrungsmittelverbrauch
in der Bundesrepublik Deutschland
Jährlicher Pro-Kopf-Verbrauch in kg

7,9	Käse	16,8
11,1	Fisch	11,8
12,7	Eier	16,2
17,6	Zitrusfrüchte	33,3
25,6	Fette	26,5
30,7	Zucker	35,9
51,5	Gemüse	76,8
64,5	Fleisch	103,5
72,3	Brot	65,9
79,6	Obst	81,3
100,8	Milch	89,3
126,0	Kartoffeln	71,5

Quelle: BMELF   DIE ZEIT/GLOBUS

4. Sie können überprüfen, ob Sie die beiden Teilschaubilder richtig zugeordnet haben, indem Sie in dem folgenden Satz die fehlenden Buchstaben ergänzen.

   ```
   Heu__ wi__ m_h_ F_eis__ ge_e__en _ls v__ü_f_n__wa_i_ _a_re_
   ```

5. Welche Nationalgerichte kennen Sie?
   Was ist für die Region, in der Sie leben, typisch?

6. Welche Beobachtungen/Erfahrungen haben Sie mit Eßkulturen in anderen Ländern gemacht?

2

1. Der folgende Text ist salopp geschrieben und enthält außerdem relativ viel Fachvokabular. Lassen Sie sich bitte dadurch nicht entmutigen, lesen Sie ihn trotzdem zuerst ohne Zuhilfenahme eines Wörterbuches. Markieren Sie dabei alle Textstellen, die Sie verstehen.

Alles Käse

Von der Rohmilch bis zur Reifung, vom Geschmack bis zur Schimmelverhütung: Ein Griff in die Trickkiste der Lebensmittelzusatzstoffe und die Käserei geht los.

„Das zu verarbeitende Produkt wird mittels einer Pumpe zunächst durch den Erhitzer gedrückt, wobei sich dieses auf die benötigte Temperatur aufheizt, um anschließend im sogenannten Reaktor mit dem Reifeenzym in Berührung zu kommen. Nach kurzer Verweilzeit im Reaktor tritt das Produkt aus." Wer hier nur Bahnhof versteht und meint, da werde die Funktionsweise eines neuen Atomkraftwerkes beschrieben, liegt falsch. Nein, hier wird Molkereien Appetit gemacht. Appetit auf Apparate und chemische Zusatzstoffe, die die Käseherstellung maschinenfreundlich machen und den fertigen Käse schneller reifen lassen.
War die Käseherstellung früher reine Handarbeit, ist die Produktion dieses schmackhaften Nahrungsmittels zu einem Handwerk ohne Hände verkommen. Nicht nur dank hilfreicher Maschinen, sondern auch dank der amtlich zugelassenen Chemie. Denn laut der im Lebensmittelgesetz formulierten Käseverordnung dürfen die Molkereien mit einem tiefen Griff in die prall gefüllte Trickkiste ihren Käse aufpeppen. Mit Stoffen, deren Namen dem Esser zu Hause wie spanische Dörfer vorkommen. Wie zum Beispiel Palmitoyl-L-Ascorbinsäure. Chemikalien wie diese haben es aber ermöglicht, daß sich die Käsereiwirtschaft seit dem Zweiten Weltkrieg zur High-Tech-Industrie mausern konnte. Die Zahlen sprechen eine deutliche Sprache: Von 2800 Käsereien in der Bundesrepublik im Jahre 1950 sind heute gerade noch 347 übriggeblieben, obwohl der Käseverbrauch in dieser Zeit von 5,2 auf 17 Kilogramm pro Kopf gestiegen ist. Die Marschrichtung moderner Ernährungstechnik ist klar: Lebensmittel werden immer mehr zusammengebaut. Nur noch selten sind sie naturbelassen. Der Austausch von Milch und Butter durch Milchimitate ist da nur ein Beispiel.
Hochwertige, teure Rohstoffe werden durch immer minderwertigere ersetzt. Der Rest ist Chemie.

ÖKO-TEST-Magazin

2. Sehen Sie sich die markierten Textstellen noch einmal genau an und versuchen Sie, kurz in Ihrer Muttersprache zu beschreiben, worum es in „Alles Käse" geht.

3. „Alles Käse" ist ein umgangssprachlicher Ausdruck und bedeutet in diesem Zusammenhang etwa „so ein Unsinn". Der Text enthält weitere Wendungen, die dieser Stilebene zuzuordnen sind. Suchen Sie bitte im Text die Entsprechungen für die folgenden Ausdrücke:

dem Käse Zusatzstoffe beimengen: _____

überhaupt nichts verstehen: 1. _____

2. _____

Interesse, Neugier wecken: _____

sich entwickeln: _____

mit etwas dubiosen Methoden arbeiten: _____

sich erheblich verschlechtern: _____

4. Wenden Sie sich nun den noch verbliebenen schwierigen Textpassagen zu. Erschließen Sie sie mit Hilfe eines Wörterbuches. Es ist nicht notwendig, jedes Wort nachzuschlagen.

5. Schreiben Sie dann in Ihrer Muttersprache eine Zusammenfassung, die etwa einem Drittel der Originaltextlänge entspricht.

3 In den letzten Jahren scheinen sich die Skandale in der Lebensmittelbranche zu häufen. In Deutschland war einer der bekanntesten in der jüngeren Vergangenheit der sog. Kälbermastskandal vom Sommer 1988. Damals wurden 2200 mit Hormonen behandelte Kälber aus zwei Großmastbetrieben beschlagnahmt und getötet.
Gibt/Gab es in Ihrem Land ähnliche Skandale?

4 Die Zahl der landwirtschaftlichen Betriebe in Deutschland, die ökologischen Landbau betreiben, ist in den letzten Jahren stetig gestiegen, aber lediglich 0,6 Prozent der gesamten landwirtschaftlichen Nutzfläche werden von diesen Betrieben bewirtschaftet.

   a) **Wodurch unterscheiden sich Betriebe des ökologischen Landbaus von konventionellen Betrieben (Arbeitskräfte, Viehhaltung, Nutzung des Bodens, Pflanzenschutz-, Dünge- und Futtermittel, Größe, Preisgestaltung usw.)?**

   b) **Glauben Sie, daß die „Öko-Bauern" eine Zukunft haben?**

   c) **Legen Sie Wert auf „Öko-Produkte"? Warum (nicht)?**

ARBEITSGEMEINSCHAFT ÖKOLOGISCHER LANDBAU

Bitte ordnen Sie den Satzanfängen in der linken Spalte die entsprechenden Fortsetzungen in der rechten Spalte zu.
Suchen Sie dann eine Überschrift für den Text.

1. Die im Industrieverband Agrarwirtschaft (IVA) zusammengeschlossenen Hersteller von Pflanzenschutz- und Düngemitteln haben der Agrarpolitik vorgeworfen,	a) dabei aber immer auch ökologische Ziele beachten.
2. Dies mache jedoch zusätzliche Subventionen als Ausgleichszahlungen an die Bauern nötig,	b) „sondern hemmt über eine weiterhin unbefriedigende Einkommenssituation die Innovation in der Landwirtschaft".
3. Der Versuch, durch Auflagen den Düngemitteleinsatz und damit die Produktion zu begrenzen, helfe den Landwirten nicht,	c) bei Beibehaltung einer intensiv wirtschaftenden Landwirtschaft auf den besseren Standorten.
4. Als „einzig logische Maßnahme" bezeichnete Deichner die konsequente Flächenstillegung schlechter Böden	d) sie mißbrauche Umweltschutzauflagen etwa beim Düngemitteleinsatz, um das Problem der Produktionsüberschüsse zu lösen.
5. Die Bewirtschaftung müsse ökonomisch ausgerichtet sein,	e) und führe „immer weiter weg von einer am Produktivitätsprinzip orientierten Landwirtschaft", erklärte Klaus Deichner, der Vorsitzende des IVA-Fachbereichs Düngung, vor der Presse in Berlin.

1	2	3	4	5

KAPITEL 9

6 Landwirte, die ihre Betriebe auf „kontrollierten" bzw. „ökologischen" Anbau umstellen, müssen mit Ertragseinbußen bis zu 30 Prozent rechnen. Aus diesem Grunde wird die Umstellung vom Staat gefördert.
Das folgende Interview mit dem Ehepaar Steiner befaßt sich mit der Fragestellung „Warum Umstellung auf ökologischen Landbau?".
Übernehmen Sie bitte die Rolle des Interviewers.

■ *Können Sie uns ein paar Angaben zu Ihrem Betrieb machen?*

Herr Steiner: Unser Hof wird noch sehr vielseitig bewirtschaftet. Die Haupteinnahme sind die Milchkühe, daneben halten wir noch Mastschweine und Geflügel. Als Futtergrundlage dienen uns 10,5 Hektar Dauergrünland.

■ _____

Frau Steiner: Schon seit langem beschäftige ich mich mit gesunder Ernährung und Umweltschutz. Die Folgen einer intensiven Landbewirtschaftung sind überall deutlich sichtbar. Sehr schnell konnte ich meinen Mann davon überzeugen, daß durch die Umstellung auf ökologischen Landbau ein Hof unserer Größe weiter existieren kann.

■ _____

Frau Steiner: Dank der intensiven Beratung und der guten Tips von erfahrenen Biobauern gab es bei der Umstellung keine Schwierigkeiten. Nur beim Maisanbau hatten wir am Anfang die mechanische Unkrautbekämpfung nicht im Griff.

■ _____

Herr Steiner: Die finanzielle Situation hat sich verbessert. Ich führe dies auf Einsparungen bei Dünge- und Spritzmitteln und Einsparungen bei Tierarztkosten zurück, denn die Tiere sind inzwischen viel gesünder geworden. Seit wir unsere Milch durch die Biobauerngenossenschaft *Chiemgauer Bauernmarkt* zu Käsespezialitäten verarbeiten und vermarkten lassen, erhalten wir auf den Milchpreis einen Biozuschlag.

■ _____

Herr Steiner: Nein, natürlich nicht. Dem Biobauern von heute steht eine Vielzahl von Spezialmaschinen für seine Arbeit zur Verfügung. Auch entwickeln sich die Methoden des ökologischen Landbaus ständig weiter.

■ _____

Frau Steiner: Am Anfang waren meine Schwiegereltern, die noch kräftig mithelfen, sehr skeptisch. Doch dann unterstützten sie uns mit ihrer Erfahrung aus der Zeit, als es noch keine Chemie in der Landwirtschaft gab.
Und unsere Nachbarn verfolgen die Umstellung mit großem Interesse.

■ _____

Herr Steiner: Als einzige Chance für die Zukunft, für uns Bauern und die Umwelt, sehe ich die konsequente Umstellung des ganzen Betriebes auf ökologischen Landbau. Doch alleine schaffen wir es nicht, wir brauchen auch Verbraucher, die bereit sind, für Produkte aus ökologischem Anbau mehr zu bezahlen.

■ _____

1. Bringen Sie die nachstehenden Sätze des Schaubildtextes in die richtige Reihenfolge. Achten Sie besonders auf die hervorgehobenen Wörter.

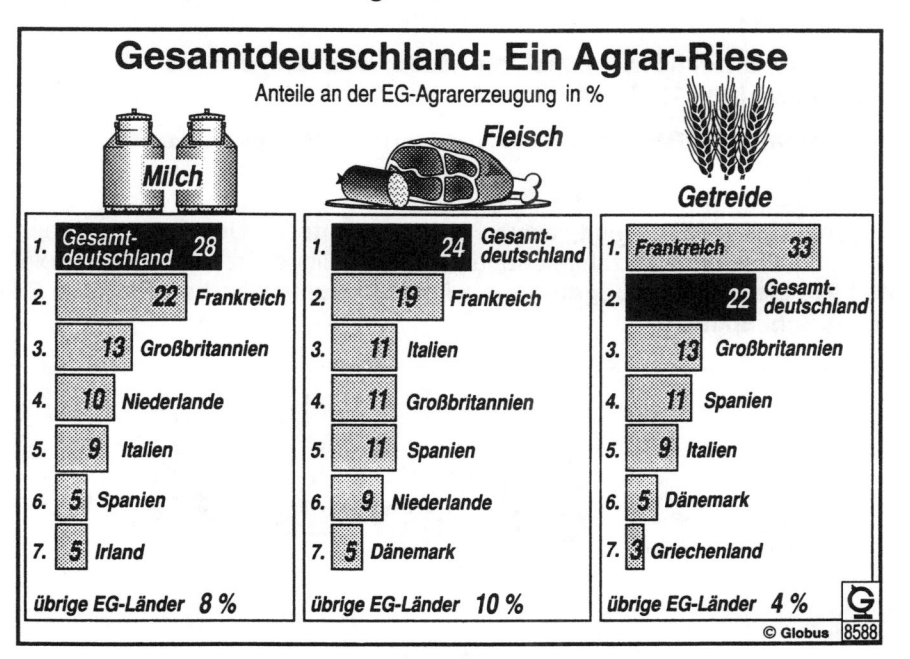

Gesamtdeutschland: Ein Agrar-Riese
Anteile an der EG-Agrarerzeugung in %

Milch
1. Gesamtdeutschland 28
2. 22 Frankreich
3. 13 Großbritannien
4. 10 Niederlande
5. 9 Italien
6. 5 Spanien
7. 5 Irland
übrige EG-Länder 8 %

Fleisch
1. 24 Gesamtdeutschland
2. 19 Frankreich
3. 11 Italien
4. 11 Großbritannien
5. 11 Spanien
6. 9 Niederlande
7. 5 Dänemark
übrige EG-Länder 10 %

Getreide
1. Frankreich 33
2. 22 Gesamtdeutschland
3. 13 Großbritannien
4. 11 Spanien
5. 9 Italien
6. 5 Dänemark
7. 3 Griechenland
übrige EG-Länder 4 %

© Globus 8588

Unwillkommene Mitgift

1. **Und** in Deutschland nicht, weil in der ehemaligen DDR viel zu viele Menschen mit der Agrarproduktion beschäftigt waren, für die in den nächsten Jahren neue Arbeitsplätze gefunden werden müssen.
2. **Nur** beim Getreide bleibt Frankreich der mit Abstand größte EG-Produzent.
3. **Ähnlich** bei der Fleischerzeugung: Die größere Bundesrepublik bringt es auf 24 Prozent der EG-Erzeugung und liegt damit weit vor Frankreich.
4. Bei der Milcherzeugung **beispielsweise** brachten die fünf neuen Bundesländer 8,2 Millionen Tonnen mit.
5. Viel Freude über den Zuwachs an landwirtschaftlicher Erzeugungskraft kommt **freilich** nirgendwo auf.
6. **Zusammen** mit den 24,2 Millionen Tonnen der Alt-Bundesrepublik sind das 32,4 Millionen Tonnen, was 28 Prozent der EG-Gesamterzeugung entspricht.
7. Gesamtdeutschland ist **nun** auf vielen Gebieten zum größten Agrarerzeuger der EG geworden, denn die Mitgift der ehemaligen DDR war beträchtlich.
8. Frankreich **hingegen**, vor der deutschen Vereinigung größter EG-Milchproduzent, rutschte mit 22 Prozent Anteil auf den zweiten Platz.
9. Bei der EG-Kommission nicht, weil sie neue Überschußprobleme fürchtet.

2. **Vergleichen Sie die Ergebnisse in der Gruppe. Einigen Sie sich auf eine richtige Lösung.**
Ihr Dozent zeigt Ihnen anschließend die Originalvorlage.

3. **Sehen Sie sich bitte noch einmal die Ausdrücke an, die man für Rangordnungen benutzt (Aufg. 25, Kap. 1). Beschreiben Sie das Schaubild mit diesen Redemitteln.**

4. **Welche wirtschaftliche Rolle spielt die Landwirtschaft in Ihrem Land?**

8

F

In diesem Schaubild wird gezeigt, wovon die Landwirte in Deutschland leben. Im nachstehenden Schüttelkasten sind zahlreiche landwirtschaftliche Erzeugnisse aufgeführt.
Ordnen Sie bitte die Bezeichnungen für die Agrarprodukte den betreffenden Zeichnungen und Zahlen im Schaubild zu.

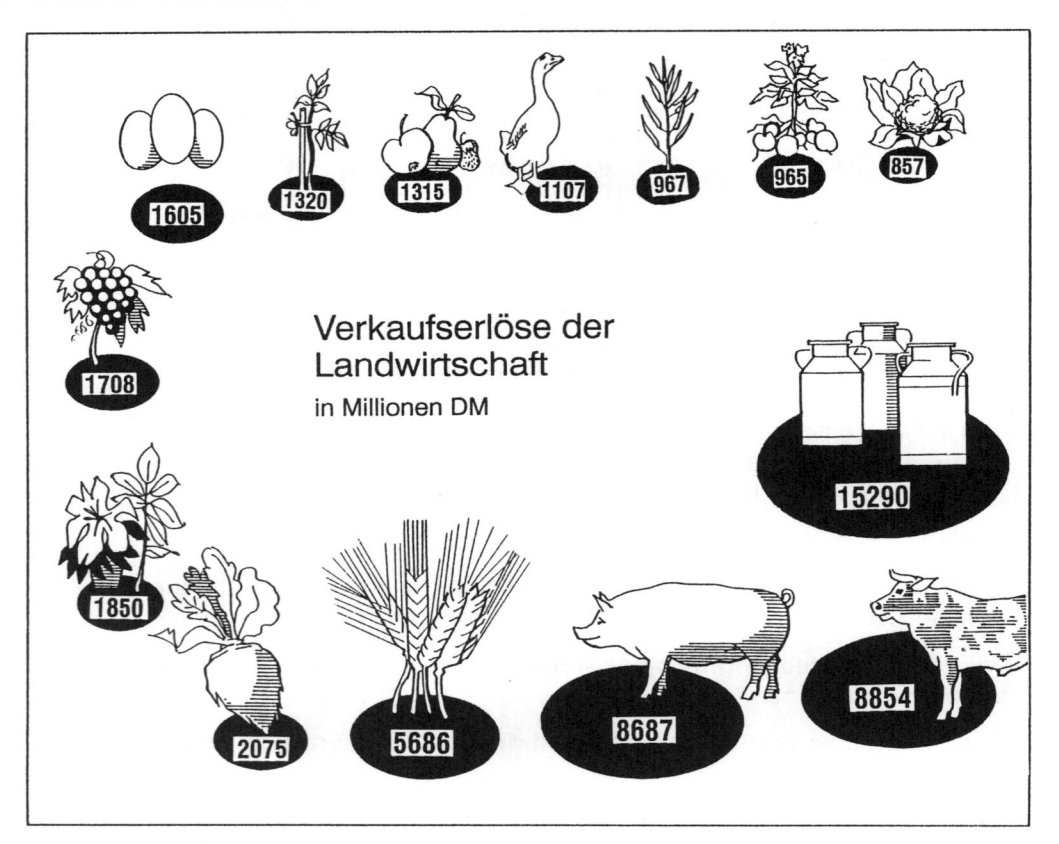

Verkaufserlöse der Landwirtschaft
in Millionen DM

1605 — 1320 — 1315 — 1107 — 967 — 965 — 857 — 1708 — 15290 — 1850 — 2075 — 5686 — 8687 — 8854

Rinder (n)   Eier (n)   Gemüse (n, Sg.)   Weinmost (m), Wein (m)   Obst (n, Sg.)
Kartoffeln (f)   Milch (f)   Schweine (n)   Zuckerrüben (f)   Getreide (f, Sg.)
Blumen (f), Zierpflanzen (f)   Baumschulerzeugnisse (n)   Geflügel (n, Sg.)   Ölsaaten (f)

Ihr Dozent zeigt Ihnen anschließend das Originalschaubild.

Bilden Sie bitte aus den Buchstaben jeweils Wörter, die den angegebenen Definitionen entsprechen und tragen Sie diese senkrecht in die Felder ein. Waagrecht ergibt sich in der markierten Zeile ein weiteres landwirtschaftliches Erzeugnis.

9

F

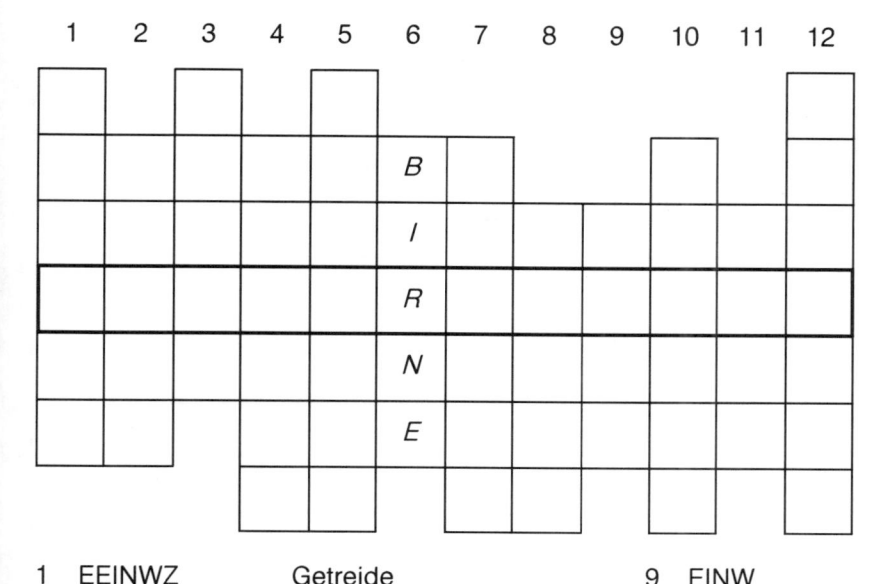

1 2 3 4 5 6 7 8 9 10 11 12   (ü = ue)

Spalte 6 (von oben): B I R N E

1	EEINWZ	Getreide
2	ABERU	Beruf
3	CHILM	landwirtschaftliches Produkt
4	AEHKTR	Flächenmaß
5	BEEILWZ	Gemüse
6	IBENR ✓	Obst
7	EEGRST	Getreide
8	EEHKU	Nutztiere
9	EINW	landwirtschaftliches Produkt
10	BEENRS	Gemüse
11	EIRS	Getreide
12	DEEGNRU	und was kann das wohl sein? (wichtig für die Landwirtschaft)

Was sagt das nebenstehende Bild über die Agrarpolitik der EG aus?

10

B. Vater

11 Die Agrarpolitik der EG wird oft kritisiert. Wenn Sie das Schaubild mit den Angaben aus dem Schüttelkasten ergänzen, erhalten Sie eine Darstellung der Problematik dieser Agrarpolitik.

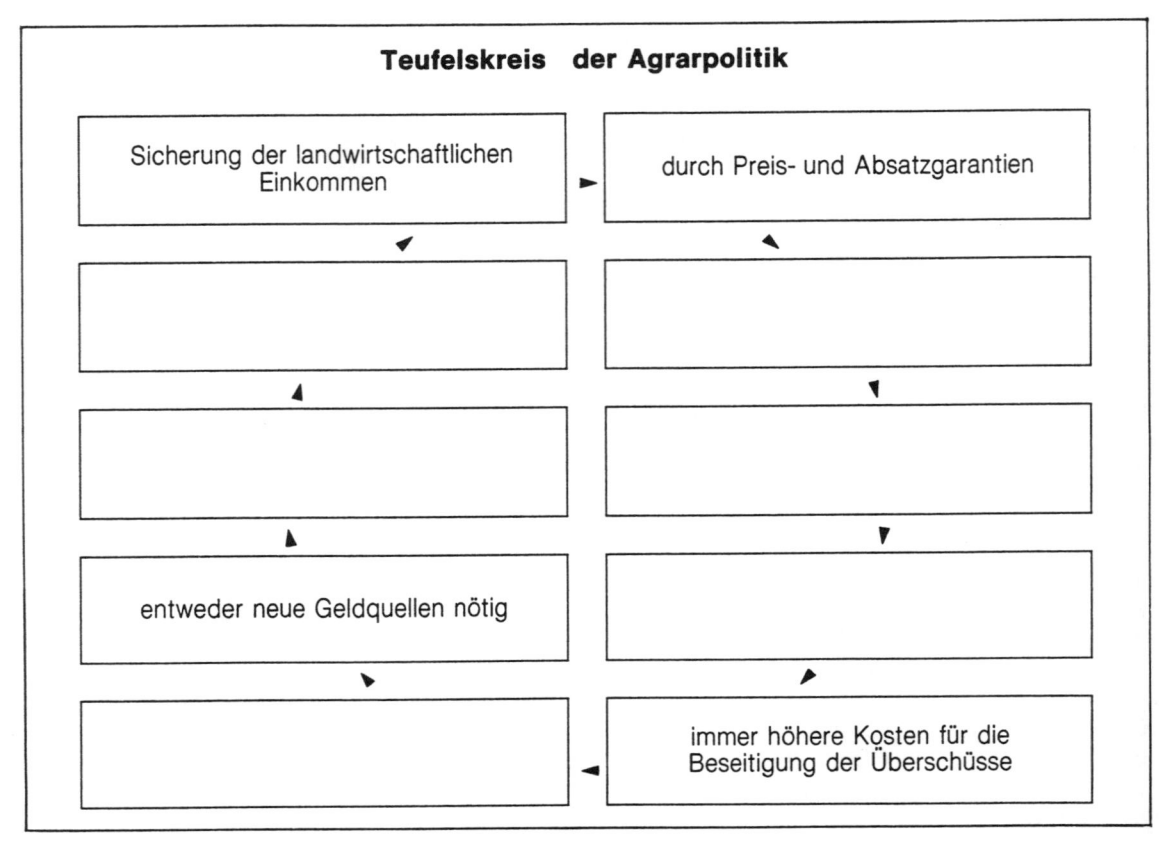

F

Teufelskreis der Agrarpolitik

Sicherung der landwirtschaftlichen Einkommen	→	durch Preis- und Absatzgarantien
↑		↓
↑		↓
↑		↓
entweder neue Geldquellen nötig		
↑		↓
	←	immer höhere Kosten für die Beseitigung der Überschüsse

Gefahr (f) für die landwirtschaftlichen Einkommen (n)   Erhöhung (f) der Agrarproduktion (f)   Überschüsse (m)

oder Einschränkung (f) der Preis- und Absatzgarantien (f)

immer weniger Geld (n) in der EG-Kasse (f)   Jährliche Erhöhungen (f) der Agrarpreise (m)

Ihr Dozent zeigt Ihnen anschließend das Originalschaubild.

12 1. Lesen Sie bitte den ganzen Lexikonartikel durch und markieren Sie die Wörter, die Sie nicht verstehen.

2. Entscheiden Sie in einem zweiten Durchgang, welche der markierten Begriffe von zentraler Bedeutung für das Textverständnis sind. Klären Sie diese durch Rückfrage oder mit Hilfe eines Wörterbuchs. (Beschränken Sie sich bitte auf 6–8 Begriffe.)

3. Versuchen Sie, den Inhalt der vier Abschnitte in Ihrer Muttersprache jeweils in einem Satz zusammenzufassen. (Alternative: Stichwortsammlung)

4. Geben Sie die Hauptinformationen dieses Artikels mit ca. 120 Wörtern in einem zusammenhängenden Text in Ihrer Muttersprache wieder.

5. Lesen Sie bitte den letzten Absatz des Lexikonartikels („Entwicklungsländer") noch einmal und schreiben Sie dann auf deutsch einen Kommentar dazu.

Agrarpolitik

Die Landwirtschaftsminister der EG einigten sich im Mai 1992 auf eine Reform der umstrittenen A. ab 1993. Die EG-Politik beruht darauf, daß die Gemeinschaft den Bauern die Abnahme ihrer Erzeugnisse zu einem festgelegten Preis garantiert, und führt dadurch zu landwirtschaftlicher Überproduktion. Kern der Reform ist ein teilweiser Ersatz der Garantiepreise durch direkte Einkommensbeihilfen an die Landwirte, von denen keine Überproduktions-Anreize ausgehen. Die Reform soll dazu beitragen, ein Scheitern der Verhandlungen zur Welthandelsrunde des GATT zu verhindern.

Reform: Die EG-Kommission setzte 1992 Senkungen der Garantiepreise durch. Beim international besonders umstrittenen Getreide werden die Preise bis 1995/96 um rd. 30% annähernd auf das Weltmarktniveau gesenkt, bei Rindfleisch um 15%. Außerdem müssen Betriebe über 15 ha, um die Einkommensbeihilfen zu erhalten, 15% ihrer Anbaufläche stillegen. Deutschland hatte sich vor allem gegen die Pläne gewandt, weil es durch die Preissenkungen die Existenz bäuerlicher Familienbetriebe gefährdet sah.

Unwirksamkeit: In schrumpfenden Branchen wie der Landwirtschaft besteht im Gegensatz zu den EG-Zielen die Tendenz, über Fusionen zu konkurrenzfähigeren größeren Betriebseinheiten überzugehen. Trotz der A. ging daher die Zahl der in der Landwirtschaft Tätigen in der EG von Mitte der 70er Jahre bis Anfang der 90er Jahre um ein Drittel zurück. Die EG wendet jährlich über die Hälfte des EG-Haushalts für die A. auf, aber nur die Hälfte davon erreicht die Bauern, der Rest ist für Lagerung, Überschußvernichtung und Exportsubventionierung erforderlich. Die Subventionen übersteigen den Wert der landwirtschaftlichen Produktion; in Deutschland betragen die Subventionen von EG und Bund zusammengenommen 33,1 Mrd. DM und die Nettowertschöpfung der Landwirtschaft 20,0 Mrd. DM.

Entwicklungsländer: Die A. der Industrieländer EG, USA und Japan führt seit den 80er Jahren gleichzeitig zu Überproduktion an Nahrungsmitteln und Hunger. Die Lebensmittel würden zur Ernährung der Weltbevölkerung ausreichen, die Überschüsse entstehen jedoch überwiegend in Industrieländern, wo sie u. U. vernichtet werden. Eine verbilligte oder kostenlose Lieferung an die Entwicklungsländer behindert dort den Aufbau der Landwirtschaft, die oft der wichtigste Wirtschaftszweig ist. Gegenüber den subventionierten Produkten der Industriestaaten sind die Erzeugnisse dieser Länder nicht konkurrenzfähig.

nach: Aktuell

Erweiterte Partizipialattribute (2) 13

1. In Aufg. 24, Kap. 3, haben Sie erweiterte Partizipialattribute analysiert.
   Sehen Sie sich diesen Abschnitt bitte noch einmal an. Schreiben Sie dann alle Partizipialattribute aus dem Text in Aufg. 12 heraus und formen Sie sie zu Relativsätzen um.

2. **Partizip I:**
   die Großbetriebe, die industriell arbeiten = die industriell arbeitenden Großbetriebe

Kern:	die Großbetriebe
+ erweitertes Partizip	die **industriell arbeitenden** Großbetriebe

Verwenden Sie das Partizip I.

a) die Zahl der in der Landwirtschaft Beschäftigten, die ständig abnimmt
b) die Zahl der Höfe, die ständig schwindet
c) die Agrarüberschüsse, die auch in Zukunft ständig steigen
d) die Subvention, die neue Abhängigkeit schafft
e) die Landwirte, die ökologischen Anbau betreiben

3. Partizip II:
die Preise, die staatlich garantiert sind = die staatlich garantierten Preise

Kern:	die Preise
+ erweitertes Partizip	die **staatlich garantierten** Preise

f) die Pläne, die auf dem Kongreß von einem Ökologen vorgestellt wurden
g) die Konferenz, die von den Landwirtschaftsministern für das nächste Jahr geplant worden ist
h) die Betriebe, die seit langem in ihrer Existenz bedroht sind
i) die Verschiebung der Konferenz, die mit Schwierigkeiten bei der Terminplanung begründet wurde
j) die Produkte, die aus Drittländern in die EG eingeführt worden sind

14 **1. Das nebenstehende Foto gehört zu den nachfolgenden Zeitungsmeldungen – um welches Thema geht es?**

2. Notieren Sie bitte, was zu den einzelnen Erzeugnissen gesagt wird.

Aus den EG-Beständen sollen 130 000 Tonnen Butter mit „Sonderaktionen" billig an EG-Bürger (beispielsweise Arme) abgegeben werden.	Die Lebensmittel-Vernichter in der EG haben jetzt wieder Hochsaison: Mit einem Aufwand von mehr als einer Milliarde Mark aus Steuergeldern wird die Gemeinschaft in den nächsten Monaten 1,8 Milliarden Liter einwandfreien Tafelwein zu Industriealkohol destillieren.
Die seit Jahren zunehmende Weindestillation hat zu einem so großen Alkoholsee geführt, daß man jetzt in Brüssel überlegt, den Agrar-Sprit in Zukunft auch in die Benzintanks der Autos zu füllen.	Das spektakulärste Verlustgeschäft in der Geschichte der EG-Agrarpolitik ist perfekt. Die Brüsseler Kommission hat dem Verkauf von 50 000 Tonnen Butter aus Lagerbeständen an Futtermittelhersteller zum Preis von weniger als 20 Pfennig je Kilo zugestimmt.
400 000 Tonnen Butter sollen an „bestimmte Empfängerländer", gemeint sind die ehemalige Sowjetunion, der Nahe Osten und Asien, zu äußerst niedrigen Preisen verkauft werden.	
300 Millionen Kilo einwandfreier Tafeläpfel werden in den kommenden Wochen auf den Müll gekippt, destilliert oder als Viehfutter Verwendung finden.	Die Kommission der Europäischen Gemeinschaft möchte noch dieses Jahr 100 000 t Butter aus dem 1,3 Mill. t schweren „Butterberg" der EG billig zur Herstellung von Seifen, Farben und anderen Produkten an die Industrie verkaufen.

Wie können die Agrarüberschüsse beseitigt werden?

Butter soll 1. *billig an arme EG-Bürger abgegeben werden.*
             2. _____
             3. _____
             4. _____

Wein soll   1. _____
             2. _____

Äpfel sollen 1. _____
             2. _____
             3. _____

3. Was halten Sie von den oben beschriebenen Vorschlägen?

4. Sammeln Sie bitte Alternativvorschläge und diskutieren Sie diese in der Gruppe. Was halten Sie für geeignet, weniger geeignet, am besten ...?

15 1. **Lesen Sie bitte alle Sätze im obigen Text vor, die eine Passivkonstruktion haben.**

2. **Passivkonstruktionen mit Modalverben**
   Bilden Sie Sätze im Passiv.
   Beispiel:
   400 000 Tonnen Butter – verkaufen an die Sowjetunion – sollen
   400 000 Tonnen Butter sollen an die Sowjetunion verkauft werden.
   oder
   Es wurde beschlossen, daß 400 000 Tonnen Butter an die Sowjetunion verkauft werden sollen.

   a) die Kosten – nicht mehr bezahlen – können
   b) die Kosten für Lagerung und Lieferung – hinzuzählen – müssen
   c) ein Teil der Kosten – durch den Verkauf der gelagerten Mengen – wieder hereinholen – sollen
   d) die Kosten für die Überschußbeseitigung – nicht mehr aufbringen – können
   e) die Zukunft der Landwirtschaft – sichern – müssen
   f) Nahrungsmittel – ankaufen und aus dem Markt nehmen – müssen

16 1. **In dem folgenden Schaubild sind vier Länder miteinander vertauscht. Um welche Länder handelt es sich?**
   (Lösungshilfe: auch für die Landwirtschaft in der EG gilt ein Nord-Süd-Gefälle.)

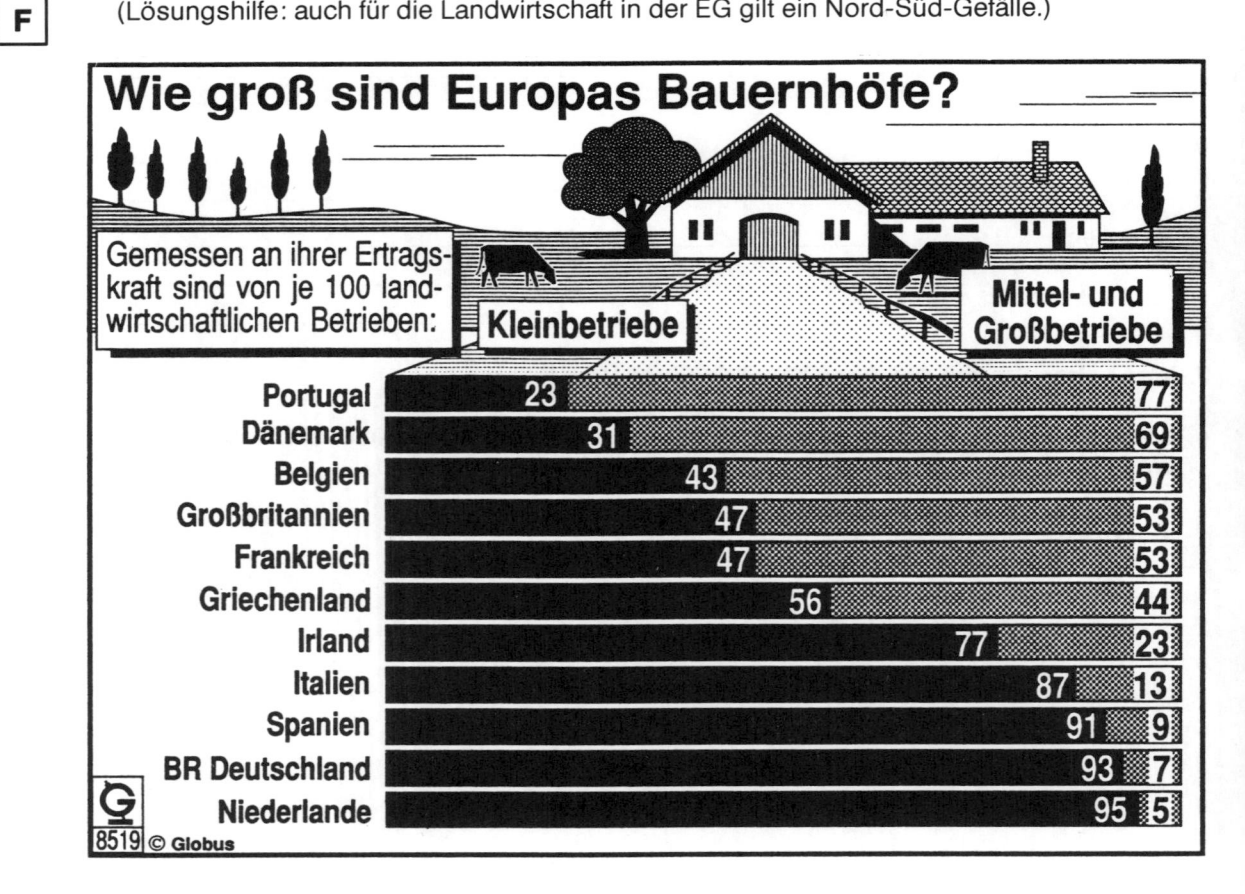

F

Wie groß sind Europas Bauernhöfe?

Gemessen an ihrer Ertragskraft sind von je 100 landwirtschaftlichen Betrieben:

Land	Kleinbetriebe	Mittel- und Großbetriebe
Portugal	23	77
Dänemark	31	69
Belgien	43	57
Großbritannien	47	53
Frankreich	47	53
Griechenland	56	44
Irland	77	23
Italien	87	13
Spanien	91	9
BR Deutschland	93	7
Niederlande	95	5

8519 © Globus

2. Die Lösung läßt sich aus dem folgenden Text erschließen.
Lesen Sie ihn bitte und verfassen Sie dann eine Überschrift.

Die niederländischen Bauern sind in der EG die größten, die portugiesischen die kleinsten. Denn 77 Prozent der niederländischen landwirtschaftlichen Betriebe zählen zu den Mittel- und Großbetrieben und nur 23 Prozent zu den Kleinbetrieben. Umgekehrt sind die Verhältnisse in Portugal. Groß oder mittelgroß sind dort nur fünf Prozent der Betriebe, klein oder sehr klein hingegen 95 Prozent. Groß soll übrigens hier nicht heißen: reich mit Äckern und Weiden ausgestattet. Nicht die Betriebsfläche, sondern die Ertragskraft dient in unserem Schaubild als Größenmaßstab. Dies aus gutem Grund. Denn die Ausstattung der Landwirte mit Fläche ist ein sehr zweifelhafter Anhaltspunkt für ihre wirtschaftliche Stärke. Ein niederländischer Landwirt mag beispielsweise nur über wenige Hektar verfügen; wenn er aber auf dieser Fläche in Gewächshäusern Frühgemüse oder Blumen erzeugt, dann ist er einem portugiesischen oder griechischen Bauern mit gleich großer Fläche, der einem karstigen Boden eine magere Getreide- oder Kartoffelernte abringt, wirtschaftlich weit überlegen. Die EG-Einkommensstatistik weist denn auch aus, daß das Durchschnittseinkommen der landwirtschaftlichen Betriebe in den Niederlanden achtmal so hoch liegt wie in Portugal. Die deutschen Betriebe rangieren im Mittelfeld: Die kleinen Höfe, also die Betriebe mit geringer Ertragskraft, stellen 56 Prozent aller Betriebe. Dazu muß man allerdings wissen, daß ein großer Teil der deutschen Kleinbetriebe im Nebenerwerb bewirtschaftet wird; ihre Inhaber verdienen den Hauptteil ihres Einkommens außerhalb der Landwirtschaft.

Globus

3. Stimmen die folgenden Aussagen mit dem Text überein?

+ = steht so im Text
− = widerspricht dem, was im Text steht
O = im Text steht dazu nichts

a) Die niederländischen Landwirte sind in bezug auf das Einkommen die absoluten Spitzenreiter in der EG.
b) Die portugiesischen Bauern haben zwar die größten Betriebsflächen, aber die geringste Ertragskraft.
c) Die Ausstattung der Landwirte mit Fläche sagt im Grunde nichts über ihre wirtschaftliche Stärke aus.
d) 56 Prozent der deutschen Betriebe werden im Nebenerwerb von Hobbylandwirten geführt.
e) Die landwirtschaftlichen Betriebe in Südeuropa haben wegen des warmen Klimas und der niedrigen Löhne eigentlich die besseren Ausgangsbedingungen.
f) Fünf Prozent der portugiesischen landwirtschaftlichen Betriebe sind im Hinblick auf ihre Ertragskraft als Mittel- oder Großbetriebe einzustufen.

	+	−	O
a			
b			
c			
d			
e			
f			

17 1. Sehen Sie sich bitte zuerst nur die Überschrift des Textes unten an. Was verstehen Sie unter den Begriffen „traditioneller Hof" und „Agrarfabrik"?

Wo wurde Ihrer Meinung nach dieses Foto aufgenommen?

Wodurch unterscheiden sich Ihrer Ansicht nach diese beiden Bewirtschaftungstypen? Gibt es in Ihrem Land „Agrarfabriken"?

2. Lesen Sie den Text und markieren Sie die Textstellen, die Sie verstehen.
Sehen Sie sich diese Textstellen noch einmal an und versuchen Sie dann, den Text in Ihrer Muttersprache zusammenzufassen.

3. Klären Sie in der Gruppe die Textstellen, die Ihnen Schwierigkeiten bereitet haben. Arbeiten Sie evtl. mit dem Wörterbuch.

Vom traditionellen Hof zur technisierten Agrarfabrik

Für die Bauern sind die Karten ungleich verteilt. In den einzelnen Regionen bieten sich unterschiedliche Voraussetzungen für Ackerbau und Viehzucht. Im äußersten Westen Niedersachsens, im Emsland, hat sich die gewerbliche Massentierhaltung ausgebreitet. Dort wandern nach Hähnchen und Legehennen nun auch Schweine in Mammutställe. Auf der Basis zugekauften Futtergetreides, das preisgünstig über die Häfen Brake und Bremen in erster Linie aus den Vereinigten Staaten eingeführt wird, stieg entlang der Bahnlinie Bremen–Osnabrück–Münster die Zahl der gehaltenen Schweine drastisch an. Dort kommt es vor, daß auf einem Hof 10000 bis 20000 Schweine gehalten werden.
Ohne staatliche Förderung wären diese Tierfabriken so nicht entstanden, und auch zukünftig soll der Bau großer Ställe staatlich subventioniert werden. Die Folge: Überproduktion bei den Tieren. Auf dem Markt hat der Großbetrieb dann die besseren Karten: Je größer der Viehbestand, desto kostengünstiger die Produktion und desto höher der Gewinn.
Die Kälber, die zwischen Weser und Ems und im Münsterland in den Ställen stehen, gehören nur noch in seltenen Fällen den Landwirten selbst. Es sind in erster Linie drei Großschlachtereien, die dem Bauern Jungtiere in den Stall stellen und das Futter liefern. Dem Bauern bleibt die Arbeit, für die er entlohnt wird. Die sogenannte Lohnmast, begonnen mit Kälbern, erstreckt sich heute zum Teil auch schon auf Schweine.

B. Kulow/Frankfurter Rundschau

Passiv: *sein – werden* 18

Die folgenden Sätze basieren auf dem Text „Vom traditionellen Hof zur technisierten Agrarfabrik".

— Die Karten **sind** ungleich verteilt.
— Das Futtergetreide **wird** aus den USA eingeführt.
— Auf einem Hof **werden** 10 000 bis 20 000 Schweine gehalten.
— Der Bau großer Ställe **soll** subventioniert **werden.**
— Der Bauer **wird** für diese Arbeit entlohnt.

1. **Warum steht Ihrer Ansicht nach im ersten Satz das Verb *sein* und in den anderen Sätzen das Verb *werden*?**

2. **Welcher Unterschied besteht zwischen den beiden folgenden Sätzen?**
   Die Tür **ist** geschlossen.
   Die Tür **wird** geschlossen.

3. **Übersetzen Sie bitte die oben genannten Beispielsätze.**

---

1. **Ordnen Sie bitte die Ländernamen aus dem Schüttelkasten in das Schaubild ein. Aufg. 16 wird Ihnen dabei eine Hilfe sein. Begründen Sie Ihre Entscheidungen.**

19

F

So viel wirft die Landwirtschaft ab

60 628 DM
50 602
4 392
14 443
10 165
Betriebseinkommen je landwirtschaftliche Arbeitskraft in DM
47 971
17 462
37 645
26 104
28 750
30 768
35 187

© Globus

| Irland | Griechenland | Luxemburg | Frankreich | Deutschland | Italien |
| Niederlande | Portugal | Dänemark | Spanien | Belgien | Großbritannien |

KAPITEL 9   257

2. **Auf wie hoch schätzen Sie den Prozentsatz des bäuerlichen Einkommens in Deutschland, der in Form von verschiedenen Zuschüssen und Ausgleichszahlungen aus der Staatskasse finanziert wird?**
   Ihr Dozent hat dazu ein Schaubild.

20

F

1. **Schreiben Sie bitte den Text neu. Setzen Sie die fehlenden Großbuchstaben und Satzzeichen ein.**

das auf und ab der bauern-einkommen

bei den gewinnen der landwirtschaftlichen vollerwerbsbetriebe waren im letzten wirtschaftsjahr bedeutende zuwächse zu verzeichnen sie sind im vergleich zum vorjahr um durchschnittlich 16 prozent gestiegen im nächsten wirtschaftsjahr müssen die bauern allerdings mit einem gewinnrückgang um 20 prozent rechnen dies geht aus dem agrarbericht der bundesregierung hervor im durchschnitt kletterten die gewinne je familienarbeitskraft von 32300 dm im vorjahr auf 37800 dm in diesem jahr bei den veredelungsbetrieben (schweine, geflügel) wuchsen die gewinne um 72,2 prozent auf 79006 dm je unternehmen die gewinnsteigerungen im norden der bundesrepublik waren größer als im süden während z.b. in schleswig-holstein der betriebsgewinn um 26,4 prozent auf knapp 69000 dm wuchs mußten sich die bayerischen bauern mit einem durchschnittlichen zuwachs von 6,6 prozent begnügen

2. **Markieren Sie im Text alle präpositionalen Wendungen, die eine Veränderung der Zahlenwerte ausdrücken.**

3. **Bilden Sie mit diesen Ausdrücken einfache Beispielsätze und übersetzen Sie diese in Ihre Muttersprache.**
   Beispiel: Die Gewinne sind um 16 Prozent gestiegen.

4. **Füllen Sie die Lücken in diesem Text mit Präpositionen aus.**

Spitzenreiter beim Gewinnanstieg waren die nordrhein-westfälischen Betriebe, deren Gewinn im Durchschnitt ________ 31,3 Prozent ________ gut 62000 DM angestiegen ist. Die Zahl der landwirtschaftlichen Betriebe ist ________ 2,9 Prozent ________ 629740 gesunken. Der Gesamtrückgang lag damit ________(+) dem Durchschnitt des vergangenen Jahrzehnts. Zu der Einkommensverbesserung der deutschen Landwirtschaft haben die öffentlichen Haushalte erneut erheblich beigetragen. Die Finanzhilfen ________ Bund und Ländern betrugen im letzten Jahr ________ die deutschen Landwirte 13,3 Milliarden DM. Dies ist ________ Vergleich zum Vorjahr eine Steigerung ________ 0,2 Milliarden DM. Hinzu kamen EG-Mittel ________ unverändert 12,1 Milliarden DM.

Hier sind ein paar Ergebnisse aus der internationalen Geflügelzucht dargestellt.

21

F

**1. Was meinen Sie – welcher Nationalität sind diese Hühner?
Welche Klischees verbinden Sie damit? Woher kommen sie?**

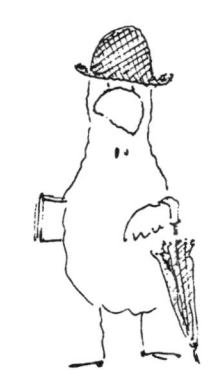

© Diogenes Verlag AG

2. Falls Ihr Land nicht vertreten ist, malen Sie doch bitte ein für Ihr Land typisches Huhn.

KAPITEL 9

22 Notieren Sie bitte in den folgenden Rubriken Wörter bzw. Ausdrücke aus dem gesamten Kapitel 9. Vergessen Sie bei den Substantiven die Artikel und Pluralformen nicht. Kennzeichnen Sie die unregelmäßigen Verben mit einem * und die trennbaren Verben mit einem |.

Substantive:

Wichtige Adjektive in Verbindung mit Substantiven:

Ausdrücke:

Verben:

Verben:

Kapitel 10

Energie, Industrie, Arbeitswelt

Energieverbrauch in Deutschland	1, 6, 7
Kraftwerktypen	2, 3
Suffixe zur Bildung von Adjektiven	4
EG-Strompreisvergleich	5
Erdölreserven	7
Kohlekrise	8, 11
Abkürzungen	9
Zeitangaben	10
Bundesländer	12
Standort Deutschland	13–15
Schlüsselqualifikationen für Manager	15
steigen – steigern, sinken – senken	17
Fachvokabular	18, 30
Maßnahmen zur Produktionssteigerung	19
Roboterisierung	20, 21
Job Sharing	22
Gleicher Lohn für gleiche Arbeit?	23
Cheftypen	24
Bonussysteme in der Industrie, Orthographie, Interpunktion	25
Tips für den beruflichen Aufstieg	26
Mitbestimmung, Arbeitnehmerrechte	27, 28
Unternehmensrechtsformen	29
Fachvokabular: Kreuzworträtsel	31
Wichtige Lexik	32

1 1. Beschreiben Sie bitte die in dem Schaubild dargestellten Zusammenhänge.

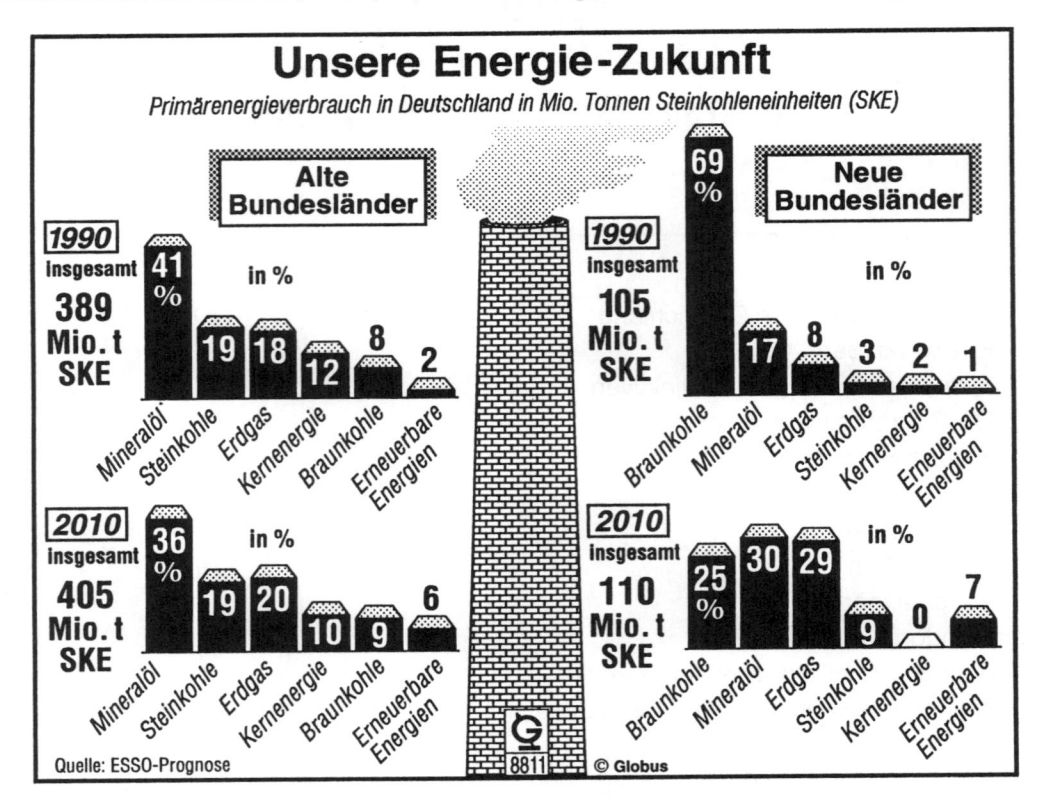

F

Unsere Energie-Zukunft
Primärenergieverbrauch in Deutschland in Mio. Tonnen Steinkohleneinheiten (SKE)

Alte Bundesländer

1990 insgesamt 389 Mio. t SKE — in %:
- Mineralöl 41
- Steinkohle 19
- Erdgas 18
- Kernenergie 12
- Braunkohle 8
- Erneuerbare Energien 2

2010 insgesamt 405 Mio. t SKE — in %:
- Mineralöl 36
- Steinkohle 19
- Erdgas 20
- Kernenergie 10
- Braunkohle 9
- Erneuerbare Energien 6

Neue Bundesländer

1990 insgesamt 105 Mio. t SKE — in %:
- Braunkohle 69
- Mineralöl 17
- Erdgas 8
- Steinkohle 3
- Kernenergie 2
- Erneuerbare Energien 1

2010 insgesamt 110 Mio. t SKE — in %:
- Braunkohle 25
- Mineralöl 30
- Erdgas 29
- Steinkohle 9
- Kernenergie 0
- Erneuerbare Energien 7

Quelle: ESSO-Prognose © Globus

2. Setzen Sie die Energieträger bzw. -formen aus dem Schüttelkasten in den Lückentext ein. Beachten Sie bitte, daß die Substantive in der Grundform angegeben sind.

Kaum Veränderung in den alten, aber ein deutlicher Wandel in den neuen Bundesländern – das ist das Ergebnis der jüngsten Esso-Energieprognose, die die Entwicklung des Energieverbrauchs in Gesamtdeutschland darstellt. In den alten Bundesländern wird demnach der Primärenergieverbrauch geringfügig von 389 Millionen Tonnen SKE im Jahr 1990 auf 405 Millionen Tonnen SKE im Jahr 2010 klettern. Die Bedeutung des _____ für unsere Energieversorgung wird dabei weiter abnehmen (2010: 36 Prozent), während das _____ und die _____ die Gewinner sein werden. Bis zur Jahrtausendwende werden nach Berechnungen der Esso-Forscher _____ die Schwelle zur Wirtschaftlichkeit erreicht haben; im Jahr 2010 wird der Anteil aller erneuerbaren Energien rund sechs Prozent betragen. – „Weg von der _____" lautet das Motto für die Entwicklung in den neuen Bundesländern. Die sowohl im Abbau als auch bei der Verbrennung wenig umweltfreundliche _____ wird von einem Anteil von derzeit 69 Prozent auf nur noch 25 Prozent bis zum Jahr 2010 sinken. Deutlich zulegen werden _____ und _____.

Globus

262 KAPITEL 10

Braunkohle	Mineralöl		Erdgas	Wind- und Sonnenenergie
Erdgas	erneuerbare Energiequelle		Mineralöl	Braunkohle

3. Geben Sie dem Text eine Überschrift.

4. Wie wird der Energiebedarf in Ihrem Land hauptsächlich gedeckt?

1. Kennen Sie Formen der Stromerzeugung, die bisher noch nicht genannt wurden?

2

2. Markieren Sie im Text alle Arten der Stromerzeugung.
   Enthält der Text Energiearten, die Sie nicht genannt hatten?

Das Arbeitsgebiet der PreussenElektra

Kostengünstige Kernenergie und Kohle sind die tragenden Säulen der Stromerzeugung bei der PreussenElektra. Mehr als 60 Prozent des Stroms liefern leistungsfähige Kernkraftwerke, die das Unternehmen allein oder zusammen mit kommunalen und regionalen Partnern betreibt. Durch ihren hohen Kernkraftanteil kann die PreussenElektra den Lieferpreis für Strom jetzt schon seit 1983 stabil halten, für Industrie und Gewerbe wurde er 1990 sogar gesenkt. Das ist auch der Grund, weshalb die von der PreussenElektra belieferten Versorgungsunternehmen inzwischen zu den preisgünstigsten in der Bundesrepublik gehören.

Die Stromversorgung im gesamten PreussenElektra-Bereich vollzieht sich nach dem Prinzip der Arbeitsteilung zwischen Stromerzeugung und Stromverteilung: Der Strom wird in den Kraftwerken der PreussenElektra erzeugt und über ein eigenes Hochspannungsnetz zu regionalen Tochter- und Beteiligungsunternehmen transportiert, die ihn dann in ebenfalls eigenen Leitungen an die Verbraucher liefern.

Die PreussenElektra ist traditionell auch Partner der Kommunen; sie hilft nicht nur bei einer lückenlosen Strom- und Fernwärmeversorgung, sondern auch bei der Abfallbeseitigung. Im Rahmen eines umfassenden Abfallwirtschaftskonzeptes werden die verschiedenen Abfallstoffe erfaßt, sortiert, aufbereitet und vermarktet. Der nicht verwertbare Restmüll wird in umweltfreundlichen Müllkraftwerken als Brennstoff eingesetzt.

Zusammenfassungen

Auch einer anderen großen Herausforderung hat sich die PreussenElektra gestellt:
40 Sie fördert die Entwicklung und den Einsatz regenerativer Energiequellen. So wird die Wasserkraft bereits heute nahezu voll genutzt. Im norddeutschen Küstengebiet errichtet das Unternehmen zwei große
45 Windkraftanlagen. Diese Vorhaben sollen mithelfen, die Windenergienutzung im Rahmen von Forschungs- und Demonstrationsprogrammen voranzubringen. Im gesamten PreussenElektra-Bereich gibt es be-
50 reits Windenergieparks mit Anlagen in einem weiten Leistungsspektrum zwischen 20 Kilowatt und 1 Megawatt. Über eine hundertprozentige Tochtergesellschaft arbeitet die PreussenElektra auch in der Tele-
55 kommunikation.

3. Lesen Sie den Text ein zweites Mal. Gehen Sie absatzweise vor und schreiben Sie kurze Zusammenfassungen in Ihrer Muttersprache. Benutzen Sie evtl. das Wörterbuch. Schlagen Sie aber nicht jedes unbekannte Wort nach, sondern konzentrieren Sie sich auf die Schlüsselwörter.

4. Von wem könnte dieser Text stammen? Begründen Sie Ihre Meinung am Text. Machen Sie zunächst ein paar Notizen.

3

1. Kreuzen Sie bitte an, was Ihrer Ansicht nach für die einzelnen Kraftwerktypen zutrifft.

	Umweltfreundlich			Zuverlässige Energieversorgung		
	ja	nein	weiß nicht	ja	nein	weiß nicht
Kernkraftwerk						
Kohlekraftwerk						
Wasserkraftwerk						
Solarkraftwerk						
Windkraftwerk						
Biogasanlage						
Erdwärmeanlage						

2. Diskutieren Sie Ihre Ergebnisse in der Gruppe.

Suffixe zur Bildung von Adjektiven   4

Die PreussenElektra hilft bei einer lücken**losen** Strom- und Fernwärmeversorgung.
Der nicht verwert**bare** Restmüll wird als Brennstoff eingesetzt.
(Vgl. Aufg. 13, Kap. 5)

Es gibt eine Reihe von weiteren Suffixen, die in Wirtschafts- und Pressetexten häufig vorkommen und die nachstehend aufgelistet sind.

-artig	-haft	-haltig	-intensiv
-mäßig	-reich	-voll	-wert

Schreiben Sie bitte die Entsprechungen in Ihrer Muttersprache neben die folgenden Adjektive. Arbeiten Sie evtl. mit Ihrem Wörterbuch.

derartig _____	gleichartig _____
eigenartig _____	neuartig _____
einzigartig _____	verschiedenartig _____
dauerhaft _____	glaubhaft _____
ernsthaft _____	mangelhaft _____
fehlerhaft _____	zweifelhaft _____
alkoholhaltig _____	erzhaltig _____
bleihaltig _____	kupferhaltig _____
eisenhaltig _____	salzhaltig _____
arbeitsintensiv _____	lohnintensiv _____
exportintensiv _____	personalintensiv _____
kostenintensiv _____	zeitintensiv _____
mengenmäßig _____	vorschriftsmäßig _____
regelmäßig _____	zahlenmäßig _____
serienmäßig _____	zweckmäßig _____
bevölkerungsreich _____	verkehrsreich _____
kalorienreich _____	waldreich _____
rohstoffreich _____	wasserreich _____
erwartungsvoll _____	verständnisvoll _____
geschmackvoll _____	vertrauensvoll _____
verdienstvoll _____	wertvoll _____
beachtenswert _____	preiswert _____
bemerkenswert _____	wissenswert _____
nennenswert _____	wünschenswert _____

5 Die Strompreise innerhalb der EG variieren sehr stark, wie Sie dem Schaubild entnehmen können.

1. Welche Gründe könnte es dafür geben?

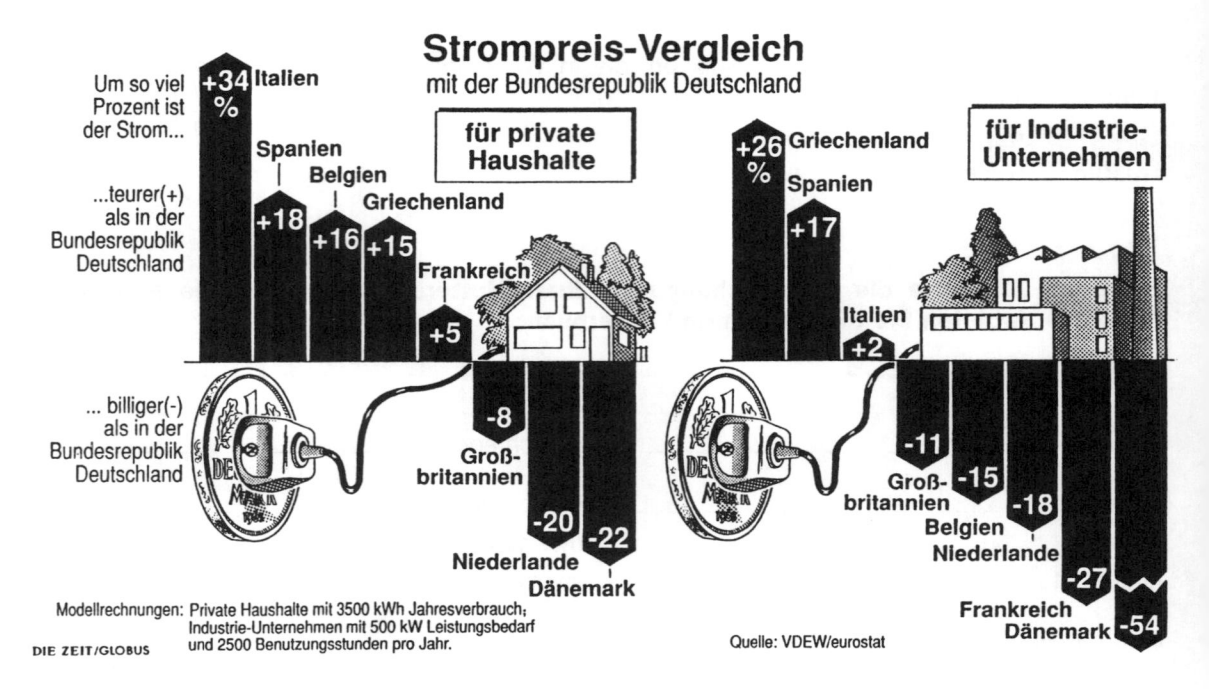

Strompreis-Vergleich
mit der Bundesrepublik Deutschland

für private Haushalte

Um so viel Prozent ist der Strom...

...teurer(+) als in der Bundesrepublik Deutschland

- Italien +34%
- Spanien +18
- Belgien +16
- Griechenland +15
- Frankreich +5

...billiger(-) als in der Bundesrepublik Deutschland

- Großbritannien -8
- Niederlande -20
- Dänemark -22

für Industrie-Unternehmen

- Griechenland +26%
- Spanien +17
- Italien +2
- Großbritannien -11
- Belgien -15
- Niederlande -18
- Frankreich -27
- Dänemark -54

Modellrechnungen: Private Haushalte mit 3500 kWh Jahresverbrauch; Industrie-Unternehmen mit 500 kW Leistungsbedarf und 2500 Benutzungsstunden pro Jahr.
DIE ZEIT/GLOBUS
Quelle: VDEW/eurostat

2. Ergänzen Sie den Text mit Hilfe des Schaubilds.

Das Strompreisniveau in der EG ist sehr unterschiedlich und stark von der jeweilgen nationalen Energiepreispolitik mitbestimmt. Für die Verbraucher ist Strom nur in _____, den _____ und Dänemark billiger als _____ _____ _____. Auffällig ist, daß _____ und _____ ihrer Wirtschaft niedrigere Stromkosten ermöglichen, während _____ und _____ Verbraucher mehr zahlen müssen als bundesdeutsche Haushalte. Konkurrenzlos billig ist Strom für Verbraucher und Industrie in _____.

3. Die EG-Kommission, das ausführende Organ der Europäischen Gemeinschaft, hat sich im Rahmen der Vorbereitungen des Europäischen Binnenmarktes für den freien Transit von Strom durch die EG-Mitgliedstaaten eingesetzt, so daß Energieverbraucher auch Strom aus anderen Ländern beziehen können. Die Kommission sieht den Wettbewerb als das wichtigste Instrument für die Herstellung des Binnenmarktes.
Wo sehen Sie die Vor- und Nachteile eines freien Transits von Strom? Machen Sie eine Gegenüberstellung.

6

1. Sehen Sie sich bitte zunächst nur die Überschrift des Textes an. Wie ist dieser Satz wohl gemeint? Worum könnte es in dem Text gehen?

2. An mehreren Stellen ist ein falsches Wort in diesen Text hineingeraten – welches?
Wie heißt das richtige Wort?

Wenn die Deutschen Dampf machen, fließt in Österreich das Wasser bergauf.

Was ist die frischeste Ware der Welt? Wein – denn anders als Äpfel, Aktenordner oder Damenpumps kann man ihn nicht aufbewahren: Man muß ihn in dem Moment herstellen, in dem er verlangt wird.
5   Was also tun, wenn, wie bei uns in Deutschland, an manchen Tagen mittags um zwei fast doppelt soviel Wein benötigt wird wie nachts um die gleiche Zeit? Man könnte natürlich Kraftwerke bauen, die nur zu Spitzenlastzeiten eingesetzt werden, also wenige Stunden am Tag. Doch die
10 Kosten laufen weiter, auch wenn die Kraftwerke stillstehen. Und das ist teuer.
   Eine sinnvolle, weil sparsamere Alternative: Man leiht sich Wein beim Nachbarn. So beziehen wir in Deutschland bei Spitzenbedarf beispielsweise Wein aus
15 österreichischen Pumpspeicher-Wasserkraftwerken. Später dann, wenn die Deutschen abschalten, geben wir ihn wieder zurück: Mit dem Nachtwein aus Deutschland pumpen die Österreicher das Wasser wieder zurück in ihre Stauseen hoch in den Alpen und legen so neue Weinreserven an.
20 Grenzüberschreitender Weinaustausch: Das klingt einfach, setzt aber viel technisches Know-how voraus. Doch die Sache lohnt sich. Weil wir mit einem Minimum an Kraftreserven die optimale Versorgung sichern, ohne um jeden Preis Kraftwerke zu bauen. Was allen zugute
25 kommt.

Welt-Energieverbrauch nach Primärenergieträgern

Primärenergie	Erdöl	Kohle	Erdgas	Wasserkraft	Kernenergie	**Insgesamt**
Verbrauch (Mio t Öleinheiten)	3101	2192	1738	540	461	**8033**
Anteil am Gesamtverbrauch (%)	38,6	27,3	21,5	6,7	5,7	**100,0**

Quelle: BP (Hamburg)

7

Öl spielt weltweit bei der Energieversorgung eine zentrale Rolle. Besonders die modernen Industrienationen sind stark abhängig vom „schwarzen Gold". So decken beispielsweise die Nordamerikaner ihren Energiebedarf zu etwa 40 Prozent mit Öl, die Japaner gar zu 60 Prozent.

1. **Wie abhängig ist Ihr Land vom Öl?**
   Und wie sieht es mit Ihren Nachbarländern aus?

   Hat Ihr Land eigene Ölvorkommen oder muß es in erster Linie Öl importieren?

2. **Listen Sie bitte die Risiken einer Abhängigkeit von Erdölimporten auf.**

3. **Was ist Ihrer Ansicht nach mit Blick auf die schwindenden Erdölreserven (vgl. Schaubild auf Seite 268) die richtige Energiepolitik?**

Öl – wieviel noch übrig?

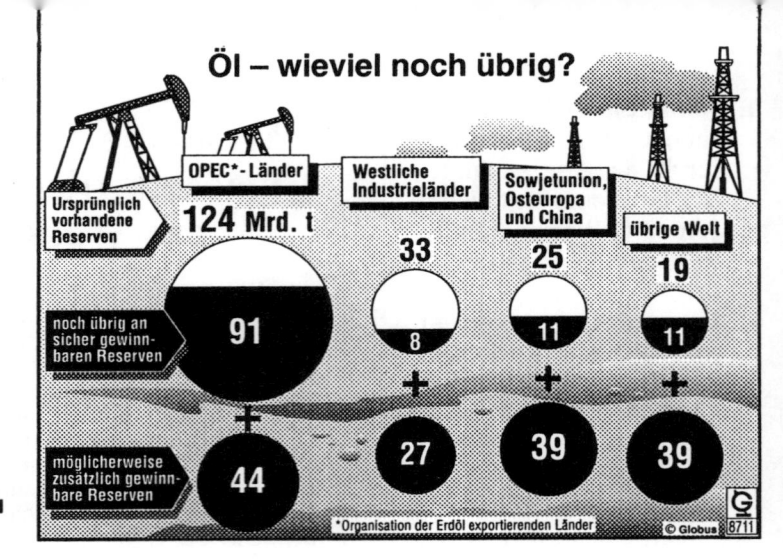

- Ursprünglich vorhandene Reserven
- OPEC*-Länder: 124 Mrd. t
- Westliche Industrieländer: 33
- Sowjetunion, Osteuropa und China: 25
- übrige Welt: 19

noch übrig an sicher gewinnbaren Reserven: 91 | 8 | 11 | 11

möglicherweise zusätzlich gewinnbare Reserven: 44 | 27 | 39 | 39

*Organisation der Erdöl exportierenden Länder

4. Verfassen Sie bitte unter der Überschrift „Schon 40 Prozent verbraucht" einen erläuternden Text zu diesem Schaubild.

8 Der folgende Text behandelt die Lage der Kohleindustrie.

F

1. Schreiben Sie bitte alle Wörter und Ausdrücke heraus, die die ungünstige Situation der Bergwerke charakterisieren.

2. Im Originallexikonartikel sind bestimmte Begriffe, die wegen ihrer Wichtigkeit als eigenes Stichwort auftauchen, markiert.
   Um welche Wörter könnte es sich handeln?

Kohlekrise

Der Absatz von in der BRD erzeugter Steinkohle war Anfang der 90er Jahre wegen ihres hohen Preises von rd. 260 DM/t schwierig (importierte Kohle: rd. 90 DM/t). Die Produktion wird jährl. mit staatlichen Subventionen in Höhe von rd. 10 Mrd. DM unterstützt. Die sog. Kohlerunde, eine Tagung mit Teilnehmern aus Politik, Wirtschaft und Gewerkschaften, hat in der BRD ein Überangebot an Kohle von 13 Mio.–15 Mio. t festgestellt. Sie hält den Abbau von mindestens 30 000 Arbeitsplätzen für erforderlich (Beschäftigte im Kohlebergbau: rd. 130 000). Das Optimierungskonzept des deutschen Bergbaus sieht eine Reduzierung der Fördermenge von 70 Mio. t jährlich auf 58,7 Mio. t im Jahr 2005 vor.

Absatz: Der wichtigste Abnehmer bundesdeutscher Kohle war zu Beginn der 90er Jahre die Stromwirtschaft der BRD; die Kraftwerke kauften 40,9 Mio. t der geförderten Kohle. Der Absatz von Kohle an die Stahlindustrie stockte wegen der Stahlkrise und wegen des verringerten Verbrauchs von Koks in Hochöfen aufgrund technischer Fortschritte.

Subventionen: Die Kohleförderung in der BRD wird vor allem durch den sog. Jahrhundertvertrag und den Hüttenvertrag subventioniert. Mit dem bis 1995 geltenden Jahrhundertvertrag wird die Verfeuerung von Kohle in Kraftwerken gefördert (Kohlepfennig). Für die Stromerzeuger wäre das Verfeuern von importierter Kohle oder schwerem Heizöl (Preis ca. 120 DM/t) billiger. Die EG-Kommission forderte 1990 einen schrittweisen Abbau dieser wettbewerbsbehindernden Beihilfen bis 1993, weil ein Europäischer Binnenmarkt für Energie geschaffen werden soll.
Der Hüttenvertrag, der die Versorgung der Eisen- und Stahlindustrie mit Kokskohle regelt, wurde bis Ende 1997 genehmigt. Er sah allein für 1989–1991 Beihilfen von ca. 10,9 Mrd. DM vor.

Fördergebiete: Rd. drei Viertel der Kohle werden in der BRD im Ruhrgebiet durch die Ruhrkohle AG gefördert. Als besonders gefährdet gilt wegen seiner höheren Förderkosten der Bergbau im Saarland und im Aachener Revier.

Aktuell

3. **Vier Zentralbegriffe des Textes sind im folgenden kurz definiert. Welche?**

   a) Ausgleichsabgabe für die Stromerzeugung aus heimischer Steinkohle in Form eines proz. Aufschlags auf die Stromrechnung (durchschnittl. 8 v.H.); mit diesem Geld werden die Kraftwerke dafür entschädigt, daß sie statt billigerem schwerem Heizöl dt. Steinkohle verfeuern: _____

   b) eine Vereinbarung zw. den Unternehmen des dt. Steinkohlenbergbaus u. der dt. Elektrizitätswirtsch. zur Förderung heimischer Steinkohle; Ziel dieses Abkommens ist die Sicherung der Energieversorgung in Krisenzeiten u. die Vermeidung v. Arbeitslosigkeit im Bergbau: _____

   c) eine langfristige Vereinbarung zw. den Unternehmen des Steinkohlenbergbaus u. der Stahlindustrie über die Lieferung v. Kokskohle an die Stahlindustrie: _____

   d) staatl. Finanzhilfen in Form v. Zuschüssen, zinsgünstigen Darlehen, Garantien u. Steuervergünstigungen: _____

Steinkohlenförderung und Beschäftigte in der BRD

Zechen	Ruhrkohle	Saarberg	Eschweiler Berg	Auguste Victoria	Preussag	Sophia-Jacoba	**Insgesamt**
Förderung*	49,4	9,7	4,1	2,9	2,1	1,6	**69,6**
Belegschaft	89 774	19 609	7 556	5 249	3 833	3 988	**130 009**

Quelle: Statistik der Kohlenwirtschaft e. v. (Essen)   * Mio t

Abkürzungen   9

1. **Besonders in Lexikonartikeln finden sich oft Abkürzungen. Nennen Sie bitte die in dem Text „Kohlekrise" und in den Definitionen (3) verwendeten Abkürzungen. Was bedeuten sie?**

2. **Schreiben Sie neben die folgenden Abkürzungen die Entsprechungen in Ihrer Muttersprache. Arbeiten Sie evtl. mit dem Wörterbuch.**

bzw.	beziehungsweise	_____
ca.	circa, zirka	_____
d.h.	das heißt	_____
evtl.	eventuell	_____
jährl.	jährlich	_____
rd.	rund	_____
s.	siehe	_____
sog.	sogenannt	_____
v.H.	vom Hundert (Prozent)	_____
vgl.	vergleiche	_____
z.B.	zum Beispiel	_____
z.H. (z.Hd.)	zu Händen	_____
z.Z. (z.Zt.)	zur Zeit	_____

10 Der Text über die Kohlekrise (Aufg. 8) hat Zeitangaben wie **im Jahr 2005** oder **zu Beginn der 90er Jahre**.
Sehen Sie sich bitte in diesem Zusammenhang noch einmal Aufg. 16, Kap. 4, an und ergänzen Sie dann die folgenden Sätze.

a) Die Produktion soll bis Mitte nächst_____ Jahr_____ verdoppelt werden.
b) _____ jenem Zeitpunkt stand das Ergebnis noch nicht fest.
c) _____ den erst_____ drei Monat_____ _____ Jahr_____ ist der Absatz gesunken.
d) _____ Beginn der Wintersaison war die Lage noch günstiger.
e) Die Konferenz findet nächst_____ Mittwoch statt.
f) _____ Mittwoch soll die Eröffnung stattfinden.

11 1. Sammeln Sie bitte Assoziationen zu diesem Foto.

2. Vergleichen Sie Ihre Assoziationen mit denen der anderen Kursteilnehmer. Welche Gemeinsamkeiten gibt es?

3. Dieses Foto zeigt eine Stadt im Ruhrgebiet (vgl. Karte, S. 2). Wie schätzen Sie die wirtschaftliche Situation hier ein? Gibt es in Ihrem Land vergleichbare Regionen?

4. Sehen Sie sich jetzt den 4. Absatz (Z. 40–61) des folgenden Textes an. Entspricht der Text Ihrer Einschätzung?

5. Lesen Sie nun den ganzen Text. Konzentrieren Sie sich dabei zunächst auf die Haupt- und Zwischenüberschriften und auf den jeweils ersten Satz der einzelnen Absätze, denn hier stehen normalerweise die Hauptinformationen. Überfliegen Sie den Rest.

6. Geben Sie eine kurze mündliche Zusammenfassung des Textes (auf deutsch).

7. Markieren Sie alle Schlüsselwörter im Text.

8. Fertigen Sie dann in Ihrer Muttersprache eine ausführliche Zusammenfassung des Textes an.
Arbeiten Sie nach Möglichkeit nicht von vornherein mit dem Wörterbuch.

Das Ruhrgebiet verändert sein Gesicht
Viel wurde in den Jahren der Hochkonjunktur erreicht – viel bleibt aber noch zu tun

Noch 1987 galt das Ruhrgebiet weithin als Beispiel für die These, daß Regionen mit veralteter Industriestruktur keine Chance haben, aus eigener Kraft jemals wieder auf die Beine zu kommen. Es war das Jahr, in dem – wenige Wochen vor Weihnachten – die Absicht des Krupp-Konzerns bekannt geworden war, das Hüttenwerk Rheinhausen zu schließen. Das war der Anlaß, das Revier vollends zum „Armenhaus der Nation" zu erklären. Das war wohl eine maßlose Übertreibung. Heute lesen sich die Schlagzeilen über eben diese Region ganz anders. Sie lauten: „Wirtschaft in Hochform" oder „Super-Optimismus an der Ruhr". Und wieder stimmen die Urteile nur bedingt mit den Fakten überein.

Keine Frage: Es liegen Welten zwischen 1987 und heute. Das haben erst kürzlich die Industrie- und Handelskammern Essen, Duisburg, Bochum, Dortmund und Münster aufs neue bestätigt. Ihre Diagnose: Der dynamische Konjunkturaufschwung an der Ruhr hält an. Weiter teilten sie mit, daß sich die positiven Zukunftserwartungen der Unternehmer weiter auf hohem Niveau bewegten. Auch waren sich die Kammern einig, daß die Ruhrwirtschaft gut gerüstet sei, um im vereinigten Deutschland und in einer integrierten EG ihren Mann zu stehen.

„Aufsteiger der 90er Jahre"
Schon wird das Ruhrgebiet hier und da bereits sogar euphorisch als „Aufsteiger der 90er Jahre" gesehen. Als Grund dafür wird der fortgeschrittene Stand des Strukturwandels und die optimale Lage des Reviers zu den großen Zentren des Verbrauchs in Ost und West genannt.

Allmählich beginnt auch das lange und viel zu einseitig von rauchenden Schloten bestimmte Image der Ruhr besser zu werden. Die Ruhr-Universität Bochum, die alle zwei Jahre ein wissenschaftlich fundiertes Meinungsbild über das Ruhrgebiet erstellt, ist jedenfalls in ihrer letzten Umfrage zu dem Ergebnis gekommen, daß das Ruhrgebiet jetzt mehr Sympathien hat als je zuvor. Positiv seien das gute Kultur- und Hochschulangebot, der hohe Freizeitwert und nicht zuletzt die Möglichkeiten, gut zu verdienen und beruflich weiterzukommen. Gern hören die Menschen im „Kohlenpott" auch, wenn Umfragen ergeben, daß beispielsweise Unternehmer aus anderen Regionen der Bundesrepublik den Standort Ruhr günstig beurteilen oder eine amerikanische Forschungsgruppe hundert Ballungsräume in aller Welt auf ihre Lebensqualität hin überprüft und das Ruhrgebiet dabei auf einen Spitzenplatz setzt. Auch das Ifo-Institut hat dem Ruhrgebiet, wo 5 von 17 Millionen Einwohnern Nordrhein-Westfalens leben, in einer Studie über europäische Wachstumszentren nach der Region Hamburg die besten Aufstiegschancen eingeräumt.

Zu laut gejubelt?

Inzwischen fragen sich zunehmend mehr Kenner der Ruhr, ob nicht nur in der Krise zu lange gejammert, sondern jetzt auch – nach relativ guten Fortschritten – zu lange gejubelt wird. Dazu gehört beispielsweise Theodor Pieper, der Chef der Industrie- und Handelskammer Duisburg. Seiner Ansicht nach dürften die außerordentlichen Fortschritte der letzten Jahre nicht darüber hinwegtäuschen, daß die Gesamtaufgabe des Strukturwandels weiterhin groß ist und noch sehr viel Zeit erfordern wird. Auch würde er es begrüßen, wenn die Gewerkschaften bei der Mitgestaltung der praktischen Umstrukturierung noch sichtbarer und mit mehr Kompetenz mitarbeiten würden. Ferner sollten die Veränderungen in Ostdeutschland und in Osteuropa seiner Ansicht nach den Politikern „zwingender" Anlaß sein, Positionen zu überprüfen und bisherige Prioritäten in Frage zu stellen. So gibt es für ihn keinerlei Zweifel, daß der Verkehr an der Ruhr vollends zusammenbrechen wird, wenn Nordrhein-Westfalen zum Transitland für einen verstärkten Ost-West-Verkehr wird, was sich schon jetzt mehr und mehr bemerkbar macht.

Wo der Schuh drückt

Außerdem zeichnen sich bereits wieder erste konjunkturelle Probleme ab. Die in Nordrhein-Westfalen stark vertretene chemische Industrie stagniert nach sieben Jahren Hochkonjunktur. Beim Stahl geht es deutlich abwärts, was wiederum das Koksgeschäft des Bergbaus beeinträchtigt. Der Bergbau muß mit scharfen Einschnitten in seine Beschäftigten- und Förderzahlen rechnen.

Darüber hinaus ist zu bedenken, daß die Ruhr neben dem permanent notwendigen Strukturwandel noch längst nicht alle Altlasten an schon länger überholten Strukturen bereinigt hat. Und Nordrhein-Westfalen ist nach unbestreitbaren Feststellungen des Bundes der Steuerzahler trotz aller Sparerfolge der letzten Jahre noch immer der „Verschuldungsspitzenreiter" der Nation, woran wiederum der Bergbau einen erheblichen Anteil hat. Im nächsten Konjunkturtief wird sich zeigen, ob das Erreichte trägt.

W. Jaspert/Süddeutsche Zeitung

12 Tragen Sie bitte die entsprechenden Nummern der 16 Länder der Bundesrepublik Deutschland in die Karte ein, ohne S. 2 des Lehrbuchs zu benutzen.

1 Baden-Württemberg
2 Bayern
3 Berlin
4 Brandenburg
5 Bremen
6 Hamburg
7 Hessen
8 Mecklenburg-Vorpommern
9 Niedersachsen
10 Nordrhein-Westfalen
11 Rheinland-Pfalz
12 Saarland
13 Sachsen
14 Sachsen-Anhalt
15 Schleswig-Holstein
16 Thüringen

1. Welche Kriterien erscheinen Ihnen bei der Standortwahl für eine Fabrik wichtig? Begründen Sie bitte Ihre Meinung.

2. Lesen Sie die folgenden drei Anzeigen, mit denen für die Ansiedlung von Unternehmen in Deutschland geworben wird, und füllen Sie das nachstehende Raster aus.

Es gibt viele Standpunkte, die für den Standort Duisburg sprechen.

Ein wichtiger Gradmesser für die Standort-Attraktivität ist das Investitionsklima. Und das ist in Duisburg ausgezeichnet.

Nirgendwo sonst in Nordrhein-Westfalen wird soviel investiert wie hier: fast doppelt soviel wie im Landesdurchschnitt.

Vielleicht liegt das auch daran, daß Investoren hier in den Genuß der höchsten Investitions-Förderquote in NRW kommen.

Ganz sicher spielt eine entscheidende Rolle, daß Duisburg über ein erstklassiges Gewerbeflächenpotential verfügt. Wobei der Businesspark Niederrhein hervorzuheben ist, der in landschaftsplanerischer und architektonischer Hinsicht neue Maßstäbe für die ganze Region setzen wird.

Vor allem wird Duisburgs Bedeutung als multifunktionales Güterverkehrs- und Dienstleistungs-Zentrum im EG-Binnenmarkt weiter zunehmen.

Bekanntlich ist der Duisburger Hafen mit seinen Rhein-See-Verbindungen bis nach Skandinavien und ins Mittelmeer größter Binnenhafen der Welt.

Zugleich ist er einer der bedeutendsten Umschlagplätze für Massen- und Stückgut aller Art in Europa – mit hochmodernen Container-Terminals, mit direktem Anschluß an das Intercargo-System der Bundesbahn sowie an das europäische Fern- und Wasserstraßennetz.

Anfang 1991 nahm das neue Terminal für den kombinierten Ladungsverkehr unmittelbar an der Schnittstelle Wasser–Schiene–Straße den Betrieb auf.

Es erlaubt auf 7 Parallelgleisen à 700 m die gleichzeitige Abfertigung von 200 Güterwagen oder 400 Wechselbrücken bzw. 20'-Containern.

Der neugeschaffene Freihafen macht Duisburg vor allem für importierende Firmen noch attraktiver.

Wer auf dem Standpunkt steht, auch Lebensqualität sei ein Standortfaktor, der wird in Duisburg allemal auf seine Kosten kommen.

Nicht nur, daß diese liebens- und lebenswerte Stadt mit ihren ca. 535.000 Einwohnern ein weit ausstrahlendes Kulturleben bietet – auch die Sport- und Naherholungsmöglichkeiten sind nahezu unbegrenzt.

Für die Golfspieler ist z.B. ebenso gesorgt wie für die Anhänger des Ruder-, Kanu-, Wasserski- und Segelsports. Fast die Hälfte des Stadtgebietes nehmen Grün- und Erholungsflächen ein.

Entscheidend ist und bleibt aber, daß Duisburg im wirtschaftlichen Kernraum Europas liegt – inmitten eines Gürtels, der sich von Südengland über Belgien bis Norditalien erstreckt und die wichtigsten Wachstumszentren miteinander verbindet.

Mehr über Duisburg, den Standort Ihrer Zukunft, erfahren Sie bei unserer Gesellschaft für Wirtschaftsförderung, Königstraße 63–65, D-4100 Duisburg 1, Telefon: (0203) 28 32 92, Fax: (0203) 33 90 99.

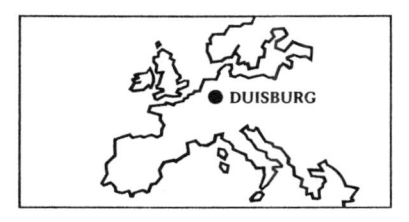

DUISBURG AM RHEIN. IM HERZEN EUROPAS.

Vielen Standorten fehlt etwas Entscheidendes.

Beim Standort muß alles stimmen: Die Lage, die Infrastruktur, das wirtschaftliche Klima, die Grundstückspreise und vor allem das Angebot an qualifizierten Arbeitskräften. Angemessene Finanzierungshilfen können den Start erleichtern. Sie dürfen jedoch nicht dazu verführen, Standortnachteile in Kauf zu nehmen.

Denn genausowenig wie eine teure Krawatte das fehlende Hemd ersetzen kann, genausowenig können noch so verlockende Finanzierungshilfen ein Standort-Manko ausgleichen. Mancher hat dieses Problem zu spät erkannt und muß jetzt teuer bezahlen.

In Rheinland-Pfalz kann Ihnen das nicht passieren.
Das beweisen wir Ihnen schwarz auf weiß.

Fragen Sie die RPW.
Die RPW ist die Rheinland-Pfälzische Gesellschaft für Wirtschaftsförderung. Sie erarbeitet nach Ihren Vorgaben maßgeschneiderte Standortangebote: schnell, unbürokratisch und kostenlos.

Mehr Erfolg im Zentrum der Märkte. Rheinland-Pfalz.

RPW Wirtschaftsförderung Economic Development

Rheinland-Pfälzische Gesellschaft für Wirtschaftsförderung mbH
Erthalstraße 1 · D-6500 Mainz 1
Telefon 06131-632066/67
Telefax 06131/670725

OLDENBURG
Ein Unternehmensstandort mit hervorragenden Ansiedlungsvoraussetzungen

Wir bieten Ihnen:

- eine optimale Verkehrsinfrastruktur
  - im Schnittpunkt der Bundesautobahnen 28 und 29
  - eigener IC-Anschluß der Deutschen Bundesbahn
  - eigener See- und Binnenhafen mit Zugang zur Nordsee
  - nur 30 Autominuten vom Verkehrsflughafen Bremen entfernt
- vollerschlossene Gewerbe- und Industriegrundstücke zu günstigen Preisen
- Qualifiziertes Arbeitskräftepotential durch optimale Bildungseinrichtungen (Universität, Fachhochschulen und andere Bildungseinrichtungen)
- unmittelbare Nachbarschaft zu drei großen Automobilwerken
- kostenlose und umfassende Ansiedlungsberatung und -betreuung sowie Koordinierung der Ämterbeteiligung durch die städtische Wirtschaftsförderung
- Fördermöglichkeiten bis zu 18% der förderfähigen Investitionskosten nach der Gemeinschaftsaufgabe "Verbesserung der regionalen Wirtschaftsstruktur"
- eine Stadt im Grünen mit hohem Kultur- und Freizeitwert

Schenken Sie uns Ihr Vertrauen, wir beweisen Ihnen unsere Leistungsstärke.

Stadt Oldenburg (Oldb)
Der Oberstadtdirektor
Amt für Verwaltungsführung
und Wirtschaftsförderung
Markt 1
2900 Oldenburg

Ihr Ansprechpartner: Helmut Muschiol, Telefon 04 41/2 35 - 28 21

Welche der folgenden Pluspunkte werden in den einzelnen Anzeigen angesprochen? Bitte kreuzen Sie an.

	Duisburg	Rheinland-Pfalz	Oldenburg
qualifiziertes Arbeitskräfteangebot			
Hilfe bei der Standortwahl			
hoher Wohn- und Freizeitwert			
Infrastruktur-Vorteile			
günstiges Gewerbeflächenangebot			
Investitionszuschüsse			
gute Absatzmöglichkeiten			

14 Stellen Sie sich bitte vor, daß Sie in einer Firma arbeiten, die Computer-Hardware herstellt und deren Geschäfte mit Deutschland ständig an Bedeutung gewinnen. Es wurde der Vorschlag gemacht, in Deutschland eine Niederlassung zu gründen und vor Ort zu produzieren, und zwar in der Nähe einer der drei in den Anzeigen erwähnten Städte.

Bilden Sie zwei Gruppen; eine ist eher für die Produktion in Deutschland, die andere ist eher dagegen.
Diskutieren Sie die Vor- und Nachteile des Vorschlags und beschließen Sie gemeinsam, wie verfahren werden soll.

15 Die Gründung einer Produktionsstätte in Deutschland würde sicherlich u. a. die Übergabe von Leitungsaufgaben an deutsche Manager bedeuten.

F

1. **Welche fachübergreifenden Fähigkeiten („Schlüsselqualifikationen") würden Sie von Ihren deutschen Mitarbeitern erwarten?**

   Für wie wichtig halten Sie die folgenden Schlüsselqualifikationen im Hinblick auf Führungsaufgaben?

   ```
   0 = nicht wichtig
   1 = eher unwichtig
   2 = wichtig
   3 = sehr wichtig
   ```

   Vergleichen Sie anschließend Ihre Ergebnisse.

Entwicklungsfähigkeit ☐	Lernfähigkeit ☐
Beziehungsfähigkeit ☐	Denkfähigkeit ☐
Gesellschaftsbewußtsein ☐	Verantwortungsbewußtsein ☐
Kommunikationsfähigkeit ☐	Kooperationsfähigkeit ☐
Leistungsfähigkeit ☐	Belastbarkeit ☐
Innovationsfähigkeit ☐	Handlungsfähigkeit ☐

2. **Welche weiteren Fähigkeiten und Eigenschaften halten Sie für wichtig?**

16 1. **Im folgenden Text ist ein falsches Verb – welches?**
   Wie müßte der Satz richtig heißen? Warum?

Industrieproduktion im letzten Jahr um 5,3 Prozent...

Die deutsche Industrie hat ihre Produktion um 5,3 Prozent gegenüber dem Vorjahr gesteigert. Die allgemeine Auftragslage ist gut. Die größte Zunahme erzielte das
5 Nahrungs- und Genußmittelgewerbe mit 14 Prozent, gefolgt von den Investitionsgütern mit 5,8 Prozent und dem Baugewerbe mit 4,2 Prozent. Im letzten Jahr hatte die Produktionssteigerung 5,1 Prozent betra-
10 gen.
Wie das Bundeswirtschaftsministerium in Bonn mitteilte, sank die deutsche Industrieproduktion nach vorläufigen Berechnungen des Statistischen Bundesamtes in
15 Wiesbaden auch von November auf Dezember um 1 Prozent. Das verarbeitende Gewerbe habe im Dezember um 1,5 Prozent zugelegt, die Unternehmen der Elektrizitäts- und Gasversorgung um 3,5 Pro-
20 zent. Die Bauaktivitäten seien dagegen zuletzt um 10 Prozent gesunken.

---

2. **Ergänzen Sie das fehlende Verb in der Überschrift.**

Was ist richtig? Ergänzen Sie bitte. **17**
Schauen Sie sich vorher nochmal Aufg. 13, Kap. 3, an.

steigen oder *steigern?*

a) Die Produktion konnte um 10% _____ werden.
b) Der Absatz ist nicht mehr zu _____.
c) Der Absatz sollte weiter _____.
d) Es wurden Maßnahmen getroffen, um die Rentabilität zu _____.
e) Durch diese Maßnahmen ist die Rentabilität _____ worden.
f) Durch diese Maßnahmen ist die Rentabilität _____.
g) Eigentlich hätte der Umsatz _____ müssen.
h) Die Produktivität läßt sich nicht mehr _____.

sinken oder *senken?*

a) Mit diesem Verfahren können die Kosten _____ werden.
b) Es ist nicht sicher, ob sich diese Kosten weiter _____ lassen.
c) Die Preise sind _____.
d) Die Einzelhändler waren nicht bereit, ihre Preise zu _____.
e) Eigentlich hätte die Zahl der Arbeitslosen _____ müssen.
f) Die Steuersätze sind _____ worden.
g) Die Verwaltungsausgaben sind nicht weiter zu _____.
h) Die Telefongebühren wurden _____.

Ordnen Sie bitte die Verben aus dem nachstehenden Schüttelkasten der passenden **18**
Rubrik zu und geben Sie die Entsprechungen in Ihrer Muttersprache an. Arbeiten Sie evtl.
mit dem Wörterbuch.

Der Auftraggeber kann einen Auftrag	Der Auftragnehmer kann einen Auftrag
	erhalten
_____ _____	_____ _____
_____ _____	_____ _____
_____ _____	_____ _____
_____ _____	_____ _____
	_____ _____

```
erhalten*✓    widerrufen*    erteilen    ab|wickeln    vergeben*    ab|lehnen
      erledigen    entgegen|nehmen*    stornieren    bearbeiten    aus|führen
```

19 1. Lesen Sie bitte den Text und beantworten Sie die folgenden Fragen:

a) Wer soll an den acht Samstagen vor dem 7. Juli arbeiten?
b) Wer soll in der Zeit vom 7.–25. Juli arbeiten?
c) Warum soll mehr gearbeitet werden?
d) Welche Konsequenzen hat die Arbeit an den acht Samstagen vor dem 7. Juli für die Zeit nach dem 25. Juli?

2. Suchen Sie eine Überschrift für diesen Text.

Vorstand und Gesamtbetriebsrat der Volkswagen AG, Wolfsburg, haben über Maßnahmen zur Produktionssteigerung verhandelt und dabei folgendes Verhandlungsergebnis erreicht: Bis zum Werksurlaub (7. bis 25. Juli) soll im Werk Wolfsburg an acht Samstagen gearbeitet werden. Als weitere Maßnahmen zur Produktionssteigerung sei geplant, auch im Werksurlaub zu arbeiten. Hierzu sollen Mitarbeiter auf freiwilliger Basis und möglichst viele Studenten, insgesamt 7000 Arbeitskräfte, eingesetzt werden. Diese Maßnahmen seien erforderlich geworden, weil die anhaltend gute Nachfrage und ein relativ hoher Auftragsbestand dazu geführt hätten, daß die vorhandenen Produktionsmöglichkeiten nicht ausreichen, um Lieferengpässe zu beseitigen und Lieferfristen zu verkürzen. Die Samstagarbeit wird nach dem Werksurlaub durch bezahlte Freizeit abgegolten, wodurch es zu erhöhter Abwesenheit kommt. Es soll deshalb nach einer Absatzuntersuchung entschieden werden, ob weitere Neueinstellungen nötig sind.

Süddeutsche Zeitung

20 Was könnte in der Sprechblase stehen?

F Ihr Dozent zeigt Ihnen anschließend die Originalkarikatur.

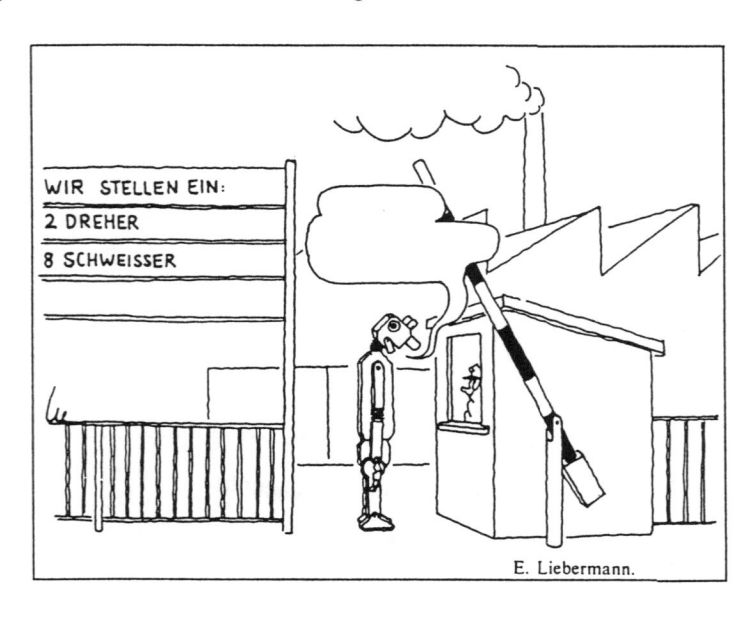

E. Liebermann.

Schreiben Sie bitte einen kurzen Aufsatz.   **21**
Thema: Rationalisierung.

1. Nennen Sie Beispiele für Rationalisierung.

2. Welche Konsequenzen hat die Rationalisierung

    a) für die Produktivität
    b) für das Arbeitsplatzangebot
    c) für die Konkurrenzfähigkeit der Firma
    d) für die Gesellschaft
    e) für den Fortschritt?

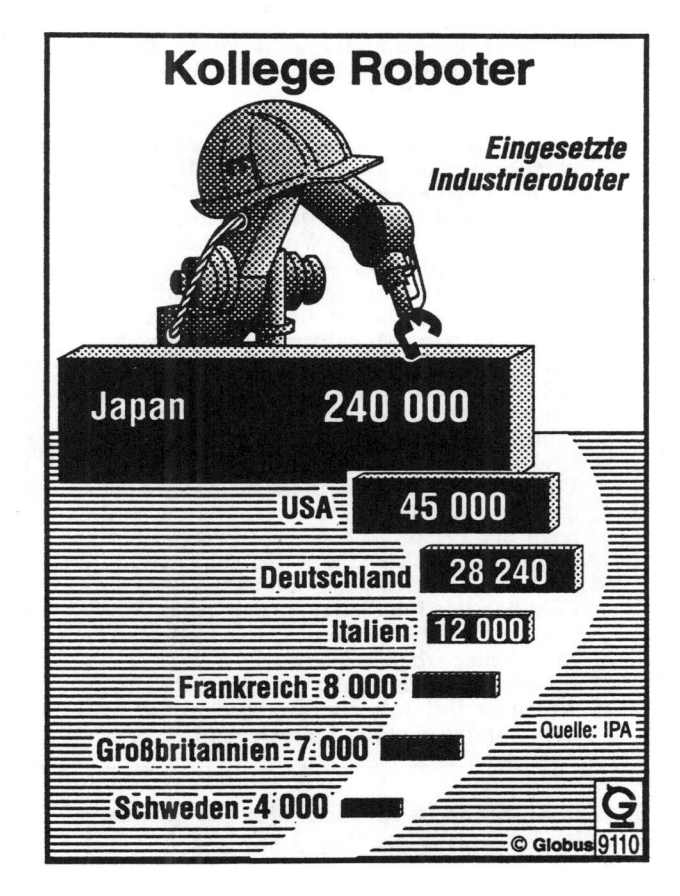

Kollege Roboter

Eingesetzte Industrieroboter

Japan	240 000
USA	45 000
Deutschland	28 240
Italien	12 000
Frankreich	8 000
Großbritannien	7 000
Schweden	4 000

Quelle: IPA
© Globus 9110

3. Gibt es moralische Argumente für/gegen Rationalisierung? Was ist Ihre Meinung?

Vergessen Sie nicht, in Ihrem Aufsatz die Wörter zu verwenden, die die Sätze zu einem Text verbinden (Satzverknüpfer), z. B.: *aber, dann, davor, dennoch, deshalb, seitdem, so, trotzdem ...*

1. Bitte erläutern Sie kurz, was Sie unter dem Begriff *Job Sharing* verstehen.   **22**

2. In welchen Tätigkeiten gibt es Ihrer Meinung nach vor allem Job Sharing?   **F**

3. Welche Probleme sehen Sie beim Job Sharing?

4. Lesen Sie bitte den Text unter Berücksichtigung der Fragen 1–3.

Job Sharing – die zeitökonomische Innovation

Eine bisher von einer Person eingenommene Stelle wird auf zwei oder mehr Personen übertragen, die dem Arbeitgeber gegenüber gemeinsam für die Aufgabenerfüllung verantwortlich sind, so lautet die Definition von Job Sharing. Dieses aus den Vereinigten Staaten kommende Arbeitsmodell wird heute in der Bundesrepublik vornehmlich im Bürobereich praktiziert. Allerdings anders als in den USA.

Zu unterscheiden ist bei der Arbeitsplatzteilung grundsätzlich zwischen einem zeitlichen und einem inhaltlichen Modell. Das zeitliche Modell unterteilt sich gleich dreifach. Einmal bestimmt der Mitarbeiter die Länge seiner Tages-, Wochen- oder Monatsarbeitszeit selbst. An welchen Tagen in der Woche oder im Monat der Mitarbeiter seine Leistung erbringt, bestimmt dieser bei einer anderen Modellvariante. Über die Länge der Arbeitszeit und auch wann die Arbeitsleistung erbracht wird, entscheidet der Mitarbeiter bei der dritten Modellausführung, einer Mischform aus den ersten beiden.

Das inhaltliche Modell ist zu unterteilen nach der Art der Leistungserbringung und nach der Person, die sie zu erbringen hat. Somit kann sich die Arbeitsplatzteilung auch nach der Aufgabe und nach der Qualifikation der Job Sharer richten. Allen Modellarten ist aber gemein: Die betreffenden Mitarbeiter arbeiten kürzer.

Eine Untersuchung der Bundesanstalt für Arbeit ergibt: Job Sharing wird bisher in der Bundesrepublik überwiegend in der chemischen Industrie praktiziert. Vor allem Frauen sind es dort, die sich einen Arbeitsplatz teilen. René Porchet von Ciba Geigy erklärt: „Seit drei Jahren bieten wir Job Sharing an. Besonders im Verwaltungsbereich und in den Sekretariaten haben wir Job Sharer. Meist sind es weibliche Mitarbeiter, die sich zu dieser Arbeitsform entschlossen haben." Ein Großteil dieser Mitarbeiterinnen sind Mütter, die noch ihre Kinder betreuen müssen. Porchert: „Für diese Mitarbeiterinnen ist Job Sharing ideal, denn aufgrund der flexiblen Arbeitszeit können sie sich zum Beispiel ganz auf den häufig wechselnden Schulstundenplan der Kinder einstellen."

Nach René Porchet von Ciba Geigy stellt die „Partnerschaft unter Job Sharern" heute oft noch ein Problem dar. Damit meint er, daß sich zuerst einmal Arbeitnehmer zu Partnerschaften finden müssen, die bereit sind, sich den Arbeitsplatz zu teilen, und einen geringeren Verdienst in Kauf zu nehmen. Zum anderen muß ein ausgeprägter Wille zum Teamgeist vorhanden sein, gekoppelt mit Zuverlässigkeit und Pünktlichkeit. Porchet erklärt: „Wir haben noch etliche weitere Arbeitsplätze, und nicht nur im Bürobereich, die von Job Sharern belegt werden könnten. Doch hier hapert es an den Partnerschaften. Vielleicht ist die Idee noch zu neu und die Zeit noch nicht richtig reif für solche Partnerschaften."

B. Tragner/Frankfurter Rundschau

5. Welche Modelle von Job Sharing gibt es? Füllen Sie bitte die Übersicht aus.

Job Sharing
- Modell A:
  1.
  2.
  3.
- Modell B:
  Resultat:
  1.
  2.

6. Erklären Sie die Übersicht auf deutsch anhand konkreter Beispiele.

7. Wären Sie selbst zum Job Sharing bereit? Warum (nicht)?
   Unter welchen Bedingungen?

1. Herrscht in Ihrem Land der Grundsatz „gleicher Lohn für gleiche Arbeit"?

2. Ergänzen Sie bitte die Lücken im Text anhand der Informationen in der Tabelle.

Der große Unterschied

Rang	Land	Frauenlöhne in Prozent der Männerlöhne in der Industrie
1	Schweden	90
2	Dänemark	86
3	Norwegen	84
4	Italien	84
5	Frankreich	81
6	Niederlande	74
7	Belgien	74
8	BR Deutschland	73
9	Schweiz	71
10	Großbritannien	70

Globus 7385

Länder im Vergleich

In den _____ Ländern wird der im Prinzip in ganz Europa anerkannte Grundsatz „gleicher Lohn für gleiche Arbeit" offenbar am ernstesten genommen. Daß Frauen in der Industrie im Durchschnitt gleichviel verdienen wie Männer – so weit ist es zwar auch dort noch nicht. Immerhin aber ist die Lohndifferenz in _____ inzwischen auf zehn Prozent reduziert. Davon können _____ Industriearbeiterinnen nur träumen. Sie verdienen im Schnitt dreißig Prozentpunkte weniger als ihre männlichen Kollegen. Deutliche Lohnunterschiede gibt es aber auch noch immer in der _____. Arbeitnehmerinnen verdienen im Durchschnitt gesehen nur 73 Prozent dessen, was Arbeitnehmer ausgezahlt bekommen.

Süddeutsche Zeitung

3. Warum wird, Ihrer Meinung nach, dieser „im Prinzip in ganz Europa anerkannte Grundsatz" in den wenigsten Ländern in die Praxis umgesetzt?

4. Wie sind in Ihrem Land Frauen in den verschiedenen Branchen in leitenden Positionen vertreten?
   (Ihr Dozent hat zur Situation in Deutschland eine Folie.)

5. „Bei gleicher Qualifikation sollten Frauen so lange bevorzugt eingestellt werden, bis ihr Stellenanteil dem der Männer entspricht" – diskutieren Sie bitte diese These.

6. Hätten Sie lieber eine Frau oder einen Mann als Vorgesetzte(n)? Warum?

7. Verfassen Sie einen Text für den Cartoon.

24 Eine kleine Cheftypologie

1. Geben Sie diesen Cheftypen bitte Namen und charakterisieren Sie ihren Arbeitsstil und ihr Sozialverhalten.

a) _____
b) _____
c) _____
d) _____
e) _____

2. Kennen Sie weitere Cheftypen?
Machen Sie bitte Vorschläge, wie man sie zeichnerisch darstellen könnte.
Können Sie sich beispielsweise etwas unter einen „Negaholiker" vorstellen?

3. Wie verhält sich Ihr „Idealchef"?
Verfassen Sie – ironisch – einen Anzeigentext zum Thema „Chef gesucht".

1. Immer mehr deutsche Firmen gehen dazu über, Bonussysteme für ihre Mitarbeiter einzurichten. Gehaltserhöhungen für Angestellte der höheren Einkommensgruppen werden oftmals nicht mehr (oder nur zum Teil) direkt ausgezahlt – sie bekommen stattdessen andere Vergünstigungen (Gehaltsumwandlung).
Welche Gründe könnte es dafür geben? Um welche Arten von (kleinen und großen) Vergünstigungen könnte es sich handeln?

2. Gibt es in Ihrem Land eine ähnliche Entwicklung?

3. Lesen Sie bitte den folgenden Text und setzen Sie die Wortzwischenräume, Großbuchstaben, Bindestriche und Satzzeichen ein.
Fügen Sie auch sinnvolle Absätze ein.

```
  allemitarbeiterdiedemunternehmenseitmindestenseinemjahrangehörenkönnenbeid
  ereds(electronicdatasystemsdeutschlandgmbh)absoforteinendienstwagenerhaltend
  iebeschäftigtenkönnenfreizwischendreiverschiedenenmodellenwählendieautowerd
  envonedsgeleastundderbelegschaftzurverfügunggestelltjeweilsnachablaufvonzw
5 eijahrenwirddasfahrzeuggegeneinneuesausgetauschtbetriebskostenwiesteuerversi
  cherungtreibstoffundservicegehenzulasteneredsderdienstwagenfahrerzahltwievon
  demunternehmenmitgeteiltwurdelediglichfürdieprivatenutzungdasgeschiehtaufdem
  wegdergehaltsumwandlungdermitarbeitergibtbeiderübernahmedeswagensseinevor
  aussichtlicheprivatefahrleistungwährendderbeidenjahrandiesewirdmiteinemkilome
10 terpreismultipliziertderfürjedesmodellunterschiedlichhochistdarausergibtsicheinges
  amtbetragderdiebasisfürdiemonatlicheanrechnungaufdasgehaltbildet
```

4. Erklären Sie, wie die Gehaltsumwandlung bei EDS funktioniert.

5. Geben Sie dem Text eine Überschrift.

Lohn ⟨m.; -(e)s, ⁼e⟩ **1** *das, was für eine geleistete Arbeit bezahlt wird, Vergütung, Entgelt;* Arbeits~, Fuhr~; hoher, niedriger, reicher, verdienter ~ **1.1** *tägl. wöchentl. od. monatliches Entgelt für Arbeitnehmer;* Tage~, Wochen~; für, um höhere Löhne kämpfen; ~ empfangen; den ~ drücken, steigern; freitags die Löhne auszahlen **2** (fig.) **2.1** bei jmdm. in ~ (und Brot) stehen *bei jmdm. in festem Arbeitsverhältnis stehen* **2.2** jmdn. um ~ und Brot bringen *arbeitslos, brotlos machen* **3** (fig.) *das, was man für eine Tat bekommt, Gegenwert (Belohnung od. Strafe);* als ~ für seine Hilfe, Mühe, Tat; das ist ein schlechter ~ für alle meine Mühe **3.1** seinen ~ empfangen *verdiente Bestrafung empfangen* **3.2** ihm wurde sein gerechter ~ zuteil *seine gerechte Strafe* **3.3** → a. *Undank*

Ge'halt¹ ⟨m.; -(e)s, -e⟩ **1** *stoffl. u. geistiger Inhalt (eines Kunstwerkes), im Unterschied zur Form;* moralischer, religiöser, sittlicher ~ einer Dichtung, Lehre usw. **2** *Anteil (eines Stoffes in einer Mischung);* Alkohol~, Feuchtigkeits~; der ~ an Alkohol, an Fett
Ge'halt² ⟨n.; -(e)s, ⁼er⟩ *Arbeitsvergütung für Beamte u. Angestellte;* Monats~; Gehälter auszahlen; ~ beziehen; jmds. ~ erhöhen; festes ~ bekommen; ein ~ von 2000 Mark; wie hoch ist Ihr ~?

Wahrig, dtv-Wörterbuch der deutschen Sprache

26 Bei der folgenden Übersicht handelt es sich um Tips für den beruflichen Aufstieg.

1. Ordnen Sie den Verkehrszeichen die Überschriften aus dem Schüttelkasten zu.

2. Verfassen Sie dann kurze Texte mit Tips (vgl. „Pannenhilfe").

[Steigung 10%]	[Sackgasse]
[Achtung STAU]	[Ampel-Schild]
[Ampel]	[Umleitung Münster/Adorf/Bdorf/Dortmund]
5 [Arbeiter mit Werkzeug] *Wenden Sie sich bei Arbeitslosigkeit sofort an das Arbeitsamt. Dort erhalten Sie alle relevanten Informationen.*	[Baustelle]

---

5 Bei Pannen (f) gibt* es Hilfe (f) ✓   1 Mit Steigungen (f) rechnen

6 Fit an den Start (m)   3 Auf Umleitungen (f) zum Ziel (n)

2 Sackgassen (f) meiden*

8 An der Zukunft (f) mit|arbeiten   7 Nicht gleich nervös werden*

4 Qualifikation (f) braucht* Pflege (f)

1. Erklären Sie bitte die folgenden Begriffe. Verwenden Sie ein Wörterbuch und/oder ein Lexikon.

a) Mitbestimmungsrecht (n)
b) Aufsichtsrat (m)
c) Montanindustrie (f)
d) Parität (f)
e) Leitende(r) Angestellte(r)
f) Belegschaft (f)

2. Lesen Sie bitte den Text und ergänzen Sie dann das Schaubild auf S. 286.

Mitbestimmung im Großbetrieb

Bereits seit 1952 mußten in jeder Aktiengesellschaft ein Drittel der Aufsichtsratsmitglieder gewählte Vertreter der Arbeiter und Angestellten sein. Diese Regelung gilt für kleine und mittlere Aktiengesellschaften (bis 2000 Beschäftigte) und für Unternehmen bestimmter anderer Rechtsformen mit 500 bis 2000 Arbeitnehmern heute noch.

Für Großunternehmen gibt es jedoch zwei besondere Mitbestimmungsregelungen: In den Großbetrieben des Bergbaus und der Eisen- und Stahlerzeugung mit über 1000 Beschäftigten wird schon seit 1951 das sogenannte Montanmitbestimmungsgesetz angewendet. Nach diesem Gesetz wird der Aufsichtsrat je zur Hälfte von Vertretern der Kapitalgeber (Anteilseigner) und der Belegschaft besetzt; beide Seiten müssen sich dann auf ein weiteres, neutrales Mitglied einigen.

Für die Großunternehmen der übrigen Industrie, die mehr als 2000 Beschäftigte haben, gilt das allgemeine Mitbestimmungsgesetz von 1976. In diesem Gesetz, das etwa 500 Unternehmen aller Wirtschaftszweige mit Ausnahme der Montanindustrie und der Presse erfaßt, sind die Regelungen komplizierter. Zwar besteht nach Köpfen im Aufsichtsrat volle Parität zwischen den Seiten der Kapitalgeber und der Arbeitnehmer. Aber bei Stimmengleichheit entscheidet die Stimme des Vorsitzenden, der nicht gegen den Willen der Kapitalgeber gewählt werden kann. Ferner muß dem Aufsichtsrat auf der Arbeitnehmerseite mindestens ein Vertreter der „leitenden Angestellten" angehören, d. h. ein Angestellter mit Management-Funktionen.

Tatsachen über Deutschland

Welcher Teil des Schaubilds (A, B, C) zeigt
— das Betriebsverfassungsgesetz
— das Mitbestimmungsgesetz von 1976
— das Mitbestimmungsgesetz in der Montanindustrie?

Tragen Sie in die Kästchen neben den Buchstaben A, B und C jeweils ein, um welches der obigen Gesetze es sich handelt.
Schreiben Sie die Bezeichnungen aus dem Schüttelkasten jeweils über die entsprechenden Aufsichtsratsmitglieder.

3. Vergleichen Sie bitte das deutsche Mitbestimmungsrecht mit der Situation in Ihrem Land und/oder in anderen Ländern, die Sie kennen.

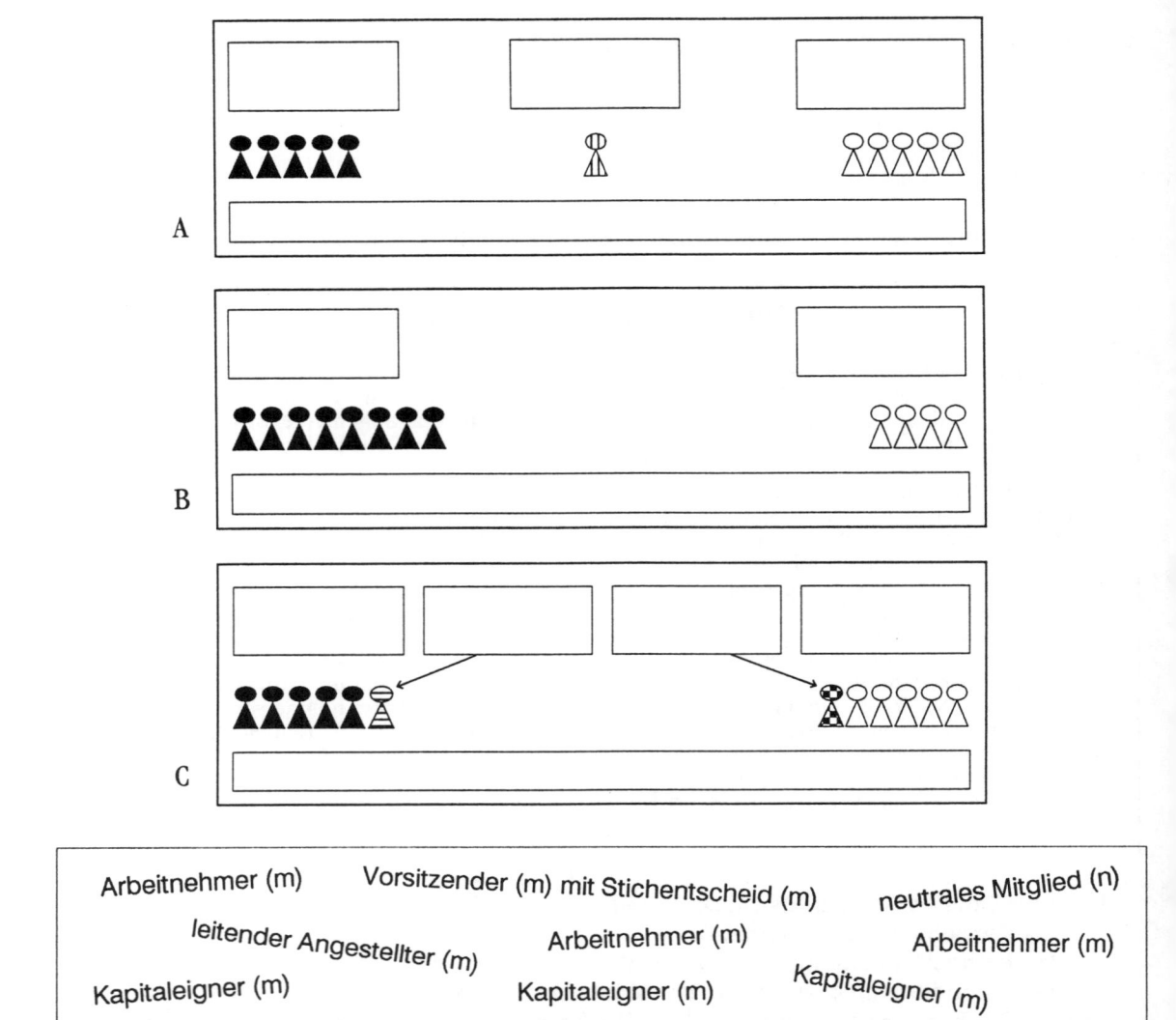

Arbeitnehmer (m)   Vorsitzender (m) mit Stichentscheid (m)   neutrales Mitglied (n)

leitender Angestellter (m)   Arbeitnehmer (m)   Arbeitnehmer (m)

Kapitaleigner (m)   Kapitaleigner (m)   Kapitaleigner (m)

28 1. **Halten Sie eine einheitliche Regelung der Arbeitnehmerrechte in Europa für möglich und/oder wünschenswert?**

2. **Lesen Sie bitte die folgende Kurzzusammenfassung.**

In dem Text geht es um die Mitbestimmungsrechte im Europäischen Binnenmarkt. Die Gewerkschaften haben große Mühe, sich auf ein einheitliches europäisches Mitbestimmungsmodell zu einigen. Die Unternehmer dagegen haben bereits klare Konzepte ausgearbeitet, wie sich beispielsweise an ihrer Position zur Europäischen Aktiengesellschaft (EAG) zeigt.
Wenn die Gewerkschaften nicht aktiver werden, besteht die Gefahr, daß sie vor vollendete Tatsachen gestellt werden.

3. Lesen Sie nun den Zeitungsartikel einmal ganz durch und markieren Sie alle Textpassagen, die Sie verstehen.
   Gibt die Zusammenfassung die wesentlichen Informationen wieder?

4. Erschließen Sie dann den ganzen Text mit Hilfe eines Wörterbuchs. Schlagen Sie nur die Wörter nach, die Sie für unbedingt wichtig halten.

Bleiben Mitbestimmungsrechte im vereinigten Europa auf der Strecke?

Der Deutsche Gewerkschaftsbund (DGB) und die Bundesvereinigung der Deutschen Arbeitgeberverbände (BDA) gaben am 30. Juli in Düsseldorf eine gemeinsame Erklärung zum Binnenmarkt ab. Bekenntnisse zur „sozialen Dimension" und zu Arbeitnehmerrechten wurden abgelegt, ein „sozialer europäischer Einheitsbrei" abgelehnt und die Segnungen der „deutschen Mitstimmung" beschworen, wobei der DGB-Vorsitzende eingestehen mußte, der Drang europäischer Gewerkschaften nach gesetzlich geregelter überbetrieblicher Mitbestimmung sei „nicht sonderlich groß".

Der FDP-Vorsitzende störte diese feierliche Gemeinsamkeit mit dem berechtigten Hinweis, der „Knackpunkt", die Mitbestimmungsverfassung einer Europäischen Aktiengesellschaft (EAG), sei ausgespart worden.

Nach zaghaften Versuchen bietet Brüssel aber statt eines scharfen Mitbestimmungsprofils die Wahl zwischen drei „Modellen" an. Neben der gesetzlich geregelten überbetrieblichen Mitbestimmung, wie hierzulande, und der Einrichtung besonderer Personalvertretungsorgane soll auch die bloße tarifvertragliche Lösung, wie etwa in Großbritannien, akzeptiert werden. Jedes EG-Land darf also für eine EAG mit Sitz auf ihrem Territorium die Mitbestimmungsform wählen.

Bereits vor Monaten hatten die Spitzenverbände der deutschen Wirtschaft die Pflöcke für „ihre" Euro-AG eingeschlagen: Letztentscheidung der Anteilseigner, Verzicht auf die Festschreibung betrieblicher Mitbestimmung sowie Klärung steuer-, fusions- und kartellrechtlicher Probleme. Die Kommission vernahm die Botschaft, verkündete am 13. Juli lediglich eine „Mindestregelung der Arbeitnehmerrechte" und klammerte damit die Forderung „Europäischer Betriebsräte in transnationalen Unternehmen" einfach aus.

Die britische Regierung hat mit dem „Modell Deutschland" der Mitbestimmungsregelung überhaupt nichts im Sinn. Denn auf gesetzliche Regelungen, so wird festgestellt, könne man wohl verzichten, wenn sich tarifvertragliche Lösungen mit (schwachen) Arbeitnehmerorganisationen anböten. Die eigenwilligen Gewerkschaften in Italien, Spanien und Portugal sind ebensowenig an der bundesdeutsch-sozialpartnerschaftlichen „Kungelei" interessiert wie etwa die Kollegen in Frankreich. Und außerdem winkt der Artikel 235 der Römischen Verträge, der für die Schaffung dieser EAG Einstimmigkeit der EG-Partner vorsieht.

Unter der Überschrift „Multis handeln, wir diskutieren" kritisierte jüngst Heinrich Hiltl, Konzernbetriebsratsvorsitzender bei Unilever, den DGB und auch den Europäischen Gewerkschaftsbund (EGB), rügte müde Sozialprogramme und eine Forumsdiskussion mit 500 Betriebsräten in Köln – „ohne jede Rezeptur". Außerdem merkt der Praktiker an, fast gleichzeitig hätten sich 100 Unilever-Manager in London versammelt, um, auch für die bundesdeutschen Ableger Iglo und Langnese, Produktionsstandorte und angepaßte Unternehmensorganisationen festzulegen. Die Ohnmacht nationaler Arbeitnehmervertreter gebiete es endlich, das Angebot aus Artikel 116(b) der „Einheitlichen Europäischen Akte" anzunehmen und den „sozialen Dialog" auf freiwilliger Basis mit den Unternehmensführungen zu suchen. Mit „praxisnahen Lösungen" und „persönlichen Kontakten", schreibt Hiltl, sei ein „Europäischer Konzernausschuß" eher zu bilden als durch „mühsam verfertigte Grundsatzprogramme des EGB".

Gegenwärtig klingen die Forderungen nach klar bestimmten Unterrichtungs- und Anhörungsrechten an den europäischen Gesetzgeber hohl. Die Arbeitnehmervertretungen sind aufgerufen, die Dynamik des „sozialen Dialogs" zu beschleunigen und die grenzüberschreitenden Informations- und Beratungsrechte im Binnenmarkt in einer „neuen Beweglichkeit" zu sichern.

H. Henkel/Frankfurter Rundschau

5. Stehen die folgenden Aussagen im Text?

+ = steht im Text
– = widerspricht dem, was im Text steht
O = im Text steht dazu nichts

	+	–	0
a) Am 30. Juli haben sich der Deutsche Gewerkschaftsbund und die Bundesvereinigung der Deutschen Arbeitgeber gemeinsam zum deutschen Mitbestimmungsmodell bekannt.			
b) Der FDP-Vorsitzende störte die Feierlichkeiten mit einem Zwischenruf.			
c) Die EG-Kommission akzeptiert auch ein Mitbestimmungsmodell, das dem deutschen entspricht.			
d) Das Aktiengesetz für die Euro-AG sieht keine Mitbestimmung der Arbeitnehmer vor.			
e) Die gesetzliche Grundlage für die Einführung der Euro-AG ist ein einstimmiger Beschluß aller EG-Mitgliedstaaten.			
f) Heinrich Hiltl will sich mit seinen persönlichen Kontakten für die Interessen der Gewerkschaften einsetzen.			

---

29 **1. Schreiben Sie bitte neben die Erklärungen der einzelnen Unternehmensrechtsformen die entsprechende Bezeichnung aus dem nachstehenden Schüttelkasten.**
F **Arbeiten Sie evtl. mit einem Lexikon.**
Benutzen Sie die zweite Zeile jeweils für die Übersetzungen der Termini in Ihre Muttersprache.

Erklärung	Bezeichnung
Die Gesellschafter (Aktionäre) sind durch Anteile (Aktien) am Kapital beteiligt und haften nur mit ihrer Kapitaleinlage. Die Geschäfte werden von einem „Vorstand" geführt, d. h. von Managern, die nicht unbedingt finanziell am Unternehmen beteiligt sein müssen.	*die Aktiengesellschaft (AG)*
Die Gesellschafter erwerben Geschäftsanteile und haften nur mit ihrer Kapitaleinlage. Die „Geschäftsführer" sind im allgemeinen selbst Gesellschafter.	
Es gibt einen alleinigen Eigentümer, der das Unternehmen selbst führt und unbeschränkt mit seinem Geschäfts- und Privatvermögen haftet.	
Es handelt sich um einen Zusammenschluß von Personen mit gemeinsamen wirtschaftlichen Zielen, die sich auf diese Weise gewisse Vorteile eines Großbetriebs verschaffen (z. B. beim Einkauf oder beim Absatz).	
Alle Gesellschafter haben die gleichen Rechte und Pflichten und haften für die Schulden unbeschränkt mit ihrem Geschäfts- und Privatvermögen.	

Es gibt zwei Arten von Gesellschaftern: die Komplementäre, die voll haften, und die Kommanditisten, die nur mit ihrer Kapitaleinlage haften und nicht an der Geschäftsführung beteiligt sind.

_____

Es handelt sich um eine Kommanditgesellschaft, bei der die Kommanditisten Aktionäre sind.

_____

Kommanditgesellschaft auf Aktien (KGaA) (f)   Offene Handelsgesellschaft (OHG) (f)

Genossenschaft (eG) (f)   Einzelunternehmen (n)   Aktiengesellschaft (AG) (f)

Gesellschaft mit beschränkter Haftung (GmbH) (f)   Kommanditgesellschaft (KG) (f)

---

2. Vervollständigen Sie bitte das Schema.

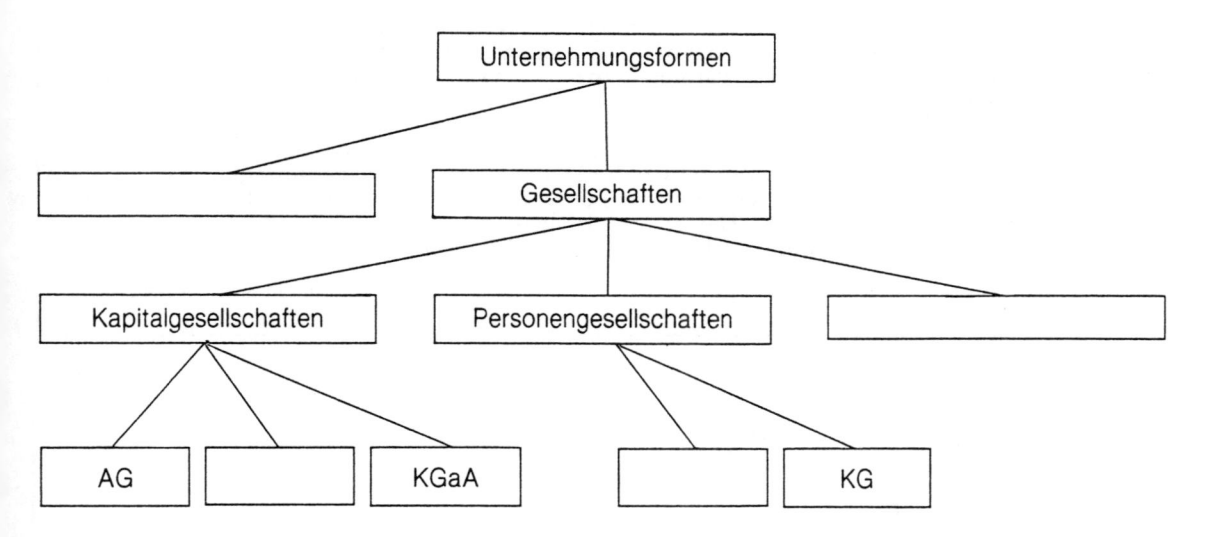

```
                    Unternehmungsformen
                    /              \
            [_____]              Gesellschaften
                           /          |         \
                Kapitalgesellschaften  Personengesellschaften  [_____]
                    /    |    \              /    \
                  AG  [___]  KGaA        [___]    KG
```

3. Unter den verschiedenen Rechtsformen für Unternehmen kommt den Aktiengesellschaften in den modernen Industriegesellschaften eine herausragende, wenn nicht gar *überragende* Bedeutung zu.
Wie erklärt sich das?
Nennen Sie bitte ein paar deutsche Aktiengesellschaften.
(Ihr Dozent hat dazu eine Folie.)

30

**1. Lesen Sie die folgenden Lexikondefinitionen.
Welcher Text paßt zu welchem Begriff im Schüttelkasten?**

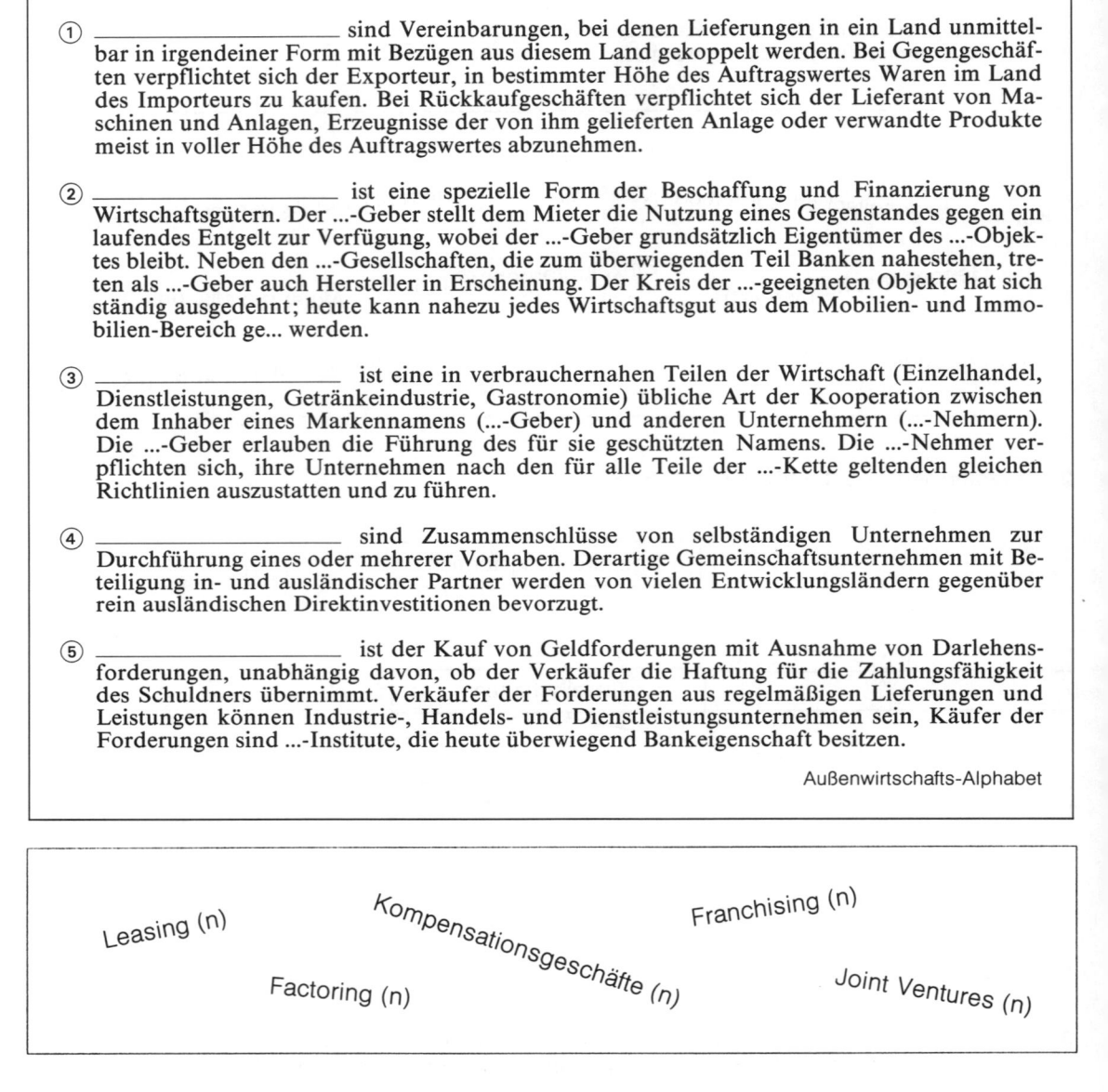

① _____ sind Vereinbarungen, bei denen Lieferungen in ein Land unmittelbar in irgendeiner Form mit Bezügen aus diesem Land gekoppelt werden. Bei Gegengeschäften verpflichtet sich der Exporteur, in bestimmter Höhe des Auftragswertes Waren im Land des Importeurs zu kaufen. Bei Rückkaufgeschäften verpflichtet sich der Lieferant von Maschinen und Anlagen, Erzeugnisse der von ihm gelieferten Anlage oder verwandte Produkte meist in voller Höhe des Auftragswertes abzunehmen.

② _____ ist eine spezielle Form der Beschaffung und Finanzierung von Wirtschaftsgütern. Der ...-Geber stellt dem Mieter die Nutzung eines Gegenstandes gegen ein laufendes Entgelt zur Verfügung, wobei der ...-Geber grundsätzlich Eigentümer des ...-Objektes bleibt. Neben den ...-Gesellschaften, die zum überwiegenden Teil Banken nahestehen, treten als ...-Geber auch Hersteller in Erscheinung. Der Kreis der ...-geeigneten Objekte hat sich ständig ausgedehnt; heute kann nahezu jedes Wirtschaftsgut aus dem Mobilien- und Immobilien-Bereich ge... werden.

③ _____ ist eine in verbrauchernahen Teilen der Wirtschaft (Einzelhandel, Dienstleistungen, Getränkeindustrie, Gastronomie) übliche Art der Kooperation zwischen dem Inhaber eines Markennamens (...-Geber) und anderen Unternehmern (...-Nehmern). Die ...-Geber erlauben die Führung des für sie geschützten Namens. Die ...-Nehmer verpflichten sich, ihre Unternehmen nach den für alle Teile der ...-Kette geltenden gleichen Richtlinien auszustatten und zu führen.

④ _____ sind Zusammenschlüsse von selbständigen Unternehmen zur Durchführung eines oder mehrerer Vorhaben. Derartige Gemeinschaftsunternehmen mit Beteiligung in- und ausländischer Partner werden von vielen Entwicklungsländern gegenüber rein ausländischen Direktinvestitionen bevorzugt.

⑤ _____ ist der Kauf von Geldforderungen mit Ausnahme von Darlehensforderungen, unabhängig davon, ob der Verkäufer die Haftung für die Zahlungsfähigkeit des Schuldners übernimmt. Verkäufer der Forderungen aus regelmäßigen Lieferungen und Leistungen können Industrie-, Handels- und Dienstleistungsunternehmen sein, Käufer der Forderungen sind ...-Institute, die heute überwiegend Bankeigenschaft besitzen.

Außenwirtschafts-Alphabet

Leasing (n)   Kompensationsgeschäfte (n)   Franchising (n)   Factoring (n)   Joint Ventures (n)

---

2. Lassen sich diese Fachbegriffe in Ihre Muttersprache übersetzen?

Lösen Sie das Kreuzworträtsel, in dem Begriffe aus diesem Kapitel vorkommen. Die Buchstaben in den hervorgehobenen Kästchen ergeben, von oben nach unten gelesen, ein weiteres wichtiges Wort aus dem Bereich „Industrie".

31

F

- Anlage, in der elektrische Energie entsteht
- größtes deutsches Steinkohlerevier
- wenn eine Firma nicht liefern kann
- finanzieller Zuschuß aus öffentlichen Mitteln
- umweltfreundliche Energieform
- Hauptenergiequelle in Ostdeutschland
- Aufsuchen, Gewinnen und Fördern von Bodenschätzen
- Verwendung von (Geld-)Kapital
- ein „Arbeiter", der nie streikt und rund um die Uhr arbeiten kann
- Bezahlung eines Angestellten
- Beteiligung von Arbeitnehmern an wirtschaftlichen Entscheidungen
- moderne Form der Absatzfinanzierung
- technisch verbessertes oder neues Produkt
- wichtige Unternehmensrechtsform
- Herstellung von Waren und Gütern

KAPITEL 10

32 Notieren Sie bitte in den folgenden Rubriken Wörter bzw. Ausdrücke aus dem gesamten Kapitel 10. Vergessen Sie bei den Substantiven die Artikel und Pluralformen nicht. Kennzeichnen Sie die unregelmäßigen Verben mit einem * und die trennbaren Verben mit einem |.

Substantive:

Wichtige Adjektive in Verbindung mit Substantiven:

Ausdrücke:

Verben:

Verben:

Kapitel 11

Konjunktur, Währung, Börse, Haushalt, Steuern

Stichwort „Konjunktur"	1, 2
Konjunkturzyklus	3
Arbeitslosigkeit	1, 4–7
Konjunkturbeeinflussende Faktoren	8
Konjunkturverlauf im internationalen Vergleich	9
Wirtschaftswachstum	10, 11, 27
Industrieaussichten, Konjunkturverlauf	11–13, 18, 19, 27, 29
Teuerungsrate	13, 29
Magisches Viereck	14, 15
Fachvokabular	16, 26
Deutsche Bundesbank, Geldpolitik	17, 18
Börse	20, 21, 22
Fachvokabular: Kreuzworträtsel	23
Stichwort „Warenkorb"	24
Staatshaushalt, öffentliche Finanzen	24–26
Steuern	27–31
Wichtige Lexik	32

1 Interpretieren Sie bitte die Zeichnung.

2 Selbst jemand, der sich nicht besonders für wirtschaftliche Zusammenhänge interessiert, stößt z.B. beim Zeitunglesen oder Fernsehen immer wieder auf den Begriff „Konjunktur".

[F] **Beschreiben Sie bitte, was Sie unter diesem Terminus verstehen. Was sind die Kennzeichen einer „guten" bzw. „schlechten" Konjunktur?**
(Ihr Dozent hat dazu ein Schaubild.)

„gute" Konjunktur	„schlechte" Konjunktur

3 In den Schüttelkästen I und II sind die verschiedenen Konjunkturstadien
— von der Inflation zur Krise
[F] — von der Krise zum Boom
aufgeführt.

1. Bringen Sie sie bitte jeweils in die richtige Reihenfolge.

I   Von der Inflation zur Krise

1	2	3	4	5	6	7
G						

A Wenn die Staatsausgaben schneller steigen als die Einnahmen, müssen Bund, Länder und Gemeinden immer mehr Kredite aufnehmen.

B Wenn der Handel weniger kauft, kann die Industrie nicht mehr so viel produzieren. Weil es weniger Arbeit gibt, müssen viele Arbeiter entlassen werden (oder haben nur noch Kurzarbeit).

C Wenn der Staat so viel Geld leihen will, muß er hohe Zinsen bieten. So steigen auch die Zinsen für Kredite an Firmen und Privatleute.

D Wenn die Zinsen so hoch sind, wird nur noch wenig gebaut. Und auch andere Firmen kommen in Schwierigkeiten, weil die Kredite so teuer sind. Viele müssen schließen und ihre Arbeiter entlassen.

E Wenn die Verbraucher weniger kaufen, kann der Handel nicht mehr so viel Ware abnehmen.

F Für die vielen Arbeitslosen muß der Staat mehr Geld ausgeben, als die Arbeiter für die Arbeitslosenversicherung eingezahlt haben.

G Wenn die Preise steigen, werden die Leute weniger kaufen.

II   Von der Krise zum Boom

1	2	3	4	5	6	7	8	9
I								

A Wenn die Preise nicht mehr so stark steigen, kann die Bundesbank der Wirtschaft mehr Geld geben: Die Kredite werden billiger.

B Wenn die Nachfrage steigt, braucht die Industrie mehr Arbeiter für die Produktion, und der Handel kann mehr Personal für den Verkauf einstellen.

C Billiges Geld bringt neues Leben in die Wirtschaft. Die Leute kaufen wieder mehr Waren, und die Unternehmen können mehr investieren. Bei niedrigen Zinsen können alle wieder billiger bauen. Alle wollen mehr kaufen. Die Nachfrage steigt.

D Weil es dann für die Mark mehr Dollar gibt, kann die Bundesrepublik auf dem Weltmarkt für denselben Preis mehr Waren und Rohstoffe einkaufen. Importe werden billiger. Der Preisanstieg läßt nach.

E Billige Zinsen, mehr Export, mehr Produktion und am Ende auch mehr Steuereinnahmen führen zusammen zu einem neuen Wirtschaftsboom.

F Bei niedrigen Zinsen sinken auch die Kosten für die Produktion. Mit niedrigen Preisen kann die deutsche Industrie wieder mehr Produkte auf dem Weltmarkt verkaufen.

G Wenn die Firmen mehr verkaufen, kann die Industrie mehr und billiger produzieren. Die Wirtschaft macht mehr Gewinne und kann mehr Steuern zahlen.

H Mehr Exporte bringen mehr Devisen. Wenn die Bundesrepublik weniger Dollar-Kredite braucht, steigt der Wert der D-Mark an den Devisenbörsen.

I Wenn die Wirtschaft nicht mehr wächst, kann der Staat nicht mehr so viele Steuern einnehmen. Bund, Länder und Gemeinden müssen ihre Ausgaben kürzen. Wenn der Staat weniger Schulden macht, können auch die Zinsen sinken.

2. Was hat Ihnen die Zuordnungen erleichtert?

3. **Die folgenden Begriffe aus den beiden Texten können auch anders ausgedrückt werden. Ordnen Sie die Ausdrücke aus dem Schüttelkasten jeweils zu.**

Gewinne *machen* _____
Geld (n) *geben** _____
(sich) Geld (n) *leihen** _____
Kredite (m) *brauchen* _____
Produkte (n) *verkaufen* _____
neues Leben (n) *bringen** (in ...) _____
es gibt weniger Arbeit (f) _____
weniger *kaufen* _____
Rohstoffe (m) *im Ausland ein/kaufen* _____

Kredite (m) auf|nehmen*   ab|setzen   importieren   an|kurbeln   benötigen

nach|fragen   erzielen   zur Verfügung (f) stellen   das Arbeitsplatzangebot sinkt*

---

4. Übersetzen Sie bitte ① oder ② in Ihre Muttersprache.

4

1. Sehen Sie sich bitte zuerst nur die Überschrift des folgenden Textes an. Worum könnte es in dem Text gehen?

2. Lesen Sie dann den Text.

Nie an der Reihe

Hans Thielemann* aus Hamburg führt ein Leben wie in Zeitlupe. Was er macht, das macht er langsam. Jede Hast bedeutet Zeitgewinn, und Hans Thielemann will Zeit verlieren. Seine Einkäufe dehnt er aus, soweit es geht. Jeder
5 Griff ins Regal ist wohlüberlegt, den Wagen schiebt er bedächtig durch die Gänge. Wenn möglich, sucht Hans Thielemann das Gespräch mit Verkäuferinnen oder Kunden. Eine Zeitung muß reichen für eine Stunde, fast täglich geht der hagere Mann ausgiebig spazieren und sitzt lange
10 in Bibliotheken. „Die Lücken im Tagesablauf dürfen nicht zu groß werden", sagt Hans Thielemann, „sonst packst du es nicht."
Dieses Leben in Langsamkeit exerziert der 45jährige Betriebswirt nun seit fast drei Jahren. Zwar ist Thielemann
15 gut qualifiziert, aber seine schwachen Nerven brauchen mehr Geduld, als Arbeitgeber haben. In den Bibliotheken liest er viel in den Wirtschaftsblättern *Capital* oder *Wirtschaftswoche*. Die Konjunktur „prosperiert dermaßen", sagt er, „aber mir nützt das überhaupt nichts"...

* Name von der Redaktion geändert

D. Kurbjuweit/Die Zeit

3. Was bedeutet „nie an der Reihe" für Hans Thielemann?

4. Wie stellen Sie sich Thielemanns Leben vor? Beachten Sie die folgenden Stichworte: finanzielle Situation (f) / Wohnung (f) / Familie (f) / Selbstwertgefühl (n) / Urlaub (m) und Freizeit (f) / Zukunftsperspektiven (f) / Freundeskreis (m)

5. Verfassen Sie bitte einen Tagebucheintrag (Ich-Perspektive!), aus dem deutlich wird, wie Thielemann seine Zeit verbringt und wie er sich fühlt.

5

1. Lesen Sie bitte den Lexikoneintrag und geben Sie dann Beispiele für friktionelle, saisonale, konjunkturelle und strukturelle Arbeitslosigkeit.

> **Arbeitslosigkeit,** der Mangel an Arbeitsgelegenheit zu angemessenem Entgelt für Arbeitsfähige und Arbeitswillige. Man unterscheidet: a) die mit dem Wechsel des Arbeitsplatzes verbundene normale und vorübergehende *friktionelle A.;* b) die *saisonale A.* als Folge der Saisonabhängigkeit bestimmter Berufe; c) die *konjunkturelle A.,* die durch die Konjunkturbewegungen hervorgerufen wird; d) die *strukturelle A.,* die auf tiefgreifende Veränderungen in Bevölkerungszahl, Verlagerungen der Nachfrage, Umgestaltung des Produktionsapparates durch technischen Fortschritt, Errichtung von Handelsschranken u. ä. zurückgeht. – Unter *versteckter A.,* statistisch nicht erfaßt, versteht man u. a., wenn Arbeitskräfte aus dem Arbeitsleben scheiden, ohne sich arbeitslos zu melden (bei gesichertem Lebensunterhalt) oder wenn teilzeitbeschäftigte Arbeitskräfte lieber ganztägig beschäftigt wären.
> Obwohl A. auch in früheren Zeiten, z. B. der Antike, vorkam, ist sie erst seit der Industrialisierung in den kapitalist. Volkswirtschaften zum Problem geworden. Die Weltwirtschaftskrise 1929–33 brachte das Phänomen der *Massen-A.* (6,1 Mio. Arbeitslose im Dt. Reich, 15,5 Mio. in den USA) und zeigte die Gefahr der polit. Radikalisierung der Arbeitslosen.
>
> dtv-Brockhaus

2. Welche Formen der Arbeitslosigkeit sind Ihrer Ansicht nach am schlimmsten? Begründen Sie Ihre Meinung.

3. Dies ist eine Definition aus einem allgemeinen Lexikon. Schauen Sie bitte in einem Fachlexikon in Ihrer Muttersprache nach, was dort unter „Arbeitslosigkeit" steht. Vergleichen Sie die Definitionen.

4. In Artikel 1 des Grundgesetzes der Bundesrepublik Deutschland heißt es:

> (1) Die Würde des Menschen ist unantastbar. Sie zu achten und zu schützen ist Verpflichtung aller staatlichen Gewalt.
> (2) Das Deutsche Volk bekennt sich darum zu unverletzlichen und unveräußerlichen Menschenrechten als Grundlage jeder menschlichen Gemeinschaft, des Friedens und der Gerechtigkeit in der Welt.

Kann man Ihrer Meinung nach daraus ein allgemeines Recht auf Arbeit ableiten?

5. Sind Sie der Auffasssung, daß es ein gesetzlich verankertes Recht auf Arbeit für jedermann geben sollte?
Welche Konsequenzen hätte eine solche Regelung?

6 In der Bundesrepublik zahlt jeder Arbeitnehmer einen bestimmten Prozentsatz seines Einkommens in die Arbeitslosenversicherung, die damit den Arbeitslosen eine finanzielle Unterstützung zahlt.

1. **Was halten Sie von diesem Verfahren?**
   Gibt es in Ihrem Land ein vergleichbares Prinzip?

2. **Beschreiben Sie bitte das Verhältnis von Zahl der Arbeitslosen und Höhe der Beitragssätze in der Arbeitslosenversicherung anhand dieses Schaubilds.**

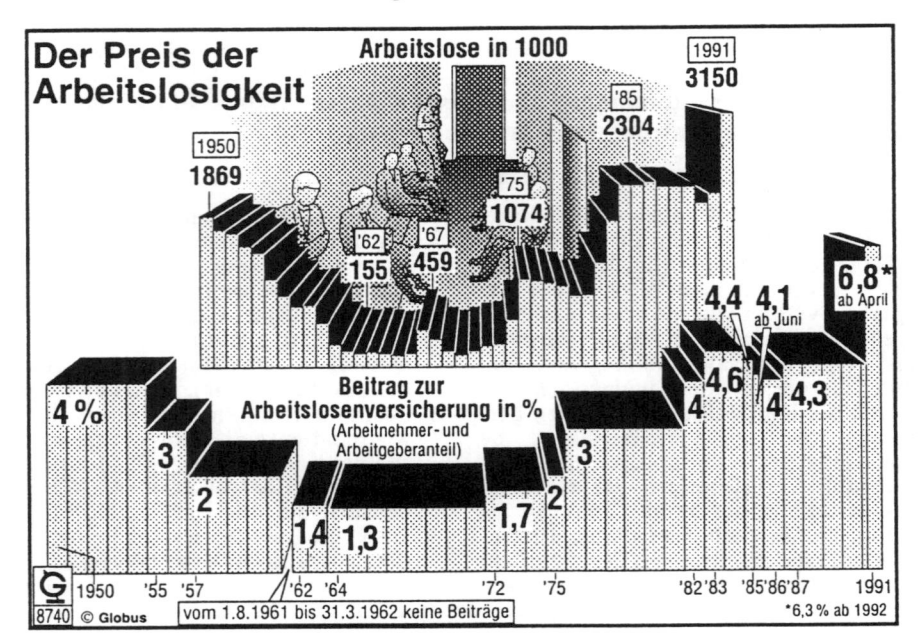

3. **Wie schätzen Sie die weitere Entwicklung ein?**

7 Ersetzen Sie bitte alle mit ■ gekennzeichneten Buchstaben durch die Vokale a, e, u oder o.

> ### ■rb■itsl■sigk■it in d■r ■G wi■d■r l■icht g■sti■g■n
>
> ■rstm■ls s■it ■in■m halb■n Jahr h■t di■ ■rb■itsl■sigk■it in d■r ■■r■päisch■n G■m■insch■ft wi■d■r z■g■n■mm■n. N■ch d■n n■■■st■n D■t■n d■s St■tistisch■n ■mt■s d■r ■G in L■x■mb■rg sti■g di■ d■rchschnittlich■ ■rb■itsl■s■nq■■t■ n■ch m■n■t■l■ng■r K■nst■nz s■is■nb■r■inigt im ■■g■st v■n 8,3 ■■f 8,4 Pr■z■nt ■n. Di■s■ ■■f d■n ■rst■n Blick ■nb■d■■t■nd ■rsch■in■nd■ Z■n■hm■ wird v■n ■in■r l■icht■n K■nj■nkt■r■bschwäch■ng b■gl■it■t. ■xp■rt■n in Brüss■l b■fürcht■n ■■fgr■nd d■r h■h■n Zins■n in d■r G■m■insch■ft ■in■ F■rts■tz■ng di■s■s n■g■tiv■n Tr■nds.
> D■nn■ch ist n■ch wi■ v■r mit ■in■m spürb■r■n Wirtsch■ftsw■chst■m z■ r■chn■n, d■s ■ll■rdings ■rstm■ls wi■d■r di■ 3,0-Pr■z■nt-Gr■nz■ ■nt■rschr■it■n könnt■.

1. In dieser Karikatur ist die Bezeichnung für eine der Komponenten weggelassen worden. **Um welche Komponente handelt es sich Ihrer Ansicht nach? Diskutieren Sie bitte in der Gruppe und begründen Sie Ihre Meinung.**
(Tip: Achten Sie besonders auf die Umgebung.)

8

F

2. Verfassen Sie eine Unterschrift zu dieser Karikatur.

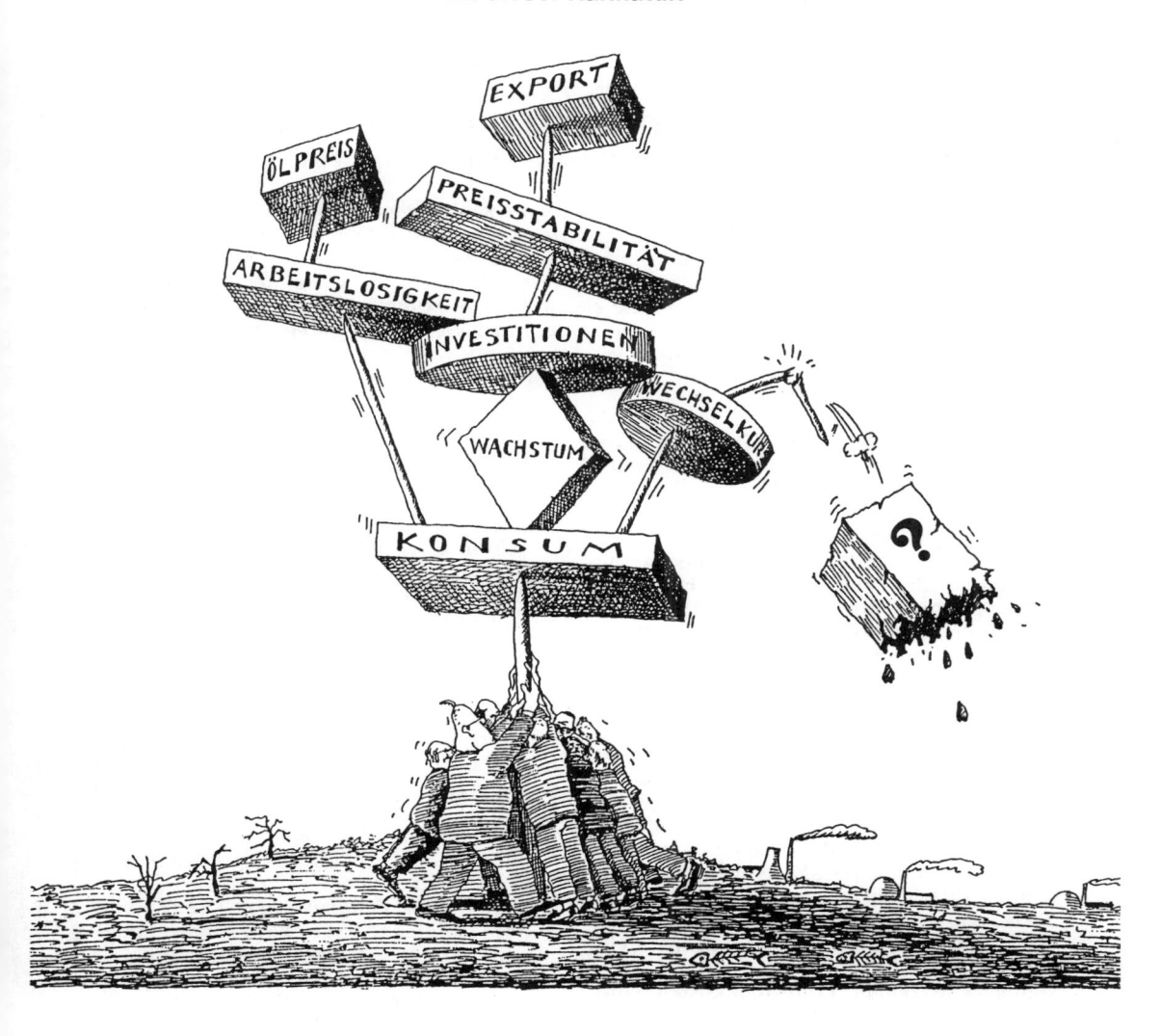

_____

KAPITEL 11

9 1. **Klären Sie bitte die folgenden Fachbegriffe mit Hilfe eines Wörterbuches und eines muttersprachlichen Lexikons.**

reales (vgl. auch nominelles) Sozialprodukt (n), Sparquote (f), Inflation (f), Lohnstückkosten (Pl), Dreimonatsgeld (n), Verbraucher- und Großhandelspreise (m), Reallohn (m), Geldmenge (f), Aktivsaldo (m), Notenbank (f, = für die Bundesrepublik: Bundesbank), Rentenmarkt (m), Handelsbilanz (f)

2. **Lesen Sie den Text und füllen Sie die nachstehende Übersicht aus.**

Leichte Dämpfer rund um den Erdball
Monetäre Restriktion in den USA zeigt Wirkung / Schwaches zweites Quartal in Japan

In der Weltwirtschaft zeichnen sich – mit etwas unterschiedlichen Akzenten in den verschiedenen Erdteilen – etwas rückläufige Wachstumsraten ab, ohne daß sich daraus ein besorgniserregender Trend ablesen ließe. In der Europäischen Gemeinschaft werden für die bisherigen Wachstumsspitzenreiter eher schwächere Werte erwartet, in den USA zeigt der Restriktionskurs
5 *der Federal Reserve Bank inzwischen die ersten Bremswirkungen, vor allem auf der Importseite. In Japan schließlich kam es im zweiten Quartal dieses Jahres zu einem effektiven Rückgang der gesamtwirtschaftlichen Aktivitäten.*

EG: Skeptischer Ausblick

München, 23. September – Trotz des kräf-
10 tigen Wachstums in einigen Mitgliedsländern befürchtet die EG-Kommission auf mittlere Sicht einen geringeren Anstieg des realen Sozialprodukts. Heuer dürften 2,5 Prozent erreicht werden. Da sich die
15 Sparquote nunmehr auf einem vergleichsweise niedrigen Niveau stabilisieren könnte, nehmen die privaten Verbrauchsausgaben im kommenden Jahr langsamer zu. Vor allem für Spanien, Italien, Portugal
20 und Großbritannien werden nachlassende Auftriebskräfte prognostiziert.
Nur langsam verringern sich nach Auffassung der EG-Kommission die Leistungsbilanz-Ungleichgewichte. Andererseits würde
25 aber ein rascher Abbau des Fehlbetrags der amerikanischen Handelsbilanz den westeuropäischen Ländern „kostspielige Anpassungen auferlegen".
Preise und Löhne: Bei drei Prozent hat sich
30 die Inflationsrate in der EG eingependelt. Allerdings bleibt sie in Griechenland zweistellig. Die realen Lohnstückkosten sind auf dem alten Kontinent leicht gesunken.
Zinsen, Geld- und Kapitalmarkt: Unter
35 Banken werden in der Bundesrepublik für Dreimonatsgeld 4,90 (Mitte August: 5,35) Prozent genannt. Auf dem DM-Euromarkt sind es 4 15/16 (5 5/16) Prozent und beim Dollar 8 5/16 (8 9/16) Prozent.

40 **Japan: Willkommene Abkühlung**

Tokio, 23. September – Der erste Einbruch beim Wirtschaftswachstum in mehr als zwei Jahren ist nach dem wesentlich von einer überhitzten Baukonjunktur getra-
45 genen Wachstumssprung des ersten Quartals eher willkommen. Tatsächlich hat sich die durch eine Explosion der Grundstückspreise angefachte private Bautätigkeit inzwischen beruhigt.
50 *Sozialprodukt:* Im zweiten Quartal ist das Bruttosozialprodukt gegenüber dem ersten Vierteljahr um einen vollen Prozentpunkt real zurückgegangen. Im Vergleich zum zweiten Quartal des Vorjahres aber ent-
55 sprach das immer noch einem realen Wachstum von satten 5,3 Prozent.
Preise und Löhne: Die Verbraucherpreise sind im Juli im Jahresvergleich um 0,5 (Juni: 0,2) Prozent gestiegen. Die Großhan-
60 delspreise sanken im August um 1,0 (Juli: –0,9) Prozent. Die Reallöhne waren im Juli um 2,1 (Juni: revidiert 4,3) Prozent höher als ein Jahr zuvor.
Zinsen und Finanzmärkte: Die Zunahme
65 der Geldmenge hat sich im August auf 10,9 (Juli: 11,1) Prozent verlangsamt. Der Durchschnittszins für Bankkredite betrug im Juli unverändert 4,911 Prozent.
Außenhandel, Zahlungsbilanz: Der Über-
70 schuß der japanischen Leistungsbilanz ist im Juli gegenüber demselben Vorjahresmonat um 11 Prozent auf 6,48 Milliarden Dollar geschrumpft. Dagegen verzeichnete der Aktivsaldo der Handelsbilanz erstmals seit
75 vierzehn Monaten wieder einen Zuwachs, und zwar um 2,1 Prozent auf 8,76 Milliarden Dollar. Allerdings wuchsen die Einfuhren im Juli mit einem Plus von 28,2 Prozent weiterhin sehr viel schneller als die
80 Ausfuhren (16,8). Die Währungsreserven

haben im August um 1,3 auf 90,222 Milliarden Dollar zugenommen.

USA: Dürre bremst das Wachstum

New York, 23. September – Der im Frühjahr begonnene Restriktionskurs des Notenbanksystems zahlt sich aus: die Wirtschaft hat sich seit dem zweiten Quartal stärker als erwartet abgekühlt. Geringere Importe haben diese Entwicklung in den Sommerwochen beschleunigt. Die gesamtwirtschaftliche Inflationsrate ist allerdings im zweiten Quartal gewachsen, doch wird vorerst mit keinen weiteren Notenbankmaßnahmen gerechnet.

Sozialprodukt: Der aufs Jahr bezogene Anstieg des Bruttosozialproduktes in der April-Juni-Periode wurde teilweise wegen der Dürre auf 4 (3,3) Prozent berichtigt nach 3,4 Prozent Wachstum im ersten Abschnitt. Im Juli sind die Auftragseingänge bei der Industrie um 3,5 Prozent gefallen, während die Umsätze im Einzelhandel im August nur um 1,6 Prozent zugenommen haben. Die Konsumentenausgaben stiegen im Juli um 0,5 Prozent an nach 1,1 Prozent Zuwachs im Juni.

Preise und Löhne: Höhere Energie- und Lebensmittelkosten ließen die Verbraucherpreise im August wie schon im Juli um 0,4 Prozent steigen. Dies, sagen Fachleute, weise auf einen stetigen, aber keinen beschleunigten Preisanstieg hin. Ohne Energie und Lebensmittel hätten im August die Preise nur um 0,2 Prozent zugenommen. Löhne und Gehälter lagen im August um 0,3 Prozent höher nach 1 Prozent Anstieg im Juli.

Zinsen, Finanzmärkte: Nachlassende Inflationssorgen haben den Goldpreis diese Woche erstmals seit anderthalb Jahren unter 400 Dollar die Feinunze gedrückt, doch die Rallye am Rentenmarkt war bescheiden. Wenn nämlich die am 7. Oktober fällige Beschäftigungsstatistik auf mehr Wachstum zeigt, könnte die Notenbank zu weiteren Maßnahmen gezwungen werden, obwohl dies angesichts der bevorstehenden Wahlen unwahrscheinlich erscheint.

Handelsbilanz: Die Lücke in der US-Handelsbilanz ist im Juli auf 9,53 Milliarden Dollar gefallen. Die Importe, einschließlich Versicherungs- und Frachtkosten, nahmen um 8,9 Prozent auf 36 Milliarden Dollar ab, während die Exporte um 0,7 Prozent auf 26,47 Milliarden Dollar zunahmen. Fachleute rechnen in den kommenden Monaten wieder mit höheren Importen.

Süddeutsche Zeitung

Welche Informationen liefert Ihnen der Text zu den folgenden Punkten?

Wirtschaftswachstum

EG:	Anstieg des Sozialprodukts: _____	Sparquote: _____	private Verbrauchsausgaben: _____
Japan:	Wirtschaftswachstum 1. Quartal: _____	Wirtschaftswachstum 2. Quartal: _____	Sozialprodukt: _____
USA:	Wirtschaftswachstum: _____	Gründe dafür: a) _____ b) _____	

KAPITEL 11

Preise und Löhne

EG: Inflationsrate: _____ Lohnstückkosten: _____

Japan: Verbraucherpreise: _____ Großhandelspreise: _____ Reallöhne: _____

USA: Verbraucherpreise: _____ Anstieg vor allem wegen: _____ Löhne und Gehälter: _____

Geld- und Kapitalmarkt

EG: Dreimonatsgeld
— in der Bundesrepublik: _____
— DM-Euromarkt: _____
— Dollar: _____

Japan: Geldmenge: _____ Bankkredite: _____

USA: Goldpreis: _____ Rentenmarkt: _____

Grund dafür: _____ Grund dafür: _____

Handelsbilanz/Leistungsbilanz

EG: Leistungsbilanz: _____

Japan: Leistungsbilanz: _____ Handelsbilanz: _____ Währungsreserven: _____

USA: Handelsbilanz: _____

3. Verfassen Sie nach dem Muster des Zeitungsartikels einen kurzen Konjunkturbericht über Ihr Land bzw. ein anderes Land Ihrer Wahl.

1. Bitte lesen Sie den ersten Absatz des folgenden Textes – um welche Textsorte handelt es sich?

…Ist ewiges Wachstum ein Irrglaube?

Das zentrale Thema dieses Buches von B. Stopp kann man am besten mit dem Untertitel definieren: Ist ewiges Wachstum ein Irrglaube? Der Verfasser begründet seine
5 Ansicht vor allem mit der zunehmenden Sättigung von Märkten. Nach seiner Ansicht bestätigen die Wirtschaftsdaten der Bundesrepublik, daß die Produktion menschliche Bedürfnisse eingeholt und teil-
10 weise schon hinter sich gelassen hat. Der Verzehr, die Nutzung und das Genießen wirtschaftlicher Güter stoße an natürliche Grenzen, die der Körper, die Seele und die Zeit jedem Menschen setzen.

15 Das Ende des Wachstums gilt seiner Ansicht nach aber nicht für Produktivitätsfortschritte, die durch _____ Technologien und den zunehmenden Wettbewerb ausgelöst werden. Dieser Fort-
20 schritt kann nach Stopps Ansicht immer weniger in Einkommenszuwächsen, er muß vielmehr qualitativ als Zeitgewinn über Verkürzungen der Erwerbs-Arbeitszeit umgesetzt werden. Damit bestätige sich in den
25 _____ Volkswirtschaften die These von John Maynard Keynes, daß die _____ Industrieländer auf dem besten Wege sind, das Knappheitsproblem zu lösen und sich einer Epoche von
30 Muße und Freizeit zu nähern.
Der Verfasser glaubt also, daß mit einer Wirtschaftspolitik, die weiterhin auf Wachstum setzt, die Zukunft nicht zu gewinnen ist und daß diese Ansicht auch
35 durch die Wachstumsimpulse, die sich aus der _____ Einigung ergeben, nicht widerlegt wird. Der „Grenzzaun des Wachstums" werde zwar versetzt, aber nicht eingerissen.
40 Die Umweltzerstörung hält Stopp nicht für eine Folge des _____ Prozesses, sondern für eine Konsequenz der Versäumnisse, Preise für Umweltgüter festzusetzen. Insofern trügen nicht Produzenten
45 und Verbraucher, sondern Regierungen und Parlamente die Hauptschuld dafür.
Bei aller Nachdenklichkeit sieht Stopp die Zukunft voller Hoffnung, da der zu erreichende Zeitgewinn ein Gewinn an
50 _____ Freiheit sei.

Süddeutsche Zeitung

---

2. **Setzen Sie bitte die Adjektive aus dem Schüttelkasten in die Lücken ein.**
Beachten Sie die richtigen Endungen.

marktwirtschaftlich   reich   persönlich
       modern   deutsch   hochentwickelt

3. **Wie könnte der Titel des besprochenen Buches lauten? Bitte spekulieren Sie.**
(Ihr Dozent nennt Ihnen dann den Originaltitel.)

4. **Listen Sie die Hauptthesen des Buches auf und diskutieren Sie sie.**

These, die; -, -n <griech.>
aufgestellter (Leit-) Satz, Behauptung

11

F

1. Spekulieren Sie bitte über die Zukunftsperspektiven der deutschen Industrie für die nächsten Jahre. Ordnen Sie den Zahlen die verschiedenen Branchen zu. Begründen Sie Ihre Entscheidungen.

Elektrotechnik (f) Textilgewerbe (n)
Kunststoffverarbeitung (f)
Holzverarbeitung (f) Maschinenbau (m)

Industrie-Aussichten

+5 bis 6 %
Stahl-, Leichtmetallbau — 5
4 bis 5
Lkw — 4
3 bis 4
Büromaschinen, EDV — 3 bis 4
Nahrung, Genuß — 3 bis 4
3
Eisen und Stahl — 2
Chemie — 2
Pkw — 0 bis 1
-2 bis -3
-2 bis -3 Bekleidungsgewerbe

© Globus 8700

2. Überlegen Sie sich, auf welche Branchen der Industrie die folgenden Punkte einen besonderen Einfluß haben könnten.

— Rationalisierung
— Energie- und Rohstoffeinsparung
— technische Innovation
— Verschärfung der Umweltschutzbestimmungen
— Bergarbeiterstreiks
— Spezialisierung auf hohem Niveau
— Ölpreiserhöhungen
— Konkurrenz der Niedriglohnländer

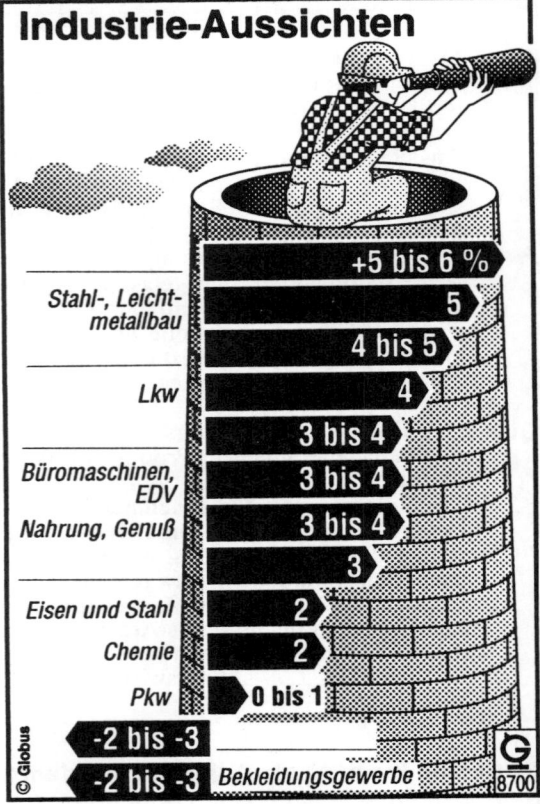

12

1. Welche in dem vorstehenden Schaubild angesprochenen Branchen werden auch hier erwähnt?

DIHT-Herbstumfrage zur Konjunktur in Deutschland

Der Deutsche Industrie- und Handelstag (DIHT) geht davon aus, daß die deutsche Wirtschaft trotz der immer noch ungünstigen Bedingungen in Ostdeutschland um etwa zwei bis drei Prozent wachsen wird. Diese Prognose basiert auf einer Umfrage des DIHT bei etwa 17 000 Unternehmern. Insbesondere die Konjunktur in Westdeutschland hat demnach an Robustheit und Widerstandsfähigkeit gewonnen. Die Konjunkturerwartungen der westdeutschen Unternehmen würden maßgeblich von längerfristigen Perspektiven bestimmt. Dazu zählten in erster Linie der Europäische Binnenmarkt, die Erschließung neuer Märkte in Osteuropa sowie die weiterhin guten Marktchancen in Ostdeutschland. Insbesondere der private Verbrauch werde weiterhin zunehmen. Rund 85 Prozent der Unternehmen gaben bei der Befragung an, im nächsten Jahr gleich hohe oder höhere Investitionen zu planen wie im letzten Jahr. Überdurchschnittlich hohe Erwartungen hegten in erster Linie westdeutsche Unternehmen in den verbrauchsnahen Sektoren Handel und Dienstleistungen, aber auch die Bauindustrie demonstriere einen nahezu ungetrübten Optimismus. Insbesondere das neue Ostgeschäft scheint die Phantasie der Nahrungs- und Genußmittelindustrie zu beflügeln. Allgemein werde der Export an Dynamik verlieren. Überdurchschnittlich nachlassen werde die Exportkonjunktur wohl aber nur in der Investitionsgüterindustrie.

In den neuen Bundesländern gibt es offenbar zunehmend Lichtblicke. Die positivsten Einschätzungen stammten aus der ostdeutschen Bauwirtschaft, aus dem Handel sowie aus dem Dienstleistungsbereich – angefangen mit der Gastronomie über Verkehr und Tourismus bis hin zu den industrienahen Dienstleistungen der Kreditwirtschaft. Wichtig sind nach Einschätzung des DIHT in dieser Region vor allem private und öffentliche Investitionsschübe und umfassende arbeitsmarktpolitische Maßnahmen zur Umschulung und Weiterbildung sowie eine Lösung der Altschuldenproblematik.

2. Lesen Sie den Text ein zweites Mal und gliedern Sie ihn nach Oberbegriffen (vgl. die Auswertung von Aufg. 9). Einigen Sie sich in der Gruppe auf ein Raster. Notieren Sie dann die wichtigsten Informationen aus dem Text.

Lesen Sie bitte den Text und tragen Sie in die nebenstehenden Rubriken ein, welche Güter und Dienstleistungen die Teuerungsrate nach oben getrieben und welche sie gebremst haben.

13

Teuerungsrate im Juni doch etwas höher

Die Verbraucherpreise sind im vergangenen Monat nach Mitteilung des Statistischen Bundesamtes um 0,2 Prozent gestiegen. Damit lag der Preisindex für die Lebenshaltung aller privaten Haushalte um 1,1 Prozent über dem Stand vom Juni des Vorjahres. In einer vorläufigen Rechnung hatte das Amt eine Teuerungsrate von glatt einem Prozent genannt.

Dämpfend auf die Lebenshaltungskosten wirkte sich die Verbilligung wichtiger Nahrungsmittel und Energieträger aus. So kosteten nach den Ermittlungen der Statistiker beispielsweise Kaffee 9,2 Prozent, Eier 4,7 Prozent, Frischobst 4,2 Prozent und Frischfleisch 1,3 Prozent weniger als im Juni vergangenen Jahres. Die Preise für leichtes Heizöl sind in den vergangenen zwölf Monaten um zehn Prozent, die für Gas um 1,6 Prozent und die für feste Brennstoffe um ein halbes Prozent gesunken. Damit konnten die Aufschläge bei Mieten (2,3 Prozent), Dienstleistungen und Reparaturen (2,4 Prozent) sowie einer Reihe von Nahrungsmitteln (Kartoffeln und Fisch) wenigstens zum Teil wettgemacht werden.

Der Kraftfahrer-Preisindex, der die speziellen Ausgaben der Autohalter beinhaltet, lag im Juni 1,7 Prozent höher als vor Jahresfrist.

Frankfurter Rundschau

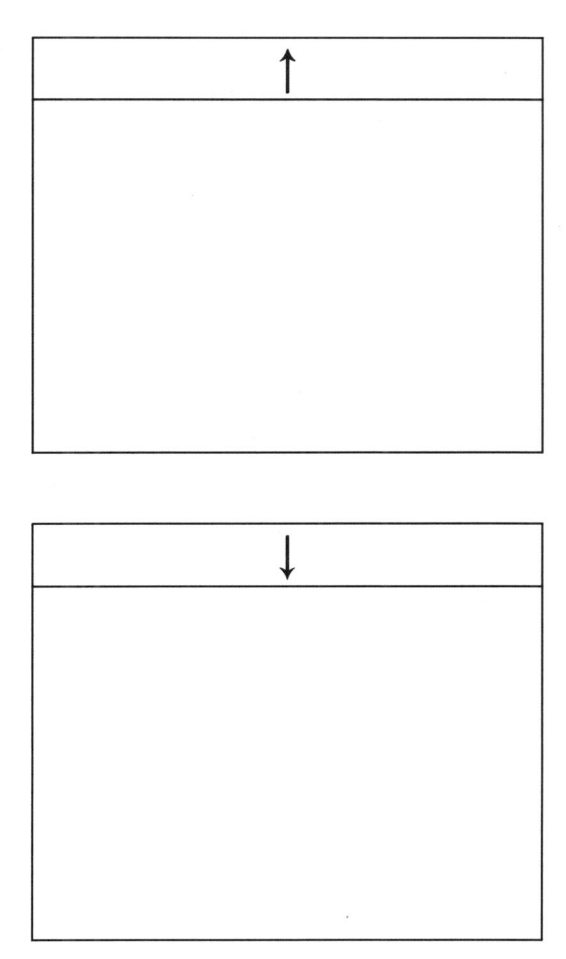

14 Das Stabilitätsgesetz (Gesetz zur Förderung der Stabilität und des Wachstums der Wirtschaft) kam 1966/67 unter dem Eindruck der Rezession zustande. Danach ist es Aufgabe der staatlichen Wirtschafts-, Geld- und Finanzpolitik, die in dem Schaubild dargestellten vier Ziele anzustreben.

1. **Versuchen Sie zu erklären, warum diese Grundpfeiler der Konjunkturpolitik als *magisches* Viereck bezeichnet werden.**

2. **Welche Wechselbeziehungen bestehen zwischen den vier Komponenten?**

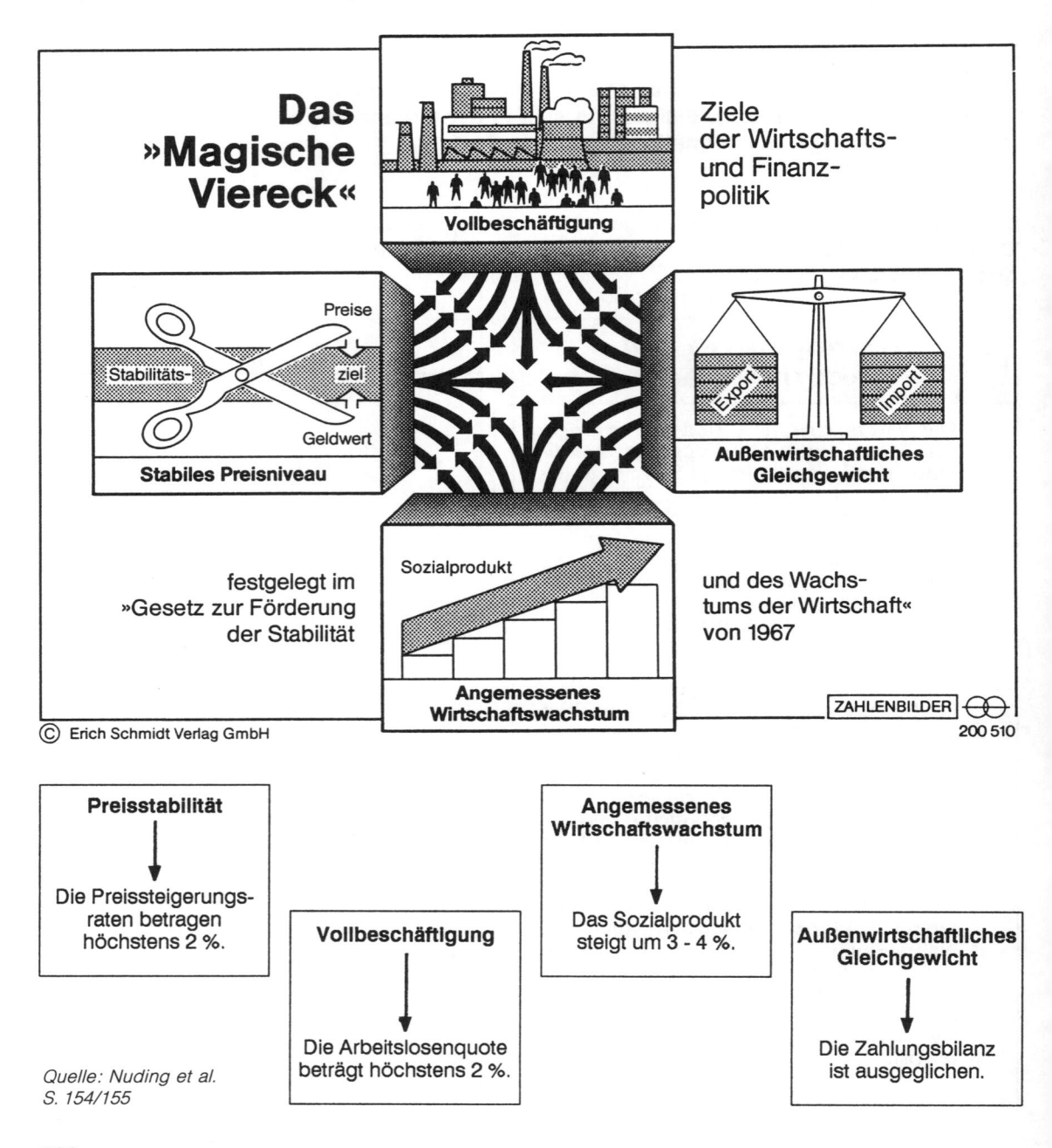

Das »Magische Viereck«

Ziele der Wirtschafts- und Finanzpolitik

- **Vollbeschäftigung**
- **Stabiles Preisniveau** (Stabilitätsziel — Preise / Geldwert)
- **Außenwirtschaftliches Gleichgewicht** (Export / Import)
- **Angemessenes Wirtschaftswachstum** (Sozialprodukt)

festgelegt im »Gesetz zur Förderung der Stabilität und des Wachstums der Wirtschaft« von 1967

© Erich Schmidt Verlag GmbH — ZAHLENBILDER 200 510

Preisstabilität → Die Preissteigerungsraten betragen höchstens 2 %.

Vollbeschäftigung → Die Arbeitslosenquote beträgt höchstens 2 %.

Angemessenes Wirtschaftswachstum → Das Sozialprodukt steigt um 3 - 4 %.

Außenwirtschaftliches Gleichgewicht → Die Zahlungsbilanz ist ausgeglichen.

Quelle: Nuding et al. S. 154/155

3. Vergleichen Sie Ihre Antworten mit dem folgenden Text.

Das „Magische Viereck"

In der Bundesrepublik Deutschland wie in anderen modernen Industriegesellschaften wird vom Staat erwartet, daß er neben seinen traditionellen Ordnungs- und Schutzfunktionen auch weitreichende sozial- und wirtschaftspolitische Aufgaben erfüllt. Die staatliche Wirtschaftspolitik hat deshalb nicht nur die allgemeinen Rahmenbedingungen dafür zu schaffen, daß die Volkswirtschaft ihre Leistungsfähigkeit behält, sie soll vielmehr krisenhaften Entwicklungen im Wirtschaftsprozeß durch geeignete Maßnahmen auf gesamtwirtschaftlicher Ebene rechtzeitig entgegensteuern (antizyklische Konjunkturpolitik).

Die Ziele, an denen sich die Wirtschaftspolitik dabei orientieren soll, sind im „Gesetz zur Förderung der Stabilität und des Wachstums der Wirtschaft" von 1967 ausdrücklich festgeschrieben: Danach haben Bund und Länder ihre Maßnahmen so zu treffen, daß sie im Rahmen der marktwirtschaftlichen Ordnung gleichzeitig zur Stabilität des Preisniveaus, zu einem hohen Beschäftigungsstand und zu außenwirtschaftlichem Gleichgewicht bei stetigem und angemessenem Wirtschaftswachstum beitragen. Die genannten vier Ziele schließen sich gegenseitig zwar nicht aus, stehen aber häufig in Konkurrenz zueinander, so daß sie sich in der wirtschaftlichen Praxis nicht zum gleichen Zeitpunkt und in gleichem Ausmaß verwirklichen lassen. Weil dafür geradezu magische Kräfte erforderlich wären, wird diese Zielkombination auch als „magisches Viereck" bezeichnet.

Genießt die Vollbeschäftigung Priorität, kann unter Umständen die Geldwertstabilität Schaden erleiden. Preisdämpfende Maßnahmen im Inland gehen wegen der dann wachsenden Auslandsnachfrage häufig zu Lasten des außenwirtschaftlichen Gleichgewichts. Ein außenwirtschaftliches Ungleichgewicht führt bei erheblichen Ausfuhrüberschüssen zu Preissteigerungen, bei hohen Einfuhrüberschüssen zum Verlust von Arbeitsplätzen und zur Beeinträchtigung des Wirtschaftswachstums. Übertriebene Wachstumspolitik kann wiederum die Preisstabilität gefährden und sich negativ auf den internationalen Güteraustausch auswirken.

Da nicht alle vier Ziele zugleich erreicht werden können, muß die Wirtschaftspolitik nach vernünftiger Abwägung jeweils entscheiden, welche Ziele am schwersten gefährdet erscheinen und deshalb mit größerem Nachdruck zu verfolgen sind. Zu Beginn jedes Jahres legt die Bundesregierung einen Jahreswirtschaftsbericht vor, in dem sie die von ihr für das laufende Jahr angestrebten wirtschafts- und finanzpolitischen Ziele bekanntgibt und die geplante Wirtschafts- und Finanzpolitik erläutert.

Erich Schmidt Verlag

4. Was ist unter den „allgemeinen Rahmenbedingungen" (Z. 8/9) zu verstehen, die die Grundlage für die Leistungsfähigkeit der Volkswirtschaft bilden?

5. Welche Möglichkeiten hat ein Staat wie die Bundesrepublik, die Ziele des magischen Vierecks zu verfolgen?

15 Seit der Verabschiedung des Stabilitätsgesetzes ist immer wieder gefordert worden, das magische Viereck um Komponenten wie „gerechte Einkommensverteilung" oder „Umweltschutz" zu erweitern.
Was halten Sie von diesen Vorschlägen?
Könnten Sie sich weitere Ziele vorstellen, die den gleichen Rang wie die im Stabilitätsgesetz festgelegten haben sollten?

16 Aus den folgenden Elementen können Sie eine Reihe von wichtigen Begriffen zu dem Themenbereich dieses Kapitels bilden. Bitte setzen Sie auch die Artikel ein und schreiben Sie die Entsprechungen in Ihrer Muttersprache in die rechte Spalte.

1. _____ Auftrags_____ _____
2. _____ Auftrags_____ _____
3. _____ Auslands_____ _____
4. _____ Ausfuhr_____ _____
5. _____ Ausrüstungs_____ _____
6. _____ Brutto_____ _____
7. _____ Handels_____ _____
8. _____ Inflations_____ _____
9. _____ Kapazitäts_____ _____
10. _____ Lebenserhaltungs _____ _____
11. _____ Leistungs_____ _____
12. *die* Preis*stabilität*_____ _____
13. _____ Staats_____ _____
14. _____ Steuer_____ _____
15. _____ Verbraucher_____ _____
16. _____ Wirtschafts_____ _____
17. _____ Währungs_____ _____

-rate   -stabilität ✓   -auslastung   -investition   -bilanz   -bestände

-einnahmen   -wachstum   -nachfrage   -reserven   -ausgaben

-überschüsse   -bilanz   -kosten   -sozialprodukt   -eingänge   -preise

---

17 Bringen Sie bitte die folgenden Sätze in eine logische Reihenfolge.

F

1. Die Deutsche Bundesbank ist die Währungs- und Notenbank der Bundesrepublik Deutschland.

2. Außerdem hat die Bundesbank für die bankmäßige Abwicklung des Zahlungsverkehrs im Inland und mit dem Ausland zu sorgen.

3. Sie wurde durch das „Gesetz über die Deutsche Bundesbank" vom 26. Juli 1957 geschaffen.

4. Ihr Ziel ist dabei, die Währung zu sichern, d. h. den Wert des Geldes zu erhalten.

5. Zwar ist sie verpflichtet, „unter Wahrung ihrer Aufgabe" die allgemeine Wirtschaftspolitik der Bundesregierung zu unterstützen, doch ist sie bei der Ausübung ihrer Befugnisse von Weisungen der Bundesregierung unabhängig.

6. Damit die Bundesbank ihre Aufgabe ungehindert – vor allem frei von politischen Tageseinflüssen – erfüllen kann, hat ihr der Gesetzgeber ein hohes Maß an Unabhängigkeit von Parlament und Regierung verliehen.

7. Sie ist vom Gesetzgeber beauftragt, den Geldumlauf und die Kreditversorgung der Wirtschaft zu regeln.

1						

1. **Kommentieren Sie bitte das nebenstehende Schaubild.**

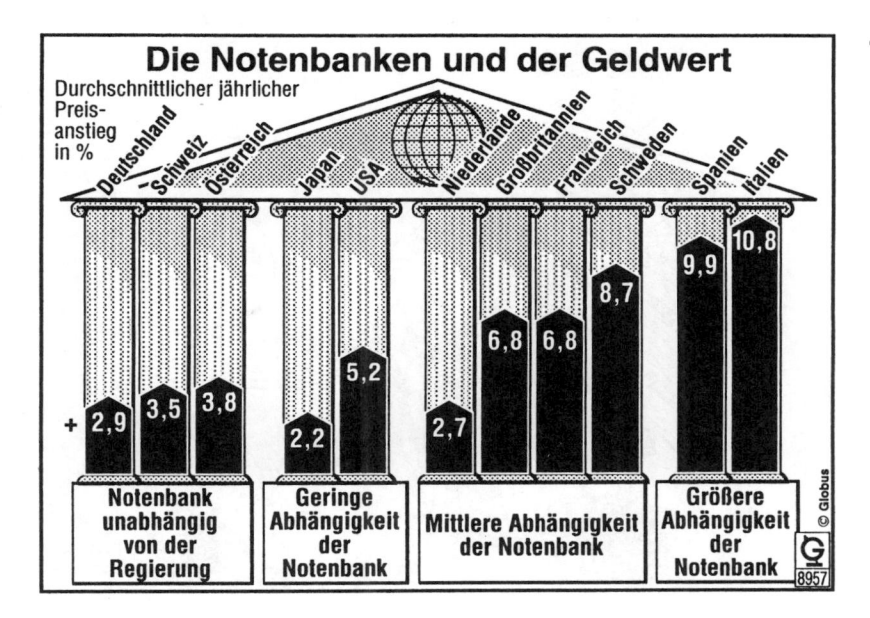

Die Notenbanken und der Geldwert
Durchschnittlicher jährlicher Preisanstieg in %

- Deutschland: +2,9
- Schweiz: 3,5
- Österreich: 3,8
- Japan: 2,2
- USA: 5,2
- Niederlande: 2,7
- Großbritannien: 6,8
- Frankreich: 6,8
- Schweden: 8,7
- Spanien: 9,9
- Italien: 10,8

Notenbank unabhängig von der Regierung | Geringe Abhängigkeit der Notenbank | Mittlere Abhängigkeit der Notenbank | Größere Abhängigkeit der Notenbank

2. **Setzen Sie die richtigen Ländernamen ein.**

Je unabhängiger die Notenbanken in den westlichen Industrieländern von ihren Regierungen sind, desto besser gelingt es ihnen in der Regel, für einen stabilen Geldwert zu sorgen. Je fester sie an die politische Leine genommen werden, desto größer ist die Gefahr von Preissteigerungen. _____ und _____ beispielsweise – Länder,
5 in denen die Notenbanken in relativ hoher Abhängigkeit stehen – hatten in den letzten zehn Jahren hohe Teuerungsraten aufzuweisen. Ganz anders in _____, in der _____ und in _____. Hier sind die Notenbanken unabhängig und können allein darüber befinden, welche geld- und kreditpolitischen Maßnahmen am besten für die Erhaltung der Stabilität sind. Das Ergebnis: Diese drei Länder haben es
10 geschafft, den Preisauftrieb in den letzten Jahren in engen Grenzen zu halten. Natürlich gibt es auch Ausnahmen von der Regel. So konnten die Notenbanken in den _____ und in _____ trotz gewisser politischer Abhängigkeiten ihre Währungen ebenfalls relativ stabil halten.

Globus

KAPITEL 11

3. Geben Sie dem Text eine Überschrift.

4. Falls Ihr Land in dem Schaubild nicht vertreten ist – wie würden Sie es einordnen?

5. Versuchen Sie bitte zu erklären, warum eine stabile Währung für eine Volkswirtschaft wichtig ist.

19 Verfassen Sie bitte einen Text für die Sprechblase.

[F]

Ihr Dozent zeigt Ihnen anschließend die Originalkarikatur.

20 Diese Skulptur von Reinhard Dachlauer wurde 1984 vor dem Gebäude der Frankfurter Wertpapierbörse aufgestellt. Warum wohl?

21

1990 wurde die Deutsche Terminbörse (DTB) eröffnet. Unter einer Terminbörse versteht man einen Markt für den Handel mit Rechten oder Verpflichtungen zum Kauf bzw. Verkauf von Wertpapieren, Devisen etc. an einem zukünftigen Termin zu vorher festgelegten Bedingungen. Die Terminbörsenkunden sind in erster Linie Unternehmen, aber die DTB eröffnet auch dem privaten Spekulanten interessante Möglichkeiten. Im folgenden Text werden die vier Standardvarianten erläutert.

Terminbörse: Spiel mit wenig Einsatz

Der Käufer einer Kaufoption setzt auf steigende Kurse. Zum Beispiel zahlt er zwanzig Mark für das Recht (die Option), innerhalb einer bestimmten Frist von mehreren
5 Monaten eine bestimmte Aktie zu einem bestimmten Kurs kaufen zu können. Steigt der Börsenwert der Aktie über diesen festgelegten Kurs, bekommt er die Aktie günstiger als am freien Markt und macht Ge-
10 winn. Fällt die Aktie, lohnt es sich nicht, die Option mit dem in diesem Fall zu hohen Kaufpreis einzulösen. Der Einsatz der zwanzig Mark war umsonst.
Der Käufer einer Verkaufsoption setzt auf
15 fallende Kurse. Er zahlt – um beim Beispiel zu bleiben – zwanzig Mark für das Recht, innerhalb einer bestimmten Frist eine bestimmte Aktie zu einem bestimmten Preis verkaufen zu dürfen. Fällt die Börsen-
20 notierung tiefer, so wird er sich bei Fälligkeit das Papier billig an der Börse kaufen und dann zum teureren Optionspreis weiterverkaufen. Steigt der Kurs indes, läßt er die Option besser ersatzlos verfallen.
25 Die Gegenspieler beider Optionskäufer – wegen ihrer passiven Haltung als „Stillhalter" bezeichnet – denken genau umgekehrt: Der Verkäufer einer Kaufoption hofft auf stagnierende oder fallende Kurse.
30 Für die Option hat er dann zwanzig Mark kassiert, und sein Kunde wird nicht auf Lieferung der Aktie bestehen. Anders, wenn die Kurse steigen: Dann wird der Stillhalter die Aktie zum vereinbarten billi-
35 gen Kurs verkaufen müssen und verzichtet auf einen besseren Deal an der Börse.
Der Verkäufer einer Verkaufsoption wiederum setzt auf steigende Kurse, bei denen sein Kontrahent die Papiere sicher nicht
40 mehr liefern will. So verdient man auf einfache Weise zwanzig Mark.

D. Jobst/Zeitmagazin

1. Benennen Sie die vier Standardvarianten (auf deutsch).

2. Erklären Sie sie in Ihrer Muttersprache.

22

1. Durch welche Ereignisse wird die Stimmung an der Börse beeinflußt?

2. Was meinen Sie: Entsprechen sich Konjunkturverlauf und Börsenentwicklung normalerweise?

3. Würden Sie Aktien kaufen? Warum (nicht)?

4. Welche Aktien sind zur Zeit in Ihrem Land besonders interessant? Warum?

Anflug eines Lächelns

KAPITEL 11 311

23

F

Tragen Sie in die Spalten 1–20 jeweils Wörter aus dem Bereich Konjunktur- und Wirtschaftspolitik ein, die Sie aus den in den Zeilen 1–20 angegebenen Buchstaben bilden. In der markierten mittleren Zeile ergibt sich dann ein weiterer Begriff aus diesem Bereich.

1 2 3 4 5 6 7 8 9 10 11 12 13 14 15 16 17 18 19 20

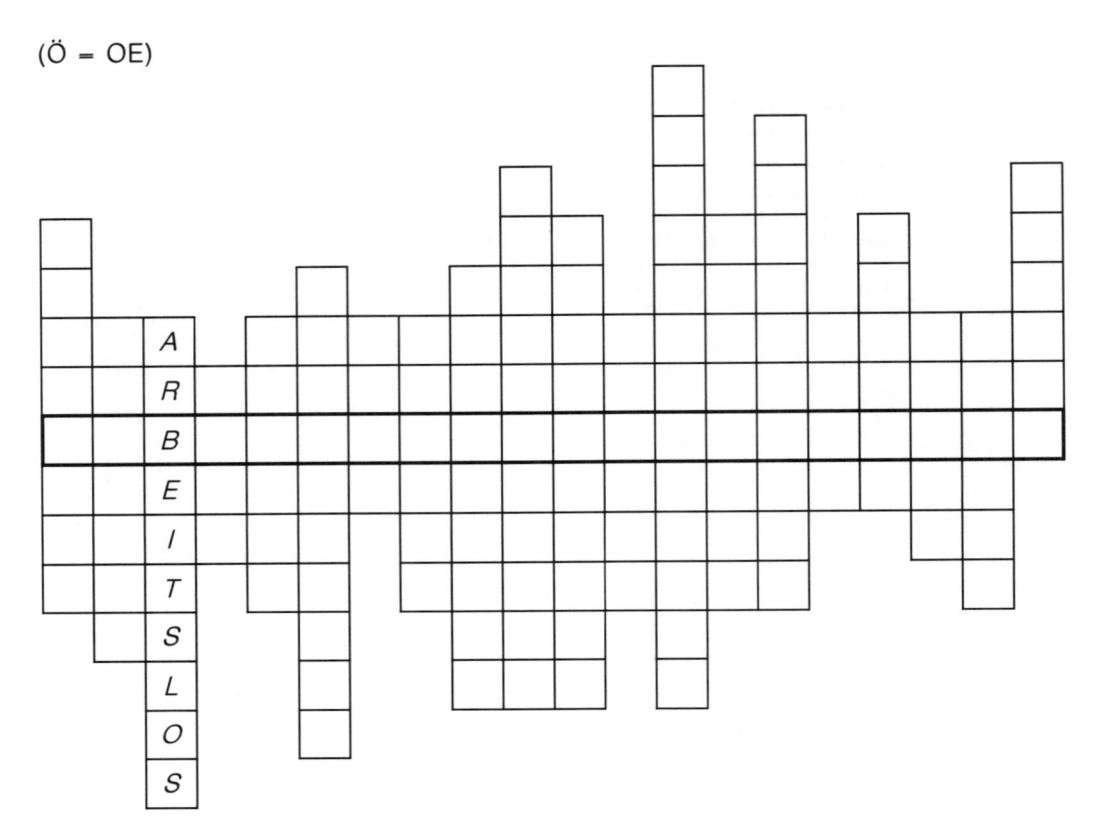

(Ö = OE)

A
R
B
E
I
T
S
L
O
S

1. CDEHLNSU
2. EENRSTU
3. ABEILORSST
4. DEGL
5. KMNOSU
6. ACFGHNSUUW
7. HLNO
8. AENPRS
9. AFIILNNOT
10. EIIINNOSTTV
11. DIKNOOPRTU
12. EINNSZ
13. AEEEGNRRSTTUU
14. ACHMSTUW
15. JKKNNORTUU
16. BMOO
17. BEEORS
18. AEIKT
19. DEIKRT
20. INOOPT

Bei der Ermittlung des Lebenshaltungskosten-Indexes werden die Preisänderungen in einem bestimmten Zeitraum gemessen. Dabei wird ein Warenkorb gebildet, der typische Sachgüter und Dienstleistungen enthält.

24 F

1. **Welche Sachgüter und Dienstleistungen gehören Ihrer Ansicht nach in einen typischen Warenkorb?**

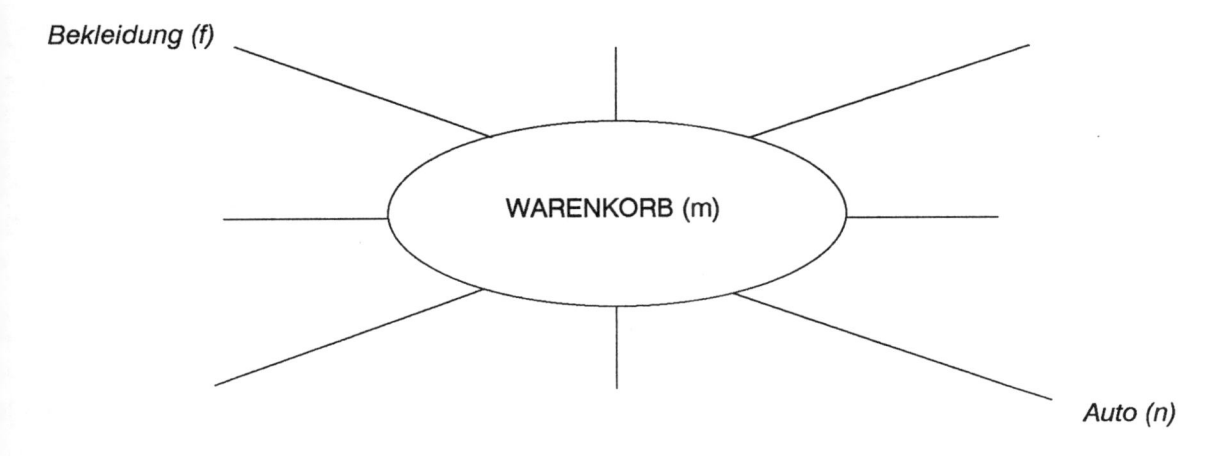

Bekleidung (f)

WARENKORB (m)

Auto (n)

2. **Für welche Ausgabeposten geben Sie am meisten Geld aus?**

3. **Vergleichen Sie Ihre Angaben mit der Folie zum deutschen Warenkorb.**

In diesem Schüttelkasten sind die Ausgabeposten im Haushalt der Bundesrepublik Deutschland aufgeführt.

25 F

1. **Für welche vier Bereiche gibt die Bundesregierung nach Ihrer Einschätzung das meiste Geld aus?**

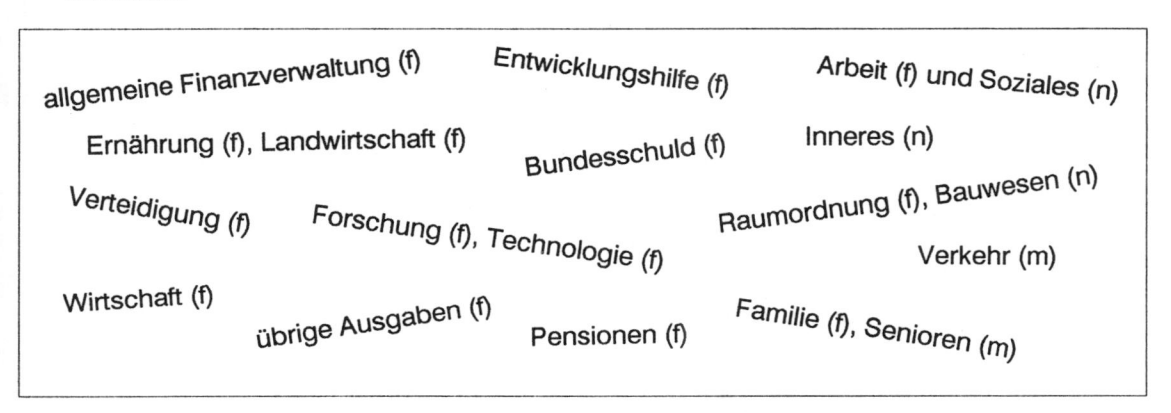

```
allgemeine Finanzverwaltung (f)    Entwicklungshilfe (f)    Arbeit (f) und Soziales (n)
   Ernährung (f), Landwirtschaft (f)     Bundesschuld (f)      Inneres (n)
Verteidigung (f)    Forschung (f), Technologie (f)    Raumordnung (f), Bauwesen (n)
                                                              Verkehr (m)
Wirtschaft (f)
        übrige Ausgaben (f)      Pensionen (f)    Familie (f), Senioren (m)
```

2. **Sehen Sie sich anschließend die Folie mit den tatsächlich Summen an.**

KAPITEL 11

26 1. **Lesen Sie bitte den Text einmal ganz durch und versuchen Sie dann, die wesentlichen Informationen in Stichworten auf deutsch rechts neben dem Text festzuhalten.**

Die öffentlichen Finanzen

In vielen Staaten ist zu beobachten, daß mehr und mehr Aufgaben, die früher privaten Charakter hatten, von der öffentlichen Hand übernommen worden sind. Im gleichen Maße ist die Bedeutung der öffentlichen Finanzen gewachsen. Das gilt auch für die Bundesrepublik Deutschland.

Der öffentliche Gesamthaushalt der Bundesrepublik umfaßt nicht nur den Bundeshaushalt, sondern auch die Haushalte der Bundesländer und der Gemeinden, ferner einige Sonderrechnungen. Das muß man immer im Auge behalten, wenn man Vergleiche anstellen will. Beispielsweise sind die Militärausgaben der Bundesrepublik leicht festzustellen, denn die Verteidigung ist eine Bundesangelegenheit, und die sie betreffenden Ausgaben erscheinen als geschlossener Block im Bundeshaushalt. Hingegen ist es nicht einfach, die Gesamtausgaben für kulturelle Zwecke – Bildung, Wissenschaft, Kunst usw. – zu ermitteln, weil sie auf die Haushalte des Bundes, der Länder, der Gemeinden und vieler nichtstaatlicher Institutionen verteilt sind.

Die Verteilung der Aufgaben. Die unterste Ebene, auf der öffentliche Leistungen erbracht werden, ist die Gemeinde. Ihr ist die Erledigung aller örtlichen Angelegenheiten vorbehalten. Dabei handelt es sich um vielfältige Grundbedürfnisse der Bürger wie die Versorgung mit Wasser, Gas und Strom, die Müllabfuhr, die Instandhaltung der Gemeindestraßen sowie – gemeinsam mit den Ländern – das Schulwesen und andere kulturelle Aufgaben.

Die Aufgaben der Länder erstrecken sich vorwiegend auf das Gebiet der Kultur, in erster Linie das Schul- und Bildungswesen. Außerdem obliegt ihnen die Polizei und das öffentliche Gesundheitswesen.

Die größte Aufgabenlast trägt der Bund. Zwei große Bereiche stehen im Vordergrund: die soziale Sicherheit und – wie schon erwähnt – die Verteidigung. Darüber hinaus hat der Bund wichtige Aufgaben auf zahlreichen anderen Gebieten: Verkehrs- und Nachrichtenwesen (Bundesbahn, Post und Fernstraßenbau), Bildung und Ausbildung, Wissenschaft und Forschung, Energie und Wirtschaftsförderung, Landwirtschaft, Wohnungs- und Städtebau, Gesundheitswesen, Umweltschutz, innere Sicherheit sowie Entwicklungshilfe.

Außerdem gibt es noch die Gemeinschaftsaufgaben, die vom Bund und den Ländern gemeinsam geplant und finanziert werden. Dazu gehören der Ausbau und Neubau von wissenschaftlichen Hochschulen, die Verbesserung der regionalen Wirtschaftsstruktur, der Agrarstruktur und des Küstenschutzes sowie die Zusammenarbeit bei der Bildungsplanung und Wissenschaftsförderung.

Die Finanzierung der öffentlichen Haushalte ist in den letzten Jahren immer problematischer geworden. Besonders die Ausgaben für die soziale Sicherheit sind enorm angestiegen. Schwer tragen Bund, Länder und Gemeinden auch an den wachsenden Verwaltungskosten, vor allem den Personalkosten, und den Ausgaben für den Schuldendienst. Die zunehmende Belastung des Staates schränkt

55 seinen Handlungsspielraum immer mehr ein. Der für Investitionen verfügbare Teil der öffentlichen Mittel wird immer geringer. Deshalb ist die Konsolidierung der öffentlichen Haushalte eine vordringliche Aufgabe für die nächsten Jahre.

Tatsachen über Deutschland

2. Übersetzen Sie bitte die folgenden Begriffe in Ihre Muttersprache.

die Bildung _____

das Schul- und Bildungswesen _____

die Entwicklungshilfe _____

die öffentlichen Mittel _____

die Landwirtschaft _____

die Müllabfuhr _____

die Investition _____

der Wohnungs- und Städtebau _____

die soziale Sicherheit _____

das öffentliche Gesundheitswesen _____

der Handlungsspielraum _____

die Gemeinde _____

die Verteidigung _____

die Forschung _____

die Ausbildung _____

der Schuldendienst _____

der Umweltschutz _____

der Haushalt _____

die Wissenschaft(en) _____

die Verwaltungskosten _____

die Instandhaltung der Gemeindestraßen _____

die Personalkosten _____

das Verkehrswesen _____

die Versorgung mit Wasser, Gas und Strom _____

3. Wofür wird in Ihrem Land zu viel, wofür wird zu wenig ausgegeben? Wie sähe Ihr Idealhaushalt aus?

27

1. Welche Auswirkungen hat Ihrer Ansicht nach eine Steuererhöhung auf die wirtschaftliche Entwicklung eines Landes?

2. Was halten Sie von Wirtschaftsprognosen?

3. **Lesen Sie bitte die ersten beiden Absätze des Textes (Z. 1–33) und beantworten Sie die folgenden Fragen:**
   — **Wie schätzt das Ifo-Institut die Auswirkungen der Steuererhöhungen ein?**
   — **Was hält der Verfasser des Artikels von dieser Prognose?**

4. **Lesen Sie dann den Rest des Artikels.**

   Der Autor weist auf zwei mögliche Folgen der Steuererhöhungen auf die Gesamtnachfrage hin, nämlich
   a) die Gesamtnachfrage bleibt gleich, verschiebt sich aber
      oder
   b) die Gesamtnachfrage erhöht sich.

   Erläutern Sie diese beiden Möglichkeiten aufgrund der Informationen, die der Artikel zur Verfügung stellt.

Höhere Steuern – eine Wachstumsbremse?

Nach den jüngsten Steuererhöhungen stellt sich die Frage, wie sich eine solche Umverteilung von Geld aus den privaten Taschen in die öffentlichen Kassen konjunkturell auswirken wird. Nicht zuletzt davon hängt es ja ab, was der Fiskus effektiv als Einnahmen buchen kann. Würde nämlich, wie das Ifo-Institut für Wirtschaftsforschung vermutet, das Wachstum durch die Steuerbeschlüsse in diesem Jahr um ein Viertel und im nächsten Jahr um einen halben Prozentpunkt geschmälert, dann sähe die Nettorechnung für die öffentlichen Haushalte schon wieder schlechter aus. Denn immerhin bedeutet eine Verringerung des Wachstums des Bruttosozialprodukts um ein halbes Prozent den Ausfall von rund 8 Milliarden DM Steuereinnahmen.

Schwierige Quantifizierung

Eine solche Prognose, wie sie das Ifo-Institut abgeliefert hat, ist natürlich – darauf weisen die Wirtschaftsforscher auch hin – mit allen nur erdenklichen Unsicherheiten behaftet. Sich also jetzt bereits auf eine Quantifizierung der möglichen Effekte festzulegen, gleicht eigentlich mehr dem Lesen im Kaffeesatz. Was äußerstenfalls möglich erscheint, sind gewisse Grundüberlegungen, in welche Richtung bestimmte Maßnahmen wirken könnten. Und zu diesem Zweck sollte man sich mit den Kreislaufwirkungen der Steuermaßnahmen befassen.

Dabei läßt sich feststellen, daß der Staat das Geld, das er sich über die Erhöhung der verschiedenen Steuerarten holt, wieder ausgibt. Er entzieht es also nicht dem Kreislauf, sondern läßt es an anderer Stelle wieder einfließen. Das aber heißt, daß sich die gesamtwirtschaftliche Nachfrage nicht wesentlich verändert, sondern sich lediglich die Nachfrage nach den verschiedenen Güter- und Dienstleistungsarten verschiebt. So ist unschwer vorherzusagen, daß zum Beispiel Konsumgüter infolge des Einkommensentzugs der privaten Haushalte tendenziell weniger gefragt sein werden, es sei denn, die Bürger entschließen sich dazu, ihre Ersparnisse zugunsten solcher Ausgaben zu verringern. Auf der anderen Seite aber dürfte die Nachfrage nach Investitionsgütern stärker zunehmen, weil die staatlichen Mittel zum Aufbau der neuen Bundesländer doch überwiegend in den investiven Bereich fließen werden.

Nun ist es sogar möglich, daß bei solchen durch höhere Steuern finanzierten zusätzlichen Ausgaben des Staates der Nachfrageeffekt und damit die Impulse für das Wirtschaftswachstum höher sind als ohne diese Steuererhöhungen. Diese Überlegung resultiert daraus, daß der Staat stets alles Geld, das er einnimmt, auch wieder ausgibt. Man spricht in diesem Fall von einer Ausgabenquote von 100 Prozent. Ganz im Gegensatz zu den Bürgern, die im allgemeinen einen Teil des Einkommens auf die hohe Kante legen. Die sogenannte Sparquote, das heißt der Anteil des Gesparten am verfügbaren Einkommen, ist mit derzeit etwa 13,5 Prozent beachtlich hoch. Das heißt aber, daß die unmittelbar wirksame Nachfrage nach Gütern und Dienstleistungen aller Art im Falle einer unterbliebenen Steuererhöhung wahrscheinlich sogar geringer ausfallen würde als in dem jetzt eingetretenen, mit der Folge eines womöglich sogar etwas höheren Wachstums.

Süddeutsche Zeitung

1. Ergänzen Sie bitte die folgende Übersicht mit den drei nachstehend angegebenen Steuerarten.
   Geben Sie in der rechten Spalte die Entsprechungen in Ihrer Muttersprache an.

Abgaben

direkte Steuern

Einkommensteuer:	Steuer auf die gesamten Einkünfte natürlicher Personen	_____
Lohnsteuer:	die Einkommensteuer, die bei Einkünften aus nichtselbständiger Arbeit an der Quelle durch direkten Abzug vom Arbeitslohn erhoben wird	_____
Körperschaftsteuer:	Einkommensteuer von juristischen Personen	_____
Kapitalertragsteuer:	Steuer auf Gewinnanteile und Zinserträge	_____
Vermögensteuer:	Steuer auf Geld und in Geld schätzbaren Besitz	_____
_____:		_____
_____:		_____

indirekte Steuern

Mehrwertsteuer:	Umsatzsteuer, die nach dem Wertzuwachs, den eine Ware in einem Unternehmen erfährt, berechnet wird	_____
_____:		_____

Zölle

Einfuhrzoll:	Abgabe für aus dem Ausland hereingebrachte Güter	_____
Ausfuhrzoll:	Abgabe für Waren, die ins Ausland verkauft werden	_____

Kraftfahrzeugsteuer:	Steuer auf das Halten eines Kraftfahrzeugs, das zum Verkehr auf öffentlichen Straßen dient
Gewerbesteuer:	Steuer, die Gewerbetreibende an die Gemeinden abführen müssen; Bemessungsgrundlage sind Ertrag, Kapital und Lohnsumme
Mineralölsteuer:	Steuer auf Mineralölerzeugnisse (Benzin usw.)

---

2. Was meinen Sie, welche Steuerarten in der Bundesrepublik die Haupteinnahmequellen des Staates sind?
   (Ihr Dozent hat dazu eine Folie.)

29 Ergänzen Sie den folgenden Text mit den Präpositionen aus dem Schüttelkasten.

Höhere Verbrauchsteuern treiben die Teuerung

Die Verbraucherpreise zeichnen sich erneut _____ eine außerordentliche Stabilität aus. Doch _____ nächstes Jahr wird _____ der anziehenden Importpreise und der höheren Verbrauchsteuern wieder _____ einer Beschleunigung des Preistempos zu rechnen sein. Diese Auffassung vertritt das Institut der deutschen Wirtschaft (IW) _____ Köln, das _____ das kommende Jahr _____ einer Teuerungsrate _____ 2,5 Prozent rechnet.

Der Preisanstieg wird zur Zeit _____ die Aufwertung des Dollars und den Anstieg der Rohstoffpreise _____ 26 Prozent beflügelt. Die angekündigten Steuererhöhungen heben _____ sich allein genommen das Preisniveau rechnerisch _____ 0,7 Prozent an, wobei der größte Teil _____ die Mineralölsteuer (0,45 Prozent) entfällt, den Rest teilen sich die höhere Tabaksteuer, die neue Erdgassteuer sowie die Versicherungssteuer und andere zusätzliche Abgaben.

Das IW sieht darüber hinaus jedoch keine nennenswerten Faktoren, die den ruhigen Preistrend _____ der Bundesrepublik Deutschland gefährden könnten. Kosten- und Nachfrageindikatoren deuteten vielmehr _____ ein mittelfristig ruhiges Preisklima hin, heißt es weiter. Zwar habe die Deutsche Bundesbank _____ einer Politik des leichten Geldes nicht nur Export und Konjunktur stabilisiert, sondern auch _____ die kräftige Ausweitung der Preiserhöhungsspielräume gesorgt, doch seien _____ der Wirtschaft bislang keine Alarmsignale zu sehen, die _____ ein Anspringen der „hausgemachten Inflation" hindeuteten.

Süddeutsche Zeitung

| wegen | um | mit | für | auf | durch | für | auf | mit |
| durch | um | in | für | auf | in | für | in | mit | von |

30 Sehen Sie sich bitte die Tabelle an und ergänzen Sie dann den Text.

Andere Länder – andere Steuern

Von den Steuereinnahmen entfallen auf (in Prozent):

	Einkommen	Vermögen	Umsatz, Verbrauch
Japan	66	14	20
USA	64	14	22
Schweiz	60	13	27
Bundesrepublik Deutschland	56	4	40
Großbritannien	47	16	37

Etwa dreimal höher als in der _____ sind in _____, der _____, den _____ und in Japan die Einnahmen aus der Vermögensteuer. Andererseits spüren die Bundesbürger, aber auch die _____ den Zugriff des Fiskus bei den _____ - und _____. Sie tragen rund 40% zum Steueraufkommen der zwei Staaten bei und übertreffen damit den entsprechenden Anteil in Japan und den USA um fast hundert Prozent.

1. Ordnen Sie die Satzteile in der rechten Spalte denen in der linken zu.

Wirtschaft beklagt zu scharfe Steuererhöhungen

1. Die Bundesrepublik ist, so das den Arbeitgebern nahestehende Institut der deutschen Wirtschaft (IW), nicht nur das Industrieland mit den höchsten Steuersätzen,

2. Besonders Großunternehmen, die auf den internationalen Märkten konkurrieren,

3. Die meisten anderen Länder dagegen kontrollierten ihre Unternehmen lediglich in bestimmten Abständen,

4. Auch die Dauer der Steuerprüfung sei in der Bundesrepublik unverhältnismäßig hoch,

5. Die umfangreichen Steuerprüfungen ließen vermuten,

6. Die Konzentration auf die kleine Gruppe großer Steuerzahler führe allerdings zwangsläufig dazu,

7. Dies wiederum dürfe langfristig höhere Steuerausfälle mit sich bringen,

a) als durch die intensiven Kontrollen der Großunternehmen an Mehreinnahmen erzielt werden.

b) daß es die oft ins Feld geführte Lücke zwischen Steuernorm und Steuerwirklichkeit zumindest bei dieser Betriebsgröße nicht gebe.

c) sie überwacht auch „mit größter Sorgfalt" die Durchsetzung ihrer Steueransprüche.

d) daß die Breitenwirkung der Prüfungen eingeschränkt werde.

e) würden nahezu lückenlos geprüft.

f) nicht selten finde eine Überprüfung erst bei Unklarheiten bei der Steuererklärung statt.

g) die Beamten seien oft mehrere Jahre in der Firma.

1	2	3	4	5	6	7

2. Finden Sie die Argumentation des IW überzeugend?

32 Notieren Sie bitte in den folgenden Rubriken Wörter bzw. Ausdrücke aus dem gesamten Kapitel 11. Vergessen Sie bei den Substantiven die Artikel und Pluralformen nicht. Kennzeichnen Sie die unregelmäßigen Verben mit einem * und die trennbaren Verben mit einem |.

Substantive:

Wichtige Adjektive in Verbindung mit Substantiven:

Ausdrücke:

Verben:

Verben:

Stichwortverzeichnis

Termini, die im engeren Sinne nicht zum „Wirtschaftskontext" gehören (sprachliche Phänomene, bestimmte Übungsformen o.ä.), sind kursiv markiert.

Abkürzung, die; S. 269
Abwertung, die; S. 101
Adjektiv, das; S. 20, 125, 152, 162, 196, 265
Adverb, das; S. 179, 196, 210, 211
Agrarpolitik, die; S. 43, 250-253, 258
Agrarproduktion, die; S. 247-249, 254-256
Aktie, die; S. 129-132, 311
Arbeitslosenversicherung, die; S. 228, 229, 298
Arbeitslosigkeit, die; S. 294, 296-298
Arbeitswelt, die; S. 168, 169, 175-177, 180
Aufstieg (m), beruflicher; S. 284
Aufwertung, die; S. 101
Auskunft, die; S. 195
ausländisch; S. 91
ausmachen; S. 61
Ausstellung, die; S. 28-37
Außenhandel, der; S. 78-90, 95, 98-102
Auto-Problem, das; S. 187-190
Autobestand, der; S. 185-186

Baisse, die; S. 310
Bankgebühr, die; S. 118, 119
Bankgeschäft, das; S. 106-108
Banknote, die; S. 115
Banktätigkeit, die; S. 106-108
Bär, der; S. 310
belaufen, sich b. auf; S. 61
betragen; S. 61
Betriebsgröße, die; S. 254-257
Bezeichnung (f), geografische; S. 191, 192
Bindestrich, der; S. 109
Binnenmarkt, der; siehe EG
Binnenschiffahrt, die; S. 191
Bonität, die; S. 126
Bonussystem, das; S. 283
Boom, der; S. 294, 295
Börse, die; S. 310, 311
Branche, die; S. 12, 47, 74-77, 83, 84, 86-88, 95, 174, 185, 186, 258, 268, 270-272, 276, 278, 280, 283, 285, 286, 304, 305
brauchen + Infinitiv; S. 114
Brief, der; S. 202, 225
Btx (Bildschirmtext), der; S. 56, 153, 163
Buchrezension, die; S. 303
Bulle, der; S. 310
Bundesbahn, die; S. 192-198, 200, 202, 203
Bundesbank, die; S. 308, 309
Bundesland, das; S. 272

Cheftyp, der; S. 282
Chemie (die) in Lebensmitteln; S. 243-246, 256
Chip, der; S. 174
Computer, der; S. 52, 116, 153, 168, 169, 171, 172, 175-181, 226, 276

Datenverarbeitung, die; siehe Computer
Definition, die; S. 41, 42

Devisenverkehr, der; S. 100, 101
Dienstleistung, die; S. 53, 116, 140, 146, 147, 150, 151, 153-156, 160, 205, 206, 209, 210, 212, 222, 226
Dienstleistungsabend, der; S. 62-66
Direktmarketing, das; S. 12-14
Diskont, der; S. 129

EFTA (European Free Trade Association), die; S. 92, 93, 96
EG (Europäische Gemeinschaft), die; S. 29, 43, 76, 77, 88, 90, 92-96, 148, 189, 247, 250-257, 266, 268, 269, 281, 286, 287, 304
einheimisch; S. 91
Einkommen, das; S. 48-49, 59, 60, 126, 130, 131, 255, 257, 258, 280, 281, 316
Einzelhandel, der; S. 40-49, 52-57, 62-67
Electronic Cash, das; S. 116, 118, 119
Energieerzeugung, die; S. 263
Energiequelle, die; S. 262, 267, 268
Energieverbrauch, der; S. 262, 266-268
entfallen auf; S. 61
Erdöl, das; S. 267, 268
Ergonomie, die; S. 171
Ertrag, der; S. 255, 257, 258
Eßgewohnheit, die; S. 242, 243
eurocheque (Eurocheck), der; S. 112, 113, 115
Export, der; S. 74-79, 83, 84
Exportkriterium, das; S. 79, 85, 88, 89, 98

Factoring, das; S. 290
Fahrplan, der; S. 195
fallen; S. 45
Fernreise, die; S. 223
festlegen, festsetzen; S. 209
Finanzen (Pl), öffentliche; S. 313-315
Firmenwagen, der; S. 283
Flugangebot, das; S. 208, 212
Flughafen, der; S. 204-206, 209, 210
Fluß, der; S. 191, 192
Forschung, die; S. 87, 88
Fragebogen, der; S. 16, 64
Franchising, das; S. 290
Freiberufler, der; S. 124
Fugen-s, das; S. 34
Futur, das; S. 200

Gedicht, das; S. 20, 150, 225
Gehalt, das; (siehe auch Einkommen) S. 283
Geldanlage, die; S. 129-132
Geldpolitik, die; S. 308, 309
Geldwertstabilität, die; S. 308, 309
gelten, Geltungs-, gültig; S. 211
Geschäftsreise, die; S. 197, 209, 210
Gesundheitsschaden (der) durch Bildschirmarbeit; S. 170
Gewerkschaft, die; S. 285-287

321

Greenpeace; S. 26, 27
Güterverkehr, der; S. 186, 189-193, 213

Halbleiter, der; S. 174
Handelspartner, der; S. 99
Haushalt (des Staates), der; S. 313-316
Hausse, die; S. 310
Hermes-Deckung, die; S. 79
Hochgeschwindigkeitszug, der; S. 197

ICE, der; S. 198, 199, 202
Import, der; S. 82, 83
Internationalismus, der; S. 67, 179
Interpunktion, die; S. 16, 98, 220, 283
Interview, das; S. 214, 246
ISDN (Integrated Services Digital Network), das; S. 160, 161

Job Sharing, das; S. 279-281
Joint Venture, das; S. 290
Jugendherberge, die; S. 234
Just-in-time-Verfahren, das; S. 190

Kiosk, der; S. 67
Kohlekrise, die; S. 268-271
Komparativ, der; S. 133
Kompensationsgeschäft, das; S. 290
Kompositum, das; (siehe auch Nominalisierung) S. 10, 57, 141, 142
Konditionalsatz, der; S. 173
Konjunktion, die; S. 210, 211
Konjunktiv, der; S. 48, 180
Konjunktur, die; S. 294, 299-307, 310, 316
Konjunkturbericht, der; S. 300-305
Konjunkturzyklus, der; S. 294, 295
Konnektor, der; S. 35, 83, 247, 279
Kosten (Pl), externe; S. 188, 303
Kraftwerktyp, der; S. 263, 264
Kredit, der; S. 126, 127
Kreditkarte, die; S. 110, 111
Kreuzworträtsel, das; S. 37, 58, 101, 121, 134, 164, 181, 203, 249, 291, 312
Krise, die; S. 295
Kursbuch, das; S. 194, 195, 200, 203

Ladenschlußgesetz, das; S. 62-66
Ladentyp, der; S. 40-42, 45, 46, 67
Lagerhaltung, die; S. 190
Landbau (m), ökologischer; S. 244-246
Ländername, der; S. 97, 192
Landwirtschaft (f), alternative; S. 244
Leasing, das; S. 290
Lieferbedingung, die; S. 102
Lkw-Bestand, der; S. 189, 190
Lohn, der; (siehe auch Einkommen) S. 283
Lohnmast, die; S. 256
Lomé-Abkommen, das; S. 92, 93
Lufthansa, die; S. 205, 207, 208, 210, 212, 213

Managementstil, der; S. 80, 81, 282
Markenartikel, der; S. 55
Marketing, das; S. 12, 13, 17, 18, 32, 47
Marktforschung, die; S. 16

Marktkonzentration, die; S. 43, 45-47, 74, 76, 77,
Mengenangabe, die; S. 82
Messe, die; S. 24-37
Messeplatz, der; S. 28-31
Messezeitplan, der; S. 33
Mitbestimmung, die; S. 285-287
Mobilfunk, der; S. 153, 157
Müll, der; S. 50, 51

Nahrungsmittelverbrauch, der; S. 242, 248, 251-253
Nationalität, die; S. 97, 192
Neuordnung (die) der Bundespost; S. 143-145
Nominalisierung, die; S. 33, 106
Nominalkompositum, das; S. 10, 57, 141, 142
Normierung, die; S. 85, 90
Notenbank, die; S. 308, 309

Ökobank, die; S. 132
Option, die; S. 311
Orthographie, die; S. 16, 98, 189, 220, 283, 298

Parknotstand, der; S. 187, 189
Partizip, das; S. 91, 92, 145, 162, 251
Passiv, das; S. 18, 19, 70, 71, 200, 253, 254
PC (Personal Computer), der; (siehe auch Computer) S. 168, 176
Personenverkehr, der; S. 184-189, 194, 195, 197, 202, 204, 206-213
Piktogramm, das; S. 200
Pkw-Bestand, der; S. 185-189
Postbank, die; S. 140, 143-145, 147, 148
Postdienst, der; S. 140, 143-146
PR (Public Relations) (Pl); S. 26, 27
Präposition, die; S. 84, 210, 211, 258, 270, 318
Preisbindung, die; S. 47
Privatisierung, die; S. 143, 144, 148
Projekt, das; (auch Spiel, Rollenspiel) S. 24, 66, 122, 123, 192, 198, 207, 234, 237, 276
Protektionismus, der; S. 90
Pünktlichkeit, die; S. 202

Rationalisierung, die; S. 52, 278, 279
Rauchen, das; S. 207
Recycling, das; S. 50, 51
Rede (f), indirekte; S. 180, 227
Redemittel, das; S. 22, 30, 40, 45, 53, 65, 66, 69, 82, 84, 98, 99, 121, 163, 228
Redensart, die; S. 26, 134
Reiseangebot, das; S. 231-234, 237
Reiseausgabe, die; S. 219
Reiseland, das; S. 219-221, 227, 236
Reiseverhalten, das; S. 199, 218, 219, 220-224, 227, 231, 232, 234, 236
Reservierungssystem, das; S. 226
Roboter, der; S. 278, 279
Ruhrgebiet, das; S. 268, 270-272

sagen; S. 66
Scannerkasse, die; S. 52
schaffen; S. 235
Scheckkarte, die; S. 116
Schlüsselqualifikation, die; S. 276

Selbständige(r), die (der); S. 124
Selbstbedienung, die; S. 53
senken; (siehe auch *sinken*) S. 277
Service 130, der; S. 156
Service, der; S. 205, 206, 209, 210, 222
sinken; S. 45, 84, 145, 276, 277
Skalenertrag, der; S. 77
Stabilitätsgesetz, das; S. 306, 307
Stadt-Auto, das; S. 189
Standardisierung, die; (siehe auch Normierung) S. 85, 90
Standort, der; S. 88, 89, 273-276
Stau, der; S. 188
steigen; S. 45, 84, 145, 276, 277
steigern; S. 277
Steinkohle, die; S. 268-272
Steuer, die; S. 315-319
Strompreis, der; S. 266
Strukturkrise, die; S. 47, 268-272
Substantiv (das) mit Femininendung; S. 117
Substantivdeklination, die; S. 98, 125
Subvention, die; S. 250-253, 258, 268, 269
Superlativ, der; S. 214
Supermarkt, der; S. 42, 54

Tarifbestimmung, die (Bundesbahn); S. 203
Telebrief, der; S. 151
Telefax, das (Sg); S. 150, 151, 153
Telefon, das; S. 153, 154, 157, 158
Telefonieren, das; S. 122, 123, 158, 159
Telekom, die; S. 140, 143-145, 148, 151, 153-156, 160, 161
Telekommunikation, die; S. 148, 151, 153, 157, 160, 161
Terminbörse, die; S. 311
Teuerungsrate, die; S. 305, 318
Textaufbau, der; S. 35, 43, 44, 61, 83, 88, 115, 148, 149, 170, 232
Tourismus (m), sanfter; S. 223, 224
Trinkgeld, das; S. 222

Überproduktion, die; S. 250-253
Übersetzungstechnik, die; S. 76
Umweltschutz, der; S. 26, 27, 50, 51, 187-189, 223-225, 243, 245, 246, 256, 299
Unternehmensrechtsform, die; S. 285-289

Verbraucherpolitik, die; S. 14, 61, 68-71
Verbraucherschutz, der; siehe Verbraucherpolitik
Verbraucherzentrale, die; S. 70, 71
Verdrängungswettbewerb, der; (siehe auch Marktkonzentration) S. 47
Vereinigung Deutschlands, die; S. 29, 36, 37, 71, 84, 86, 87, 135-137, 185, 221, 247, 304, 305
Verkehrsmittel, das; S. 184
Vernetzung, die; S. 190, 197,
Verpackung, die; S. 50, 51
Versandhandel, der; S. 56, 57
Versicherung, die; S. 71, 228, 229
Verwertung, die; S. 190
Viereck (n), magisches; S. 306, 307

Wachstum, das; S. 303, 304, 316
Währung, die; S. 308, 309
Warenkorb, der; S. 313
Warenplazierung (im Supermarkt), die; S. 54
Warenverkehr, der; S. 100, 101
Warenwirtschaftssystem, das; S. 52, 171, 172, 178
Wechsel, der; S. 128, 129
Werbeausgabe, die; S. 10
Werbemittel, das; S. 9-11
Werberat, der; siehe ZAW
Werbespruch, der; S. 20, 23, 24
Werbeträger, der; S. 9-11
Werbung, die; (Beispiele) S. 14, 15, 22-27, 107, 110, 113, 132, 136, 147, 161, 163, 171, 175, 208, 230, 233, 237
Werbung, die; S. 9-27
werden; S. 200
Wiedervereinigung, die; siehe Vereinigung Deutschlands
Wohnen, das; S. 22, 23
Wurfsendung, die; S. 11-14

Zahlungsverkehr (m), bargeldloser; S. 108-113, 115, 116, 118, 119, 128, 129
ZAW (Zentralausschuß der Deutschen Werbewirtschaft), der; S. 25
Zeitangabe, die; S. 121, 270
Zoll, der; S.317

Quellennachweis: Abbildungen

S. 9: Schaubild, Zahlenbilder 538 251, Erich Schmidt Verlag
S. 12: Foto, Bilderdienst Süddeutscher Verlag, München
S. 15: Werbeanzeige li. oben, Novotel Hotel-Betriebs GmbH, Aschheim; re. oben, Miele & Co, Verl; li. unten, STEINWAY & SONS, Hamburg; re. unten, Bausparkasse Schwäbisch Hall AG, Schwäbisch Hall
S. 21: Fotos, Eva Maria Weermann (7), Benita Bähr (2)
S. 23: Werbeanzeige, Bernd Wagner/Wüstenrot Holding GmbH
S. 26/27: Zeichnungen, Barbara M. Köhler, München
S. 28: Foto, mit freundlicher Genehmigung der Düsseldorfer Messegesellschaft mbH - NOWEA
S. 45: Schaubild, Globus Kartendienst 8625
S. 46: Cartoon, Luis Murschetz/DIE ZEIT v. 2.8.85
S. 49: Schaubild, Globus Kartendienst 8082; Cartoon, Eva Maria Weermann
S. 50: Cartoon, Pepsch Gottscheber/Süddeutsche Zeitung v. 15.11.90, Nr. 263, S. 33
S. 52: Foto, Siemens Nixdorf
S. 54: Grundriß, Verbraucherzentrale Hamburg
S. 57: Foto, Großversandhaus Quelle, Gustav Schickedanz KG
S. 59: Schaubild, Globus Kartendienst 8419
S. 62: Logo, DAG Bundesvorstand
S. 63: Schaubild, Globus Kartendienst 8111
S. 67: Foto, Lebensmittel Praxis 09/86
S. 68: Strukturbaum, Ferdinand Enke Verlag, Stuttgart
S. 70: Logo, Stiftung Warentest
S. 75: Schaubild, Globus Kartendienst 8466
S. 77: Cartoon, Cartoon-Caricature-Contor, München
S. 78: Schaubild, Globus Kartendienst 8897
S. 87: Foto, Bilderdienst Süddeutscher Verlag, München
S. 89: Schaubild, Globus Kartendienst 8451
S. 90: Cartoon, Peter Leger/EG Magazin
S. 92: Cartoon, Pepsch Gottscheber/Süddeutsche Zeitung v. 14./15.4.90, Nr. 87, S. 4
S. 94: Schaubild, Globus Kartendienst 7756
S. 95: Schaubild, Globus Kartendienst 8626
S. 99: Schaubilder, Globus Kartendienst 8168 und 8833
S. 104: Banknoten, mit freundlicher Genehmigung der Deutschen Bundesbank, Frankfurt
S. 114: Cartoon, Eva Maria Weermann
S. 118: Zeichnung, Wolfgang Sischke/DIE ZEIT v. 21.12.90, Nr. 52
S. 130: Schaubild, Globus Kartendienst 8331
S. 135: Schaubild, Globus Kartendienst 8510
S. 137: Schaubild, Globus Kartendienst 8508; Cartoon, J. Wolter, Cartoon-Caricature-Contor, München
S. 140: Abbildungen, Informationsmappe der Deutschen Bundespost
S. 144: Cartoon, Jacek Wilk/Wirtschaftswoche v. 30.3.90, Nr. 14, S. 42
S. 156: Foto, Eva Maria Weermann
S. 157: Cartoons, Hagenuk GmbH
S. 168: Cartoon, J. Wolter, Cartoon-Caricature-Contor, München
S. 169: Foto, mit freundlicher Genehmigung der Siemens Nixdorf Informationssysteme AG
S. 171: Radierung zu Werbeanzeige, IBM/Der Spiegel v. 4.11.85
S. 175: Cartoon, TA Triumph-Adler AG/Der Spiegel v. 4.11.85
S. 181: Cartoon, Klaus Pause, München
S. 184: Schaubild, Globus Kartendienst/DIE ZEIT
S. 185: Schaubild, Globus Kartendienst 8547
S. 187: Cartoon, Ernst Hürlimann/Süddeutsche Zeitung v. 10./11.11.90, S. 17, Nr. 259
S. 189: Logo, "Stadtauto"-Initiative Bremen
S. 190: Grafik zu Zeitungsartikel, Jürgen Jauss, Graphik-Design, Neu-Ulm
S. 191: Schaubild, Zahlenbilder 415 110, Erich Schmidt Verlag
S. 200/201: Piktogramme, Kursbuch der Deutschen Bundesbahn
S. 202: Foto, mit freundlicher Genehmigung der Deutschen Bundesbahn
S. 204: Schaubild, Globus Kartendienst 8567
S. 208: Abbildung, Informationsbroschüre der Deutschen Lufthansa AG
S. 212: Flugschein der Deutschen Lufthansa AG
S. 213: Foto, Informationsbroschüre der Deutschen Lufthansa AG
S. 219: Schaubild, Globus Kartendienst 8920
S. 222: Foto, Duane Hanson, „Tourists"; Galerie Neuendorf AG, Frankfurt
S. 229: Schaubild, Globus Kartendienst 8491
S. 230: Cartoons, John Donegan, Rudolf Griffel, Mit dem Lenkrad in der Hand (hg. von Arthur Westrup)
S. 233: Cartoon, Eberhard Holz, Mit dem Lenkrad in der Hand (hg. von Arthur Westrup)
S. 234: Logo, Deutsches Jugendherbergswerk, Detmold
S. 235: Cartoon, Eva Maria Weermann
S. 242: Cartoon, DIE ZEIT
S. 244: Logos, mit freundlicher Genehmigung der Arbeitsgemeinschaft Ökologischer Landbau
S. 245: Foto, Bilderdienst Süddeutscher Verlag, München
S. 247: Schaubild, Globus Kartendienst 8588
S. 249: Foto, Brigitte Vater/DIE ZEIT v. 3.10.80
S. 250: Schaubild, Globus Kartendienst 5041
S. 252: Foto, Anthony Verlag, Starnberg
S. 254: Schaubild, Globus Kartendienst 8519
S. 256: Foto, Bilderdienst Süddeutscher Verlag, München
S. 257: Schaubild, Globus Kartendienst 8821
S. 259: Karikaturen, Helme Heine, Uhren haben keine Bremse (c) 1985 by Diogenes Verlag AG Zürich
S. 262: Schaubild, Globus Kartendienst 8811
S. 266: Schaubild, DIE ZEIT/Globus
S. 267: Tabelle, BP, Hamburg
S. 268: Schaubild, Globus Kartendienst 8711
S. 270: Foto, Bilderdienst Süddeutscher Verlag, München
S. 278: Cartoon, Erik Liebermann/Frankfurter Rundschau v. 11.2.84
S. 279: Schaubild, Globus Kartendienst 9110
S. 281: Schaubild, Globus Kartendienst 7385; Cartoon, Jo Morris (NCCL), No More Peanuts
S. 282: Cartoons, Jacek Wilk/Wirtschaftswoche
S. 284: Grafik, G. Brinker/Süddeutsche Zeitung v. 12.12.90, Beilage zu Nr. 285
S. 286: Grafik, Jochen Weber, Stuttgart
S. 294: Zeichnung, Dietmar Dänecke/DIE ZEIT v. 30.12.88, Nr. 1, S. 17
S. 298: Schaubild, Globus Kartendienst 8740
S. 299: Karikatur, Thyrso A. Brisolla/DIE ZEIT v. 26.12.86
S. 304: Schaubild, Globus Kartendienst 8700
S. 306: Schaubild, Zahlenbilder 200 510, Erich Schmidt Verlag; Grafiken, H. Nuding u.a., Wirtschaftskunde, Ernst Klett Verlag für Wissen und Bildung, Stuttgart
S. 309: Schaubild, Globus Kartendienst 8957
S. 310: Cartoon, Cartoon-Caricature-Contor, München; Foto, Bilderdienst, Süddeutscher Verlag, München
S. 311: Cartoon, Cartoon-Caricature-Contor, München

Quellennachweis: Texte

S. **10:** Text zu Schaubild (S.9), Zahlenbilder 538 251, Erich Schmidt Verlag
S. **12/13:** Zeitungsartikel, Hendrik Mundsberg/Süddeutsche Zeitung v. 29.11.90, Nr. 274, S. 34
S. **16:** Zeitschriftenartikel, Börsenblatt für den Deutschen Buchhandel, Nr. 101 v. 18.12.90, S. 3967
S. **17:** Zeitschriftenartikel, Lebensmittel Praxis 08/86
S. **20:** Gedicht, Bernhard Lassahn
S. **21:** Interviewtexte, Jugendscala Nov./Dez. 85
S. **25:** Werbeanzeige, Zentralausschuß für Werbewirtschaft, Bonn
S. **26/27:** Zeitungsartikel, Jan F. Weyrauch/Süddeutsche Zeitung v. 31.1.90
S. **32:** Informationstext, Süddeutsche Zeitung v. 17.10.85 (aktualisiert)
S. **34:** Messeinformationen, Messe- und Ausstellungsgesellschaft mbH, Köln
S. **36:** Zeitungsartikel, Süddeutsche Zeitung v. 14.11.90, Nr. 262
S. **40:** Definitionen, Katalog E, Begriffdefinitionen aus der Handels- und Absatzwirtschaft, Institut für Handelsforschung (Universität Köln)
S. **43:** Zeitungsartikel (oben), Süddeutsche Zeitung v. 8.1.91, Nr. 6; (unten) 27./28.4.91, Nr. 98, S. 34
S. **47:** Zeitungsartikel, Süddeutsche Zeitung v. 8./9.12.90, Nr. 282, S. 33
S. **48:** Text zu Schaubild (S. 49), Globus Kartendienst 8082
S. **50/51:** Zeitungsartikel, Süddeutsche Zeitung v. 15.11.90, Nr. 263, S. 33
S. **52:** Zeitungsartikel, Karl-Gerhard Haas/Frankfurter Rundschau v. 8.6.85 (aktualisiert)
S. **53:** Zeitungsartikel, Süddeutsche Zeitung v. 19.10.90, Nr. 241, S. 32
S. **55:** Werbeanzeige, Markenverband e.V., Wiesbaden
S. **56:** Bestellmodalitäten, Großversandhaus Quelle, Gustav Schickedanz KG
S. **64:** Frageraster, Stern v. 4.10.84
S. **67:** Text, Lebensmittel Praxis 09/86
S. **69/70:** Informationsquellen, Westermann Schulbuchverlag GmbH
S. **71:** Zeitungsartikel, Süddeutsche Zeitung v. 22.1.91, Nr. 18, S. 21
S. **76:** Zeitungsartikel, Frankfurter Rundschau v. 22.9.90, Nr. 221, S. 8
S. **77:** Zeitungsartikel, Thomas Hanke/DIE ZEIT v. 24.8.90, Nr. 35, S. 22
S. **79:** Informationstext, Hermes Kredit-Versicherungs-AG
S. **81:** Zeitungsartikel, Süddeutsche Zeitung v. 11.4.91, Nr. 84, S. 30
S. **82:** Tabelle, Statistisches Bundesamt
S. **83:** Textausschnitte, Information Außenwirtschaft, Presse- und Informationsamt der Bundesregierung
S. **85:** Informationsbroschüre Wegweiser für Verbraucher, Presse- und Informationsdienst der Bundesregierung
S. **88:** Zeitungsartikel, Süddeutsche Zeitung v. 22.10.90, Nr. 268, S. 29
S. **90:** Zeitschriftenartikel, EG Magazin 02/83
S. **98:** Bandwurmtext, Claus D. Grupp: Europa 2000. Der Weg zur europäischen Union, S. 65, Omnia Verlag GmbH, Köln
S. **107:** Werbeanzeige, Deutscher Genossenschafts-Verlag eG, Wiesbaden
S. **108:** Werbeanzeige der Sparkassen
S. **110:** Werbeanzeige, Gesellschaft für Zahlungssysteme mbH, Unternehmensbereich EUROCARD, Frankfurt
S. **111:** Zeitschriftenartikel, Gerhard Thomssen/Stern v. 18.9.86 (aktualisiert)
S. **116:** Zeitungsartikel, Süddeutsche Zeitung v. 26.10.90, Nr. 247, S. 34
S. **119:** Zeitungsartikel, Solidus/DIE ZEIT v. 21.12.90, Nr. 52

S. **124:** Werbeanzeige der Dresdner Bank
S. **126:** Test, genehmigter Nachdruck aus CAPITAL, Das deutsche Wirtschaftsmagazin (11/88). Alle Rechte bei Gruner + Jahr AG & Co, 2000 Hamburg 11
S. **127:** Zeitschriftenartikel, Lebensmittel Praxis 17/85
S. **129:** Zeitschriftenartikel, Lebensmittel Praxis 20/85
S. **131:** Text (rechts) zu Schaubild (S. 130), Globus Kartendienst 8331
S. **132:** Werbeanzeige, Ökobank, Frankfurt
S. **136:** Text und Bild, Werbeanzeige der Dresdner Bank
S. **140/141:** Kurzinformationen, Informationsmappe der Deutschen Bundespost
S. **143:** Lexikoneintrag, Aktuell '90, Lexikon-Verlag, Harenberg Kommunikation, Dortmund 1989 (aktualisiert)
S. **145:** Schaubildtext, Zahlenbilder 831 521, Erich Schmidt Verlag
S. **146:** Werbeanzeige der Deutschen Bundespost
S. **147/148:** Bilderrätsel und Text, Werbeanzeige der Deutschen Bundespost
S. **148/149:** Zeitungsartikel, Süddeutsche Zeitung v. 7.12.90, Nr. 281, S. 34
S. **150:** Gedicht, Thomas C. Breuer/Süddeutsche Zeitung v. 20./21.10.90, Nr. 242, S. 204
S. **151:** Informationstext der Deutschen Bundespost
S. **153:** Informationstext, Informationsdienst des Instituts der Deutschen Wirtschaft, Köln, IWD v. 20.2.86 (aktualisiert)
S. **154/155:** Kurzwahltastenübersicht, Informationsmappe der Deutschen Bundespost
S. **156:** Service-Information, Deutsche Bundespost
S. **160/161/163:** Werbeanzeigen, Telekom
S. **168:** Zeitungsartikel, Bernhard Katsch/Süddeutsche Zeitung v. 5./6./7.1.91
S. **172:** Zeitungsartikel, Walter Baier/Frankfurter Rundschau v. 23.8.86
S. **173:** Dudeneintrag, Bibliographisches Institut & F.A. Brockhaus AG, Mannheim
S. **174:** Zeitungsartikel, Süddeutsche Zeitung v. 7.1.91, Nr. 5, S. 17
S. **176:** Zeitungsartikel, Süddeutsche Zeitung v. 17.10.90, Beilage: Das moderne Büro, S. IX, Frieder Middelhauve
S. **178:** Infobroschüre der Sparkassen
S. **179:** Zeitungsartikel, Süddeutsche Zeitung v. 21.1.91, Nr. 17, S. 26
S. **186:** Zeitungsartikel (links), Süddeutsche Zeitung v. 21.1.91, Nr. 17, S. 22; (rechts) 31.1.91, Nr. 26, S. 37
S. **189:** Zeitungsartikel, Süddeutsche Zeitung v. 7.11.90, Nr. 256
S. **190:** Zeitungsartikel, Michael S.-Fichtner, Büro pti, Ulm/Saarbrücker Zeitung Nr. 299/1990, Motorjournal, S. 12
S. **191:** Text zu Zahlenbilder 415 110, Erich Schmidt Verlag (aktualisiert)
S. **193:** Werbeanzeige der Deutschen Bundesbahn
S. **194:** Zeichenerklärung, Kursbuch der Deutschen Bundesbahn
S. **195:** Fahrplanauszug, Kursbuch der Deutschen Bundesbahn
S. **197:** Werbeanzeigen der Deutschen Bundesbahn
S. **199:** Zeitungsartikel, Süddeutsche Zeitung v. 24./25.11.90, Nr. 270, S. 33
S. **203:** Tarifbestimmungen, Informationsbroschüre der Deutschen Bundesbahn
S. **205:** Informationstext, Lufthansa Bordbuch 2/87 (aktualisiert)
S. **206:** Zeitungsartikel, Süddeutsche Zeitung v. 6.11.90, Nr. 255, S. 42
S. **207:** Statistische Übersicht, Bundesgesundheitsministerium
S. **208:** Werbeanzeigen der Deutschen Lufthansa AG
S. **210:** Zeitungsartikel, Rainer Schauer/DIE ZEIT v. 16.1.87
S. **212:** Zeitungsartikel, DIE ZEIT v. 11.4.86
S. **213:** Schaubildtext, Zahlenbilder 428 114, Erich Schmidt Verlag (aktualisiert)

S. **220:** Zeitungsartikel, Süddeutsche Zeitung v. 28.11.90, Nr. 273, S. 30
S. **221:** Zeitungsartikel, Inge Ahrens/DIE ZEIT v. 21.12.90, Nr. 52, S. 63
S. **223:** Zeitungsartikel, Süddeutsche Zeitung v. 8.11.90, Nr. 257
S. **224:** Zeitungsartikel, Sabine Reithmaier-Hoiss/Süddeutsche Zeitung v. 14.10.90, Nr. 238, S. 42
S. **225:** Gedicht, aus: Der fliegende Robert. Viertes Jahrbuch der Kinderliteratur. Hrsg. v. Hans-Joachim Gelberg. Beltz Verlag, Weinheim und Basel 1977. Programm Beltz & Gelberg. Auch als Gulliver-Taschenbuch Bd. 115
S. **231:** Zeitungsartikel (oben), Süddeutsche Zeitung v. 22.1.91, Nr. 18; (unten), DIE ZEIT v. 19.12.86 (aktualisiert)
S. **234:** Zeitungsartikel, Günter Krauß/DIE ZEIT v. 30.11.90, Nr. 49, S. 39
S. **236:** Zeitungsartikel, Süddeutsche Zeitung v. 4.9.90
S. **237:** Werbeanzeigen, mit freundlicher Genehmigung der jeweiligen Geschäftsleitung
S. **243:** Zeitschriftenartikel, Sigrid Winkler/ÖKO-TEST-Magazin 10/89, auszugsweiser Nachdruck mit freundlicher Genehmigung des ÖKO-TEST Verlags
S. **246:** Interviewtext, Walter Heinzmann in ZLF 1990, hrsg. von der agl, Arbeitsgemeinschaft der Verbände des ökologischen Landbaus in Bayern e.V., Nürnberg
S. **247:** Text zu Schaubild, Globus Kartendienst 8588
S. **251:** Lexikonartikel, Aktuell '93, Lexikon-Verlag, Harenberg Kommunikation, Dortmund 1992 (aktualisiert)
S. **255:** Text zu Schaubild (S. 254), Globus Kartendienst 8519
S. **256:** Zeitungsartikel, Bernd Kulow/Frankfurter Rundschau v. 7.2.87
S. **262:** Text zu Schaubild, Globus Kartendienst 8811
S. **263/264:** Informationstext der PreussenElektra AG, Hannover
S. **267:** Werbeanzeige, Informationszentrale der Elekrizitätswirtschaft, Frankfurt
S. **268:** Lexikonartikel, Aktuell '90, Lexikon-Verlag, Harenberg Kommunikation, Dortmund 1989 (aktualisiert)
S. **271/272:** Zeitungsartikel, Werner Jaspert/Süddeutsche Zeitung v. 8.1.91, Nr. 6, S. 22
S. **273:** Werbeanzeige der Gesellschaft für Wirtschaftsförderung, Duisburg
S. **274:** Werbeanzeige der Rheinland-Pfälzischen Gesellschaft für Wirtschaftsförderung mbH, Mainz
S. **275:** Werbeanzeige der Stadt Oldenburg, Amt für Verwaltungsführung und Wirtschaftsförderung
S. **278:** Zeitungsartikel, Süddeutsche Zeitung v. 5.12.85
S. **280:** Zeitungsartikel, Bernd Tragner (Redaktionsbüro Gerd Zimmermann, Stuttgart)/Frankfurter Rundschau v. 22.9.90, Nr. 221, S. 32
S. **281:** Zeitungsartikel, Süddeutsche Zeitung v. 4.1.89
S. **283:** Lexikonauszug, Wahrig, dtv-Wörterbuch der deutschen Sprache, (c) dtv GmbH & Co KG, München
S. **285:** Informationstext, Tatsachen über Deutschland, Bertelsmann Lexikon Verlag, Gütersloh, Auflage Juni 1989
S. **287:** Zeitungsartikel, Heinrich Henkel/Frankfurter Rundschau v. 24.8.89, Nr. 195, S. 7
S. **290:** Definitionen, Außenwirtschafts-Alphabet, Deutsche Bank Publikation 1986
S. **295:** Textausschnitte, Jugendscala
S. **296:** Zeitungsartikel, Dirk Kurbjuweit/DIE ZEIT v. 2.3.90, Nr. 10, S. 30
S. **297:** Lexikoneintrag, dtv-Brockhaus-Lexikon in 20 Bänden, F.A. Brockhaus GmbH, Mannheim, und dtv GmbH & Co KG, München
S. **300/301:** Zeitungsartikel, Theodor Fuchs (EG), Gebhard Hielscher (Japan), Walter H. Pfaeffle (USA)/Süddeutsche Zeitung v. 24.9.88
S. **303:** Zeitungsartikel, Süddeutsche Zeitung v. 7./8.7.90, Nr. 154, S. 35
S. **305:** Zeitungsartikel, Frankfurter Rundschau v. 7.7.88
S. **307:** Text zu Schaubild (S. 306), Zahlenbilder 200 510, Erich Schmidt Verlag
S. **309:** Text zu Schaubild, Globus Kartendienst 8957
S. **311:** Zeitschriftentext, Peter Jobst/Zeitmagazin v. 2.11.90, Nr. 45, S.122/126
S. **314/315:** Informationstext, Tatsachen über Deutschland, Bertelsmann Lexikon Verlag, Gütersloh, Auflage Juni 1989
S. **316:** Zeitungsartikel, Süddeutsche Zeitung v. 1.3.91, Nr. 51, S. 33
S. **318:** Zeitungsartikel, Süddeutsche Zeitung v. 13.9.89